L'EST DE BALI
Pages 100-123

LOMBOK
Pages 150-163

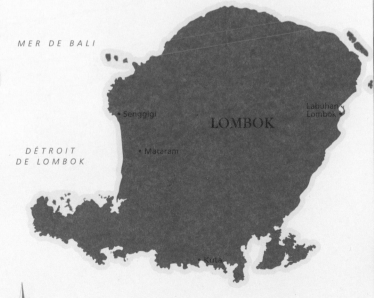

MER DE BALI

• Amlapura

• Senggigi

LOMBOK

Labuhan
Lombok

*DÉTROIT
DE LOMBOK*

• Mataram

Kuta

GUIDES VOIR

BALI
ET LOMBOK

GUIDES 👁 VOIR

BALI
ET LOMBOK

Libre Expression

Une compagnie de Quebecor Media

Libre Expression

Une compagnie de Quebecor Media

DIRECTION
Nathalie Pujo

DIRECTION ÉDITORIALE
Cécile Petiau

RESPONSABLE DE COLLECTION
Catherine Laussucq

ÉDITION
Émilie Lézénès et Adam Stambul

TRADUIT ET ADAPTÉ DE L'ANGLAIS PAR
Dominique Brotot, Maud Desurvire,
avec la collaboration d'Élisabeth Boyer

MISE EN PAGES (PAO)
Maogani

CE GUIDE VOIR A ÉTÉ ÉTABLI PAR
Andy Barski, Bruce Carpenter, John Cooke, Jean Couteau,
Diana Darling, Sarah Dougherty, Tim Stuart, Tony Tilford

Publié pour la première fois en Grande-Bretagne en 2001,
sous le titre : *Eyewitness Travel Guides : Bali & Lombok*
© Dorling Kindersley Limited, Londres 2011
© Hachette Livre (Hachette Tourisme) 2012
pour la traduction et l'édition française.
Cartographie © Dorling Kindersley 2011

© Éditions Libre Expression, 2012
pour l'édition française au Canada

Aussi soigneusement qu'il ait été établi,
ce guide n'est pas à l'abri des changements de dernière heure.
Faites-nous part de vos remarques, informez-nous de vos
découvertes personnelles : nous accordons la plus grande
attention au courrier de nos lecteurs.

IMPRIMÉ ET RELIÉ EN MALAISIE

Les Éditions Libre Expression
Groupe Librex inc.
Une compagnie de Quebecor Media
La Tourelle
1055, boul. René-Lévesque Est, Bureau 800
Montréal (Québec) H2L 4S5
www.edlibreexpression.com

DÉPÔT LÉGAL : Bibliothèque et Archives nationales du Québec
et Bibliothèque et Archives Canada, 2012

ISBN 978-2-7648-0769-9

SOMMAIRE

COMMENT UTILISER
CE GUIDE **6**

Statue de Ganesh
au Pura Luhur Ulawatu

PRÉSENTATION
DE BALI
ET LOMBOK

DÉCOUVRIR
BALI ET LOMBOK
10

BALI ET LOMBOK
DANS LEUR
ENVIRONNEMENT **12**

UNE IMAGE DE
BALI ET LOMBOK
14

BALI ET LOMBOK
AU JOUR LE JOUR **40**

HISTOIRE DE BALI
ET LOMBOK
44

Parasols de temple séchant au soleil

Le Gunung Agung, le volcan le plus sacré de Bali

BALI ET LOMBOK
RÉGION PAR
RÉGION

BALI ET LOMBOK
D'UN COUP D'ŒIL **54**

LE SUD DE BALI **56**

LE CENTRE DE BALI **78**

Pavillon du parc du Puri Agung
Karangasem à Amlapura

L'EST DE BALI **100**

LE NORD ET L'OUEST
DE BALI **124**

LOMBOK **150**

LES BONNES
ADRESSES

HÉBERGEMENT **166**

RESTAURANTS **180**

BOUTIQUES ET
MARCHÉS **192**

SE DISTRAIRE **198**

ACTIVITÉS
DE PLEIN AIR **202**

RENSEIGNEMENTS
PRATIQUES

BALI ET LOMBOK,
MODE D'EMPLOI **214**

SE RENDRE À BALI
ET À LOMBOK **226**

INDEX **230**

REMERCIEMENTS
ET BIBLIOGRAPHIE
238

LEXIQUE **240**

CARTE ROUTIÈRE
*couverture intérieure
en fin d'ouvrage*

Fleur de lotus rose, symbole
de la grâce de Bali

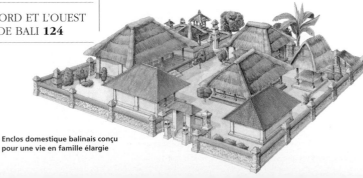
Enclos domestique balinais conçu
pour une vie en famille élargie

COMMENT UTILISER CE GUIDE ?

Ce guide a pour but de vous aider à profiter au mieux de vos séjours à Bali et Lombok. L'introduction, *Présentation de Bali et Lombok*, situe les deux îles dans leur contexte géographique, historique et culturel. Les sujets couverts vont des fêtes et de la musique à la faune et aux paysages. Dans les cinq chapitres de *Bali et Lombok région par région*, plans, textes et illustrations présentent en détail les principaux sites et monuments. Les *Bonnes adresses* proposent une sélection d'hôtels et de restaurants. Enfin, les *Renseignements pratiques* vous simplifieront la vie quotidienne.

BALI ET LOMBOK RÉGION PAR RÉGION

Ce guide divise Bali en quatre régions. Les chapitres consacrés à chaque région, ainsi que celui qui décrit Lombok, comportent au début une *carte illustrée* où sont recensés les localités et les sites les plus intéressants.

Un repère de couleur
correspond à chaque région.

1 Introduction
Elle présente les principaux attraits touristiques de chacune des régions du guide et décrit ses paysages et sa personnalité en montrant l'empreinte de l'histoire.

Une carte de situation
montre l'emplacement et l'étendue de la région.

2 La carte illustrée
Elle offre une vue de toute la région et de son réseau routier. Des numéros situent les principaux centres d'intérêt. Des informations sur les modes de transport sont fournies.

Des encadrés
approfondissent des sujets spécifiques.

3 Renseignements détaillés
Les localités et sites importants sont décrits individuellement dans l'ordre de la numérotation de la carte illustrée. Les notices fournissent aussi des informations pratiques telles que références cartographiques, adresses, numéros de téléphone et heures d'ouverture.

4 Les grandes villes
Une introduction présente l'histoire et la personnalité de la localité. Un plan de la ville situe les principaux monuments. Ceux-ci possèdent chacun leur rubrique.

Un mode d'emploi vous renseigne sur les transports publics et les manifestations les plus marquantes.

Le plan de la ville montre les rues principales et situe les grandes stations de transports publics et les bureaux d'information touristique.

5 Plans pas à pas
Ils offrent une vue aérienne et détaillée de quartiers particulièrement intéressants. Des photos présentent les principaux sites et édifices.

Le meilleur itinéraire de promenade apparaît en rouge.

Un mode d'emploi vous aide à organiser votre visite. La légende des symboles figure sur le dernier rabat de couverture.

6 Les principaux sites
Deux pleines pages ou plus leur sont réservées. La représentation des édifices historiques en dévoile l'intérieur et signale les éléments les plus caractéristiques. Les cartes des parcs nationaux, par exemple, indiquent les sentiers.

« Suivez le guide ! » explique la disposition d'un musée et offre un résumé du contenu de la collection.

Des étoiles signalent les œuvres ou les sites à ne pas manquer.

PRÉSENTATION DE BALI ET LOMBOK

DÉCOUVRIR BALI ET LOMBOK 10-11

BALI ET LOMBOK
DANS LEUR ENVIRONNEMENT 12-13

UNE IMAGE DE BALI ET LOMBOK 14-39

BALI ET LOMBOK AU JOUR LE JOUR 40-43

HISTOIRE DE BALI ET LOMBOK 44-51

DÉCOUVRIR BALI ET LOMBOK

Nichées au sein de l'archipel indonésien, les deux îles voisines que sont Bali et Lombok offrent aux visiteurs une destination unique et paradisiaque. Comme des sentinelles, de vieux volcans surplombent la jungle tropicale et les profondes gorges bordées de rizières fertiles et de plages blanches interminables. Ces splendeurs naturelles s'ajoutent à une histoire exotique définie par d'anciens palais et des temples sacrés, et à un patrimoine séculier d'art, de musique et d'artisanat. Les pages qui suivent mettent l'accent sur les meilleurs sites culturels, sportifs et naturels des quatre régions de Bali et de Lombok, des coutumes cérémonielles à la randonnée en montagne.

Statue balinaise peinte à la main

LE SUD DE BALI

- Plages de surf
- Capitale animée de Denpasar
- Village historique de Sanur
- Stations balnéaires de Kuta et Seminyak

Les larges plages de sable blanc du sud de Bali offrent les meilleures vagues du monde *(p. 208-209)*, ainsi qu'une infrastructure de premier ordre pour les sports nautiques. C'est dans cette région que se situe **Denpasar**, la capitale de Bali *(p. 60-61)*. Vous y découvrirez plusieurs pittoresques marchés en plein air et l'art indigène du riche **musée de Bali** *(p. 62-63)*.

Le village historique de **Sanur** *(p. 64-65)* constitue la plus ancienne enclave touristique de l'île ; cette destination se caractérise par de petites routes ombragées et un littoral s'étirant sur

Procession à Ubud, ville réputée pour ses cérémonies rituelles

5 km à l'intérieur d'un lagon. En revanche, le village de pêcheurs de **Kuta** *(p. 66-69)*, jadis somnolent, fourmille de bars, discothèques et autres restaurants bondés. L'endroit est idéal pour y acheter des équipements de surf. Les bureaux de change et les hôtels bon marché y sont nombreux.

Au nord de Kuta, **Seminyak** *(p. 67)* revendique la plus forte concentration de restaurants gastronomiques de Bali, de bars à cocktails et de boîtes de nuit.

LE CENTRE DE BALI

- Traditions culturelles d'Ubud
- Hôtels de luxe de la gorge de l'Ayung
- Sauvegarde de l'éléphant de Sumatra

Avec ses rizières en terrasses à perte de vue, ses villages préservés, ses communautés artisanales, ses temples et palais antiques, le centre de Bali attire en nombre les visiteurs. L'incroyable ville d'**Ubud** *(p. 88-91)* est réputée pour ses spectacles de musique et de danse. Le **musée Puri Lukisan** *(p. 92-93)* abrite une riche collection d'œuvres balinaises et de sculptures en bois d'avant-guerre ou contemporaines, tandis que son palais, le **Puri Saren** *(p. 90)*, accueille chaque soir des spectacles de danse traditionnelle. Enfin, tous les ans, le Festival des écrivains attire à Ubud des amateurs de littérature venus du monde entier.

Célèbre pour ses hôtels au luxe discret et ses complexes résidentiels dédiés au bien-être, la spectaculaire **gorge de l'Ayung** *(p. 96-97)* sert de cadre à des excursions de rafting. Dans la jungle de Taro, l'**Elephant Safari Park** *(p. 206)*, sans doute le meilleur complexe du monde en son genre, sensibilise les visiteurs au bien-être et à la préservation des éléphants dans la nature.

Moment de détente sur la plage bordée de palmiers de Kuta

Rizières en terrasses de l'est de Bali au loin, le Gunung Agung

L'EST DE BALI

- Volcan du Gunung Agung
- Sites de plongée sous-marine et jardins coralliens
- Forteresse ancestrale de Tenganan

Dominant l'est de Bali se trouve le **Gunung Agung** *(p. 114)*, l'imposant volcan sacré de l'île, abritant séjour des dieux et randonnées des plus ardues. Sur ses contreforts escarpés s'étend le **Pura Besakih** *(p. 116-117)*, le plus grand temple de l'île.

La côte orientale s'enroule autour de falaises escarpées et de criques protégées. Riche en vie marine, cette zone reculée est dotée des plus beaux récifs coralliens et sites de plongée de Bali *(p. 210-211)*. Parmi eux, **Candi Dasa** *(p. 108)* est

le point de départ idéal pour visiter les anciens temples et palais de la région.

Tout près, caché dans les collines, **Tenganan** *(p. 110-111)* est un village fortifié vieux de 700 ans où les habitants suivent un ancien mode de vie fait de rituels et de cérémonies. Le village de **Kintamani** *(p. 115)* offre un panorama spectaculaire du bord de la caldeira qui encercle le **Gunung Batur** *(p. 120-121)*, le volcan le plus actif de Bali.

LE NORD ET L'OUEST DE BALI

- Parc national de l'ouest
- Observation des dauphins
- Anciens lacs volcaniques
- Temple de Tanah Lot

Le nord de Bali s'étend entre la chaîne centrale et la mer, tandis que l'ouest est hérissé de montagnes imposantes. Le **Parc national de l'ouest de Bali** *(p. 136-137)* couvre environ 10 % de la superficie de l'île avec 77 000 ha de savane, de forêts pluviales, de plaines côtières et de récifs coralliens. On y recense de nombreuses espèces de faune et de flore. Sur le littoral nord, **Lovina** *(p. 147)* offre l'opportunité d'apercevoir des dauphins au large de la côte.

Dans l'arrière-pays, les eaux calmes du **lac Bratan** *(p. 141)* s'enroulent autour d'un mystérieux temple. Les **lacs Buyan** et **Tamblingan** *(p. 140-141)* entourent une

forêt primitive. Temple marin vénéré, juché sur un rocher, le **Pura Tanah Lot** *(p. 128)* est d'une beauté envoûtante à la tombée du jour.

LOMBOK

- Randonnées
- Festivités sasak
- Artisanat
- Faune marine des îles Gili

Eaux azurées du lac Segara Anak, au pied du Gunung Rinjani

Seuls 35 km de mer séparent Bali et Lombok, mais les différences entre les deux îles sont considérables. D'imposantes montagnes, de splendides cascades et récifs coralliens, une culture sasak haute en couleur et un calme rare font partie des charmes de Lombok. Parmi ses attractions phare, on compte la randonnée au sommet du **Gunung Rinjani** *(p. 158-159)*, le deuxième volcan le plus haut d'Indonésie.

Le mode de vie de Lombok illustre l'intégration des traditions musulmanes sasak et de l'hindouisme balinais. Les visiteurs peuvent assister à de merveilleux festivals tels que la cérémonie sasak de **Bau Nyale** *(p. 42)*, au cours de laquelle des centaines de personnes célèbrent la ponte annuelle des créatures marines.

Les villageois fabriquent localement tissus décoratifs, vanneries en rotin et poteries typiques *(p. 36-37)*.

L'abondante faune marine des **îles Gili** *(p. 156)* offre un fabuleux site de plongée.

Le Pura Ulun Danu Bratan surgissant d'une île sur le lac Bratan

Bali et Lombok dans leur environnement

Bali et Lombok prolongent vers l'est l'arc formé par Sumatra et Java. Situées près de l'équateur, elles possèdent respectivement des superficies de 5 633 km² et 5 435 km², et des populations d'environ 3,8 millions et 3 millions d'habitants. Les vols internationaux se posent à l'aéroport Ngurah Rai, près de la capitale provinciale de Bali : Denpasar. Des lignes aériennes intérieures et des liaisons maritimes, depuis Padang Bai et Benoa, permettent de rejoindre Lombok. La nature montagneuse des deux îles détermine l'organisation du réseau routier. Les voies de circulation les plus importantes suivent la côte et les plis du relief.

LÉGENDE

- Aéroport
- Embarcadère de ferry
- Route à double voie
- Route principale
- Route secondaire
- - - Frontière provinciale
- - - Frontière de régence

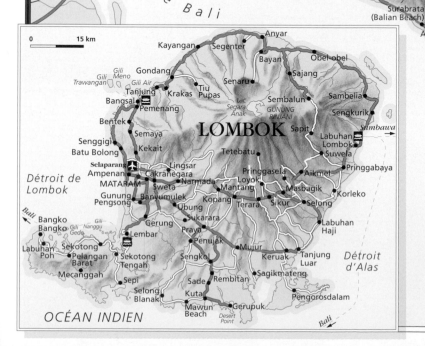

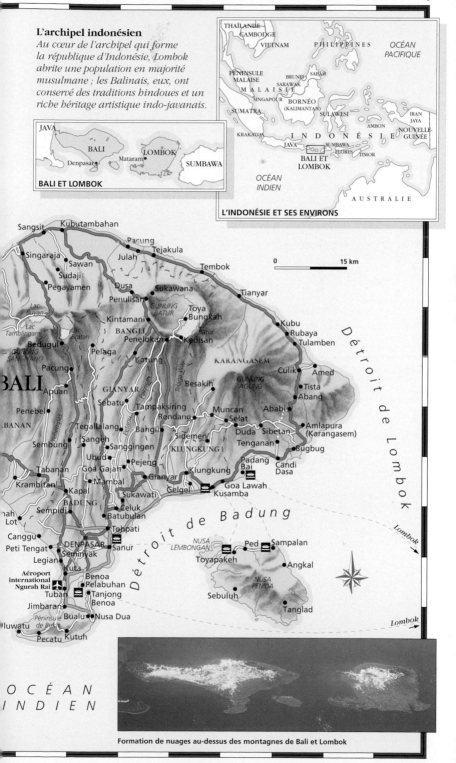

L'archipel indonésien

Au cœur de l'archipel qui forme la république d'Indonésie, Lombok abrite une population en majorité musulmane ; les Balinais, eux, ont conservé des traditions hindoues et un riche héritage artistique indo-javanais.

THAÏLANDE
CAMBODGE
VIETNAM
PHILIPPINES
OCÉAN PACIFIQUE
PÉNINSULE MALAISE
MALAISIE
BRUNEI
SARAWAK
SABAH
SINGAPOUR
BORNÉO (KALIMANTAN)
SULAWESI
IRAN JAYA
AMBON
NOUVELLE-GUINÉE
SUMATRA
INDONÉSIE
KRAKATOA
JAVA
BALI ET LOMBOK
SUMBAWA
FLORES
TIMOR
OCÉAN INDIEN
AUSTRALIE

L'INDONÉSIE ET SES ENVIRONS

JAVA
BALI
Denpasar
Mataram
LOMBOK
SUMBAWA

BALI ET LOMBOK

0   15 km

Sangsit
Kubutambahan
Pacung
Tejakula
Singaraja
Julah
Sawan
Tembok
Sudaji
Dusa
Pegayamen
Penulisan
Sukawana
Tianyar
GUNUNG BATUR
Toya Bungkah
Kintamani
Kubu
BANGLI
Lac Batur
Rubaya
Lac Buyan
Bedugul
Lac Bratan
Penelokan
Kedisan
Tulamben
Lac Tamblingan
GUNUNG SANGYANG
Pelaga
Kutung
KARANGASEM
Pacung
BALI
Apuan
Besakih
Culik
Amed
Penebel
GIANYAR
GUNUNG AGUNG
Tista
Sebatu
Tampaksiring
Muncan
Abang
BANAN
Tegallalang
Rendang
Selat
Ababi
Sembung
Sangeh
Bahgli
Sidemen
Duda
Sibetan
Amlapura (Karangasem)
Sanggingan
KLUNGKUNG
Tenganan
Ubud
Pejeng
Bugbug
Krambitan
Goa Gajah
Gianyar
Klungkung
Padang Bai
Candi Dasa
Kapal
Mambal
Sukawati
Gelgel
Goa Lawah
BADUNG
Celuk
Kusamba
nah Lot
Sempidi
Batubulan
Tohpati
Détroit de Badung
Canggu
DENPASAR
Sanur
Peti Tengat
Semnyak
NUSA LEMBONGAN
Ped
Sampalan
Legian
Kuta
Toyapakeh
Angkal
Aéroport international Ngurah Rai
Benoa
Pelabuhan
Tuban
Benoa
NUSA PENIDA
Jimbaran
Tanjong
Sebuluh
Bualu
Nusa Dua
Tanglad
Péninsule de Bukit
luwatu
Pecatu
Kutuh
Lombok
Lombok

Détroit de Lombok

OCÉAN INDIEN

Formation de nuages au-dessus des montagnes de Bali et Lombok

UNE IMAGE DE BALI
ET LOMBOK

S ituées à portée de vue l'une de l'autre, les îles de Bali et de
*Lombok ont toutes deux une nature volcanique et présentent
une taille similaire. Elles offrent toutefois aux visiteurs des
expériences différentes. Bruyante, colorée et raffinée, Bali est une
des destinations touristiques les plus prisées du monde. La discrète
Lombok fut longtemps connue uniquement des grands voyageurs.*

Bali et Lombok occupent le centre de l'archipel indonésien, longue chaîne d'îles qui s'étend de l'océan Indien au Pacifique. Ces îles étant situées à un carrefour des anciennes routes commerciales entre l'Europe, le Moyen-Orient, l'Inde et la Chine, leurs habitants ont subi les influences de nombreuses civilisations. Bali constitue une province de la république d'Indonésie, devenue une démocratie en 1999 après une longue période de dictature, et a pour capitale Denpasar. Lombok fait partie de la province de Nusa Tenggara et abrite Mataram, la capitale provinciale. Les habitants des deux îles forment des

**Statue de pierre
de Klungkung**

sociétés rurales, malgré l'urbanisation que connaît le sud de Bali depuis les années 1980. L'électricité et la télévision n'ont atteint beaucoup d'endroits qu'à la fin du XXe siècle, ce qui n'empêche pas Internet d'être déjà très utilisé.

Les Balinais hindouistes, les Sasak musulmans de Lombok et les diverses minorités avec lesquelles ils cohabitent attachent une grande importance aux questions communautaires, en particulier à l'harmonie sociale. Chaque culture tire fierté de son identité tout en restant tolérante. Les Balinais partagent plus volontiers leurs traditions que les habitants de Lombok.

Le Puri Mayura de Mataram, souvenir de la domination balinaise de Lombok *(p. 155)*

◁ Une villageoise porte son offrande à un *odalan* (fête de temple)

Groupe familial balinais portant de l'eau sacrée au temple domestique

LE MODE DE VIE BALINAIS

Structure de base de la société balinaise, le village constitue une communauté religieuse soudée, organisée
autour d'un groupe de temples où
chacun est tenu de participer aux
cérémonies. La pratique religieuse s'appuie sur un art
sophistiqué de l'offrande et
intègre musique et théâtre.
Le haut degré d'organisa-
tion sociale qui permet
d'assumer les nombreuses
tâches requises par les
rituels se reflète dans l'aménagement de l'espace : un

Rizières en terrasses

plan régulier définit la disposition des
enclos domestiques, de taille égale,
autour du centre qui regroupe temple,
marché, pavillons publics et, souvent,
habitations de la noblesse *(puri)*.

À Lombok, peuplée en majorité de
Sasak musulmans *(p. 23)*, la vie sociale
a pour pôles la famille et la mosquée.

Échoppe en bord de route près de Candi Dasa

LE DÉVELOPPEMENT ÉCONOMIQUE

Jusqu'à ce que les terres se fassent
rares, à partir du milieu du XXe siècle,
Bali et Lombok vivaient principalement de la culture du riz. Depuis, le
gouvernement a encouragé la diversi-
fication et la production de biens
d'exportation comme le café,
la vanille, le clou de girofle,
le tabac et les agrumes.

Le tourisme apporte des
devises, mais empiète sur
les espaces agricoles. Quant
aux ressources maritimes et
côtières, elles n'ont jamais
été pleinement exploitées,
sans doute parce que le littoral possède un climat moins salubre. Pendant
longtemps, il n'a guère été mis en
valeur que pour la noix de coco et le
sel. La pêche demeure en général une
activité réservée aux pauvres.

Bali et Lombok n'ont pas connu de
véritable industrialisation, bien que
quelques petites entreprises se soient
développées dans le sud de Bali, en
particulier dans le secteur de la
confection, près de Kuta. Elles
emploient une main-d'œuvre locale,
mais attirent aussi des immigrants
prêts à accepter des salaires inférieurs,
ce qui crée des tensions sociales alors
que sévit le chômage. Plus répandu, le
travail à domicile a réduit la dépendance envers l'agriculture sans provo-
quer de grand exode rural.

ART ET ARTISANAT

L'artisanat et la fabrication d'objets d'art pour un usage profane entretiennent à Bali une activité dynamique et tournée vers l'exportation. L'adaptation à une clientèle étrangère de styles traditionnels de peinture, sculpture sur bois, joaillerie et tissage *(p. 36-37)* a ouvert un espace d'innovation et de créativité.

Les artistes occidentaux qui ont fréquenté Kuta, Sanur et Ubud dès le début du XXᵉ siècle ont joué un rôle décisif dans le développement de ce secteur, et les entrepreneurs locaux ont profité de cet apport. Bali est aussi devenue un marché important d'artisanat, d'antiquités et de mobilier en provenance d'autres îles de l'archipel.

Plage du sud de Bali, la région touristique de l'île

Il existe à Lombok une très ancienne tradition de poteries domestiques cuites à basse température *(p. 154)*. Ce sont les femmes qui les façonnent et leurs maris les assistent pour les tâches les plus dures et pour la vente. Les Sasak produisent également une belle vannerie et des tissages traditionnels d'une grande variété.

LE TOURISME

Le tourisme est plus récent à Lombok qu'à Bali *(p. 51)*, mais, sur les deux îles, la population a pris conscience de son intérêt économique. Toutefois, ses conséquences ne sont pas toutes bénéfiques. À Bali, la densité des constructions est presque urbaine à Kuta et à Sanur, et elle ne cesse d'augmenter à Ubud. L'engorgement des axes routiers devient également problématique. À Lombok, le tourisme reste concentré sur la fertile côte occidentale, autour de Sengiggi, et sur les îles Gili *(p. 156)*. La côte sud de Lombok recèle des plages superbes et encore relativement préservées, mais l'important développement balnéaire prévu autour du village de Kuta *(p. 162)* devrait modifier la situation. La majorité des visiteurs passent par Bali pour rejoindre Lombok.

Malgré les troubles interconfessionnels qui secouent l'Indonésie, les habitants des deux îles attachent une grande importance à l'harmonie dans les relations sociales et accueillent les voyageurs comme des hôtes.

Paysage rural au centre de Bali

Paysages et nature à Bali et Lombok

Grenouille d'arbre de Lombok

Bien que l'agriculture et, depuis quelques années, le tourisme aient réduit la diversité des habitats, Bali et Lombok conservent une faune et une flore d'une grande richesse. Les deux îles comportent de vastes espaces restés sauvages et certains jouissent d'une protection officielle. Les amoureux de la nature et de la randonnée pourront partir à la découverte de paysages très variés, qu'il s'agisse de forêts luxuriantes, de montagnes aux flancs arides ou de biotopes aquatiques.

Épeire fasciée, une araignée répandue à basse altitude

FORÊTS

À Bali comme à Lombok, le ramassage de bois de chauffage et l'extension des cultures de café et de noix de coco ont fait reculer en plaine la forêt pluviale de basse altitude. Une forêt humide subsiste sur les pentes sud et ouest des montagnes de Bali, tandis que des arbres à feuilles caduques poussent sur les flancs nord moins arrosés.

PAYSAGES VOLCANIQUES

Les cendres déposées par une éruption volcanique mettent des siècles à former un sol capable de soutenir une riche vie végétale, mais mousses, graminées et fougères s'implantent très vite, permettant la venue d'oiseaux. Des palmiers lontar se dressent souvent parmi les herbes qui s'accrochent sur les arides pentes nord et est.

Les macaques de Java *peuplent les forêts et fréquentent les bords des routes et les environs des temples.*

Les zostérops montagnards, *au cri aigu, se rassemblent au sommet des arbres.*

Le polochion masqué *habite les arides régions de montagne de Lombok.*

L'étourneau à ailes noires *est une espèce menacée qui vit dans les forêts de feuillus du nord-ouest de Bali, ainsi que dans des zones de prairie.*

La senduduk, *jolie fleur exotique, pare les broussailles en montagne.*

LA LIGNE DE WALLACE

Le naturaliste britannique Alfred Russel Wallace (1823-1913) mit en évidence la répartition des espèces animales par zones géographiques et définit une ligne imaginaire, qui passait entre Bali et Lombok, séparant les faunes d'Asie et d'Australie. Le groupe australien comprend des oiseaux de paradis et la grive de Péron, qui ne vit qu'à Lombok. Dans le groupe asiatique figurent des singes et le tigre, disparu de Bali dans les années 1930. Il existe également des espèces de transition comme le pic de Macé, présent à Lombok, mais plus fréquent à Bali.

Grive de Péron

Ligne de Wallace

RIVIÈRES ET RIZIÈRES

Les quelque 150 rivières qui coulent dans les gorges de Bali et de Lombok permettent l'irrigation des rizières où oiseaux, grenouilles, crapauds et araignées se nourrissent d'insectes, dont certains sont nuisibles aux cultures. Les échassiers comprennent des aigrettes et des hérons.

Le padda de Java *prospère près des cours d'eau et des rizières de Bali.*

LITTORAL

Les récifs de coraux et les eaux peu profondes qui prolongent les plages abritent une faune et une flore d'une immense variété, même dans des sites touristiques comme Sanur. Les rares mangroves qui subsistent encore réduisent l'érosion côtière.

Le poisson-scorpion, *au contact venimeux, vit au large des petites îles entourant Bali.*

Les crapauds, *hôtes des biotopes humides comme les rizières, s'y nourrissent d'insectes tels que criquets, sauterelles et scarabées.*

La tortue verte *est menacée de disparition. Sa chair est utilisée dans certains rituels.*

La culture du riz

Avec des précipitations abondantes, un climat tempéré et des sols volcaniques fertiles, les îles de Bali et Lombok se prêtent admirablement à la culture du riz. Les rizières en terrasses restent d'ailleurs le trait dominant des paysages ruraux, même si elles ont tendance à reculer devant d'autres usages du sol. Le relief rend la mécanisation difficile, et les techniques agricoles, ainsi que les rites qui y sont attachés, n'ont guère changé dans les villages depuis le néolithique. Ingénieux et complexe, le réseau d'irrigation balinais a des origines très anciennes qui remontent au IXᵉ siècle apr. J.-C. Des communautés appelées subak entretiennent les canaux, les tunnels et les aqueducs. Elles réunissent des cultivateurs dépendant d'un même cours d'eau et se chargent aussi des rituels destinés à s'attacher les faveurs de la déesse du riz.

Déesse du riz

« **Padi Bali** » *est le nom générique de plusieurs variétés traditionnelles d'un haut riz rustique au cycle de croissance de 210 jours.*

La rizière *est un bassin de terre tassée renforcée par un réseau de racines. De petites brèches, ouvertes ou bouchées à la houe dans les murs de soutien, permettent de laisser entrer ou sortir l'eau d'irrigation, qui emprunte ensuite des canaux pour rejoindre le cours de la rivière.*

Épis de riz proches de la maturation

LE CULTE DE LA DÉESSE DU RIZ

Les paysans balinais et les paysans de Lombok, restés proches des traditions animistes en vigueur sur l'île avant l'arrivée de l'islam, font des offrandes dans les rizières à certains stades décisifs du cycle de croissance de la plante dont dépend leur survie. Le plus élaboré de ces rituels a lieu quand les grains commencent à se former sur la tige. Les agriculteurs élèvent dans un angle de leur propriété un petit autel dédié à la déesse du riz, Dewi Sri *(p. 25)*, et ils le décorent de guirlandes de feuille de palmier tressée.

Autels de bambou érigés en l'honneur de la déesse du riz

Le grenier à riz, *plus rare aujourd'hui mais jadis très répandu, sert à entreposer les épis des variétés traditionnelles. Ces derniers sont égrenés à la main au fur et à mesure des besoins.*

Des cocotiers, des bananiers et des bambous poussent le long de la crête et dissimulent les villages.

RIZIÈRES EN TERRASSES

Les rizières en terrasses protègent de l'érosion les sols pentus qu'elles ouvrent à l'agriculture et forment un écosystème où l'intervention de l'homme est en parfaite harmonie avec l'œuvre de la nature. Pour en assurer l'irrigation, un réseau complexe de canaux et de petits barrages tire parti des cours d'eau coulant des montagnes.

Des gorges s'ouvrent souvent au-dessous des rizières.

LE CYCLE DE CROISSANCE DU RIZ

1. Les semences *germent en pépinière, tandis que les hommes préparent les champs.*

2. Avant la transplantation, *il faut inonder, labourer et niveler le terrain.*

3. Les plants, *repiqués à la main, poussent dans des rizières régulièrement désherbées et alternativement inondées et drainées selon les stades de croissance.*

4. La récolte *est effectuée par des femmes à l'aide d'un petit couteau caché dans la main pour ne pas effrayer la déesse du riz.*

5. Les variétés à haut rendement *sont battues sur place pour mettre le grain en sac. Réunis en gerbes et conservés dans les greniers, les épis des variétés traditionnelles seront égrenés au gré des besoins.*

6. Les chaumes, *mis à feu après la récolte, enrichissent le sol de leurs cendres.*

Les religions des îles

Les Balinais sont en majorité hindous, tandis que les Sasak, qui représentent 90 % de la population de Lombok, pratiquent un islam orthodoxe. D'anciennes traditions animistes restent cependant vivaces *(p. 24)* et des cultes millénaires continuent d'influencer l'architecture des temples et des villages, ainsi que la vie rituelle des campagnes. Il existe de petites communautés musulmanes, chrétiennes et bouddhistes dans les villes et les régions côtières de Bali.

Les offrandes *jouent un grand rôle dans la pratique religieuse balinaise (p. 38-39).*

LES TRACES DES ANCIENS CULTES

Des croyances datant des sociétés préhistoriques indonésiennes continuent de marquer la pratique religieuse des Balinais d'aujourd'hui, ainsi que les traditions rurales de Lombok.

Sanctuaire du temple

Image en feuille de palmier de la déesse du riz

Les temples *en forme de pyramide à étages s'élèvent souvent sur des sites préhindous.*

Le tombeau *du héros populaire Jayaprana, près de Labuhan Lalang (p. 138), attire des pèlerins en quête de faveurs surnaturelles.*

L'HINDOUISME

L'hindouisme balinais est d'un grand syncrétisme et intègre des éléments animistes et bouddhiques. Les fidèles croient que les divinités visitent le monde des hommes lors de cérémonies comme les *odalan*, où offrandes, musique et danse leur rendent hommage *(p. 38-39).*

Offrande

Aspersoir en herbe

Grains de riz consacrés

De l'eau sacrée, *médium des dieux, sert à asperger les offrandes. Après les prières, eau et grains de riz sont distribués aux dévots.*

Villageois portant en procession une « maison des esprits ancestraux » lors d'une fête de temple

L'ISLAM

Musulmans pour la plupart, les habitants de Lombok, comme la majorité des Indonésiens, pratiquent une forme traditionnelle de l'islam souvent teintée de croyances plus anciennes. Dans certaines des régions les plus isolées de l'île, des Sasak restent fidèles au syncrétisme Wetu Telu, qui associe islam modéré, influence indienne et culte des ancêtres. Comme l'hindouisme balinais, le Wetu Telu attribue de grands pouvoirs aux esprits de la nature.

Mosquée d'un village de Lombok

Beaucoup de musulmans *portent la toque traditionnelle, ou* peci, *notamment le vendredi, jour réservé à la prière.*

LE BOUDDHISME

Le bouddhisme a eu des adeptes à Bali vers l'an 1000, comme l'ont montré les fouilles archéologiques. Cependant, l'île ne compta pas de véritable communauté bouddhiste avant la fin du XXe siècle, et celle-ci reste très minoritaire aujourd'hui.

Un bouddha doré *domine l'intérieur du Brahma Vihara Ashrama de Banjar* (p. 139).

LE CHRISTIANISME

De petites communautés catholiques et protestantes se sont installées dans l'ouest de Bali après leur conversion par des missionnaires au début du XXe siècle. Beaucoup de Balinais d'ascendance chinoise sont chrétiens.

La cathédrale catholique *de Palasari évoque, par son architecture, les temples balinais.*

RELIGION ET RITUELS COMMUNAUTAIRES

La religion joue évidemment un grand rôle dans les cérémonies comme les mariages, les funérailles et les rites de passage, qui exigent la participation de tout un village *(p. 28-29)*. Chez les musulmans de Lombok, la circoncision des jeunes garçons, vers l'âge de 11 ans, donne lieu aux fêtes les plus spectaculaires.

Le palanquin peint de couleurs vives a la forme d'un animal (lion, cheval…).

Un bol à offrandes contient des objets rituels.

Des prêtres hindous *dirigent une cérémonie précédant une crémation royale.*

Un jeune Sasak *musulman est porté en procession pour un rite de circoncision.*

Les croyances traditionnelles

Le culte des ancêtres et des esprits reste partout pratiqué à Bali, même dans le cadre de l'hindouisme. Mondes physique et surnaturel s'interpénètrent, ce que résume la formule *sekala niskala*, qui veut dire visible-invisible. Des offrandes aident à se concilier les esprits, qu'il s'agisse des puissances néfastes ou des divinités bienveillantes souvent liées aux montagnes et au ciel. Un rituel complexe, dans des sanctuaires domestiques ou de clan *(p. 26)*, rend hommage aux ancêtres divinisés.

Statue de temple

Image de Rangda au Puri Saren, le palais royal d'Ubud *(p. 90)*

L'ANIMISME

Un autel ou un petit temple dressé près d'un objet naturel remarquable comme un rocher ou un grand arbre indique qu'un être invisible y a élu domicile. Les *buta kala* (esprits de la terre) sont des forces démoniaques qui hantent les carrefours, les cimetières, les rivières et certains arbres. Des événements comme une naissance, une mort ou un accident les attirent. Les offrandes destinées à les apaiser contiennent de la viande ou une boisson forte.

Kriss

Le parasol indique que la déité est présente.

L'effigie du dieu reçoit des offrandes.

Des esprits gardiens résident dans des statues à l'aspect démoniaque.

Des objets *comme des kriss ou des masques consacrés sont investis d'une grande puissance spirituelle et peuvent faciliter l'entrée en transe.*

L'autel installé au pied d'un arbre sacré reçoit des offrandes pendant les jours favorables au rituel

LA MAGIE

La croyance en des puissances surnaturelles entretient la crainte de la sorcellerie. Ceux qui pratiquent la magie « blanche » ou « noire » se servent d'êtres comme les *buta kala* pour guérir ou nuire. Des offrandes aux esprits sont faites chaque jour dans les maisons.

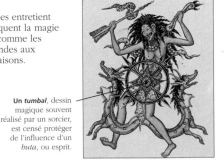

Un *tumbal*, dessin magique souvent réalisé par un sorcier, est censé protéger de l'influence d'un *buta*, ou esprit.

Le *canang* est une offrande florale quotidienne

***Tumbal* (1938) par Anak Agung Gede Sobrat, Ubud**

LA DÉESSE DU RIZ

Le syncrétisme balinais a identifié la déesse hindoue de la prospérité, Dewi Sri, à la divinité du riz des croyances animistes. Les cultivateurs lui rendent hommage dans les champs et les greniers, et de petites parts lui sont réservées chaque fois que l'on cuit du riz. Le terme *cili* désigne son image dans les offrandes et sur les tissus.

Objet orné du *cili*, ornement à l'image de la déesse du riz

Des autels de bambou sont dressés dans les champs pour honorer la déesse du riz.

De l'eau consacre les offrandes.

BARONG ET RANGDA

L'esprit gardien Barong à l'aspect de dragon représente l'ordre, l'harmonie et la santé et s'oppose à la sorcière Rangda, associée au chaos et à la maladie. Tous deux sont périodiquement « réveillés » pour restaurer l'équilibre spirituel d'un village lors d'une bataille rituelle qui culmine par une transe : les partisans de Barong attaquent Rangda avec leurs *kriss*, mais celle-ci retourne leurs armes contre eux. Le pouvoir de Barong empêche les lames de percer leur peau nue.

Rangda se reconnaît à ses crocs, sa poitrine rayée et son collier d'entrailles

La barbe de Barong est faite de cheveux humains.

Les masques *de Barong et Rangda, imprégnés de leur puissance magique, reçoivent des offrandes dans le temple du village.*

LES ESPRITS « HAUTS » ET « BAS »

Les Balinais croient que les êtres humains peuvent maintenir l'équilibre entre esprits « hauts » et « bas » en leur faisant des offrandes. Deux pôles s'opposent en effet dans l'univers, et c'est le rituel qui permet d'entretenir l'harmonie. Cette vision est symbolisée par le tissu à carreaux noirs et blancs, appelé *poleng*, dont on drape des statues et d'autres objets investis d'un pouvoir magique.

Tissu appelé *poleng*

Des coupons de *poleng* drapent souvent les statues dans les temples

L'architecture des temples balinais

Un *pura* (temple public) balinais est une enceinte sacrée où des divinités hindoues sont périodiquement invitées à descendre dans des *patrima* (effigies). Il s'anime pour la célébration de l'*odalan*, l'anniversaire de sa consécration, qui donne lieu à des spectacles rituels (*p. 38*). Il existe toutes sortes de temples en dehors du *kahyangan tiga*, le triple sanctuaire villageois (*p. 28-29*), dont des temples « d'État » jadis liés aux cours d'anciens royaumes. Tous sont généralement ouverts aux visiteurs pendant la journée.

Le *padmasana* (*trône au lotus*), dans l'angle le plus sacré du temple, dresse vers le ciel un siège vide symbolisant le dieu suprême.

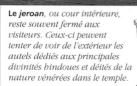

Le *jeroan*, ou cour intérieure, reste souvent fermé aux visiteurs. Ceux-ci peuvent tenter de voir de l'extérieur les autels dédiés aux principales divinités hindoues et déités de la nature vénérées dans le temple.

Le *bale gong* abrite les joueurs de gamelan (*p. 32*).

Les *pelinggih*, « trônes » des dieux, possèdent des toits faits d'une fibre de palmier qui évoque des cheveux humains.

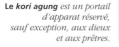

Le *kori agung* est un portail d'apparat réservé, sauf exception, aux dieux et aux prêtres.

Le *bale agung* accueille le conseil du village.

DISPOSITION

Orientés selon un axe mer-montagne, les temples balinais possèdent presque tous la même organisation, les édifices les plus sacrés se trouvant du côté de la montagne considéré comme le plus pur.

Le *meru*, *haut de 3, 5, 7, 9 ou 11 étages selon l'importance de la divinité, symbolise le mont sacré des hindous ou une autre montagne vénérée.*

LES PRINCIPAUX TEMPLES DE BALI

Bali renferme des dizaines de milliers de temples, peut-être 200 000 si l'on compte les sanctuaires domestiques. Cette carte situe les plus importants.

OÙ TROUVER LES PRINCIPAUX TEMPLES

① Pura Besakih (p. 116-117)
② Pura Goa Lawah (p. 108)
③ Pura Kehen (p. 104)
④ Pura Luhur Uluwatu (p. 76-77)
⑤ Pura Meduwe Karang (p. 148-149)
⑥ Pura Taman Ayun (p. 130-131)
⑦ Pura Tanah Lot (p. 128)
⑧ Pura Tirta Empul (p. 99)
⑨ Pura Ulun Danu Batur (p. 122-123)

Le *jaba tengah*, ou cour du milieu, renferme des sanctuaires secondaires et divers pavillons.

Le *candi bentar*, *ou portail fendu, offre une image de la montagne cosmique divisée entre les forces positives et négatives de l'univers.*

Le *kulkul* est une tour de guet qui abrite le tambour, frappé quand les déités descendent dans le temple.

Entrée

Le *bale piasan* *est le pavillon où sont déposées les offrandes.*

Le village balinais

Fondement de l'organisation sociale balinaise, le village est avant tout une communauté religieuse organisée autour de ses temples. Ses habitants considèrent la terre dont ils tirent leur subsistance comme un héritage des ancêtres fondateurs, qu'ils vénèrent à l'égal des divinités locales. Tout couple marié appartient à une association de voisinage, le *banjar*, qui veille à l'application de l'*adat*, la loi coutumière régissant la vie privée, et se charge des rites funéraires. Ceux qui sont exclus du *banjar* en subissent les conséquences ici-bas, mais aussi dans l'au-delà.

Les rites funéraires *réunissent tous les villageois dans l'esprit de* banjar suka duka *(ensemble dans le malheur comme dans le bonheur).*

Les rues *s'organisent selon un axe montagne-mer, une disposition que les Balinais appellent* kajakelod *(vers la montagne-vers la mer).*

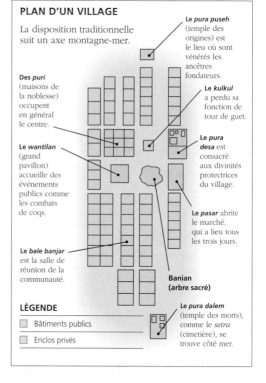

PLAN D'UN VILLAGE

La disposition traditionnelle suit un axe montagne-mer.

Le pura puseh (temple des origines) est le lieu où sont vénérés les ancêtres fondateurs.

Des *puri* (maisons de la noblesse) occupent en général le centre.

Le kulkul a perdu sa fonction de tour de guet.

Le *wantilan* (grand pavillon) accueille des événements publics comme les combats de coqs.

Le pura desa est consacré aux divinités protectrices du village.

Le pasar abrite le marché, qui a lieu tous les trois jours.

Le *bale banjar* est la salle de réunion de la communauté.

Banian (arbre sacré)

LÉGENDE

☐ Bâtiments publics

☐ Enclos privés

Le pura dalem (temple des morts), comme le *setra* (cimetière), se trouve côté mer.

Le tambour en bois *du* kulkul, *jadis utilisé pour sonner l'alarme, sert désormais à convoquer les membres du* banjar *ou à annoncer un décès.*

Le warung, *une sorte de café-épicerie, joue un rôle primordial dans la vie sociale du village, mais ne possède pas d'emplacement particulier.*

UN ENCLOS DOMESTIQUE

L'espace résidentiel d'un village balinais est divisé en lots uniformes entourés d'un mur d'argile ou de brique. À l'intérieur se dressent plusieurs pavillons. Certains, fermés, servent de quartiers d'habitation et de réserves ; d'autres, ouverts, abritent la vie sociale et les travaux domestiques, artisanaux ou agricoles. Destinés à une famille élargie (les fils restant traditionnellement avec leurs parents et les filles s'installant chez ceux de leur mari), ces enclos ne peuvent être vendus et leur propriété revient à la communauté en cas de décès sans héritier.

Mur d'enceinte en pisé protégé par une couverture en bambou

Le *sanggah* ou *merajan* (temple domestique) est dédié au culte des ancêtres.

Le *bale meten* est un pavillon fermé où résident les maîtres de maison ou de jeunes mariés.

Le *natah* (cour) est le centre symbolique du microcosme familial.

Le *bale dangin*, pavillon cérémoniel ouvert aussi appelé *bale sakenam*, accueille les rites de passage *(p. 38)*.

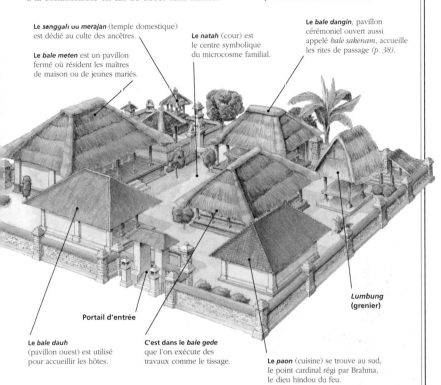

Lumbung (grenier)

Portail d'entrée

Le *bale dauh* (pavillon ouest) est utilisé pour accueillir les hôtes.

C'est dans le *bale gede* que l'on exécute des travaux comme le tissage.

Le *paon* (cuisine) se trouve au sud, le point cardinal régi par Brahma, le dieu hindou du feu.

PORTAILS

Le cachet des villages balinais doit beaucoup aux rangs de portails bordant leurs ruelles. L'entrée d'un enclos domestique s'ouvre normalement dans le mur situé au *kelod*, le côté de la mer ou de l'aval. Son degré de sophistication architecturale reflète le statut matériel de la famille qui l'occupe.

Couverture simple en herbe *alang alang*

Toiture en brique, mais décoration modeste

Toiture en brique et décoration élaborée

Danse et théâtre traditionnels

La danse et le théâtre balinais tirent leurs origines de deux grandes sources, les rituels de transe et les formes d'art dramatique javanaises appelées *wayang*. Lorsqu'ils gardent leur fonction cérémonielle, dans le cadre de fêtes religieuses, les spectacles ont en général lieu tard la nuit et durent plusieurs heures. Il en existe toutefois des déclinaisons plus accessibles aux visiteurs. Les Sasak de Lombok ont une tradition

Marionnette du *wayang kulit*

moins riche. Leurs danses rituelles mettent souvent en scène des hommes mimant des combats.

L'arja, une forme d'opéra dansé, met en scène douze personnages principaux et conte une tumultueuse histoire d'amour.

REPRÉSENTATION THÉÂTRALE

Les spectacles de théâtre et de danse présentés au Festival des arts de Bali *(p. 41)* ne s'appuient pas tous sur une histoire. Des styles nouveaux comme le *sendrarati* ont enrichi le répertoire traditionnel.

L'oleg tambulilingan,
une danse créée en 1952,
mime le jeu de séduction d'un
couple au son d'un gamelan
gong kebyar (p. 33).

Clowns-serviteurs   Entrée   Offrandes

Héros

Le *sendratari*, *dont le nom*
est une contraction des mots
« art », « théâtre » et « danse »,
date des années 1960 et n'a
pas de fonction rituelle.

RITUEL ET TRANSE

Les spectacles rituels peuvent être de simples danses en l'honneur d'une déité ou des œuvres beaucoup plus complexes. Les interprètes entrent parfois en transe *(p. 24).*

Dans le *baris gede*,
danse rituelle ancienne,
des soldats protègent
les divinités.

Le *kecak* *dérive d'un sanghyang*
(danse de transe) jadis exécuté
en cas d'épidémie.

THÉÂTRE MASQUÉ ET THÉÂTRE D'OMBRES

Bali possède ses propres formes de *wayang kulit* et de *wayang yong*, le théâtre d'ombres et le théâtre masqué javanais inspirés du *Mababharata* et du *Ramayana*. Les acteurs de *topeng* portent aussi des masques qui leur permettent d'incarner plusieurs personnages.

Les masques sont souvent sculptés par l'acteur lui-même.

Dans le wayang kulit, *une lanterne projette sur un écran les ombres de marionnettes articulées découpées dans de la peau de buffle et manipulées avec des baguettes.*

Des clowns-serviteurs traduisent le *kawi* (vieux javanais) parlé par les héros.

Le topeng évoque les histoires d'anciennes dynasties. Les acteurs se produisent seuls ou en troupes d'au moins trois personnes.

Les clowns du topeng *amusent le public et font des commentaires moraux.*

Les personnages du wayang kulit *(ici le « prince » et le « démon ») se distinguent par leurs coiffures et leurs façons de parler.*

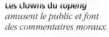

Les acteurs du wayang wong *portent des masques et bougent comme des marionnettes.*

Le puspawresti est une création moderne inspirée du rejang, une danse en l'honneur des dieux qu'interprètent des jeunes filles ou des femmes n'ayant plus l'âge d'enfanter.

LES DANSES SASAK

À Lombok, les arts de la scène découlent de rites indigènes sasak et de traditions balinaises. Des tambours rythment les danses. Celles-ci alternent souvent des passages d'une grande énergie, des épisodes plus lents et des poses gracieuses. De nombreuses fêtes comprennent des spectacles de *peresehan*, une représentation rituelle d'un duel entre deux guerriers sasak.

Les danseurs de peresehan manient bâtons et boucliers

Les instruments de musique

À Bali et dans certaines régions de Lombok, les orchestres qui interprètent la musique traditionnelle portent le nom de *gamelans* et se composent principalement des métallophones aux lamelles de bronze accordées, de gongs et de tambours. Comme la musique est avant tout une offrande aux dieux, presque tous les villages possèdent au moins un jeu d'instruments pour les occasions rituelles. Beaucoup d'orchestres jouent volontiers pour les visiteurs, mais certains *gamelans*, considérés comme sacrés, ne servent qu'aux cérémonies.

Cymbales cengceng

LES INSTRUMENTS DU GAMELAN

Un *gamelan* comprend principalement des paires de métallophones et il doit sa teinte sonore à leur très légère et très précise dissonance volontaire. Chaque ensemble a son propre accord interne et les orchestres ne peuvent s'échanger leurs instruments.

Le *tingklik* aux lames de bambou accompagne les danses traditionnelles.

Des résonateurs en bambou amplifient le son des lames de bronze.

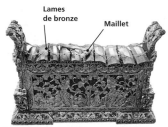

Lames de bronze

Maillet

Les *gangsa*, métallophones de tailles diverses, créent une texture mélodique complexe grâce à une frappe syncopée.

Une paire *de* kendang *(tambours)* « mâle » *et* « femelle » *conduit l'orchestre.*

Le bronze des vieux gongs sert à en fabriquer de nouveaux.

Les *pelawab* (supports d'instruments) sculptés sont construits sur mesure pour chaque orchestre.

LES GONGS

Frappés avec des baguettes ou des maillets à la tête enveloppée de tissu, des gongs de bronze, de formes et de dimensions variées, ponctuent les cycles rythmiques et mélodiques des morceaux musicaux.

Cadre en bois sculpté

Gong couché

Kemong   **Kempur**   **Kempli**   **Gong ageng**

Le *balaganjur*, *fanfare de cymbales et de tambours, joue très fort pour effrayer les mauvais esprits sur son chemin.*

Le *terompong* est composé de gongs renversés et couchés dont joue un seul musicien.

Le *reyong* forme un rang de petits gongs frappés par deux, trois ou quatre musiciens.

LES TAMBOURS DE LOMBOK

Les tambours tiennent une place primordiale dans la musique de Lombok. Les principales traditions musicales de l'île sont marquées par les influences indo-javanaises et balinaises, ainsi que par les traditions de culture islamique.

Kendang beleq ou « grand tambour » lors d'une fête à Lombok

Des joueurs de tambour participent à de nombreuses célébrations

Tambours et tenues d'apparat à l'occasion d'un mariage

GAMELAN

Le gong *kebyar* est la forme de *gamelan* la plus récente populaire à Bali. Il produit, selon un admirateur, « une cascade d'or éclatant ».

De grands instruments de bambou *caractérisent le gamelan jegog,* une forme d'orchestre surtout rencontrée dans l'ouest de Bali.

Les **suling** *sont des flûtes de bambou de longueur et de diamètre variés. Grâce à une technique de respiration particulière, les musiciens en tirent des sons continus.*

La peinture balinaise

Nourri d'une très ancienne tradition, l'art pictural balinais montre un grand dynamisme, en particulier dans la région d'Ubud, de Mas et de Batuan, au centre de l'île. L'apport de peintres occidentaux *(p. 88)* lui a permis de se renouveler, mais thèmes et traitements restent marqués par un héritage indien antérieur à l'arrivée de l'islam à Java *(p. 45)*. L'influence de l'art dit « moderne » a commencé à se manifester à la fin du XXe siècle, période où s'est développé l'enseignement académique.

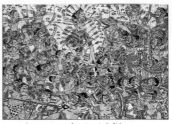

Le style *wayang* *dominait à l'époque précoloniale. Cette peinture anonyme de Kamasan date du XIXe siècle.*

I Gusti Nyoman Lempad *s'affirma comme un des artistes balinais les plus doués du milieu du XXe siècle. Les Histoires de Tantri (1939) offrent un bon exemple de son style expressif et épuré.*

Garuda, l'oiseau mythique

Scène de marché

L'IDIOT BELOG QUI DEVINT ROI

Riche en scènes de la vie quotidienne, ce tableau, peint par Ida Bagus Made Togo en 1932, illustre une histoire aujourd'hui inconnue. Il est caractéristique du style de Batuan, resté proche de la tradition par son remplissage de la toile, l'accumulation de détails et une gamme réduite de couleurs. Les peintres balinais aiment construire des histoires en montrant des scènes de la vie quotidienne.

LES STYLES RÉGIONAUX

L'association Pita Maha a permis l'apparition du « style d'Ubud », qui a lui-même stimulé l'émergence d'autres écoles locales, telle celle de Sanur dans le sud. Bien que proches d'Ubud, les villages de Pengosekan et de Penestanan se sont forgé des identités picturales distinctes.

Les artistes de Pengosekan *jouent d'une palette subtile. Le Cercle cosmique d'I Dewa Nyoman Batuan date de 1975.*

L'école de Sanur *s'est imposée dans les années 1930. I Gusti Ketut Rundu, avec* Chevaux se battant *(non daté), a réalisé une œuvre décorative.*

L'ART MODERNE À BALI

L'enseignement académique de l'art a ouvert la voie à une approche plus analytique de la peinture balinaise. Certains artistes ont opté pour un réalisme classique, d'autres, tels Made Wianta et Nyoman Erawan, suivent des voies plus modernes sans renoncer à leur identité. I Nyoman Gunarsa reste fidèle à des thèmes balinais comme les danses traditionnelles ou les personnages de *wayang*, mais les aborde avec la liberté de traitement de l'expressionnisme américain.

Trois danseuses (1981) par I Nyoman Gunarsa

Une scène de bataille offre un contraste frappant avec la description d'une vie quotidienne paisible.

Pita Maha, *association fondée en 1936 par Cokorda Gede Agung Sukawati et les peintres européens Walter Spies et Rudolf Bonnet, encouragea les artistes locaux à puiser dans leur imagination pour créer des œuvres profanes.*

La rivière au centre du tableau structure sa composition.

Les paysans travaillent aux champs avec leur bétail.

Le style d'Ubud, *illustré ici par* Sculpteurs balinais au travail *(1957) d'I Nyoman Madia, se distingue par une manière de représenter l'anatomie influencée par Rudolf Bonnet.*

L'école des Jeunes Artistes, *fondée par le Néerlandais Arie Smit à Penestanan, use de couleurs vives, comme ici dans* Fête de Jayaprana *(1972) d'I Nyoman Kerip.*

Artisanats et textiles

Les traditions balinaises de tissage, de sculpture
sur pierre et sur bois et du travail de l'or et
de l'argent remontent à l'époque où d'opulents
royaumes se partageaient l'île. Les artisans
d'aujourd'hui appartiennent à des villages
spécialisés et vivent principalement du tourisme
et de l'exportation. Bali est aussi devenue
un important marché pour des objets fabriqués
sur d'autres îles. Lombok produit une belle
poterie rustique et des tissus colorés *(p. 161)*.

Ces *garudas* (oiseaux mythiques) en bois
peint proviennent de la région d'Ubud

ÉLÉMENTS ARCHITECTURAUX SCULPTÉS

La distinction entre artisan et artiste devient
floue quand il s'agit de l'appliquer aux virtuoses
sculpteurs balinais, dont le travail pare de
nombreux temples, palais et maisons de l'île.
La décoration intérieure a ouvert de nouveaux
débouchés à ces créateurs.

Ce décor mural *en tuf volcanique
orne un bâtiment du Pura Tirta
Empul* (p. 99).

Des artisans chinois
*ont sculpté au XIXe siècle
cette porte du Puri
Agung (p. 112) aux
motifs caractéristiques.*

**Maillet et
ciseau de
fabrication
locale**

**La sculpture sur
pierre,** *à Bali,
profite de la
forte demande
créée par la
restauration
des temples.*

POTERIE DE LOMBOK

À Lombok, les femmes sasak continuent
d'utiliser des techniques ancestrales,
probablement introduites sur l'île au
XIVe siècle par des immigrants mojopahit,
pour fabriquer des poteries simples
et élégantes cuites à l'extérieur
dans de la paille. Penujak
(p. 161), Banyumulek *(p. 154)*
et Masbagik Timur comptent
parmi les villages les plus
réputés pour leur
production.

Des objets en poterie,
*comme cette jarre
à eau, sont toujours
très utilisés dans
les maisons
de Lombok.*

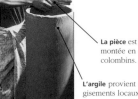

La pièce est
montée en
colombins.

L'argile provient de
gisements locaux.

**La gamme de couleurs, de la terre cuite
au noir, comprend un riche brun-rouge**

ARTISANAT DE BOUTIQUE

L'habileté manuelle d'une part importante de la population balinaise se révèle étonnante et le travail à domicile fournit un revenu à des milliers de familles rurales qui ne peuvent plus tirer leur subsistance de l'agriculture. Certains artisans ont ouvert une « boutique » chez eux.

Bibelots en bois peint

Paniers laqués fabriqués à Bali

La vannerie *tire parti à Lombok de fibres comme le rotin, le jonc et le bambou. Les formes diffèrent selon les villages. Des feuilles de palmier servent parfois à la confection de boîtes plus petites.*

L'or et l'argent *importés d'autres îles sont façonnés par des membres d'un clan de forgerons : les Pande.*

TISSAGES TRADITIONNELS

Les tissus artisanaux les plus répandus, l'*endek* et l'*ikat*, doivent leurs motifs à l'utilisation de fils teints au préalable de couleurs différentes. Beaucoup plus coûteux, le *songket* associe soie et fils d'or et d'argent. Bali abrite les seuls tisserands d'Asie du Sud-Est à maîtriser le double *ikat*, sous la forme du *geringsing* fabriqué dans le village de Tenganan *(p. 110-111).*

Le métier à tisser traditionnel *exige de l'artisan qu'il assure la tension de la chaîne en se penchant en arrière. Les pièces les plus complexes demandent des années de travail.*

Ce sarong en soie du nord de Bali date du XIXᵉ siècle et illustre une histoire mythologique du théâtre d'ombres

Détail d'un *geringsing*, une spécialité de Tenganan

Le *prada* est un tissu doré fabriqué à Bali

Des fils d'or et d'argent dessinent le motif de ce *songket* raffiné

Fêtes et jours saints

D'exubérantes célébrations ponctuent les jours saints, déterminés en fonction soit d'un calendrier lunaire, soit du cycle de 210 jours du calendrier balinais. C'est ce dernier qui rythme la périodicité de l'*odalan* (anniversaire) de chaque temple, prétexte à de nombreuses réjouissances. Les rites de passage et les autres fêtes religieuses donnent surtout lieu à des réunions familiales autour du sanctuaire domestique. Les étrangers assistant aux cérémonies publiques doivent se montrer respectueux des usages.

Les offrandes rituelles *intègrent divers éléments, dont des fleurs et des fruits.*

Les femmes se parent, pour l'occasion, de fleurs et d'une ceinture cérémonielle.

La confection des offrandes *est un art qui se transmet de mère en fille. Les femmes âgées jouissent d'un grand respect en tant que* tukang banten *(expertes en offrandes).*

LES FÊTES DE TEMPLE

Les lieux de culte balinais apparaissent souvent comme des endroits très calmes, mais ils s'animent lors de fêtes comme l'*odalan*, l'anniversaire de la consécration d'un temple. Celui-ci dure en général trois jours dans une atmosphère de kermesse et permet à tout le village de rendre hommage aux divinités par des offrandes, des prières et des spectacles.

Les hommes, ici en prière, revêtent un costume et un turban blancs.

Lors d'une crémation, *le corps repose dans un sarcophage en forme d'animal.*

LES RITES DE PASSAGE BALINAIS

De nombreuses cérémonies rythment l'existence d'un Balinais depuis sa conception jusqu'après sa mort. L'*oton*, son anniversaire selon le calendrier local, se produit tous les 210 jours. De somptueuses célébrations fêtent en général le premier et le troisième *oton* d'un enfant. Le limage des dents, qui met au même niveau les incisives et les canines supérieures, marque l'entrée dans l'âge adulte. Lors d'un mariage, un bain rituel précède le festin. Souvent collective car elle demande d'importants préparatifs à la communauté, la crémation permet à l'âme de se réincarner.

Cette statue de gardien *a reçu sa riche décoration dans le cadre des préparatifs d'une fête de temple.*

Les offrandes apportées par les dévots occupent une plate-forme spéciale.

Une image appropriée illustre chaque jour du calendrier balinais

LE CALENDRIER BALINAIS

C'est le complexe calendrier *pawukon* de 210 jours qui règle une grande part de la vie balinaise. Divisé en 30 *wuku* de sept jours, il est aussi régi par neuf autres cycles *(wewaran)* de longueurs différentes. Le plus commun des *wewaran* détermine la périodicité des marchés : tous les trois jours. De nombreuses fêtes se déroulent à des dates où ces cycles se recoupent.

Saraswati et le recommencement du cycle : le dernier jours du calendrier est consacré à Saraswati, déesse de la connaissance. On rend hommage aux livres, entre autres par des aspersions d'eau, et les enfants apportent des offrandes à l'école. Les adultes font des cadeaux aux enseignants et aux guérisseurs traditionnels.

Banyu Penaruh : le nouveau cycle calendaire commence par un bain rituel de purification, généralement dans une source sacrée ou à la maison d'un prêtre.

Pagerwesi : comme Galungan, le jour de renforcement spirituel appelé « barrière de fer » donne lieu, dans le nord de Bali, à l'érection de *penjor* et à un festin.

Tumpek : tous les 35 jours, les Balinais font des offrandes à des biens précieux comme certains outils métalliques, des arbres, des livres, des instruments de musique, du bétail ou des marionnettes de *wayang*. Motos, voitures, ordinateurs et réfrigérateurs sont venus s'ajouter à la liste depuis plusieurs années.

Symbole de pureté, l'eau joue un grand rôle dans les rites

Des perches de bambou *appelées* penjor *ornent les rues d'un village pour Galungan.*

GALUNGAN ET KUNINGAN

À la 11e semaine du cycle, Galungan célèbre la création de l'univers. Les réjouissances culminent 10 jours plus tard pour Kulingan, la « Toussaint » balinaise.

BALI ET LOMBOK
AU JOUR LE JOUR

Les climats du sud et du nord de Bali et de Lombok diffèrent légèrement : les régions en altitude sont plus humides que les zones côtières. Le même jour, il peut ainsi faire des temps très dissemblables à Ubud et à Sanur. Les offices de tourisme vous donneront les dates des manifestations religieuses et culturelles, mais les informations peuvent être contradictoires. Nombre de fêtes de temples

Char à buffles du Mekepung de Negara (juillet-octobre)

se déroulent à la pleine lune *(purnama)*. Nous en signalons quelques-unes dans ces pages. Les périodes d'affluence touristique comprennent les mois de juillet et d'août et les longs week-ends proches du Nouvel An chinois, de Pâques, de Noël et du Nouvel An occidental. Les prix des hébergements augmentent de façon significative ; il vaut donc mieux réserver tôt sa chambre et ses titres de transport.

Défilé d'*ogoh-ogoh* la veille de Nyepi au printemps

SAISON SÈCHE

Des pluies occasionnelles n'ont rien d'anormal pendant les mois les plus secs, d'avril à octobre. Il fait relativement frais en juillet et en août, et même parfois vraiment froid, la nuit, en altitude.

AVRIL

Nyepi *(mars-avr.)*. Le jour de la 9e nouvelle lune, veille de la fête, les principaux carrefours reçoivent à midi de grandes offrandes supposées exorciser les esprits malins. Le soir, de bruyantes processions promènent aux flambeaux d'immenses effigies des démons, les *ogoh-ogoh*, qui finiront brûlées. Les groupes de jeunes villageois qui

chaque année fabriquent ces mannequins s'efforcent de les rendre les plus effrayants, les plus drôles ou les plus extravagants possible.

Nyepi est le jour du silence. Personne n'a le droit de sortir dans la rue ou d'allumer la lumière jusqu'à 6 h le lendemain. L'impact grandissant du tourisme et du mode de vie moderne sur la pratique religieuse a conduit certains Balinais à exiger un respect plus scrupuleux de ces règles. Il est attendu des visiteurs qu'ils se plient à ces restrictions et demeurent dans leurs hôtels. Des dispositions spéciales permettent au personnel de s'occuper des clients et associent même parfois les étrangers aux festivités

de la veille. Certaines liaisons aériennes sont suspendues et l'aéroport international de Denpasar est fermé.

Purnama Kedasa *(deux semaines après Nyepi)*. La pleine lune du 10e mois donne lieu à de grandes fêtes dans des temples importants comme au Pura Besakih *(p. 116-117)*, au Pura Ulun Danu Batur *(p. 122-123)* et au Pura Samuan Tiga *(p. 87)*. Elles offrent l'occasion d'assister à des spectacles de musique et de danse sacrées dans leur contexte culturel.

MAI

Waisak *(avr.-mai)*. Le jour de la pleine lune, en mai s'il n'y a pas de décalage de calendrier, la petite

Fête de temple au Pura Taman Ayun

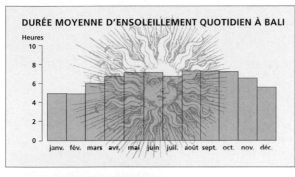

DURÉE MOYENNE D'ENSOLEILLEMENT QUOTIDIEN À BALI

Heures
10
8
6
4
2
0
janv. fév. mars avr. mai juin juil. août sept. oct. nov. déc.

Ensoleillement

Lombok jouit en moyenne chaque jour d'une heure d'ensoleillement de moins que Bali. Les deux îles se trouvant près de l'équateur, les périodes diurnes et nocturnes ne connaissent pas de variations saisonnières et restent à peu près égales toute l'année.

Fête du cerf-volant dans le sud de Bali

communauté bouddhiste de Bali célèbre dans ses temples l'anniversaire de la naissance, de l'illumination et de la mort du Bouddha.
Purnama Desta *(pleine lune).* Cette fête de temple hindoue se déroule au Pura Maospahit de Denpasar *(p. 61),* ainsi qu'au Pura Segara proche d'Ampenan, à Lombok.

JUIN

Pesta Kesenian Bali (Festival des arts de Bali) *(de mi-juin à mi-juil.),* Denpasar. Le fleuron du calendrier culturel profane de Bali dure de 2 à 4 semaines, à des dates qui varient légèrement d'une année à l'autre. Le centre culturel Taman Werdhi Budaya *(p. 61)* accueille des spectacles principalement balinais, mais aussi, et de plus en plus, internationaux. Tous les groupes de musique, de danse ou de théâtre invités pour l'occasion contribuent à la parade d'ouverture, une spectaculaire procession qui sillonne toute la ville et au cours de laquelle certains participants entrent en transe.

JUILLET ET AOÛT

Les Balinais considèrent cette période comme propice aux crémations.
Fête du cerf-volant (Selayang Pandang Layang-Layang Tradisional Bali) *(juin-août),* sud de Bali. Cette manifestation, qui attire des participants de toute l'Asie du Sud-Est et du Japon, a lieu chaque année au moment où les vents se montrent les plus favorables. Elle inspire les enfants : au-dessus des rizières et des villages, les cerfs-volants qu'ils ont construits avec les matériaux à leur disposition, notamment des sacs en plastique décorés, s'élèvent en groupe dans le ciel.
Fête de l'Indépendance de l'Indonésie *(17 août).* La fête de l'Indépendance donne lieu à des cérémonies d'inspiration militaire dans les capitales provinciales. À Bali, les files d'écoliers qui s'entraînent à marcher

au pas au bord des routes perturbent la circulation.
Mekepung *(juil.-oct., dates variables).* Courses de chars à buffles à Negara *(p. 134).* D'autres courses sont aussi organisées toute l'année.

SEPTEMBRE

Festival Nusa Dua. Musique et danse traditionnelles à travers toute l'Indonésie.
Purnama Katiga *(pleine lune).* Fête du temple de Gunung Kawi, le plus ancien temple de Bali, à Tampaksiring, dans le centre de l'île *(p. 99).*

OCTOBRE

Purnama Kapat *(pleine lune).* Des fêtes se déroulent dans beaucoup de grands temples, dont le Pura Besakih *(p. 116-117),* le Pura Ulun Danu Batur *(p. 122-123),* le Pura Tirta Empul *(p. 99),* le Pura Pulaki *(p. 138)* et le Pura Tegeh Koripan *(p. 115).*
Hari Raya Sumpah Pemuda *(28 oct.).* Ce jour travaillé commémore le mouvement d'indépendance.

Plage de Kuta en haute saison (juillet-août)

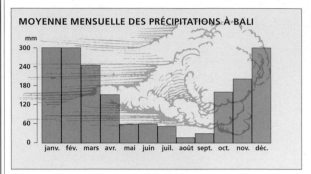

MOYENNE MENSUELLE DES PRÉCIPITATIONS À BALI

mm
300
240
180
120
60
0

janv. fév. mars avr. mai juin juil. août sept. oct. nov. déc.

Précipitations
Bali et Lombok connaissent les mêmes saisons sèches et pluvieuses, mais avec des écarts de précipitations plus importants à Bali. Le phénomène climatique appelé El Niño a quelque peu perturbé ce schéma au cours des dernières années.

Gouttes de pluie sur une rizière inondée

SAISON DES PLUIES

Bali et Lombok sont soumises à la mousson et, d'octobre à mi-mars, le vent de nord-est pousse des nuages chargés de pluie, en particulier pendant les mois de décembre et janvier. Il pleut normalement l'après-midi, mais une semaine de beau temps peut succéder à plusieurs jours d'averses ininterrompues. L'humidité de l'air rend la chaleur plus difficile à supporter. Les deux îles ne subissent pas de typhons, mais connaissent souvent en février une ou deux semaines où le vent de nord-est forcit avant que l'alizé de sud-ouest apporte un climat plus sec.

NOVEMBRE-DÉCEMBRE

Purnama Kalima *(nov.).* La fête du Pura Kehen de Bangli *(p. 104)* coïncide avec la pleine lune du 5e mois du calendrier hindou.
Processions. La mousson atteint son apogée en décembre et janvier. Cette période étant favorable au développement des

maladies, des processions *melasti* sont organisées à Bali comme à Lombok, au cours desquelles les statues de divinités sont portées jusqu'à la mer ou auprès de sources sacrées.
Purnama Kenam *(déc.).* Pour la pleine lune du 6e mois, les Balinais de Lombok célèbrent une fête de temple au Pura Lingsar.
Siwa Latri *(déc.-janv.).* Le « rite de Shiva » se déroule la veille de la 7e nuit sans lune (Tilem Kapitu), deux semaines après Purnama Kenam. Cette fête comprend une veillée de 24 heures, qui se déroule généralement dans un temple.

Procession lors d'une fête musulmane

JANVIER-MARS

Nouvel an chinois *(janv.-fév.).* Des Chinois de Singapour et de Jakarta affluent à Bali pour cette fête familiale. Comme lors de la veille de Nyepi *(p. 40)*, les réjouissances comprennent des défilés en fanfare, en particulier à Denpasar.
Bau Nyale *(fév.).* Chaque année, le ver marin appelé *nyale*, très apprécié pour sa chair et symbole de fertilité, vient se reproduire au large de Kuta *(p. 162)*, au sud de Lombok. Sa pêche est l'occasion de festivités sur la plage, offrant aux jeunes gens le loisir de se courtiser.
Purnama Kesanga *(fév.-mars).* Réputé pour son gong haut de près de 2 m, le Pura Penataran Sasih de Pejeng *(p. 97)*, près d'Ubud, célèbre son *odalan* à la pleine lune.

Prière lors d'une fête de temple au Pura Taman Pule de Mas

MOYENNE MENSUELLE DES TEMPÉRATURES À BALI

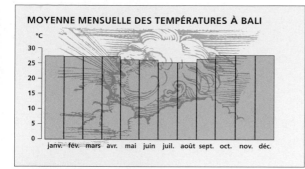

°C

30
25
20
15
10
5
0

janv. fév. mars avr. mai juin juil. août sept. oct. nov. déc.

Températures
Les températures moyennes de Bali excèdent celles de Lombok d'environ 1 °C. Sur les deux îles, elles ne varient que très faiblement au cours de l'année. Il fait généralement plus frais dans les collines que près des côtes.

Préparatifs de la célébration de Galungan à Ubud

autres fêtes. La plus importante, Galungan, a lieu la 11e semaine et commémore la défaite légendaire du roi démon Maya Denawa. Toute l'île est décorée et ses habitants revêtent leurs plus beaux atours. Dix jours plus tard, un samedi, Kuningan marque la fin des vacances. Le lendemain, pour Manis Kuningan, de grandes fêtes se déroulent au Pura Sakenan de Pulau Serangan et au Pura Taman Pule de Mas.

JOURS FÉRIÉS

Nouvel An (1er janv.)

Nyepi (Nouvel An hindou : 12 mars 2013, 31 mars 2014)

Vendredi Saint (29 mars 2013, 18 avril 2014)

Hari Waisak (fête du Bouddha : 17 mai 2013, 6 mai 2014)

Ascension (9 mai 2013, 29 mai 2014)

Hari Proklamasi Kemerdekaan (fête de l'Indépendance : 17 août)

Noël (25 déc.)

Fêtes hindoues basées sur le calendrier balinais de 210 jours :

Galungan (27 mars et 23 octobre 2013, 21 mai 2014)

Kuningan (10 jours plus tard)

Saraswati (12 janvier et 10 août 2013, 8 mars 2014)

Fêtes musulmanes basées sur le calendrier islamique de 354 ou 355 jours :

Idul Adha (15 octobre 2013, 4 octobre 2014)

Maulid Nabi Mohammed (24 janvier 2013, 13 janvier 2014)

Isra Miraj Nabi Mohammed (6 juin 2013, 26 mai 2014)

Idul Fitri (8 août 2013, 28 juillet 2014)

JOURS SAINTS BALINAIS

Un certain nombre de cérémonies rituelles et de pratiques religieuses suivent le calendrier lunaire de 12 mois. Au sein du domicile familial comme dans le temple public local, des offrandes spécifiques marquent ainsi chaque *tilem* (nouvelle lune) et *purnama* (pleine lune). Ponctuée par des représentations de théâtre d'ombres et des récitations de poésie sacrée, la célébration de *purnama* est très animée dans certains temples « d'État », comme le Pura Jagatnatha de Denpasar, le Pura Kehen de Bangli et les sanctuaires d'autres capitales régionales.

Le calendrier balinais de 210 jours (p. 39) règle les

LE RAMADAN

Pendant le 9e mois du calendrier islamique, le ramadan interdit aux musulmans de manger, de boire et de fumer depuis l'aube jusqu'au coucher du soleil. Les étrangers en visite à Lombok doivent éviter de se livrer en public à ces activités pendant la journée. L'**Idul Fitri**, fête de deux jours, conclut la période de jeûne. Les citadins retournent dans leur village et les transports publics sont bondés.

Cartes de vœux pour la fête musulmane d'Idul Fitri

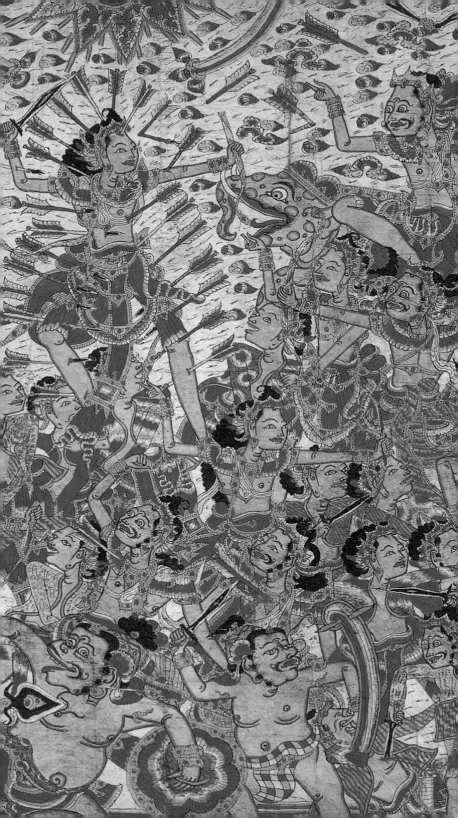

HISTOIRE DE BALI ET LOMBOK

Les dieux des collines et des montagnes tiennent une grande place dans les légendes balinaises, et les paysages ont profondément influencé la vie culturelle, politique et économique des deux îles. Les traditions sont restées florissantes malgré le colonialisme, les luttes politiques et le déferlement de visiteurs étrangers.

Selon les historiens, les Balinais et les Sasak de Lombok tireraient leurs origines de la rencontre entre une population indigène de chasseurs-cueilleurs de l'âge de la pierre et des immigrants venus du sud de la Chine vers 2000 av. J.-C. Ces derniers auraient laissé en héritage à leurs descendants le travail du métal, la prédominance de cultes montagnards et un mode de vie basé sur la culture du riz. Ces traits toujours observables dans les campagnes rapprochent les habitants des deux îles d'autres peuples de l'Asie du Sud-Est et de l'océan Pacifique.

Poignée de kriss

LES PREMIERS ROYAUMES

Il existe peu de témoignages écrits antérieurs au XXᵉ siècle sur l'histoire des deux îles. Le plus ancien concernant Lombok ne remonte qu'à 1365. Des découvertes archéologiques révèlent cependant une très ancienne influence indienne. Les inscriptions gravées en 914 sur un pilier du Pura Belanjong de Sanur *(p. 65)* indiquent que des relations existaient déjà à cette époque entre Bali et les Sanjaya, une dynastie bouddhiste du centre de Java. À Bali subsistent des vestiges

d'un royaume qui s'est maintenu du Xᵉ au XIIIᵉ siècle et qui avait son siège près des actuels Pejeng et Bedulu. Les édifices de Gunung Kawi *(p. 99)*, construits au XIᵉ siècle, rendaient hommage au roi Anak Wungsu et à la reine Betari Mandul. Ce souverain dirigeait probablement toute l'île. Il est également possible que le Pura Tegeh Korigan *(p. 115)* ait été bâti pour le vénérer. Anak Wungsu, qui monta sur le trône vers 1025, avait pour parents une princesse javanaise et le roi balinais Udayana. Son frère aîné, le grand Airlangga, régna sur l'est de Java.

C'est un contemporain d'Anak Wungsu, Mpu Kuturan, qui aurait établi le système de triple sanctuaire qui associe dans les villages balinais le *pura puseh* (temple des origines), le *pura desa* (temple du village) et le *pura dalem* (temple des morts).

Une influence chinoise s'exerça aussi très tôt et elle expliquerait le fait que l'esprit gardien Barong *(p. 25)* a l'apparence d'un dragon. Des *kepeng* (pièces de monnaie chinoises) circulèrent à partir du VIIᵉ siècle et le roi Jayapangus de Bali épousa une princesse chinoise au XIIᵉ siècle.

CHRONOLOGIE

250000-10000 av. J.-C.
Pléistocène supérieur

Pilier gravé du Pura Belanjong de Sanur

914 apr. J.-C. Plus vieille inscription, sur un pilier du Pura Belanjong, d'un nom royal balinais

250000 av. J.-C.	10000	2000	1000	1 apr. J.-C.	1000

2000 av. J.-C. Arrivée de migrants venus de Chine

960 apr. J.-C. Construction du temple de la Source sacrée, le Pura Tirta Empul

Pointes de lance préhistoriques

◁ *La Mort d'Abhimayu*, d'après le *Mahabharata*, fin du XIXᵉ siècle, style de Kamasan (détail, artiste inconnu)

Autel du Pura Maospahit de Denpasar, un temple fondé à l'époque mojopahit *(p. 61)*

LA BALI DES MOJOPAHIT

Bali réussit à rester indépendante des royaumes de l'est de Java jusqu'à l'expédition victorieuse lancée en 1284 par le roi Kertanegara, de la dynastie des Singarasi. L'île entre alors dans la sphère politique javanaise, mais garda une relative autonomie.

Le successeur de Kertanegara, Raden Wijaya, fonde en 1292 le royaume de Mojopahit qui deviendra, au cours des deux siècles suivants, le plus puissant empire de l'histoire de l'Asie du Sud-Est. En 1343, le Premier ministre Gajah Mada bat le roi de Bali à Bedulu et met un de ses fidèles sur le trône pour imposer son contrôle.

Le nouveau pouvoir installe sa capitale à Gelgel, site d'où le roi gouverne au nom du souverain mojopahit avec l'aide des chefs locaux. Mais les habitants de certains villages refusent d'adopter les coutumes et les pratiques religieuses des nouveaux maîtres de l'île. Isolés, ils donneront

Coupe cérémonielle sculptée vers le XVe siècle

naissance à une minorité culturelle connue sous le nom de Bali Aga ou « Balinais originels » *(p. 121)*. La culture balinaise doit beaucoup à l'influence indo-javanaise des Mojopahit, en particulier dans les domaines de l'architecture, des arts de la scène et de la littérature, tandis que la peinture et la sculpture se sont très abondamment inspirées du théâtre de marionnettes *wayang (p. 31)*.

Les Mojopahit imposèrent aussi leur tutelle à Lombok. Une chronique javanaise de 1365 mentionne l'île comme une dépendance. Les archives de Lombok parlent de princes mojopahit envoyés à Bali, Lombok et Bima (l'actuelle Sumbawa). Bien que les Sasak soient aujourd'hui islamisés, ils ont conservé des traditions hindoues dont l'origine remonte à cette période.

L'ÂGE D'OR DE BALI

Bali recouvre son indépendance à la fin du XVe siècle, alors que l'islam gagne du terrain à Java et que l'Empire mojopahit commence à s'effondrer. Le royaume balinais de Gelgel connaît son apogée au milieu du XVIe siècle, pendant le règne de Waturenggong, qui étend son pouvoir à l'ouest sur la puissante île voisine et prend le contrôle de Lombok et de Bima. De nombreux artistes, prêtres et membres de la noblesse javanaise choisissent l'exil pour conserver leurs traditions hindoues et émigrent à Bali, qui connaît un véritable âge d'or culturel. Deux nouveaux courants de pensée religieux se diffusent vers l'est depuis Java : l'islam, qui ne rencontrera jamais de large écho à Bali, et un mouvement hindou animé par un prêtre de Watureng-

CHRONOLOGIE

1050-1078 Règne d'Anak Wungsu

1284 Conquête de Bali par le roi Kertanegara de Kediri

Monnaie de l'Empire mojopahit frappée au XIVe siècle

1100	1200	1300	1400

1294 Raden Wijaya fonde le royaume de Mojopahit dans l'est de Java

1343 Invasion de Bali par les Mojopahit

Édit écrit en balinais ancien, Xe ou XIe siècle

gong, Dang Hyang Nirartha. Poète, architecte et enseignant, ce brahmane introduit, entre autres, l'autel *padmasana (p. 26)* dédié au dieu suprême. Il fonde ou rénove de nombreux temples, entre autres le Pura Tanah Lot *(p. 128)*. Il est considéré comme l'ancêtre du clan Brahmana Siwa, le plus important de la caste sacerdotale balinaise.

Nirartha prêche aussi à Lombok, mais c'est vers l'islam que se tournent les Sasak peuplant l'île. Deux personnages jouent un rôle particulièrement important dans leur conversion : Sunan Prapen, un disciple du saint Sunan Giri, et le prince javanais Pangeran Sangupati. Ce dernier pourrait n'avoir qu'une existence mythique, mais on lui attribue la création de la secte syncrétique des Wetu Telu *(p. 23)*.

L'ÉPARPILLEMENT DU POUVOIR

En 1597, quand le marchand hollandais Cornelis de Houtman découvre Bali, le souverain de Gelgel, le Dewa Agung (« grand dieu ») vit dans un faste décadent. Une branche de la dynastie s'installe à Klungkung vers 1650, mais le royaume se morcelle bientôt en plusieurs principautés. Leurs conflits, ainsi que le jeu des mariages et des alliances, vont générer pendant 250 ans une instabilité politique.

Le XVIIIᵉ siècle voit naître des États à l'origine des régences de la Bali moderne. Il s'agit de Karangasem, Buleleng, Jembrana, Bangli, Badung, Klungkung, Gianyar, Tabanan et Mengwi. Buleleng était devenue une puissance majeure pendant le règne de Panji Sakti entre 1660 et 1704, mais avait subit la concurrence de Karangasem et de Mengwi au XVIIᵉ siècle. Ses ennemis se partageront en 1891 les territoires controlés par Mengwi ; le complexe sacré du Pura Taman Ayun *(p. 130-131)* est l'unique témoignage de sa grandeur passée. Même s'il est entouré de voisins plus vastes, le royaume de Klungkung des Dewa Agung conserve son prestige grâce au temple de Besakih *(p. 116-117)*.

Karangasem, devenu Amlapura *(p. 112)*, occupe Lombok en 1740. Des colons balinais s'installent à l'ouest de l'île, mais la noblesse sasak et des immigrants bugis *(p. 135)* résistent au centre et à l'est. Les contacts avec l'islam augmentent aussi à Bali même.

À la fin du XVIIIᵉ siècle, tous les rajas emploient des mercenaires musulmans, ce qui explique l'existence de nombreux villages balino-musulmans près des anciennes capitales princières.

Kulkul du Pura Taman Ayun, construit à Mengwi vers 1740

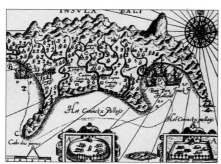

Carte hollandaise de Bali établie vers 1597

v. 1540 Le missionnaire musulman Sunan Prapen est envoyé à Bali et Lombok	**v. 1550-1570** Règne de Waturenggong à Gelgel. Âge d'or de Bali	**1619** Fondation de Batavia dans l'ouest de Java	*Le Puri Agung, palais de la dynastie de Karangasem, construit au XVIIIᵉ siècle*
		v. 1650 Établissement de la dynastie de Klungkung	**1740** Karangasem conquiert Lombok

1500	**1600**	**1700**	**1800**

v. 1540 Le réformateur hindou Nirartha arrive à Bali	**1597** Première visite documentée d'un Européen	**1602** Création de la Compagnie des Indes orientales [VOC] *(p. 48)*	**v. 1700** Essor de Mengwi	**1800** Dissolution de la VOC et établissement d'un gouvernement colonial néerlandais
			v. 1680 Essor de Karangasem	
			v. 1660-1704 Essor de Buleleng	

L'ARRIVÉE DES EUROPÉENS

Un nouvel acteur entre en scène au XVIIe siècle : la Compagnie hollandaise des Indes orientales (VOC), créée en 1602 pour défendre les intérêts des Pays-Bas dans le commerce des épices. En 1800, elle cède la place à une administration coloniale.

Les Néerlandais concentrent tout d'abord leur attention sur Batavia, l'actuelle Jakarta. Les premières relations avec Bali se résument à l'échange d'opium contre des esclaves : prisonniers de guerre et sujets endettés auprès des rois balinais.

Le raja de Buleleng au milieu du XIXe siècle

UN SIÈCLE TUMULTUEUX

Le XIXe siècle commence pour Bali sous le signe de la prospérité, mais s'achève par une longue période de guerre et de souffrance. Entre 1811 et 1816, les Britanniques prennent le contrôle de Java pour contrer Napoléon, devenu le maître des Pays-Bas. Ils nomment gouverneur Thomas Stamford Raffles, le futur fondateur de Singapour. Celui-ci montre un réel intérêt pour la culture balinaise. Lorsqu'ils reviennent au pouvoir, les Néerlandais affrontent plusieurs révoltes, dont la guerre de Java menée contre eux par le prince Diponegoro entre 1825 et 1830. Ils entreprennent ensuite la conquête de l'ensemble de l'Indonésie. Prenant prétexte du pillage d'une épave par le roi de Buleleng en 1845, ils lancent une première expédition militaire contre Bali en 1846.

Trois expéditions militaires seront nécessaires pour vaincre en 1849, à Jagaraga, le brillant tacticien Gusti Jelantik. Une partie de Bali tombe sous le contrôle de Lombok. Les rivalités entre souverains locaux et les querelles intestines au sein des dynasties vont longtemps faciliter la tâche des colonisateurs. Réfugié à Karangasem, Gusti Jelantik est victime d'une intrigue de palais.

Vue du port d'Ampenan, Lombok, vers 1850

CHRONOLOGIE

1808-1816 Interrègne français et britannique

1815 Éruption du Gunung Tambora à Sumbawa

Avènement de Raja Ratu Ketut Ngurab Karangasem à Lombok en 1855

1810	1820	1830	1840	1850

1811-1816 T. S. Raffles est nommé gouverneur de Java

1825-1830 Guerre de Java

Palais d'eau bâti à Mataram par la dynastie balinaise qui dirigea Lombok jusqu'en 1843

1846-1849 Expéditions de Buleleng ; *puputan* à Jagaraga

1843 Lombok accepte la souveraineté hollandaise

Cavalerie hollandaise à Lombok en 1894

LA CHUTE DES ANCIENS ROYAUMES DE BALI

Prétendant soutenir une révolte des Sasak musulmans contre leurs rois balinais, les Hollandais débarquent à Lombok en 1894 et s'emparent de la totalité de l'île. À Bali, Karangasem accepte de se soumettre à l'autorité des envahisseurs, un exemple suivi en 1900 par Gianyar, tandis que Bangli poursuit une politique hésitante. Toutefois, les trois royaumes de Badung, de Tabanan et de Klungkung défendent leur indépendance.

En 1906, les Européens prennent une fois encore prétexte du pillage d'une épave – celle d'un petit navire ayant fait naufrage près de Sanur – pour envoyer une grande flotte. Les troupes débarquent et marchent sur Denpasar. Dans la ville, les princes, les nobles et les brahmanes, vêtus de blanc, font bénir leurs armes rituelles. Les soldats hollandais voient sortir du palais des centaines d'hommes, de femmes et d'enfants. C'est le *puputan*, le combat à mort. Les Balinais se précipitent en brandissant leurs *kriss* sans se soucier des canons et des fusils qui les fauchent. Plutôt que de se rendre, les survivants s'enfoncent la lame du *kriss* dans le cœur. Le même après-midi, une tragédie similaire se déroule au palais voisin de Pemecutan. Le roi de Tabanan se rend avec son fils, mais ils se donnent la mort deux jours plus tard dans leur cellule. À Klungkung, en 1908, le Dewa Agung entraîne lui aussi sa cour dans un *puputan*. Bali est désormais totalement intégrée aux Indes orientales néerlandaises.

LE GOUVERNEMENT COLONIAL

Instruits par les révoltes précédentes, souvent conduites par des princes insatisfaits, les Hollandais réservent aux rajas une place assez élevée dans l'administration pour qu'ils restent dociles mais les dépouillent de leurs biens et de tout pouvoir réel. À Lombok et Bali, le pouvoir colonial utilise le travail forcé pour développer l'irrigation et construire un réseau de routes. Les deux îles connaissent des sorts différents. Lombok subit une exploitation impitoyable et les nouvelles taxes accablent les paysans.

Intérieur du palais royal de Karangasem, bâti vers 1900

1860-1888
Épidémies à Bali

Les Ruines de Denpasar *(1906) par W. O. J. Nieuwenkamp*

1860	1870	1880	1890	1900

1882-1900
Guerres intestines à Bali

1888 Important tremblement de terre à Bali et Lombok

1906 Expédition contre Badung ; *puputan* à Denpasar, chute de Tabanan

1894 Conquête hollandaise de Lombok

Un *modus vivendi* s'installe toutefois à Bali, que les Hollandais préservent comme une sorte de « musée vivant » de la civilisation indo-javanaise et une vitrine de leur colonialisme éclairé. En rétablissant les rajas dans leur rôle de gardien des rites et des traditions, ils donnent l'apparence d'une continuité culturelle.

Le roi et un visiteur à l'entrée du Puri Gianyar en 1910

Mais la pression économique et démographique, ainsi que le bouleversement que supportent les structures sociales, nourrissent vite des tensions qui s'exprimeront bientôt dans le cadre du mouvement nationaliste et ressurgiront quand les pouvoirs post-coloniaux échoueront à répondre aux attentes populaires.

Photographie colorisée de Balinais prise par G. P. Lewis dans les années 1920

LE DERNIER PARADIS

Au début du XXe siècle, la publication des dessins du Néerlandais W. O. J. Nieuwenkamp et des photographies de l'Allemand Gregor Krause attirent des visiteurs étrangers érudits et fortunés, pour qui l'île représente un véritable paradis. Certains décident de s'y installer, principalement à Ubud et à Sanur. Ils entretiennent le mythe d'une « île des dieux » où « tout le monde est un artiste », et les autorités coloniales encouragent prudemment l'industrie touristique naissante.

La bureaucratie moderne fournit, avec les marchands chinois, arabes et musulmans, le noyau d'une intelligentsia urbaine. Entre les îles de l'archipel se tissent des réseaux politiques qui facilitent l'émergence d'un nationalisme indonésien. En 1928, des étudiants réunis à Medan décident de donner une langue commune, le *bahasa indonesia*, à la nation dont ils espèrent la création. Ils choisissent le malais, qui sert aux échanges commerciaux dans toute l'Asie du Sud-Est.

GUERRE ET INDÉPENDANCE

Les Japonais envahissent les Indes orientales néerlandaises en 1942. Ils réquisitionnent les récoltes et emprisonnent ou déportent tous les étrangers. Ces exactions renforcent encore le sentiment nationaliste. Le 17 août 1945, deux jours après la reddition des envahisseurs, le leader javanais Sukarno proclame l'indépendance de l'Indonésie. Mais les Néerlandais décident de reprendre le contrôle de leur

---

CHRONOLOGIE

1908 *Puputan* de Klungkung et fin de la conquête de Bali

Dewa Agung Semarabhawa, roi de Klungkung, en 1908

1928 Ouverture du Natour Bali Hotel à Denpasar

1936 Fondation du mouvement artistique Pita Maha *(p. 35)*

1942 Invasion japonaise. Les Hollandais se retirent

1949 Transfert de la souveraineté à la république d'Indonésie

1963 Éruption du Gunung Agung

1910	1920	1930	1940	1950	1960

1917 Séisme ; éruption du Gunung Batur

*Couverture d'*Island of Bali

1914 Ouverture de Bali au tourisme

1937 Publication d'*Island of Bali*, ouvrage de Miguel Covarrubias

1946 Retour des Hollandais. *Puputan* de Marga

1945 Proclamation de l'indépendance. Sukarno devient président

1965 Putsch raté 30 septembre. Début de la purge anticommuniste

Juges balinais du régime colonial, 1935

AUTOCRATIE ET RÉFORMES

À la suite d'un prétendu coup d'État organisé à Jakarta le 30 septembre 1965, une campagne d'épuration entraîne la mort de centaines de milliers de personnes accusées de sympathies pour le parti communiste. Un général peu connu, Suharto, évince Sukarno et règle dans la violence d'innombrables conflits internes. Mais son « Ordre nouveau » rassure les investisseurs et l'économie entre dans une longue phase de croissance.

Les premiers touristes modernes de Bali sont des « hippies » qui « font la route » dans les années 1960 et 1970, puis viennent les Australiens. À Kuta, boutiques et petits hôtels remplacent peu à peu les plantations de cocotiers. Le sud de l'île connaît une frénésie de construction dans les années 1980 et 1990. Alors qu'il n'existait que quelques centaines de chambres d'hôtel en 1965, on en compte plus de 30 000 en 1999.

L'accession à la prospérité compense l'absence de liberté politique imposée par Suharto et la corruption qui règne à tous les niveaux de l'État. La crise financière de 1997 met un terme à cet équilibre et oblige le dictateur à démissionner l'année suivante.

Bannière électorale, 1999

colonie. Ils font face à une résistance acharnée, mais ils jouissent à Bali du soutien de l'ancienne noblesse. La guérilla menée par de jeunes indépendantistes prend fin le 20 novembre 1946 avec le *puputan* de Marga *(p. 132)*. La position des Pays-Bas devient toutefois intenable sur la scène internationale, et ils acceptent de transférer la souveraineté à la jeune république le 27 décembre 1949.

Les années qui suivent l'indépendance sont celles des espoirs déçus. La situation économique reste difficile et des bandes d'hommes armés rôdent dans les îles de l'archipel. Les gouvernements se succèdent, impuissants ou d'un nationalisme exacerbé qui effraie les investisseurs étrangers. En 1963, le plus haut volcan de Bali, le Gunung Agung, entre en éruption, faisant des milliers de victimes.

Des tensions sociales et religieuses s'expriment. Des émeutiers ont incendié des bâtiments publics de Bali après les élections de 1999. En 2002 puis en 2005, l'île est entrée tragiquement dans le XXIe siècle avec des attentats terroristes dont les responsables ont été exécutés en 2008.

Suharto à Bali, 1979

966 1966 Ouverture du Bali Beach Hotel *Nusa Dua Beach Hotel*		**1998** Crises économiques créant des émeutes à Jakarta, Suharto démissionne	**2009** Réélection de Susilo Bambang Yudhoyono, président de l'Indonésie depuis 2004	**2010** Le nombre de visiteurs étrangers à Bali atteint le chiffre record de 2,5 millions	
1970	1980	1990	2000	2010	2020

1983 Ouverture du Nusa Dua Hotel, intégré à un complexe cinq étoiles

1967-1998 Ordre nouveau de Suharto et essor du tourisme

1999 Le PDI-P, dirigé par Megawati Sukarnoputri, remporte 80 % des voix à Bali. Abdurrahman Wahid devient président d'Indonésie

2002 Le 12 octobre, une bombe à Kuta cause la mort de plus de 200 personnes

2008 Les responsables des attaques terroristes de 2002 sont exécutés

BALI ET LOMBOK
RÉGION PAR RÉGION

BALI ET LOMBOK D'UN COUP D'ŒIL 54-55

LE SUD DE BALI 56-77

LE CENTRE DE BALI 78-99

L'EST DE BALI 100-123

LE NORD ET L'OUEST DE BALI 124-149

LOMBOK 150-163

Bali et Lombok d'un coup d'œil

Hauts volcans se reflétant dans des lacs, collines parées
de rizières en terrasses ou superbes côtes souvent restées
sauvages, Bali et Lombok présentent partout de splendides
paysages. Les deux îles offrent aux visiteurs des plaisirs variés :
du surf à la découverte d'une riche tradition culturelle. Le sud
de Bali abrite des stations balnéaires à la vie nocturne animée,
tandis que le centre et l'est possèdent un grand intérêt
historique et artistique. Moins paradisiaque que Bali,
Lombok demeure moins touchée par le tourisme.

Le Taman Burung
(p. 84-85) *abrite,
dans un beau jardin
tropical, quelque
250 espèces d'oiseaux.*

**Le Pura Meduwe
Karang** (p. 148-149) *est
un temple réputé pour
la richesse de sa
décoration sculptée.*

Singaraja *(p. 146-147)*
a gardé l'atmosphère
d'une ancienne
capitale coloniale.

Ubud *(p. 88-95)* et les
villages des environs
sont au cœur de la
vie culturelle de l'île.

**Le Parc national de
l'ouest de Bali** *(p. 136-
137)*, vaste réserve
naturelle, protège les
derniers étourneaux de
Bali et les récifs de l'île
de Menjangan.

NORD ET OUEST DE BALI
(p. 124-149)

CENTRE
DE BALI
(p. 78-90)

0   20 km

**Le musée
de Bali**
(p. 62-63)
*mérite une
visite pour
ses collections
et pour son
architecture.*

SUD DE
BALI
(p. 56-77)

Denpasar
(p. 60-61) est la
capitale
administrative
et commerciale
de Bali.

Le Pura Taman Ayun
(p. 130-131), *sanctuaire
royal, a conservé
ses douves.*

Kuta *(p. 66-69)*,
la station balnéaire
la plus développée
de Bali, compte
de nombreux hôtels,
boutiques et
restaurants.

Le Pura Luhur Uluwatu
(p. 76-77) *domine
l'océan depuis une haute
falaise à la pointe de la
péninsule de Bukit.*

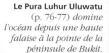
◁ **Ruines du Puri Taman Ayun**

Le Parc national du Gunung Rinjani (p. 158-159), *très apprécié des randonneurs, renferme le plus haut volcan de Lombok et le lac de cratère Segara Anak.*

Le Gunung Batur (p. 120-121), *volcan en activité, domine le lac Batur dans une caldeira qui abrite plusieurs temples historiques et est sillonnée de plusieurs sentiers pédestres.*

Le Pura Besaklh *(p. 116-117)* se compose de 22 sanctuaires au pied du Gunung Agung, le volcan sacré.

EST DE BALI
(p. 100-123)

LOMBOK
(p. 150-163)

À Tenganan
(p. 110-111),
la minorité Bali Aga entretient de très anciennes traditions.

Senggigi *(p. 156)*
est une station balnéaire qui s'étend dans une baie sablonneuse.

Le Taman Gili (p. 106-107), *ancien palais royal, conserve de beaux plafonds peints dans ses deux principaux pavillons.*

Le Pura Lingsar (p. 154) *de Sweta, temple vieux de trois siècles, abrite des bassins aux nénuphars dans lesquels les enfants s'amusent beaucoup.*

LE SUD DE BALI

*L*a région la plus touristique de Bali offre des visages contrastés. Ses plages ont d'abord attiré des voyageurs à petits budgets et des surfeurs, bientôt rejoints par la clientèle des complexes hôteliers de grand luxe. Malgré les changements apportés par la modernité et l'afflux de visiteurs, les communautés villageoises conservent leurs rites et leurs traditions culturelles et artistiques.

Capitale provinciale depuis 1958, Denpasar se trouve au centre de la région et au nord du triangle formé par les stations balnéaires de Kuta, Sanur et Nusa Dua. C'est une ville bruyante qui se modernise sans grande cohérence. Ancienne capitale du royaume de Badung, qui contrôla le sud de Bali de la fin du XVIIIe siècle jusqu'à sa conquête par les Néerlandais en 1906, elle a conservé peu de bâtiments anciens, mais abrite deux sites culturels importants : le musée de Bali *(p. 62-63)* et le centre culturel du Taman Werdhi Budaya *(p. 61)*.

Sur la côte ouest, Kuta forme, avec les localités périphériques de Legian et de Seminyak, le pôle touristique le plus actif, apprécié pour sa plage, les activités nautiques disponibles et une intense vie nocturne. Les vacanciers trouvent ici des hôtels, des restaurants et des boutiques pour tous les budgets.

À quelques kilomètres, Canggu permet de jouir d'un cadre plus paisible. Sur la côte est, Sanur offre les mêmes prestations que Kuta, mais dans un style plus familial et moins tapageur. Nusa Dua, au sud, avec ses complexes hôteliers de luxe et un golf de dix-huit trous, est une enclave créée de toutes pièces pour les étrangers aisés.

Par son aridité, la péninsule de Bukit présente un contraste frappant avec les rizières en terrasses et les jardins luxuriants qui ont assis la richesse des rajas de jadis. À sa pointe sud-ouest, l'un des temples les plus sacrés de Bali, le Pura Luhur Uluwatu, domine un panorama spectaculaire depuis un promontoire battu par les flots.

Au sud de Bali, l'océan offre des plaisirs variés : surf sur de puissantes déferlantes, découverte de splendides fonds coralliens ou farniente sur des plages frangées de cocotiers.

Pêcheurs dans une pirogue traditionnelle à balancier

◁ Sculpture sur bois de Garuda, oiseau mythique et monture de Vishnou

À la découverte du sud de Bali

Les visiteurs étrangers arrivent en majorité par
avion et se posent à l'aéroport international
de Denpasar, d'où les principales stations
balnéaires sont aisément accessibles
en taxi. Certains vacanciers
n'éprouvent pas le besoin de
s'aventurer plus loin. Pourtant, le sud
de Bali, qui possède l'infrastructure
d'accueil la plus développée et compte de
nombreuses agences touristiques, constitue
une bonne base pour découvrir le reste
de l'île et sa voisine Lombok. Jardins et rizières
donnent à la plaine côtière un visage luxuriant.
La péninsule de Bukit a un aspect plus austère.
Aisément accessibles depuis le port de Benoa,
les îles de Nusa Lembongan et Nusa Penida recèlent
de splendides sites de promenade et de baignade.

LA RÉGION D'UN COUP D'ŒIL

Canggu ❷
Denpasar p. 60-61 ❶
Île de Serangan
   (Pulau Serangan) ❽
Jimbaran ⓫
Kuta et Legian p. 66-69 ❹
Nusa Dua ❿
Nusa Lembongan ⓭
Nusa Penida ⓮
Port de Benoa
   (Pelabuhan Benoa) ❼
*Pura Luhur Uluwatu
   p. 76-77* ⓬
Sanur ❸
Seminyak ❺
Tanjung Benoa ❾
Tuban ❻

CIRCULER

Tous les vols à destination
de Bali atterrissent à l'aéroport
international Ngurah Rai, situé
au sud de Tuban. Une route
à double voie, la Jalan Bypass
Ngurah Rai, le relie à Nusa
Dua, Kuta et Sanur, jusqu'à
Tohpati, avant de prendre
la direction de Kusamba.
Taxis et minibus assurent
de nombreuses dessertes.
Depuis Denpasar, des bus
rejoignent les autres régions
de l'île et les ports de
passagers de Gilimanuk
et Padang Bai, d'où partent
des bateaux à destination
du reste de l'archipel.

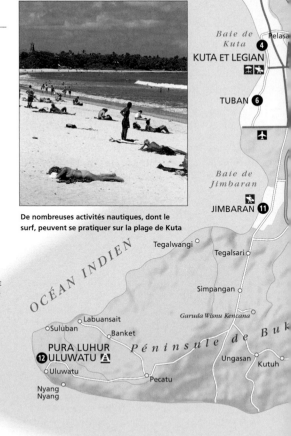

De nombreuses activités nautiques, dont le
surf, peuvent se pratiquer sur la plage de Kuta

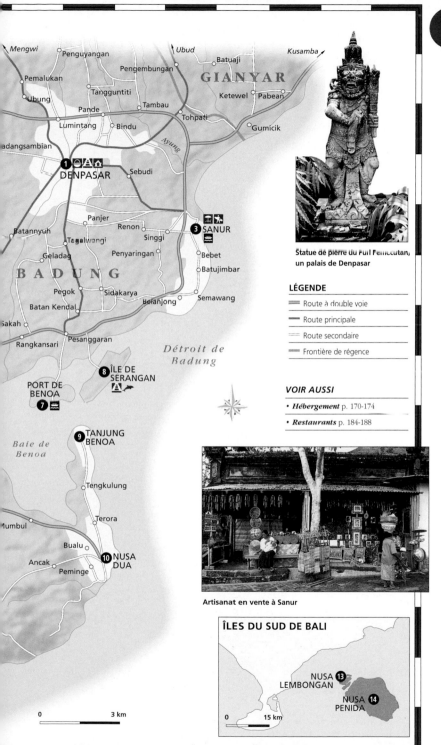

Statue de pierre du Puri Pemecutan, un palais de Denpasar

LÉGENDE

Route à double voie

Route principale

Route secondaire

Frontière de régence

VOIR AUSSI

- *Hébergement* p. 170-174
- *Restaurants* p. 184-188

Artisanat en vente à Sanur

ÎLES DU SUD DE BALI

Denpasar ❶

**Détail
d'un relief
mural**

Cité affairée et bruyante à la croissance
mal maîtrisée, la capitale provinciale de
Bali conserve quelques vieux édifices
datant d'avant la conquête de la ville par
les Néerlandais en 1906 *(p. 49)*, ainsi que
des bâtiments construits pendant la période
coloniale. Le long des rues, des statues
rendent hommage à des héros de la lutte
pour l'indépendance de l'Indonésie.
Le quartier traversé par l'artère principale,
Jalan Gajah Mada, abrite les magasins de gros tenus
par des négociants chinois, arabes et indiens.

Statue de bronze, sur le Taman Puputan, à
la mémoire des héros du *puputan* de 1906

🏛 Pasar Badung
Jalan Gajah Mada. ⭕ *t.l.j.*
Très coloré, le plus grand
marché en plein air de
Denpasar comprend une
vaste section embaumée par
les fleurs exotiques vendues
pour la confection des
offrandes *(p. 38)*. Fruits,
légumes, viande et poisson
s'entassent sur les étals du
rez-de-chaussée. Marchands
de tissus, de vannerie,
de sarongs et de costumes
de danse traditionnels
occupent le dernier étage.

🏛 Jalan Hasanudin
Vous trouverez ici des bijoux
en or de style balinais,
indonésien et occidental.

🏛 Jalan Gajah Mada
Plusieurs pittoresques
herboristeries chinoises
bordent cette artère animée
à la chaussée encombrée.
Toko Saudara compte parmi
les mieux achalandées. Les
autres magasins proposent
aussi bien des appareils
électroniques et des articles
de sport que de l'artisanat
ou des tissus traditionnels.

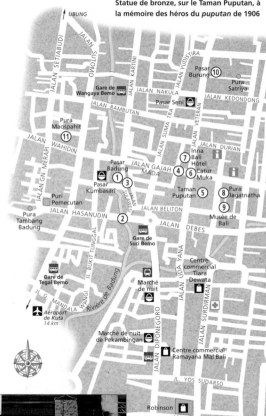

Éventaires de tissus sur Jalan Sulawesi

🏛 Jalan Sulawesi
Ces trois pâtés de maisons
regorgent d'étoffes : batiks
bon marché, soieries et
brocarts d'importation. C'est
ici que les Balinaises viennent
acheter leur tenue pour aller
au temple et les délicates
dentelles de leur *kebaya*
(corsage cintré traditionnel).

Pour les hôtels et les restaurants de la région, voir p. 170-174 et p. 184-188

☒ Taman Puputan

Jalan Udayana et Jalan Surapati.
Puputan se traduit par
« combat rituel jusqu'à la
mort ». Ce vaste espace
au milieu de la ville (où
se situait jadis le palais
de Denpasar) possède
une imposante statue
commémorant le *puputan*
de 1906 *(p. 49)*. De nos
jours, cet endroit plus
paisible offre une
agréable oasis de
verdure au milieu
de l'agitation et du
bruit de la capitale.

🏨 Inna Bali Hotel

Jalan Veteran 3. **Tél.** *(0361) 225 681.*
www.innabali.com
Construit en 1928,
le premier hôtel de luxe
de Bali a accueilli des
visiteurs célèbres comme
Charlie Chaplin. Les plus
grands artistes de l'île
se sont produits devant
ses hôtes, dans le pavillon
qui se trouve de l'autre
côté de Jalan Veteran.
Ces spectacles ont
contribué au renom
international de
la danse balinaise.

Statue de Ngurah Rai
(p. 51)

MODE D'EMPLOI

Carte routière C4. 🚍 *depuis
Kuta, Sanur et Nusa Dua.*
🛈 *Jalan Surapati 7, (0361)
234 569.* 🎭 *Pesta Kesenian Bali
(Festival des arts de Bali), juin-juil.
(p. 41).* 🍴 🏬 🚻 ♿

◪ Pura Maospahit

Jalan Sutomo, Grenceng.
⬤ *au public.*
Les origines de ce temple,
qui présente une décoration
élégante et plutôt sobre,
remontent à l'époque où les
Mojopahit régnaient sur Bali,
entre le XIIIe et le XVe siècle
(p. 46). Les visiteurs n'ont
pas accès à l'intérieur du
sanctuaire, mais peuvent
apprécier son architecture
depuis la rue.

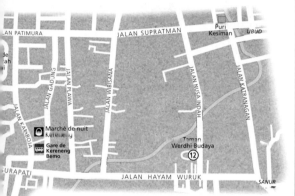

Le Pura Maospahit, l'un des plus
vieux temples de Bali

Légende des symboles,
voir le rabat de couverture

```
0              500 m
```

DENPASAR

Catur Muka ⑥
Inna Bali Hotel ⑦
Jalan Gajah Mada ④
Jalan Hasanudin ②
Jalan Sulawesi ③
Musée de Bali ⑨
Pasar Badung ①
Pasar Burung ⑩
Pura Jagatnatha ⑧
Pura Maospahit ⑪
Taman Puputan ⑤
Taman Werdhi Budaya ⑫

🏛 Catur Muka

Angle NO du Taman Puputan.
Sur le terre-plein adjacent au
Taman Puputan se dresse une
statue de Vishnou. Haute de
20 m, cette statue en pierre
date des années 1970 et son
nom signifie « quatre visages ».

◪ Pura Jagatnatha

Taman Puputan, Jalan Letkol Wisnu.
⬤ *t.l.j.* 💰 *contribution.*
Ce temple consacré à Sang
Hyang Widhi Wasa, le dieu
suprême, renferme un très
haut *padmasana (p. 26)* de
corail blanc. Il s'emplit de
dévots à la pleine et à la
nouvelle lune et, tous les
quinze jours, pour Kajeng
Kliwon *(p. 39)*.

🏛 Musée de Bali

Voir p. 62-63.

🐦 Pasar Burung

Près de Jalan Veteran. ⬤ *t.l.j.*
Le marché aux oiseaux
retentit des trilles poussés
par des oiseaux chanteurs
qui peuvent atteindre des
prix très élevés tant les
Balinais apprécient leurs
vocalises. Les vendeurs
proposent aussi de superbes
cages, des poissons tropicaux
et des coqs de combat.

🎭 Taman Werdhi Budaya

Jalan Nusa Indah. **Tél.** *(0361)
227 176.* **Fax** *(0361) 222 776.*
⬤ *mar.-dim.* ⬤ *j.sf.*
Ce centre culturel comprend,
au sein d'un vaste jardin,
un musée proposant
des expositions d'art
contemporain, plusieurs
salles de spectacle
et un théâtre de verdure.
Les représentations de danse
et de musique ne suivent
pas un programme régulier.
Ce centre est agréable aux
heures chaudes de la journée.
La collection permanente de
sculptures et de peintures met
à l'honneur l'art des années
1970 et 1980. Des expositions
temporaires présentent
des œuvres plus récentes.
Consultez le *Bali Post* et
les brochures touristiques.

Denpasar : musée de Bali

Museum Negeri Propinsi Bali

Ce musée occupe des bâtiments achevés
en 1931 par l'architecte P. J. Moojen.
La disposition des cours et l'ornementation
des murs et des portails s'inspirent de celles
d'un palais royal du Denpasar de jadis, tandis
que les pavillons *(gedung)* de Tabanan,
de Karangasem et de Buleleng respectent
le style des régions dont ils portent le
nom. La collection offre un large aperçu
des arts balinais et comprend des objets utilisés
au quotidien pour les rituels et la vie domestique.

**Hache rituelle
de l'âge
du bronze**

Portail cérémoniel
*Des reliefs en pierre
volcanique parent
une structure
en brique.*

Portes sculptées
*Ces portes dorées
du XIXe siècle
ornaient un palais.*

★ **Sculptures sur pierre**
*Les statues dressées sous
le porche du pavillon,
telle cette image de la
maternité, datent du
XVIe au XIXe siècle.*

Masques
*Ce masque
rituel du sud de
Bali fait partie d'une
exposition qui compte
également des marionnettes
et des instruments de musique.*

Canons de bronze
*Un prince de
Denpasar commanda
au XVIIe siècle ce canon
à gueule de monstre
et son jumeau.*

D'élégants reliefs
décorent la base
du belvédère.

Pour les hôtels et les restaurants de la région, voir p. 170-174 et p. 184-188

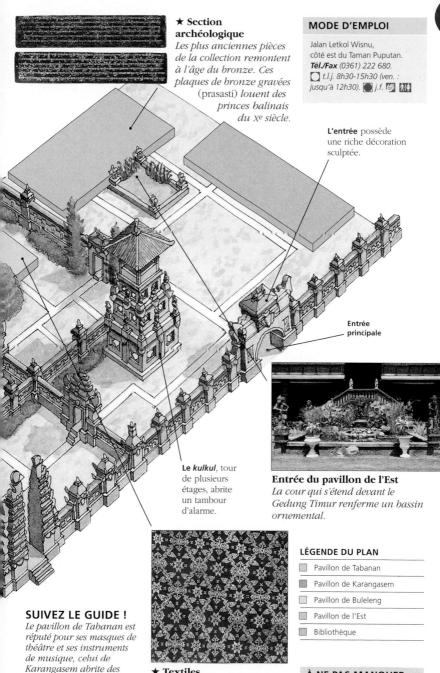

★ **Section archéologique**
Les plus anciennes pièces de la collection remontent à l'âge du bronze. Ces plaques de bronze gravées (prasasti) louent des princes balinais du Xᵉ siècle.

MODE D'EMPLOI

Jalan Letkol Wisnu, côté est du Taman Puputan. ***Tél./Fax** (0361) 222 680.* ☐ *t.l.j. 8h30-15h30 (ven. : jusqu'à 12h30).* ● *j.f.*

L'entrée possède une riche décoration sculptée.

Entrée principale

Le *kulkul*, tour de plusieurs étages, abrite un tambour d'alarme.

Entrée du pavillon de l'Est
La cour qui s'étend devant le Gedung Timur renferme un bassin ornemental.

SUIVEZ LE GUIDE !
Le pavillon de Tabanan est réputé pour ses masques de théâtre et ses instruments de musique, celui de Karangasem abrite des peintures et des sculptures. Le pavillon de Buleleng présente une collection d'étoffes. Le Gedung Timur renferme des objets préhistoriques et, à l'étage, des sculptures sur bois.

★ **Textiles**
La collection comprend des étoffes tissées dans les villages de Bali Aga (p. 46), comme ce brocart du nord de Bali, et des exemples de geringsing, le double ikat de Tenganan.

LÉGENDE DU PLAN

☐ Pavillon de Tabanan
☐ Pavillon de Karangasem
☐ Pavillon de Buleleng
☐ Pavillon de l'Est
☐ Bibliothèque

À NE PAS MANQUER

★ Sculptures sur pierre
★ Section archéologique
★ Textiles

Canggu ❷

Carte routière C4. 🏠 *Denpasar (0361) 756 176.* 🔲 📷 🍽

L'absence d'adresses pour les noctambules donne à Canggu une atmosphère paisible qui offre un contraste reposant avec Kuta *(p. 68-69)*. Les surfeurs fréquentent l'endroit depuis les années 1970, mais les vagues déferlent avec trop de force pour permettre une baignade agréable. La plage balayée par le vent se prête surtout à une belle promenade à pied jusqu'à Seminyak. En arrière-plan, cocoteraies et rizières sont aujourd'hui envahies par les résidences modernes.

Les visiteurs qui s'intéressent à l'intégration d'éléments traditionnels dans l'architecture apprécieront les bungalows et les villas associant esthétique balinaise et confort moderne.

Récolte du riz et accueil touristique à Canggu

Il existe aussi plusieurs hôtels-boutiques *(p. 166)*, dont le Tugu *(p. 170)*, décoré d'antiquités : portes ornées de dragons sculptés par des Dayak de Bornéo et mobilier Art déco de l'époque coloniale. Adrien Le Mayeur, qui épousa une Balinaise, a inspiré la décoration de la suite destinée aux jeunes mariés en lune de miel. Un pavillon rend hommage au peintre Walter Spies. Le temple chinois en bois qui abrite le restaurant date du XVIIIe siècle et provient du nord de Bali.

Sanur ❸

Statue du dieu hindou Ganesh au Pura Segara

Un ancien village de pêcheurs, l'un des plus gros villages traditionnels de Bali, constitue toujours le cœur de la plus ancienne station de villégiature de l'île. Il existe peu d'hôtels bon marché à Sanur. Le calme qui y règne séduit une clientèle familiale et tous ceux qui veulent profiter du confort et des équipements d'une ville balnéaire sans l'effervescence de Kuta. Dans le réseau de rues qui s'étend derrière une longue plage aux eaux paisibles, les boutiques proposent objets balinais et articles provenant d'autres îles indonésiennes. Étrangers et Balinais se côtoient dans les bars et les discothèques.

À la découverte de Sanur

Bordée de restaurants et de boutiques, Jalan Danau Tamblingan, la rue principale, court parallèlement à la mer. Longue de 5 km, elle relie le vieux village de Sanur à Blanjong et Mertasari, qui formaient jadis des localités distinctes. Le centre communautaire du Bale Banjar Batu Jimbar se trouve à mi-chemin. Des musiciens viennent y répéter tous les jours et les femmes y préparent les offrandes aux temples. Ouvert tôt le matin, le marché du Pasar Sindhu permet d'acquérir à bas prix des articles comme des sarongs.

🔲 Pura Desa

Jalan Hang Tuah. ⬜ *t.l.j.*
Dans le centre ancien, ce sanctuaire de village réputé pour la puissance spirituelle de ses prêtres date sans doute du début du XXe siècle.

🔳 Musée Le Mayeur
Museum le Mayeur
Jalan Hang Tuah, via Grand Bali Beach Hotel. **Tél.** *(0361) 286 164.* ⬜ *mar.-dim. 8h-14h.* 📷 ✔ ♿
La maison construite dans les années 1930 par le peintre Adrien Jean Le Mayeur, l'un des premiers résidents européens de Sanur, a été transformée en musée après la mort de sa femme en 1985. Abritant de nombreuses œuvres de l'artiste, elle a connu des jours meilleurs. Mayeur avait pour sujets préférés

La grand-rue de Sanur est bordée de boutiques et de restaurants

la vie quotidienne et les Balinaises, dont sa propre épouse, la danseuse Ni Polok.

🏨 Grand Bali Beach Hotel
Jalan Hang Tuah. **Tél.** *(0361) 288 511.* **www.**innagrandbalibeach.com
Le seul hôtel-tour de Bali a été rénové après un incendie en 1992, et d'immenses statues balinaises ornent désormais ce vaste complexe. Après son achèvement en 1964, les autorités religieuses interdirent toute construction dont la hauteur dépasserait celle des cocotiers de l'île, arbres sacrés pour les Balinais.

Vue du complexe Grand Bali Beach Hotel

Pour les hôtels et les restaurants de la région, voir p. 170-174 et p. 184-188

La plage de Sanur depuis le Bali Hyatt Hotel

MODE D'EMPLOI

Carte routière C5. 🛈 *Denpasar (0361) 756 176.* 🚌 🚐 🚢 *pour Nusa Penida et Nusa Lembongan.* 💃 *danse balinaise dans certains restaurants.* 🍴 🏠 🏛 ◇

🍴 Bali Hyatt Hotel

Jalan Danau Tamblingan. *Tél. (0361) 281 234.* **www**.bali.resort.hyatt.com
Le Bali Hyatt Hotel *(p. 173)* mérite qu'on vienne au moins y prendre un verre pour découvrir le jardin dessiné par l'Australien Made Wijaya, un architecte-paysagiste réputé.

⛩ Front de mer et plage

Cette promenade pavée court le long de la plage de Sanur. Au large, d'énormes vagues déferlent sur une barrière de corail et des courants rendent la baignade dangereuse. Entre le récif et le sable blanc, l'eau est calme, mais si peu profonde qu'il est impossible d'y nager à marée basse. Le lagon se prête surtout à la découverte, avec masque et tuba, de créatures marines telles que coraux, bernard-l'hermite, oursins, étoiles et concombres de mer. On peut aussi faire des promenades en *jukung*, la barque balinaise traditionnelle à balancier.

⛩ Pura Segara

Jalan Segara Ayu ou depuis le front de mer. 🕐 *t.l.j.* 💰 *contribution.*
Bâti dans le parc du Segara Village Hotel mais accessible au public, ce temple en corail possède un pavillon des offrandes pyramidal, unique à Sanur. Cette caractéristique formelle prouverait l'origine préhistorique du sanctuaire.

⛩ Pura Belanjong

Jalan Danau Poso. 🕐 *t.l.j.* 💰 *contribution.*
Ce sanctuaire d'aspect assez anodin renferme une colonne très ancienne connue sous le nom de Prasasti Blanjong. Un édit daté de l'an 914, le plus ancien jamais retrouvé à Bali, y est inscrit. Il révèle que Sanur était un port de commerce animé il y a plus de 1 000 ans, mais le texte, écrit dans une forme de sanskrit, n'a pu être entièrement déchiffré.

SANUR ET SA PLAGE

Bali Hyatt Hotel ⑥
Front de mer ④
Grand Bali Beach Hotel ③
Musée Le Mayeur ②
Pura Belanjong ⑦
Pura Desa ①
Pura Segara ⑤

0   1000 m

Légende des symboles
voir le rabat arrière de couverture

Kuta et Legian ❹

Kuta possède toujours sa longue plage de sable, mais
les *losmen* à un dollar la nuit où logeaient routards
et surfeurs dans les années 1970 ont disparu. La station
balnéaire est aujourd'hui fréquentée en permanence
par des milliers de vacanciers *(voir le plan pas à pas
p. 68-69)*. Ses restaurants et ses bars de nuit, ainsi
que ses innombrables boutiques, comptent parmi
ses principales attractions. L'agglomération s'est
tellement étendue qu'elle a absorbé Legian et se
déploie jusqu'à Tuban au sud et Seminyak au nord.

**Les vagues de Kuta conviennent
à des surfeurs de tous niveaux**

À la découverte de Kuta et Legian

Attirant des flots de visiteurs,
le principal pôle touristique
de Bali ne présente guère
d'intérêt culturel ou historique
mais il constitue une bonne
base pour des excursions
vers d'autres parties de l'île
plus riches en attractions.

Kuta offre peu d'activités,
hormis la fréquentation des
boutiques, des bars et des
discothèques. Le restaurant
Made's Warung I *(p. 185)*
offre un cadre agréable et
informel où se détendre.
Legian et Seminyak
renferment de nombreux
hébergements bon marché.

🏄 Plage de Kuta

Longue de plus de 3 km,
et prolongée par Legian Beach
au nord de Jalan Melasti, la
plage de Kuta se prête bien
au surf, et il est possible
d'y louer des planches.
La force des courants et
la violence des vagues
rendent toutefois la baignade
dangereuse hors des zones
de sécurité. Les vendeurs
ambulants peuvent se révéler
importuns, mais ils permettent
à tout moment de prendre
une boisson fraîche ou de
bénéficier d'un massage. Les
noctambules se retrouvent au
Kama Sutra ou au **Double Six**.

Moment de détente sur la plage de Kuta

KUTA ET LEGIAN

Bali Bomb
    Memorial ②
Bemo Corner ⑥
Le Bounty ④
Kama Sutra ①
Made's Warung I ⑤
Plage de Kuta ③

0   500 m

LÉGENDE

▨ Plan pas à pas *p. 68-69*

Légende des symboles
voir le rabat arrière de couverture

SEMINYAK
LEGIAN
Plage de Legian
Marché d'artisanat
Marché de jour
JALAN MELASTI
JALAN SRIWIJAYA
JALAN PANTAI KUTA
JALAN PURA PUSEH
JALAN BENESARI
JALAN LEGIAN
① Kama Sutra
② Bali Bomb Memorial
Sky Garden
POPPIES II
Le Bounty ④
Plage de Kuta ③
Marché d'artisanat
TUNJUNG MEKAR
JALAN
GANG SORGA
KUTA
Bemos pour Denpasar
SANUR
Bemo Corner
JL. RAYA KUTA
POPPIES I
Hard Rock Café
Made's Warung I ⑤ ⑥
Marché de nuit
JL. PANTAI KUTA
KUTA SQUARE
CUNG WANARA
JALAN RAYA KUTA
JALAN SINGO SARI
Aéroport 3 km
Marché d'artisanat
TUBAN

🗐 Poppies Lanes

Dans une partie de la ville à l'atmosphère détendue, à l'écart du bruit, ces deux ruelles abritent de nombreux hôtels, des bars et des petites boutiques. L'un des premiers hôtels est le Poppies, auquel ces ruelles doivent leur nom.

🗐 Jalan Legian

L'artère commerciale de Kuta court parallèlement à la mer depuis le **Bemo Corner**, un carrefour très fréquenté au sud de l'agglomération.

Jalan Legian regroupe de nombreux établissements de services, entre autres des banques et des agences de voyages et de location de voiture. Bars et night-clubs y abondent aussi, et certains sont devenus de véritables curiosités, tels le **Bounty** ou le **Sky Garden**. Le **Bali Bomb Memorial** est un intense hommage aux 202 victimes de l'attentat de Kuta, en octobre 2002.

Statue moderne de Bima sur Jalan Bypass

Aux environs : les autorités locales ont entrepris, depuis quelques années, d'orner la ville de plusieurs monuments. Une statue moderne de Bima, héros du *Mahabharata*, s'élève à la sortie de Kuta sur Jalan Bypass Ngurah Rai.

Boutique d'artisanat, de Bali et d'ailleurs, sur Jalan Legian

Partie de volley-ball dans une piscine du Waterbom à Tuban

Seminyak ❺

Carte routière C5. 🚌 *depuis Kuta.*
🛈 *Kuta, (0361) 756 176.* 🍴 💻
📷 🍃

Seminyak s'étend dans le prolongement de Legian et est également devenue un important centre touristique. De bonnes boutiques de mode y proposent du prêt-à-porter élégant et bon marché, fabriqué dans la région. L'**Oberoi Hotel** (*p. 173*) possède un jardin très agréable qui domine la mer.

Quand on se dirige vers le nord, la nature reprend ses droits au bord de la plage. Les constructions y sont plus rares et se fondent plus harmonieusement dans le paysage.

Écharpe en vente à Seminyak

Aux environs : une courte promenade sur la plage au nord de Seminyak conduit à **Pura Petitenget**, le « temple du coffre magique », qui s'élève à 8 m au-dessus de la chaussée. Il fut fondé au XVI e siècle par Dang Hyang Nirartha (*p. 46-47*), grand réformateur religieux.

Toujours plus au nord, entre Seminyak et Kerobokan, la route traverse une zone artisanale de meubles (*p. 194*) où abondent les magasins et les échoppes des fabricants.

🏛 Pura Petitenget
Jalan Kayu Aya. ⬤ *t.l.j.* 🖼

Tuban ❻

Carte routière C5. 🚌 *depuis Kuta.*
🛈 *Kuta, (0361) 756 176.* 🍴 💻
📷 🍃

Il n'est pas facile de savoir où s'arrête Kuta et où commence Tuban, bien que les rues de cette dernière localité obéissent à un quadrillage plus large qu'à Kuta. De grands hôtels de luxe, au milieu de jardins spacieux, bordent la plage. Le grand magasin Matahari marque la limite nord de Tuban. Il propose un large éventail d'objets usuels et d'artisanat. Près de Matahari, les visiteurs peuvent effectuer une promenade en *dokar*. Ces voitures peintes de couleurs vives et tirées par de petits chevaux rustiques sont un mode de transport typique de l'île de Sumba.

Autre attraction très courue, le **Waterbom Park and Spa** (*p. 201*) renferme plusieurs bassins avec toboggans et offre un cadre agréable pour se détendre ou déjeuner.

Tuban sert aussi de point de départ aux surfeurs expérimentés qui se risquent sur les déferlantes de Kuta Reef, au large de Jimbaran (*p. 74*). Des pêcheurs louent leurs services et permettent de rejoindre rapidement ces vagues impressionnantes dans des pirogues à balancier équipées d'un moteur.

Kuta pas à pas

Cerf-volant coloré

La magnifique plage qui a valu à Kuta de devenir le pôle touristique le plus développé de Bali s'étendait jadis devant des plantations de cocotiers et de bananiers. Des rues bordées d'hôtels, de bars, de restaurants, de boîtes de nuit, de loueurs de voitures et de magasins les ont remplacées. Dans les ruelles transversales abondent des éventaires chargés d'articles destinés aux visiteurs du monde entier, ainsi que des *losmen (p. 166)* offrant un hébergement bon marché. Sur la plage, de nombreuses masseuses proposent leurs agréables services pour une somme modique. Chacun peut séjourner à Kuta selon ses moyens.

Artisan au travail dans une des nombreuses échoppes de rue à Kuta

★ Poppies Lane II
Boutiques, éventaires, restaurants et hébergements bon marché bordent cette ruelle.

POPPIES LANE II

Vers Legian

JALAN PANTAI KUTA

★ Plage de Kuta
On vient bronzer, se baigner et goûter aux joies du surf sur cette longue plage de sable qui s'étend au nord jusqu'au-delà de Seminyak.

À NE PAS MANQUER

★ Kuta Square

★ Plage de Kuta

★ Poppies Lanes

★ Poppies Lane I
Cette ruelle aligne hôtels bon marché et restaurants abordables. Une zone incontournable pour les petits budgets.

Pour les hôtels et les restaurants de la région, voir p. 170-174 et p. 184-188

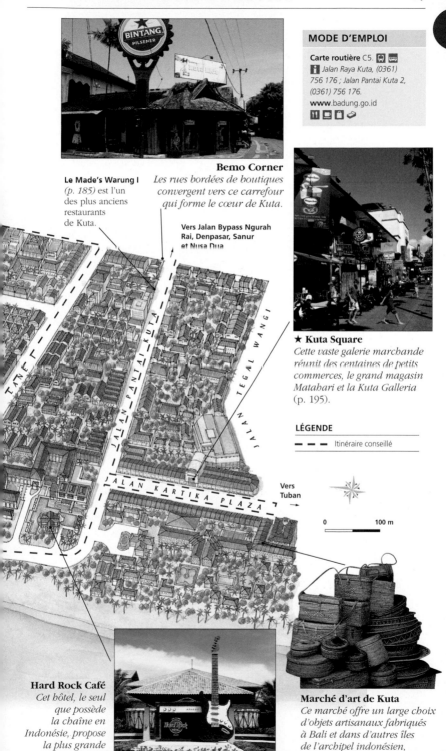

MODE D'EMPLOI

Carte routière C5.
Jalan Raya Kuta, (0361) 756 176 ; Jalan Pantai Kuta 2, (0361) 756 176.
www.badung.go.id

Bemo Corner
Les rues bordées de boutiques convergent vers ce carrefour qui forme le cœur de Kuta.

Le Made's Warung I *(p. 185)* est l'un des plus anciens restaurants de Kuta.

Vers Jalan Bypass Ngurah Rai, Denpasar, Sanur et Nusa Dua

★ **Kuta Square**
Cette vaste galerie marchande réunit des centaines de petits commerces, le grand magasin Matahari et la Kuta Galleria (p. 195).

LÉGENDE

— — — Itinéraire conseillé

Vers Tuban

0   100 m

Hard Rock Café
Cet hôtel, le seul que possède la chaîne en Indonésie, propose la plus grande piscine de Bali.

Marché d'art de Kuta
Ce marché offre un large choix d'objets artisanaux fabriqués à Bali et dans d'autres îles de l'archipel indonésien, notamment de la vannerie.

Bateaux à quai au port de Benoa

Port de Benoa ⑦

Pelabuhan Benoa

Carte routière C5. 🚗 🚌 *depuis Denpasar (des services de navette relient certains hôtels et Benoa).* 🚢 *vers Lembar, sur Lombok.* 🔲

Ce port abrite un bel éventail d'embarcations traditionnelles de l'archipel indonésien. *Pinisi*, voiliers à larges baux du sud de Sulawesi utilisés pour le transport de marchandises ou bateaux de pêche de Madura peints de couleurs vives accostent dans ses eaux tranquilles.

Agences et particuliers proposent un large choix d'excursions et de locations pour passer une journée sur l'île de Nusa Lembongan *(p. 74)* ou pour se promener en yacht ou sur une barque *bugi*. Des croisières mène jusqu'aux îles de la Sonde.

Sur la Bypass Ngurah Rai, le Centre d'information de la mangrove a pour mission de préserver les quinze espèces naturelles de la forêt.

Île de Serangan ⑧

Pulau Serangan

Carte routière C5. 🖼

Séparée de l'arc sud de la plage de Sanur par une zone de mangrove connue sous le nom de Suwungwas, cette île est parfois appelée « île des Tortues » en souvenir des tortues de mer qui, jadis, venaient y déposer leurs œufs. Les travaux de drainage entrepris pour rendre constructible cette zone ont beaucoup agrandi la superficie de l'île, et un pont la relie désormais au continent. Des Balinais réclament un petit droit de passage. La population de l'île comprend des Bugis *(p. 135)*, dont les ancêtres arrivèrent sans doute au XVIIᵉ siècle du sud de Sulawesi.

Serangan abrite le **Pura Sakenan**, l'un des six temples les plus sacrés de Bali. Certains attribuent sa fondation à un moine hindou du XVIᵉ siècle, Dang Hyang Nirartha *(p. 46-47)*, d'autres à un prêtre errant javanais du XIᵉ siècle, Mpu Kuturan. La pyramide à étage élevée en corail dans la cour intérieure évoque un sanctuaire polynésien. L'anniversaire du temple coïncide avec Manis Kuningan *(p. 43)* et donne lieu à une fête animée.

L'île offre un point de vue dégagé sur la côte et permet d'admirer les navires qui rentrent au port de Benoa à la fin de la journée. Le panorama, spectaculaire au coucher du soleil, s'étend à l'est jusqu'à l'archipel de Penida *(p. 74-75)*.

> 🏛 **Pura Sakenan**
> Pulau Serangan. 🔲 *t.l.j.* 🖼
> *contribution.* 🎭 *Manis Kuningan.*

Tanjung Benoa ⑨

Carte routière C5. 🚗 🚌 *depuis Nusa Dua.* ℹ️ *Badung, (0361) 756176.* 🔳 🖥 🏨 🍽

Séparé du port de Benoa par un étroit bras de mer, le cap Benoa *(Tanjung Benoa* en balinais) est une longue langue de sable qui a donné son nom au petit village de pêcheurs situé sur sa pointe. Le village de Tanjung Benoa était jadis un port de commerce et sa population compte quelques Chinois et des Bugis. Ces derniers se retrouvent à la mosquée pour prier. Des temples en calcaire accueillent les rituels des Balinais de souche. Des pêcheurs de toutes les religions fréquentent un vieux sanctuaire chinois dans l'espoir que l'augure leur donne des indications pour faire de bonnes prises.

Décor mural de la mosquée de Tanjung Benoa

Depuis Nusa Dua, une route récente conduit à la pointe du cap, où des hôtels, des établissements de bains et des restaurants spécialisés dans le poisson grillé se sont multipliés.

Malgré le bruit des jet-skis et des bateaux, la plage de Tanjung Benoa est paisible et propice à la baignade ou à d'autres activités comme le ski nautique, la pêche au gros et le parachute ascensionnel. Des croisières permettent aux nageurs de découvrir des eaux riches en coraux et en poissons tropicaux.

Vieux temple chinois de Tanjung Benoa

◁ **Les danseurs de *kecak*, accompagnés par un chœur masculin, illustrent des épisodes du *Ramayana***

Le très réputé Bali Golf and Country Club et les hôtels en bord de mer de Nusa Dua

Nusa Dua ❿

Carte routière C5. 🚌 🚐
🛈 *Denpasar (0361) 223 602.*
🍴 🛏 🛍 🛍 ☕ ♨

Le nom de cette enclave chic et fermée signifie « deux îles », allusion aux deux péninsules que forme la côte. La station balnéaire de Nusa Dua se compose principalement de complexes hôteliers de luxe

Portail fendu à l'entrée du Nusa Dua Beach Hotel

donnant sur des plages de sable bien entretenues. Bordée de rangs de statues, la route d'accès franchit un grand *candi bentar* (portail fendu). De part et d'autre, des grenouilles sculptées font office de figures protectrices.
    Le calme règne à l'intérieur de l'enclave, interdite aux marchands ambulants. Les entrées des hôtels rivalisent de splendeur, au point qu'on a qualifié leur style de « baroque balinais ».

Les enfants apprécieront les bassins de l'Ayoda Resort où des milliers de carpes koï multicolores nagent parmi les nénuphars. Le golf du Bali Golf and Country Club *(p. 204)* s'étend sur trois types de terrains : colline, cocoteraie et littoral. Nusa Dua renferme aussi, outre de nombreux restaurants, le Bali Collection Mall et son large choix de boutiques, ainsi qu'un important centre de conférence, le Bali International Convention Centre. Seul musée de Nusa Dua, le Pasifika Art Museum présente plusieurs siècles d'art du Pacifique, incluant l'œuvre d'artistes européens comme Le Mayeur ou Walter Spies.

Aux environs : très animé, le village de **Bualu** s'étend à la sortie de Nusa Dua. Restaurants et boutiques bordent ses rues. Entre les hôtels Sheraton Laguna et Hyatt, un promontoire s'enfonce dans la mer, offrant une belle vue. Plusieurs sanctuaires s'y dressent au sein d'une flore indigène. Le Nikko Hotel, proche d'une plage fréquentée par des surfeurs, propose des safaris à dos de chameau dans les collines des environs.
    Des plages splendides jalonnent la côte sud. Elles sont souvent difficiles d'accès, mais beaucoup se prêtent au surf. Celle du Geger, au pied du temple du même nom, offre des eaux paisibles propices à la baignade.
    À l'ouest de Nusa Dua, sur la route d'Uluwatu, le centre culturel **GWK** (Garuda Wishnu Kencana, « Garuda Vishnou doré ») comporte une massive effigie de l'oiseau mythique Garuda et une autre, aussi imposante, du dieu hindou Vishnou. Le centre accueille expositions et spectacles.

🏛 **GWK**
Jalan Raya Uluwatu, Jimbaran.
Tél. *(0361) 703 603.* 🕐 *t.l.j.* 🖼 📷
🏠 www.gwk-culturalpark.com

L'hôtel de luxe Amanusa domine le golf de Nusa Dua

Pour les hôtels et les restaurants de la région, voir p. 170-174 et p. 184-188

Face à la plage, les chaises longues du Four Seasons Resort à Jimbaran

Jimbaran ⓫

Carte routière C5. **ⓘ** *Kuta,*
(0361) 756 176. 🍴 🛏 🛍
www.badung.go.id

Situé non loin de l'aéroport,
le gros village de Jimbaran
abrite de nombreux enclos
domestiques qui suivent le
plan traditionnel balinais
(p. 28-29). Ses habitants
continuent d'y vivre selon
les traditions balinaises.
Plusieurs complexes hôteliers
parmi les plus luxueux de
l'île ont ouvert à proximité,
dont le Four Seasons Resort
(p. 170). Jimbaran possède
une très jolie plage de
sable qui s'étire en un long
croissant de lune. Une mer
relativement calme permet
la baignade et la pratique
de diverses activités
nautiques, comme la voile.

Par temps clair, une vue
spectaculaire porte à l'est
jusqu'aux trois cimes du
Gunung Batukau *(p. 133)*
et, à l'ouest, jusqu'aux
Gunung Batur *(p. 120-121),*
Gunung Agung *(p. 114),*
Gunung Abang *(p. 121)*
et Gunung Seraya *(p. 103).*

En bordure de la plage
se dresse une succession
de paillotes où l'on sert des
grillades cuites sur des feux
de noix de coco. Chacun
vient choisir les poissons et
les fruits de mer qu'il désire,
puis les serveurs les font cuire
avant de les apporter à table.

Jimbaran conserve une
importante communauté
de pêcheurs composée en
grande partie d'immigrants
de Java et de Madura. Leurs
cabanes se dressent en front
de mer et, amarrés au large,
leurs bateaux multicolores

dressent leurs hautes proues
et poupes au-dessus des flots
qui les font danser. Leurs
lanternes allumées offrent
un superbe spectacle quand
les bateaux lèvent l'ancre
au coucher du soleil.

Dans les rouleaux de Kuta Reef,
près de Jimbaran

Aux environs : l'un des plus
célèbres spots de surf de Bali,
Kuta Reef, se trouve à peu
près à mi-chemin entre
l'aéroport international
Ngurah Rai et le parc du
Four Seasons Resort. On
peut le rejoindre en pirogue
à balancier depuis Tuban
(p. 67) ou Jimbaran.

Au sud, la **péninsule de
Bukit** et ses paysages arides
séduira les amateurs de
solitude, même si villas et
hôtels se répandent sur la
côte. Des falaises de calcaire
rendent inhospitalière une
grande partie du littoral, mais
il existe quelques spots de surf
près du Pura Luhur Uluwatu.

Pura Luhur Uluwatu ⓬

Voir p. 76-77.

Nusa Lembongan ⓭

Carte routière E4. 🚢 *depuis
Sanur, Kusamba et Padang Bai*
ⓘ *Klungkung, Jalan Untung
Surapati 3 , (0366) 21 448.* 🍴 🛏 🛍

Cette petite île aux eaux
limpides reçoit surtout des
visiteurs venus pour la
journée prendre le soleil
sur ses plages, découvrir les
magnifiques fonds coralliens
ou glisser sur des vagues
réservées aux surfeurs
confirmés. Plusieurs
compagnies assurent des
navettes depuis Bali, dont
Bali Hai Cruises *(p. 207).*
Des indépendants relient
également Bali à Nusa
Lembongan sur des
embarcations traditionnelles
comme les *pinisi* de l'île
de Sulawesi. Tous proposent
masques et tubas pour
les amateurs de plongée.

Les voyageurs à petit
budget trouveront des *losmen*
(p. 166) en bord de mer
au village de Jungutbatu.
Belle et paisible, peuplée
de nombreux oiseaux, l'île
mérite qu'on en fasse le tour
à vélo ou à moto. L'intérieur
des terres recèle une vaste
habitation troglodyte : la
Cavehouse, creusée par un
prêtre qui avait reçu en rêve
l'ordre de vivre dans le ventre
de la Terre. Abandonnée
depuis sa mort, elle reste une
curiosité. Près du village de
Lembongan, une passerelle
permet de rejoindre l'îlot
voisin de Nusa Ceningan,
où se trouve un petit
village de pêcheurs.

Nusa Lembongan possède des
fonds superbes à découvrir au tuba

Pour les hôtels et les restaurants de la région, voir p. 170-174 et p. 184-188

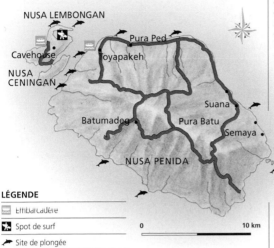

NUSA LEMBONGAN

Cavehouse

NUSA
CENINGAN

Toyapakeh

Pura Ped

Suana

Batumadeg   Pura Batu

Semaya

NUSA PENIDA

LÉGENDE

🛳 Embarcadère

🏄 Spot de surf

⚓ Site de plongée

0   10 km

Le Pura Batu Kuning, sur la côte
est de Nusa Penida

Nusa Penida ⑭

Carte routière E5 et F5. 🛳 *depuis
Sanur, Kusamba et Padang Bai.*
🏨 *Klungkung, (0366) 21 448.*
🍴 🛏 ⚓

Cette île peu fréquentée,
autrefois colonie pénitentiaire
du raja de Klungkung, ne
possède que quelques *losmen*
pour tout équipement hôtelier
et attire principalement des
baroudeurs. Les arts et la
langue balinais y ont subi
moins d'influences que
sur le continent. Les paysages
rappellent par leur aridité
les collines calcaires de
la péninsule de Bukit. En
direction de la côte sud, où
de hautes falaises blanches
dominent de petites criques
en général inaccessibles,
quelques collines plus
verdoyantes permettent

la culture du coton. Celui-ci
est utilisé pour tisser le *cepuk*,
une forme d'*ikat (p. 37)*
censé posséder des pouvoirs
magiques. Les algues cultivées
partout où les conditions
l'autorisent sont
employées dans
l'industrie des
cosmétiques.

Selon la légende,
l'île servit de refuge à
Ratu Gede Mecaling,
le « Roi des Pouvoirs
magiques », maître
des créatures
démoniaques
appelées *leyak*.
Elle abrite plusieurs
temples intéressants,
dont le **Pura Ped**, bâti au
centre d'un grand bassin
agrémenté de lotus dans le
village de Toyapakeh. Les
sculptures du **Pura Batu
Kuning**, près de Semaya,

**Sculpture
du Pura Ped**

comprennent des reliefs
érotiques. Des créatures
marines telles que crabes et
coquillages apparaissent dans
le décor sculpté du *pura desa*,
ou sanctuaire de village, de
Batumadeg. Un peu au sud
de Suana, la grotte sacrée
Goa Karangsari, peuplée
de chauves-souris et longue
d'environ 300 m, traverse la
montagne ; une lampe de
poche est indispensable
pour la visiter. Nusa
Penida se prête à de
belles promenades à pied.
Les *bemo (p. 228)* ne la
desservent pas en totalité
et les motards devront
souvent emprunter des
pistes en mauvais état, mais
il est possible de louer une
voiture avec chauffeur.

Dans des eaux cristallines
réputées pour la force des
courants, les plongeurs
expérimentés peuvent
découvrir de belles formations
coralliennes, en particulier
au large de la côte sud,
une région fréquentée en
décembre et en janvier
par des poissons-lunes
géants *(p. 210-211)*.
Pèlerins et requins-
balcines se risquent
parfois près du littoral.
De nombreux
plongeurs apprécient les
eaux plus calmes et les
fonds moins profonds
du nord de l'île, en
particulier dans le
détroit entre Nusa
Penida et Nusa
Lembogan. La plupart
passent par des agences de
Sanur. Des liaisons régulières
permettent de rejoindre Nusa
Lembongan : en bateau depuis
Toyapakeh ou en ferry depuis
Sanur et Serangan.

En plongée au large de Nusa Penida

Pura Luhur Uluwatu ⑫

Le temple qui domine la mer à la pointe occidentale de la péninsule de Bukit n'est pas seulement l'un des sanctuaires les plus sacrés de l'île, mais aussi l'un des plus beaux exemples d'architecture classique balinaise. La tradition attribue sa fondation, au XIᵉ siècle, au Javanais Mpu Kuturan et sa reconstruction, quelque 500 ans plus tard, au réformateur Dang Hyang Nirartha. Ce dernier fut déifié après sa mort sous le nom de Betara Sakti Wawu Rauh (*p. 46-47*). Jusqu'au début du XXᵉ siècle, seuls les princes de Denpasar avaient le droit de participer au culte. Rafraîchie par la brise, la fin de l'après-midi est idéale pour visiter le temple.

Singe du temple

★ **Meru à trois étages**
La pagode est dédiée à Nirartha, qui atteignit l'illumination au temple.

Cour
réservée au culte.

Vue depuis le temple
Le Pura Luhur Uluwatu occupe un site superbe au sommet d'un promontoire battu par les vagues. On aperçoit parfois au large des tortues et des dauphins.

À NE PAS MANQUER

★ *Candi bentar*

★ *Meru à trois étages*

★ *Portail principal*

Escalier
Le temple domine la mer d'une hauteur de 200 m.

Statues de Ganesh
Ces effigies du dieu à tête d'éléphant, le fils de Shiva, offrent un magnifique exemple de sculpture balinaise.

★ **Portail principal**
Percé d'une arche inhabituelle, le haut portail de la cour réservée au culte symbolise le Meru, la montagne sacrée. Il porte à son sommet une tête de kala, un démon aux yeux globuleux censé repousser les esprits malins.

Le *jero tengah*, ou cour centrale, domine un magnifique panorama.

★ **Candi bentar**
Le « portail fendu » qui s'ouvre au sommet des marches menant au temple possède une riche décoration.

L'*astasari* reçoit les offrandes de fête.

Entrée

Des images de Brahma et de Vishnou ornent cet autel dédié à Dang Hyang Nirartha.

Les *bale tajuk* sont consacrés aux gardiens spirituels de Nirartha.

LE CENTRE DE BALI

D es centaines de villages se nichent parmi les rizières en terrasses sur les pentes sud qui dominent la plaine côtière. Berceau de la société traditionnelle balinaise, cette région correspond à la régence de Gianyar. Le raffinement des arts – danse, théâtre, musique, peinture, sculpture et orfèvrerie – reflète l'influence des familles nobles qui dominaient le centre de Bali.

Parmi les nombreuses rivières qui creusent les flancs du Gunung Batur, la tumultueuse Ayung et la Melangit marquent respectivement les frontières occidentale et orientale de la régence de Gianyar. Entre la Petanu et la Pakrisan subsistent les vestiges d'une des plus anciennes civilisations de Bali : le royaume hindo-bouddhiste qui, du IXe au XIe siècle, étendit son influence sur l'île depuis les actuels Pejeng et Bedulu. Le siège du pouvoir se déplaça à l'est, à Klungkung, après la conquête mojopahit au XIVe siècle, mais la région retrouva son lustre au XVIIIe quand s'imposèrent les principautés de Sukawati et de Gianyar. Les familles nobles rivalisèrent pour affirmer leur prestige en finançant réalisations architecturales et arts rituels.

C'est le maître d'Ubud qui s'imposa à la fin du XIXe siècle sous le titre de Cokorda Gede Sukawati. Les Hollandais annexèrent son État en 1906, mais son successeur sut encourager la création artistique et attirer des peintres et des intellectuels étrangers. Plusieurs s'établirent à Ubud au cours des années 1930, et elle acquit alors un grand prestige culturel. La région est également appréciée pour la qualité de sa cuisine et l'hospitalité de ses habitants. De nombreux agriculteurs se sont tournés vers l'artisanat, et le tourisme contribue aujourd'hui à entretenir certaines traditions locales.

Les températures fraîchissent quand on quitte la plaine côtière pour grimper les pentes creusées de vallons et de gorges du centre de Bali.

La vallée de l'Ayung vue de l'hôtel Chedi, près d'Ubud

◁ Portail du *pura desa* (temple de village) de Peliatan

À la découverte du centre de Bali

Plus authentique que le sud balnéaire, le
centre de Bali est réputé pour la peinture,
l'artisanat, la danse et la musique. Ubud
constitue une bonne base pour explorer
la région. Beaucoup d'autres sites dignes
d'intérêt bordent les routes qui serpentent
sur les contreforts du Gunung Batur
depuis la plaine côtière. Entre des pentes
verdoyantes, les rivières ont creusé de
splendides gorges. Le parc ornithologique
de Bali et le parc de reptiles, tous deux
aménagés près de Singapadu, offrent
un cadre agréable.

Le Pura Pengastulan de Bedulu

CIRCULER

La principale voie de communication dans le
centre de Bali passe par les villages d'artisans
de Batubulan, Celuk, Sukawati, Batuan, Mas et
Ubud. Depuis Batubulan, la route de Singapadu
coupe tout droit au nord. Des *bemo* circulent
sur les deux, mais les taxis ne sont pas aussi
nombreux que dans le sud de Bali. Au nord
d'Ubud, trois routes parallèles grimpent vers le
Gunung Batur et Kintamani via, respectivement,
Payangan, Tegallalang et Tampaksiring.
Les autobus publics circulant entre Denpasar
et Singaraja, la grande ville de la côte nord,
desservent la région, mais les complexes
hôteliers du sud de Bali proposent des navettes
beaucoup plus confortables pour Ubud.
La bicyclette et la moto, si plaisantes en zone
rurale, se révéleront peu agréables sur les
grandes routes encombrées du sud d'Ubud.

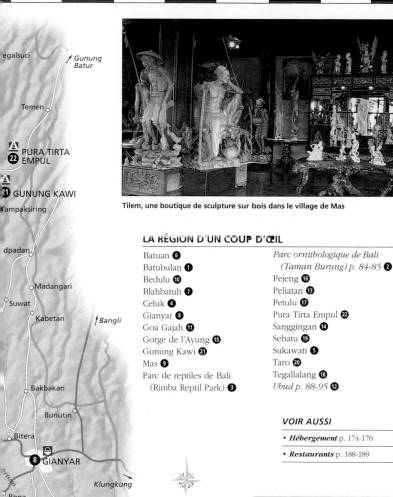

Tilem, une boutique de sculpture sur bois dans le village de Mas

LA RÉGION D'UN COUP D'ŒIL

Batuan **6**
Batubulan **1**
Bedulu **10**
Blahbatuh **7**
Celuk **4**
Gianyar **8**
Goa Gajah **11**
Gorge de l'Ayung **15**
Gunung Kawi **21**
Mas **9**
Parc de reptiles de Bali
   (Rimba Reptil Park) **3**

Parc ornithologique de Bali
   (Taman Burung) p. 84-85 **2**
Pejeng **16**
Peliatan **13**
Petulu **17**
Pura Tirta Empul **22**
Sanggingan **14**
Sebatu **19**
Sukawati **5**
Taro **20**
Tegallalang **18**
Ubud p. 88-95 **12**

VOIR AUSSI

• *Hébergement* p. 174-176

• *Restaurants* p. 188-189

0   3 km

LÉGENDE

━━ Route à double voie

━━ Route principale

╍╍╍ Route secondaire

━━ Frontière de régence

Cueillette de noix de coco près d'Ubud

Danse du *kriss* lors du combat mythique entre Barong et Rangda, spectacle présenté tous les jours à Batubulan

Batubulan ❶

Carte routière C4. 🚗 🚌 🏠
Gianyar, (0361) 943 401. 📱 🏠 🚻

Bien que l'agglomération de Denpasar soit en train d'absorber ce gros village et que des boutiques vendant du mobilier « ancien » bordent désormais sa grand-rue, Batubulan reste un centre renommé de sculpture sur pierre. Indifférents au bruit de la circulation, les artisans à l'œuvre dans d'innombrables ateliers créent des formes modernes ou des images religieuses ou mythologiques.
   Le temple du village, le **Pura Puseh**, offre un bel exemple de l'emploi du *paras*, le tuf volcanique gris utilisé partout à Bali.
   Batubulan possède plusieurs troupes de danse, notamment la compagnie **Denjalan**, qui interprète tous les matins le combat mythique entre Barong et Rangda *(p. 25)*. Elle se produit en alternance une semaine au Pura Puseh et l'autre au *bale banjar*, le pavillon communautaire. Ces représentations gardent une dimension rituelle, même si elles sont surtout organisées, depuis les années 1930, pour les visiteurs étrangers. Il existe plusieurs autres lieux de spectacle. L'un d'eux propose tous les samedis soirs des danses

kecak et *sanghyang*, qui sont traditionnellement des danses de transe.

🏠 **Pura Puseh**
Route principale, Batubulan.
⭕ *t.l.j.* 📷 *contribution.*
🏠 **Denjalan**
Tél. *(0361) 298 038 ou (0361) 298 282. Spectacles : t.l.j. 9h30.* 📷

Parc ornithologique de Bali ❷

Voir p. 84-85.

Parc de reptiles de Bali ❸
Rimba Reptil Park

Jalan Serma Cok Ngurah Gambir, Singapadu. **Carte routière** D4.
Tél. *(0361) 299 344.* ⭕ *t.l.j. 9h-18h.* ⚫ *Nyepi.* 📷 📱 🏠 🚻

La visite du Parc de reptiles de Bali complétera celle du Parc ornithologique voisin. Les principaux reptiles d'Indonésie sont représentés dans un environnement luxuriant inspiré de leur habitat d'origine. Des varans de Komodo, quatre espèces différentes de crocodiles et un python décrit comme le plus grand spécimen vivant en captivité comptent parmi les reptiles

les plus spectaculaires. La collection comprend aussi en grand nombre caméléons et tortues. Les visiteurs peuvent caresser des animaux inoffensifs comme l'iguane vert. Enfin, plusieurs vivariums renferment des serpents venimeux du monde entier, entre autres un cobra royal et une vipère de la mort *(Acanthophis antarcticus).*

Celuk ❹

Carte routière D4. 🚗 🚌
🏠 *Gianyar, (0361) 943 401.*
📱 🏠 🚻 *(limité).*

Presque toutes les familles de Celuk se consacrent au travail de l'or et de l'argent, une tradition transmise de père en fils au sein du clan des Pande Mas, spécialisé dans le façonnage des métaux. De grandes bijouteries bordent la rue principale, tandis que les ruelles transversales renferment des boutiques meilleur marché. Les ateliers du village ont une production variée : bijoux, *kriss*, objets religieux. Certains proposent des parures traditionnelles. Les acheteurs peuvent commander des pièces sur mesure (prévoir pour le guide une commission de 40 à 60 % du prix de l'objet).

Boucle d'oreille de Celuk

Pour les hôtels et les restaurants de la région, voir p. 174-176 et p. 188-189

Sukawati ❺

Carte routière D4. 🚗 🚌
ℹ️ Gianyar, (0361) 943 401.
🏠 🏪 ♿ (limité).

Sukawati mérite surtout une visite pour les objets artisanaux vendus au **Pasar Seni**, marché installé sur la grand-rue en face du marché fermier. Il s'étend sur deux étages bondés d'étals proposant entre autres tissages et batik. Un marché de sculptures sur bois se tient derrière jusqu'à 10 h.

Les Balinais connaissent surtout Sukawati pour ses maîtres du théâtre d'ombres *wayang kulit (p. 31)*. Le centre de fabrication de marionnettes se trouve sur la route de Puaya.

Du palais de la dynastie princière de Sukawati, puissante au début du XVIIIe siècle, il ne reste que quelques vestiges qui se dressent à l'angle nord-est du principal carrefour. Les temples qui bordent la grand-rue au nord et les ruelles situées à l'est n'accueillent pas les visiteurs.

Statues de personnages mythologiques à Sukawati

Batuan ❻

Carte routière D4. 🚗 🚌
ℹ️ Gianyar, (0366) 93 401.
🍴 🏠 🏪 ♿ (limité).

L'histoire de Batuan s'étend sur près de 1 000 ans et le village compte plus de familles nobles que roturières. Sa renommée repose sur ses écoles de danse, ses artistes et ses bâtisseurs. Il existe même un style de peinture propre à Batuan, surtout caractérisé

par une palette presque monochrome, l'accumulation de détails ornementaux et une représentation réaliste de la vie quotidienne *(p. 34-35)*.

Le splendide **Pura Puseh**, le temple du village, accueille les visiteurs. Magnifiquement rénové, il possède, comme son voisin le Pura Dasar, un intéressant décor sculpté. Deux soirs par mois, le Pura Puseh offre l'occasion d'assister en nocturne, au son du gamelan, à une représentation de *gambuh*, une forme de danse de cour devenue rare. D'autres troupes donnent des spectacles de *topeng* et de *wayang wong (p. 31)* lors de certaines cérémonies.

🎭 **Pura Puseh**
⭕ t.l.j. 💰 contribution.
🎭 représentation de gambuh : 1er et 15 du mois 19h-21h. ♿

Blahbatuh ❼

Carte routière D4. 🚗 🚌
ℹ️ Gianyar, (0361) 943 401.
🏠 🏪 ♿ (limité).

Ce village abrite depuis le début des années 1990 un immense bébé de pierre. Celui-ci est censé représenter le géant mythologique Kebo Iwo, qui servit le dernier roi de Bali avant son invasion par des Javanais au XIVe siècle, mais certains affirment que des femmes d'un village voisin auraient demandé à leurs maris de l'ériger pour calmer un démon qui prenait la vie de leurs enfants.

Le **Vihara Amurva Bhumi Blahbatuh**, un temple chinois *(klenteng)* où voisinent des éléments bouddhiques et hindous, a été agrandi en 1999. Il sert de lieu de culte aux bouddhistes chinois de tout le sud de l'île.

Bébé de pierre géant de Blahbatuh

Aux environs : sur le principal axe nord-sud entre Blahbatuh et la route de Bedulu, un grand bâtiment abrite l'atelier et le magasin de la fonderie de gongs **Sidha Karya**, créée par le maître mondialement reconnu I Made Gabeleran.

Les visiteurs intéressés pourront acheter sur place un assortiment complet d'instruments de musique et de costumes de danse traditionnels.

À **Kutri**, à 9 km au nord de Blahbatuh, le **Pura Bukit Dharma Kutri** s'étend au pied d'une colline. Le sanctuaire renferme un relief érodé représentant Dura, déesse à six bras, tuant un buffle possédé par un démon.

Le village de sculpteurs sur bois de **Kemenuh** se trouve à 1,5 km de Blahbatuh. Vous pourrez y voir des artisans au travail et choisir parmi une sélection de pièces rituelles et ornementales, dont des statues et des masques.

🏛️ **Vihara Amurva Bhumi Blahbatuh**
Blahbatuh. ⭕ t.l.j. 🎭

🏛️ **Sidha Karya**
Jalan Raya Getas-Buruan, Blahbatuh. **Tél.** (0361) 942 798.

🏛️ **Pura Bukit Dharma Kutri**
Kutri. ⭕ t.l.j. 🎭

Le Pura Bukit Dharma Kutri est un temple proche de Blahbatuh

Parc ornithologique de Bali ❷

Taman Burung

Aménagé en 1995 à un endroit où ne s'étendaient auparavant que des rizières, ce superbe parc, planté d'arbres et de fleurs tropicales, et agrémenté de chutes d'eau, permet d'observer de près de nombreuses créatures exotiques. Il abrite près de 1 000 oiseaux, dont beaucoup se trouvent dans de grandes volières ouvertes aux visiteurs. Ces oiseaux appartiennent à 250 espèces, non seulement indonésiennes, comme l'étourneau de Bali *(p. 137)*, mais aussi africaines, australiennes et américaines. Certaines sont en voie de disparition et des programmes de reproduction tentent de les préserver.

Psittacule d'Edwards

★ Oiseaux de paradis
La chasse menace d'extinction le paradisier petit-émeraude.

Volière

★ Volière de forêt pluviale de Papouasie
Elle renferme une passerelle. Ses hôtes comprennent des oiseaux de paradis, des toucans toco et des perruches soleil.

Pélican à lunettes
Cet oiseau aquatique appartient à la faune australienne.

Pigeons de Victoria
La volière abrite des espèces exotiques comme le goura couronné, le nicobar à camail, le colombar giouanne et le grand argus.

LES OISEAUX DE NUIT INDONÉSIENS

Il existe 38 espèces répertoriées d'oiseaux de nuit indonésiens, mais ils sont difficiles à observer dans la nature et certains restent peu connus. Ils vivent souvent sur de petites îles et dans un habitat inhospitalier, et sont d'une nature secrète. Le kétoupa malais et le grand-duc bruyant, deux rapaces imposants qui se nourrissent de rongeurs, suscitent donc un grand intérêt de la part des visiteurs du parc ornithologique.

Kétoupa malais

LÉGENDE

- P Parking
- 🛍 Boutique
- ♿ Accès handicapés
- ☕ Café
- 🚻 Toilettes

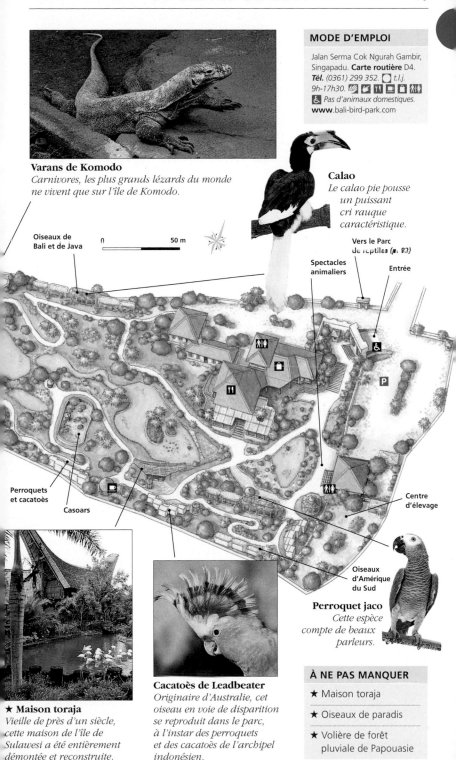

Varans de Komodo
Carnivores, les plus grands lézards du monde ne vivent que sur l'île de Komodo.

Calao
Le calao pie pousse un puissant cri rauque caractéristique.

MODE D'EMPLOI

Jalan Serma Cok Ngurah Gambir, Singapadu. **Carte routière** D4. **Tél.** (0361) 299 352. ☐ *t.l.j.* *9h-17h30.* 🚫 *Pas d'animaux domestiques.* www.bali-bird-park.com

Oiseaux de Bali et de Java

50 m

Vers le Parc de reptiles (p. 89)

Spectacles animaliers

Entrée

Perroquets et cacatoès

Casoars

Centre d'élevage

Oiseaux d'Amérique du Sud

Perroquet jaco
Cette espèce compte de beaux parleurs.

★ Maison toraja
Vieille de près d'un siècle, cette maison de l'île de Sulawesi a été entièrement démontée et reconstruite.

Cacatoès de Leadbeater
Originaire d'Australie, cet oiseau en voie de disparition se reproduit dans le parc, à l'instar des perroquets et des cacatoès de l'archipel indonésien.

À NE PAS MANQUER

★ Maison toraja

★ Oiseaux de paradis

★ Volière de forêt pluviale de Papouasie

Le Puri Gianyar, palais de la famille régnante d'un ancien royaume, a retrouvé sa splendeur d'antan

Gianyar ❽

Carte routière D4. 🚗 🚌 ℹ️ *Jalan Ngurah Rai 21, (0361) 943 401.* 🚻 🏧 🅿️ *(limité).* 🚗

Cette ville fleurie est un centre administratif et commerçant peu tourné vers le tourisme. Les Balinais viennent s'y fournir en produits agricoles, en articles ménagers et en produits pour faire des offrandes. Un grand marché, où des échoppes servent des plats simples le soir, permet d'acheter bijoux et tissus artisanaux. Le *babi guling* (cochon grillé) vendu pendant la journée dans le centre-ville, près du Bale Banjar Teges, le pavillon où se réunit le conseil communautaire, est particulièrement réputé.

L'imposant **Puri Gianyar** borde au nord la place principale. Si les visiteurs n'ont pas accès au palais, les murs extérieurs et les portails donnent une idée du faste des cours royales de jadis. Après un tremblement de terre en 1912, une restauration a rendu au *puri* l'aspect qu'il avait à sa construction au XVIIe siècle.

Aux environs : au sud-ouest de Gianyar se trouvent plusieurs villages agricoles, dont les habitants vivent en grande part de la fabrication d'objets artisanaux destinés à la vente sur place, dans d'autres parties de l'île, voire même à l'exportation. **Bona**, à 3 km de Gianyar, s'est spécialisé dans le tressage de la feuille du palmier lontar, et **Blega**, 2 km plus loin, dans le mobilier en bambou.

Mas ❾

Carte routière D4. 🚗 🚌
ℹ️ *Gianyar, (0361) 943 401.*
🍴 🚻 🏧 ♿ *(limité).* 🛍️

Contrairement à ce que pourraient laisser penser certains des magasins établis le long de la route, le village de Mas doit sa réputation non pas aux meubles en teck, mais à la sculpture sur bois et aux masques de *topeng* (p. 31). Si les brahmanes de Mas entretiennent cette tradition depuis des siècles, elle a, depuis les années 1930, perdu son caractère strictement religieux pour répondre aux attentes des visiteurs étrangers. Les meilleurs ateliers et boutiques sont Siadja & Son, la Njana Tilem Gallery, l'Adil Artshop, la Tantra Gallery et I B Anom. Des brahmanes venus de toute l'île se retrouvent à Mas lors de la fête de Manis Kuningan (p. 39) afin de rendre hommage à leur ancêtre, le prêtre hindou Dang Hyang Nirartha (Dwijendra), au **Pura Taman Pule**. Un grand arbre sacré se dresse dans l'enceinte du temple. Selon la légende, il aurait porté jadis une fleur d'or. Les dévots le couvrent de parures cérémonielles pendant la fête. Celle-ci donne lieu le soir à des représentations rituelles de théâtre *wayang wong (p. 31)*.

Échoppe de plats préparés au marché de nuit de Gianyar

Entrée très ouvragée du Pura Taman Pule, un temple de Mas

🏛️ **Pura Taman Pule**
🕐 *t.l.j.* 🎭 *wayang wong: lors des fêtes.* 🎉 *Kuningan (p. 43).*

Bedulu ⑩

Carte routière D3. 🚗 🚌
ℹ️ *Gianyar, (0361) 943 401.*
🍴 🖥️ ♿ *(limité).*

L'ancien siège du royaume
de Pejeng (Xe-XIIIe siècle)
est devenu un paisible bourg
agricole. La grande fresque
sculptée sur un rocher à
Yeh Pulu, au sud du village,
daterait de la conquête
mojopahit au milieu du
XIVe siècle. Un seul artiste
pourrait avoir réalisé ces
reliefs, d'une longueur de
25 m et d'une hauteur
moyenne de 2 m. La tradition
locale attribue ce travail à
Kebo Iwo, géant mythique
qui aurait vécu au XIVe siècle.
Les sculptures, qui se « lisent »
de gauche à droite, illustrent
entre autres des scènes de
la vie quotidiennes et des
combats héroïques contre
des démons. On reconnaît
une image de Ganesh,
le dieu à tête d'éléphant.
Le vaste **Pura Pengastulan**
(p. 80) possède d'imposants
portails construits dans le
style mis à la mode par

Le village de Bedulu paré
pour la fête de Galungan

I Gusti Nyoman Lempad
(p. 34), artiste né à Bedulu.
Un autre temple, le **Pura
Samuan Tiga** voisin, porte sa
marque. Il occupe le site où
se serait tenue au XIe siècle
une réunion *(sampang)* entre
les dieux de trois sectes *(tiga)*
religieuses en conflit après
leur victoire sur le roi démon
Mayadanawa.
Même vide, le sanctuaire
dégage une impression de
majesté. Œuvre de Lempad,
le portail intérieur est
majestueux. Remarquez
également l'arène de combats
de coqs du côté est de la
première cour. La fête de
Purnama Kedasa *(p. 40)*
donne lieu à 11 jours de
célébrations colorées.

🪧 **Yeh Pulu**
⏰ *t.l.j.* 📷 *contribution.*

🔺 **Pura Pengastulan**
⏰ *t.l.j.* 📷

🔺 **Pura Samuan Tiga**
⏰ *t.l.j.* 📷 *contribution.* 🎭 *Perang
Sampian : 13h pendant la fête.*
🎎 *Purnama Kedasa : avril, variable.*

Entrée sculptée de la Goa Gajah, la « grotte de l'Éléphant »

Goa Gajah ⑪

Bedulu. **Carte routière** D3. 🚗 🚌
ℹ️ *Gianyar, (0361) 943 401.*
⏰ *t.l.j.* 📷 🖥️ 🚻 🎎

Connu des Occidentaux
depuis 1923, le sanctuaire de
la « grotte de l'Éléphant » date
probablement du XIe siècle.
Il se trouve à une quinzaine
de mètres en dessous de la
route et il faut descendre
une volée de marches pour
l'atteindre. Dégagés en 1954,
les bassins, alimentés par
des nymphes, servaient
probablement à des bains
rituels. La caverne a pour
entrée la gueule d'une
exubérante tête de monstre
sculptée dans le rocher.
À l'intérieur, des niches
renferment des statues
shivaïtes et bouddhiques.
À l'extérieur, un pavillon
abrite un autel dédié à Hariti,
une divinité protectrice des
enfants. Elle est représentée
sous les traits de Men Brayut,
une femme pauvre à la
nombreuse progéniture.

LA LÉGENDE DE BEDAULU

Selon la légende, le village de Bedulu devrait son
nom à un roi-sorcier, Bedaulu, qui avait le pouvoir
d'ôter sa tête *(hulu)* pour mieux méditer. Surpris
un jour où il se retrouvait ainsi décapité, il prit en
hâte la première tête disponible, celle d'un porc
(beda signifie « différente »). Pour protéger son
secret, il interdit qu'on posât, à compter de ce jour,
les yeux sur lui et régna depuis le sommet d'une
tour. Le général mojopahit Gajah Mada profita
d'une fête pour lever le regard en renversant la
tête pour boire. Connaître la vraie nature du roi
lui permit de le vaincre et d'imposer à l'île de Bali
la tutelle de l'Empire javanais.

Le Roi de Bedulu dans sa tour **(1934) par I Tomblos**

Ubud pas à pas ⑫

La vocation artistique d'Ubud est visible dans toute
la ville. Le début de soirée est le meilleur moment
pour se promener. La circulation est moins dense, les
conversations bruissent dans les cafés et les restaurants
et, dans l'air frais, flotte le tintement d'un gamelan
accompagnant un spectacle de danse. Quelques
bâtiments à l'architecture intéressante se dressent le
long de Jalan Raya Ubud, la grand-rue. Bordées de
petits magasins, d'ateliers et de galeries d'art, les voies
qui la coupent conduisent au nord et au sud à
d'harmonieux quartiers résidentiels.

Pura Taman Saraswati
*Ce temple s'étend
derrière un bassin
à lotus*

★ Musée Puri Lukisan
*Il propose une belle
collection d'art balinais
(p. 92-93).*

Ary's Warung
*Ce restaurant de
qualité est tenu
par une branche
de l'ancienne
dynastie d'Ubud.*

JALAN RAYA UBUD

JALAN KAJENG

**Monkey Forest Road
(Jalan Wanara Wana)**
Galeries, restaurants
et hôtels bordent
cette grande artère.

MONKEY FOREST

Vers la Wisata
Wanara Wana
(forêt des singes)

0   100 m

LES VISITEURS DES ANNÉES 1930

Bali doit pour une grande part son renom aux hôtes
étrangers reçus par la famille royale d'Ubud au début
du XXᵉ siècle. Leurs films, livres et photographies firent
connaître l'île au reste du monde.
Parmi les visiteurs les plus influents,
citons le peintre allemand Walter
Spies et le peintre néerlandais
Rudolf Bonnet, fondateurs de
l'association Pita Maha *(p. 35)*,
ainsi que l'artiste mexicain Miguel
Covarrubias, auteur, en 1937, d'un
livre sur Bali. Les anthropologues
Margaret Mead et Gregory Bateson
vécurent à Sayan, à la sortie
d'Ubud. Ils avaient pour voisins
le compositeur Colin McPhee et
sa femme, l'ethnographe Janet Belo.

**Walter Spies s'installa
à Ubud en 1927**

LÉGENDE

- - -   Itinéraire conseillé

À NE PAS MANQUER

★ Musée Puri Lukisan

★ Pasar Ubud

★ Puri Saren

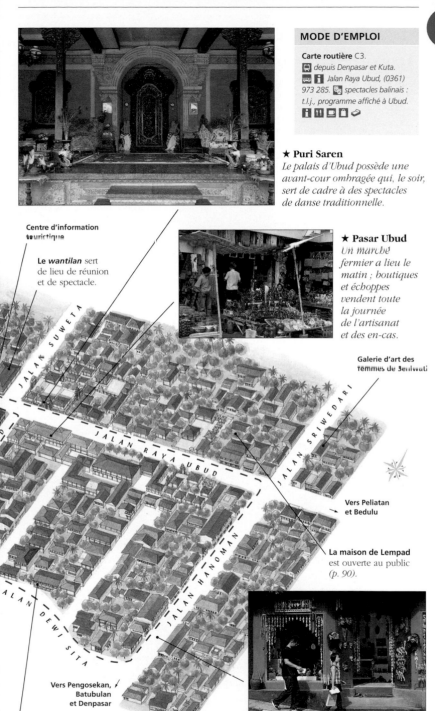

MODE D'EMPLOI

Carte routière C3.
🚌 depuis Denpasar et Kuta.
🚐 ℹ️ Jalan Raya Ubud, (0361)
973 285. 🎭 spectacles balinais :
t.l.j., programme affiché à Ubud.
ℹ️ 🚻 📷 🏛 🛍

★ Puri Saren
Le palais d'Ubud possède une avant-cour ombragée qui, le soir, sert de cadre à des spectacles de danse traditionnelle.

★ Pasar Ubud
Un marché fermier a lieu le matin ; boutiques et échoppes vendent toute la journée de l'artisanat et des en-cas.

Centre d'information touristique

Le *wantilan* sert de lieu de réunion et de spectacle.

JALAN SUWETA

JALAN RAYA UBUD

JALAN SRIWEDARI

Galerie d'art des femmes de Seniwati

Vers Peliatan et Bedulu

La maison de Lempad est ouverte au public (p. 90).

JALAN HANOMAN

JALAN DEWI SITA

Vers Pengosekan, Batubulan et Denpasar

Jalan Dewi Sita traverse un quartier riche en magasins, restaurants et galeries d'art.

Jalan Hanoman
Cette rue abrite temples, boutiques, ateliers d'art et losmen.

À la découverte d'Ubud

Masque Rangda

Ubud est devenu le « village des peintres » dans les années 1930 quand la famille royale a encouragé la venue d'artistes et d'intellectuels étrangers en quête de la « vraie Bali ». Jusqu'à récemment, Ubud était un modeste hameau, mais sa réputation internationale et l'engouement pour le « tourisme culturel » lui ont valu de se transformer en une petite ville. Boutiques d'artisanat, galeries d'art, restaurants, bars et hôtels s'y sont établis en nombre. Mais, malgré cette façade mercantile, les habitants gardent leur mode de vie ancestral.

🛈 Bureau d'information touristique

Jalan Raya Ubud. **Tél.** (0361) 973 285.
◖ t.l.j.
Cet organisme, qui occupe un modeste bâtiment de la grand-rue, offre une bonne source de renseignements sur les modes de transport, les visites guidées et les manifestations culturelles. Vous y trouverez les dates des cérémonies et on vous indiquera comment respecter les règles religieuses (p. 218).

🏛 Musée Puri Lukisan

Voir p. 92-93.

🏯 Pura Taman Saraswati

Jalan Raya Ubud. ◖ t.l.j.
Dans les années 1950, I Gusti Nyoman Lempad (p. 34) édifia pour le prince d'Ubud ce sanctuaire dédié à la déesse de la connaissance et des arts. Le temple conserve de belles sculptures exécutées par l'artiste : une statue du démon Jero Gede Mecaling et le trône *padmasana* de l'angle nord-est, symbole du dieu suprême (p. 26). Un vaste bassin s'étend devant

l'enceinte, qui reste fermée le plus souvent. Il est toutefois possible d'y pénétrer par le Café Lotus adjacent.

🏯 Puri Saren

Jalan Raya Ubud. **Tél.** (0361) 975 057. 🎭 Danses traditionnelles : t.l.j. 19h30. **www**.ubudvillage.com
La famille royale d'Ubud possède plusieurs hôtels qui lui permettent de financer de somptueuses cérémonies. Le palais a pris sa forme et ses dimensions actuelles à la fin du XIXe siècle, à l'époque où la famille étendit son pouvoir, mais il doit une grande part de son aspect, la riche ornementation des portails notamment, à I Gusti Nyoman Lempad (p. 34).

🏬 Pasar Ubud

Jalan Raya Ubud. ◖ t.l.j.
Face au Puri Saren, le marché d'Ubud ne cesse de s'étendre. Les éventaires proposent objets artisanaux, vêtements et souvenirs. Le grand marché alimentaire a lieu tous les trois jours et attire des agriculteurs de la région qui y vendent leurs produits.

Portail du Puri Saren

🏯 Maison de Lempad

Jalan Raya Ubud. **Tél.** (0361) 975 618. ◖ t.l.j. 8h-16h.
L'enclos familial où vécut I Gusti Nyoman Lempad (p. 34), l'artiste balinais le plus renommé, est ouvert au public. Quelques œuvres du maître décorent la cour. Une plus grande partie de son œuvre est visible au musée d'Art de Neka (p. 96). Lempad était également architecte et il a dessiné, en respectant le style traditionnel balinais, les gracieux pavillons nord et est de la résidence.

Sculpteurs sur bois au travail près de la maison de Lempad

🏛 Seniwati Gallery of Art

Jalan Sriwedari 2b. **Tél.** (0361) 975 485. ◖ t.l.j. (dim. apr.-m. seul.)
www.seniwatigallery.com
Pondok Pecak Monkey Forest Road (Jalan Wana Wanara). **Tél.** (0361) 976 194. ◖ t.l.j. 🔲
Cette galerie est la seule en Asie à exposer des œuvres réalisées par des femmes. On y trouve 72 artistes balinaises qui peignent dans un style moderne et traditionnel. Leur bibliothèque et leur librairie, **Pondok Pecak Library** et **Learning Centre**, proposent des cours de langues et d'arts.

Un bassin ornemental sépare le Pura Taman Saraswati du Café Lotus

Pour les hôtels et les restaurants de la région, voir p. 174-176 et p. 188-189

🔺 Pura Gunung Lebah
Campuhan.

À l'ouest d'Ubud, Jalan Raya s'enfonce dans la vallée de **Campuhan**, où confluent deux rivières *(campuh)*. Près du pont moderne subsiste l'ancien pont bâti par les Hollandais à l'époque coloniale. De là, on peut admirer le temple de Pura Gunung Lebah (Pura Campahan), fondé au VIIIe siècle. L'endroit est devenu un lieu de résidence pour les étrangers depuis les années 1930, époque à laquelle Walter Spies *(p. 88)* construisit sa maison

Cocotiers et rizières dans la vallée à l'ouest d'Ubud

Aux environs : au terme de la Monkey Forest Road (Jalan Wana Wanara) se trouve le **sanctuaire de la forêt des singes (Mandala Wisata Wanara Wana)**, qui assure

Macaque cynomolgus de Mandala Wisata Wanara Wana

la protection de trois bandes de singes à longue queue, les macaques cynomolgus *(Macaca fascicularis)*. Il est recommandé de ne pas nourrir les animaux car ils peuvent devenir agressifs. La forêt renferme un « temple des morts », le **Pura Dalem Agung**, aux sculptures effrayantes. À proximité se trouve un autre temple bâti sur une source sacrée, rénové dans les années 1990 par l'ajout de sculptures. À la périphérie sud d'Ubud, le village de **Padang Tegal**, connu pour ses peintres, offre de nombreux hébergements. Au sud de Padang Tegal, le village de **Pegosekan** doit sa réputation à ses sculpteurs sur bois. À l'est de Padang Tegal, **Tebesaya** compte restaurants et hôtels. **Nyuh Kuning**, situé à l'ouest de Pengosekan, est un centre de sculpture sur bois.

🐒 Sanctuaire de la forêt des singes
Jalan Wana Wanara (Monkey Forest Road). **Tél.** (0361) 971 304. t.l.j. 8h-18h. www.monkeyforestubud.com

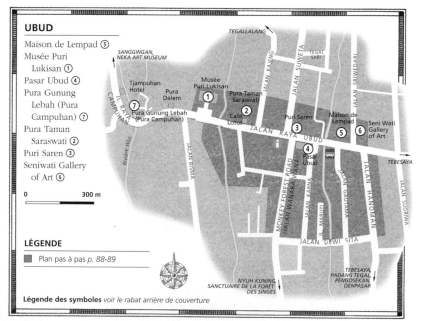

UBUD
Maison de Lempad ⑤
Musée Puri Lukisan ①
Pasar Ubud ④
Pura Gunung Lebah (Pura Campahan) ⑦
Pura Taman Saraswati ②
Puri Saren ③
Seniwati Gallery of Art ⑥

0   300 m

LÉGENDE
Plan pas à pas *p. 88-89*

Légende des symboles *voir le rabat arrière de couverture*

Ubud : musée Puri Lukisan
Museum Puri Lukisan

Ce musée dédié aux beaux-arts a vu le jour en 1953 à l'instigation du prince Cokorda Gede Agung Sukawati et de l'artiste néerlandais Rudolf Bonnet *(p. 88)*. Ces derniers s'inquiétaient de voir les plus belles œuvres d'art balinais partir à l'étranger dans des collections privées. Le musée présente principalement des tableaux et des sculptures sur bois du XXᵉ siècle, en particulier des années 1930. Les pavillons d'exposition entourent un jardin agrémenté de bassins qui forme une oasis paisible et fraîche au centre d'Ubud.

★ Pieuvre *(1955)*
I Gusti Made Deblog a bâti sa réputation sur sa maîtrise du lavis.

Pavillon I

Dharmaswami *(1935)*
Ida Bagus Gelgel s'inscrit ici dans la tradition des peintures inspirées de fables et légendes.

★ Dewi Sri *(1960)*
Ketut Djedeng a représenté la déesse tenant un grain de riz dans la main.

Oiseaux dansant le gambuh *(1940)*
Un bas-relief a inspiré cette peinture exécutée par Ida Bagus Sali.

Pavillon II

LA PEINTURE À BALI

Bali compte un nombre exceptionnel de talents. Le musée Puri Lukisan permet d'avoir, en un seul lieu, un aperçu du foisonnement créateur généré au XXᵉ siècle par la rencontre entre les traditions de l'île et l'art occidental. Beaucoup d'œuvres doivent d'abord être contemplées à distance pour saisir leur composition. On peut ensuite s'approcher pour découvrir les détails et les scènes, parfois minuscules, qui donnent leur densité aux toiles.

Tigre et singe (1955), artiste inconnu

MODE D'EMPLOI

Jalan Raya Ubud.
Tél. (0361) 971 159.
☐ t.l.j. 8h-16h. ● j.f.

www.museumpurilukisan.com

SUIVEZ LE GUIDE !

Le pavillon I abrite les sculptures sur bois et les peintures précontemporaines, dont les œuvres de Pita Maha et de Lempad (p. 34-35). Le pavillon II présente des œuvres d'art contemporain, et le pavillon III accueille des expositions temporaires.

Pavillon III

★ **Marché balinais**
*(détail, 1955)
Anak Agung Gede Sobrat appartient à l'école d'Ubud.*

Billetterie

Escalier d'accès

Parking

★ **Kala Rau** *(1974)
I Ketut Budiana, de Padang Tegal, illustre l'éclipse de lune des mythes balinais.*

À NE PAS MANQUER

★ Dewi Sri

★ Kala Rau

★ Marché balinais

★ Pieuvre

Une promenade dans la campagne d'Ubud

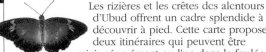

Cethosia

Les rizières et les crêtes des alentours d'Ubud offrent un cadre splendide à découvrir à pied. Cette carte propose deux itinéraires qui peuvent être suivis séparément ou l'un dans la foulée de l'autre. La promenade des rizières est longue de 6 km, mais un raccourci permet de la réduire à 4 km en évitant la boucle nord. Le trajet des crêtes, entre les rivières Wos Timur et Wos Barat, serpente sur 5 km. Les agriculteurs autorisent la traversée des espaces cultivés à condition que les plantations soient respectées. La faune comprend des oiseaux comme le martin-pêcheur azuré, des papillons multicolores et l'épeire fasciée.

Vue sur le Pura Ulun Sui

Jalan Raya Sanggingan ⑫
Cette route fréquentée permet de regagner le centre d'Ubud en *bemo*.

Pont ⑪
Près du fond de la gorge, un pont franchit la rivière jusqu'à la route abrupte menant au village de Payogan.

Warung d'une colonie d'artistes ⑩
Une petite communauté de peintres habite ce village, qui offre une vue spectaculaire sur les gorges de la Wos Barat. Plus au nord, le panorama s'ouvre sur des rizières.

Alang alang ⑨
Après le Pura Campuhan, le sentier traverse une étendue de ces hautes herbes appelées *alang alang* qui servent à couvrir les toits.

Grand banian ⑧
Le sentier des crêtes commence près des Ibah Luxury Villas, passe au pied d'un vieux banian et emprunte une passerelle suspendue au-dessus de la gorge.

Bangkiang Sidem

Payogan

KEDEWATAN

SANGGINGAN

CAMPUHAN

Rivière Ayung

Rivière Wos Barat

LÉGENDE

- - - Promenade des rizières

- - - Promenade des crêtes

━━━ Route principale

═══ Route secondaire

═══ Sentier

Pour les hôtels et les restaurants de la région, voir p. 174-176 et p. 188-189

Rizières ⑤
Les travaux qui occupent les paysans aux champs
dépendent de la saison. De l'autre côté d'un étroit
aqueduc s'élève un joli temple de *subak (p. 20-21)*.

Pura Pejenenang ④
Si vous traversez la Wos Timur
pour rejoindre ce temple,
vous raccourcirez la promenade
en évitant la boucle nord.

Pura Ulun Carik ⑥
Le site offre un beau point
de vue sur la gorge de la
Wos Timur, où abondent
des oiseaux comme
les coucals.

Jalan Raya Ubud ⑦
Ce chemin qui conduit
à la route principale
passe devant un palais
moderne.

Autels de rizière ③
Les offrandes qu'ils reçoivent
sont destinées à la déesse du riz,
qui veille sur les récoltes.

Rivière Wos Timur

Rivière Mumbul

0   500 m

Pura Ulun Sui ②
Connu sous le nom de Juwukmanis, ce
temple jouxte un bureau de *subak*, où une
carte explique le système d'irrigation de Bali.

CARNET DE ROUTE

Départ: Café Lotus à Ubud.
Arrivée: Jalan Raya Sanggingan.
Précautions: les sentiers peuvent
se révéler glissants pendant la saison
des pluies. Comme les rivières sont
susceptibles de crues subites, mieux
vaut toujours franchir les gorges en
prenant les ponts. Ne descendez pas
au fond des gorges si vous n'êtes pas
accompagné par un guide confirmé.
Évitez les petits sentiers, instables,
qui rejoignent des carrières dans
la gorge de la Wos. Des chaussures
de sport suffisent. Respectez les
plantations dans les zones cultivées.

Café Lotus ①
La promenade
des rizières part
du Café Lotus dans
le centre d'Ubud
et emprunte Jalan
Kaleng vers le nord.

UBUD

Le pavillon sud du musée d'Art d'Agung Rai (ARMA) de Peliatan

Peliatan ⑬

Carte routière D3. 🚗 🚌 *depuis Ubud.* 🛈 *Ubud, (0361) 973 285.* 🎭 *danses kecak, legong et de Barong ; gamelan de femmes.*
🍴 🏛 💼 🏠 ✎

Ce village, où s'installa une branche de la famille royale de Sukawati, doit son renom aux activités artistiques de ses habitants, qui ont attiré l'attention des étrangers avant même qu'ils ne découvrent Ubud. Un gamelan et une troupe de danse *(p. 30-33)* du village se produisirent à Paris dès 1931. Musiciens et artistes participent toujours aux rituels et jouent devant les visiteurs.

Des ateliers de peinture et de sculpture sur bois bordent l'artère principale et les ruelles transversales. Le collectionneur d'art Agung Rai, après avoir ouvert une galerie prospère, a fondé le **musée d'Art d'Agung Rai (Agung Rai Museum of Art, ou ARMA)**, qui présente, dans trois grands bâtiments, des peintures balinaises et indonésiennes classiques et contemporaines, ainsi que des expositions temporaires. Le **musée Rudana (Rudana Museum)** abrite une vaste collection de peintures.

Le nord de Peliatan, connu sous le nom d'Agong, offre des boutiques d'artisanat.

🏛 **ARMA**
Jalan Pengosekan. **Tél.** *(0361) 975 742.* ⏱ *t.l.j.* 🖼 🛍 🍴 🖥
www.armamuseum.com

🏛 **Musée Rudana**
Jalan Cok Rai Pudak 44. **Tél.** *(0361) 976 659.* ⏱ *t.l.j.* 🖼
www.museumrudana.com

Sanggingan ⑭

Carte routière C3. 🚌 *depuis Ubud.* 🛈 *Ubud, (0361) 973 285.*
🍴 🏛 💼 🏠 ✎

Boutiques, galeries d'art, petits hôtels et restaurants bordent la route qui traverse Sanggingan. L'excellent **musée d'Art de Neka (Neka Art Museum)** fut fondé en 1976 par le collectionneur Sutéja Neka. Ses sept pavillons présentent des peintures balinaises et indonésiennes dans l'ordre chronologique, offrant un large aperçu de la création balinaise et de la fascination que l'île exerça sur des artistes étrangers tels qu'Arie Smit, Rudolf Bonnet ou Antonio Blanco. Le premier bâtiment est consacré au style *wayang* et aux écoles d'Ubud et de Batuan, un autre abrite un bel ensemble de dessins de Lempad *(p. 34)*. Le musée accueille aussi des expositions temporaires.

🏛 **Musée d'Art de Neka**
Jalan Raya Campuhan. **Tél.** *(0361) 975 074.* ⏱ *t.l.j.* 🍴 *j.f.* 🖼 🚫 🖥
🎧 www.museumneka.com

Portrait de Suléja Neka (1991) par Arie Smit, musée d'Art de Neka

Gorge de l'Ayung ⑮

Carte routière C3. 🚌 *depuis Ubud.* 🛈 *Ubud, (0361) 973 285.*
🍴 🏠 ✎

Entre Kedewatan et Sayan, la gorge de l'Ayung offre un panorama superbe, avec ses rizières en terrasses au milieu d'une végétation

La gorge de l'Ayung vue du village de Sayan sur la crête

Pour les hôtels et les restaurants de la région, voir p. 174-176 et p. 188-189

Descente en canot pneumatique des rapides de la gorge de l'Ayung

foisonnante. Des hôtels de luxe discrets se nichent au milieu des arbres, sur la rive orientale. Sur les deux rives, on trouve des agences louant du matériel pour faire du rafting sur l'Ayung *(p. 203)*.

Aux environs : à l'est de la gorge de l'Ayung, le village de **Penestanan** abrite des ateliers de batik et de broderie de perles. Dans les années 1960, le mouvement des Jeunes Artistes *(p. 35)* s'y développa autour du peintre néerlandais Arie Smit.

Pejeng ⓰

Carte routière D3. 🚌 *depuis Ubud et Gianyar.* 👤 *Ubud, (0361) 973 285.* 🚫🏨🅿️🏠🍽️

Sur la route entre Bedula et Tampaksiring, dans une région peuplée depuis l'âge du bronze, ce petit village se trouvait au cœur du royaume qui contrôlait Bali avant sa conquête par les Mojopahit javanais *(p. 46)*.

Le **Musée archéologique (Museum Purbakala)** présente une petite collection d'objets en bronze, pierre et céramique datant de l'époque préhistorique. On y verra de très anciens sarcophages en forme de tortue.

Non loin, trois temples méritent une visite pour leurs sculptures. Celles du petit **Pura Arjuna Metapa** (temple d'Arjuna méditant), isolé au milieu des rizières, proviennent probablement du sanctuaire d'une source sacrée. Conformément à la tradition *wayang*, un relief montre Arjuna servi par les nymphes envoyées par les dieux pour le tenter. À environ 100 m au nord,

LA SCULPTURE SUR BOIS

Bali a longtemps été couverte par des forêts assez denses pour abriter des tigres au début du XXe siècle. C'est une des raisons de l'importance de la sculpture sur bois sur cette île. Les Balinais manifestent d'ailleurs un grand respect aux arbres ; ceux-ci reçoivent des offrandes avant d'être abattus. Les sculpteurs remplissaient jadis deux offices principaux : fabriquer des objets rituels, effigies et masques, et participer à la décoration des édifices. Le contact avec des artistes occidentaux *(p. 34-35)* et l'expansion du tourisme les ont encouragés à fabriquer des créations plus libres. Les villages spécialisés de la *régence de Gianyar* comprennent Peliatan, Tegallalang *(p. 98)* et Mas *(p. 86)*.

***Femme endormie* (1956) par Ida Bagus Njana**

un démon de près de 4 m domine la cour du **Pura Kebo Edan** (temple du Buffle fou). Restaurée en 1952, la statue daterait du XIIIe ou du XIVe siècle. Enfin, le **Pura Pusering Jagat** (temple du Nombril du monde), aux proportions harmonieuses, renferme plusieurs pavillons aux murs ornés de sculptures tantriques. Celui qui se dresse dans l'angle sud-est abrite la « coupe de Pejeng », une urne de pierre gravée de symboles cosmologiques.

À environ 2 km au nord de Pejeng, le **Pura Penataran Sasih** doit son renom à la « Lune de Pejeng », un gong de bronze haut de 186 cm, très ancien mais d'origine inconnue. Les visiteurs ne peuvent en approcher et on peut grimper sur le socle d'un autel voisin pour apercevoir les figures géométriques au tracé délicat qui ornent ses deux faces.

Ces motifs rappellent la culture Dong-son qui prospéra en Chine du Sud et dans le nord du Vietnam vers 1500 av. J.-C.

🏛️ **Musée archéologique**
Pejeng. **Tél.** *(0361) 942 347.*
⭕ *lun.-ven.* 🎫 *contribution.*

🛕 **Pura Arjuna Metapa**
En face du musée archéologique.
⭕ *t.l.j.* 🎫 *contribution.*

🛕 **Pura Kebo Edan**
Pejeng. ⭕ *t.l.j.* 🎫 *contribution.*

🛕 **Pura Pusering Jagat**
Pejeng. ⭕ *t.l.j.* 🎫 *contribution.*

🛕 **Pura Penataran Sasih**
Pejeng. ⭕ *t.l.j.* 🎫 *contribution.* 🎫

Petulu ⓱

Carte routière D3.
🚌 *depuis Ubud et Pujung.*
👤 *Ubud, (0361) 973 285.*

Le village de Petulu mérite une visite pour ses hérons et aigrettes de diverses espèces, tous appelés *kokokan* en balinais. Ces oiseaux, qui se comptent par milliers et ont mystérieusement élu domicile à Petulu en 1965, s'éparpillent pour se nourrir pendant la journée et reviennent en fin d'après-midi nicher dans les arbres qui bordent la route. Leur envol est splendide au coucher du soleil.

Sarcophages préhistoriques en forme de tortue du musée Purbakala de Pejeng

Sculpteur sur bois à Kenderan, un village proche de Tegallalang

Tegallalang ⓲

Carte routière D3. 🚌 *depuis Ubud.* 🚶 *Ubud, (0361) 973 285.* 🍴 🖥 🛏 🛍

Comme dans beaucoup de villages de la région, les ateliers de sculpture sur bois abondent à Tegallalang. Les artisans, qui fabriquent aussi des « antiquités » et des objets sur commande, ont pour spécialité les imitations, légères et colorées, de fruits, de fleurs et de feuillages.

Aux environs : une route abrupte mène au joli village de **Kebon**, à 3 km au nord de Tegallalang. Elle part de la grand-rue de Tegallalang, à un croisement où se dresse le Kampung Kafe *(p. 189)*, qui propose une cuisine de qualité. **Kenderan** se trouve également à l'écart des grandes voies. Cet ancien micro-royaume a conservé plusieurs charmants petits *puri* (maisons de la noblesse).

À environ 4 km au nord de Kenderan, le petit village de **Manuaba** abrite un grand temple brahmanique, le **Pura Griya Sakti**. Il faut demander l'autorisation au gardien pour voir les grands arbres entrelacés qui s'élèvent derrière la cour intérieure.

À 1 km au sud de Kenderan, à Kapitu, se trouve un intéressant sanctuaire de source sacrée, **Telaga Waja**. On y accède par un sentier de 200 m et une longue et raide volée de marches. Des traces de niches de méditation suggèrent que le site a pu servir de lieu de retraite bouddhique. Il aurait plus de 1 000 ans.

🏛 **Pura Griya Sakti**
Manuaba. ⬤ *t.l.j.* 📷 *contribution*

Sebatu ⓳

Carte routière D3. 🚌 *depuis Ubud.* 🚶 *Ubud, (0361) 973 285.* 🍴 🖥

La réputation de Sebatu a franchi les frontières grâce au talent de ses musiciens et de ses danseuses. Le soir, sauf en période de récolte, les gamelans répètent vers 20 h.

Aisé à découvrir à pied, Sebatu s'organise autour de trois rues orientées nord-sud. Les temples et le *bale banjar* (pavillon communautaire) se trouvent à l'extrémité nord. La rue la plus à l'ouest abrite des ateliers de sculpture sur bois. Les masques de démons sont une des spécialités locales.

Aux environs : au fond d'une petite vallée à l'ouest du village, le **Pura Gunung Kawi** (à ne pas confondre avec les monuments du même nom situés à Tampaksiring) entoure une source sacrée dont l'eau jaillit de bouches de nymphes. Il est interdit de photographier les bassins d'ablutions quand des gens s'y baignent. Dans l'angle nord-ouest, un bel autel s'élève au milieu d'un plan d'eau. La cour centrale renferme des petits pavillons peints de couleurs vives et quelques sculptures intéressantes.

Sculpture du Pura Gunung Kawi

🏛 **Pura Gunung Kawi**
⬤ *t.l.j.* 📷

Le Pura Gunung Kawi de Sebatu abrite d'une source sacrée

Pour les hôtels et les restaurants de la région, voir p. 174-176 et p. 188-189

Taro

Carte routière D3. **i** *Ubud,
(0361) 973 285.*

À l'ouest de Pujung, sur une
route bien signalée mais
en mauvais état, Taro serait
le plus vieux village hindou
de l'île de Bali. Un grand
temple, le **Pura Gunung
Raung**, en occupe le centre.
De l'extérieur, on peut
admirer par-dessus les murs
le long *bale agung* où se
réunit le conseil du village,
et un *meru* à trois étages.
Cette pagode symbolise le
Gunung Raung, la montagne
de l'est de Java d'où le sage
Rsi Markandya et ses
disciples partirent
au VIIIe siècle,
sur l'ordre
des dieux,
pour
fonder
une colonie
à Bali. Taro
est le seul
endroit de
l'île où sont
élevées
les vaches

**Vache albinos
de Taro**

albinos, qui jouent un rôle
essentiel dans certaines
cérémonies. Elles ne sont
plus sacrifiées comme jadis,
mais uniquement montrées.
Le troupeau, qui s'est
considérablement agrandi,
se promène librement dans
la forêt au sud du village.
L'**Elephant Safari Park**
(*p. 206*) propose des
promenades à dos d'éléphant.
Le complexe renferme un
musée, un restaurant et un
Spa luxueux. Le droit d'entrée
aide à financer un programme
de sauvegarde de l'éléphant
de Sumatra, espèce menacée
de disparition.

Gunung Kawi ㉑

Tampaksiring. **Carte routière** D3.
depuis Bedulu et Gianyar.
i *Ubud, (0361) 973 285.*
t.l.j.

À l'est de Tampaksiring, un
long escalier descend au fond
de la vallée encaissée où
coule la Paksiran. Les stands
de boissons et de souvenirs
qui le jalonnent proposent,

Les monuments royaux de Gunung Kawi, taillés à même le rocher

entre autres, de délicats objets
en os sculpté. Les marches
conduisent aux monuments
en forme de *candi*, temples
funéraires javanais, qui se
dressent dans des niches
hautes de 7 m creusées dans
des falaises. Leur origine reste
discutée, mais ils seraient
associés au roi Anak Wungsu
(*p. 45*) et à ses épouses.
Ce souverain régna à Bali au
XIe siècle. Selon la légende,
il se serait retiré dans le petit
ermitage, composé de cinq
cellules creusées dans le
rocher, à droite du principal
groupe de mausolées. Quatre
autres *candi*, peut-être dédiés
aux favorites du souverain,
s'élèvent de l'autre côté de
la rivière. À l'ouest, un sentier
en bord de rizière conduit
à la « dixième tombe ».
Ce monument isolé pourrait
avoir été édifié en l'honneur
du Premier ministre d'Anak
Wungsu, Rakryan.

Pura Tirta Empul ㉒

Manukaya. **Carte routière** D3.
depuis Bedulu et Gianya. **i** *Ubud,
(0361) 973 285.* *t.l.j.*

Le temple de la source la plus
vénérée de Bali attire chaque
année des milliers de pèlerins,
venus de toute l'île se purifier
dans une eau investie de
pouvoirs spirituels ou
magiques différents selon
les fontaines d'où elle coule.
Une inscription gravée sur
une pierre sacrée indique
que le sanctuaire, en cours
de restauration, remonterait
au Xe siècle. Très fréquenté
par les touristes, il reste
toutefois agréable à visiter.
Il est strictement interdit de
photographier les bassins
d'ablutions. Les dévots, qui
déposent sur les autels des
offrandes élaborées, sont
très nombreux le jour de
la pleine lune (*purnama*).

Le Pura Tirta Empul, temple de la source la plus sacrée de Bali

L'EST DE BALI

epuis des siècles, l'univers balinais a pour pôles le puissant mont Agung et, construit sur son flanc, le vaste temple de Besakih. Les anciens souverains de l'est de Bali exerçaient un pouvoir qui rayonnait bien au-delà des majestueuses montagnes et des vertes vallées de leur royaume. Ce qui reste de leurs palais et de leurs temples évoque les fastes de cours régies par le rituel et la tradition.

Découpée entre les trois régences de Klungkung, Bangli et Karangasem, la pointe orientale de Bali est une terre de contrastes où d'imposants volcans se dressent en arrière-plan de plages préservées. Haut de plus de 3 000 m, le volcan du mont Agung (Gunung Agung) est toujours en activité. Les flots de lave et de roches émis lors de l'éruption meurtrière de 1963 *(p. 115)* ont laissé de profondes cicatrices dans le paysage. En 1974, un tremblement de terre ravagea à nouveau cette partie de l'île.

L'est de Bali abrite les deux sanctuaires les plus vénérés de l'île. Besakih, le temple mère, accueille les grandes cérémonies de purification. Depuis la crête d'une splendide caldeira, le Pura Ulun Danu Batur veille sur le lac qui en occupe le fond.

Les cours princières qui se disputèrent la région rivalisaient aussi par leur faste et la pompe donnée aux cérémonies. Leurs commandes ont permis le développement d'un artisanat raffiné, encore pratiqué dans de nombreux villages. En 1906, le roi de Klungkung prit la tête d'un grand *puputan (p. 49)* plutôt que de se soumettre aux Hollandais. Ces derniers détruisirent son palais, mais épargnèrent les deux pavillons du Taman Gili, aux magnifiques plafonds peints. Ayant fait allégeance aux colonisateurs, les rajas d'Almapura conservèrent une certaine autonomie. Le palais d'eau qu'ils construisirent dans les collines de Tirtagangga offre un aperçu du raffinement de leurs loisirs.

En conquérant Bali au XIVe siècle, les Mojopahit javanais apportèrent un mode de vie basé sur un système de castes. Certains habitants de l'île le refusèrent et s'isolèrent. Leurs descendants, les Bali Aga, conservent leurs propres coutumes dans des villages comme Tenganan et Trunyan.

Rizières au pied du Gunung Agung, le volcan où demeurent les dieux de Bali

◁ Production de sel selon des techniques traditionnelles sur la côte est

À la découverte de l'est de Bali

L'intimidant Gunung Agung, volcan toujours
en activité, domine la région. Sur ses contreforts
se dresse le Pura Besakih. À l'ouest, le Gunung
Batur se reflète dans les eaux du lac qui
s'étend au fond de sa magnifique caldeira.
Au sud, Klungkung renferme les pavillons
aux splendides plafonds peints du Taman
Gili. De là, la route conduit vers l'est à
Tirtagangga et à la côte, réputée pour les
sites de plongée d'Amed et de Tulamben.
Ravagées par les éruptions, les pentes
orientales du Gunung Agung sont d'une
beauté austère. La station balnéaire de
Candi Dasa dégage une atmosphère
nonchalante. Tenganan, le plus connu
des villages Bali Aga, se trouve à quelques
kilomètres à l'intérieur des terres.

LA RÉGION D'UN COUP D'ŒIL

Amed ⑮
Amlapura ⑫
Bangli ❶
Candi Dasa ❽
Gelgel ❺
Gunung Agung ⑰
Gunung Batur
  p. 120-121 ⑲
Gunung Lempuyang ⑭
Iseh ❷
Kintamani ⑳
Klungkung p. 105-107 ❹
Padang Bai ❼
Pura Besakih
  p. 116-117 ⑱

Pura Goa Lawah ❻
Pura Tegeh Koripan ㉒
Pura Ulun Danu Batur
  p. 122-123 ㉑
Sidemen ❸
Tenganan
  p. 110-111 ❿
Tirtagangga ⑬
Tulamben ⑯
Ujung ⑪

Promenade
De Tenganan
  à Tirtagangga ❾

VOIR AUSSI

• *Hébergement* p. 176-177

• *Restaurants* p. 189-190

0   5 km

Singaraja

Geretek

Singaraja
Sukawana
㉒ PURA TEGEH KORIPAN
Penulisan
Songan
GUNUNG ㉑⑲
BATUR
KINTAMANI ⑳
Toya Lac
Bungkah Batu
Batur ㉑
PURA ULUN
DANU BATUR
Trunya
Abang
Penelokan   Kedisan

BANGLI
Suter
Pengotan
Ubud
Pelaktiying
Kayuambua   Bangkled
Pempatan
Tiga   Kayubihi
Kayang
Menang
Sulahan
Tegalsuci   Rendang
Bukit
Sekar
❶ BANGLI
Demulih
Bebalang
Gembalan
Gaga
Bunutin   **KLUNG**
KUNG
Jagaperang
Tihingan
Sidan   KLUNGKUNG ❹
Peteluan
Gianyar   GELGEL ❺
Klotak
Lebih

Rizières fertiles près de Tirtagangga

CIRCULER

Une voiture, avec ou sans chauffeur, offre le meilleur moyen de se déplacer. La plupart des routes sont bonnes, mais mal signalisées, et leurs nombreux virages rendent souvent les trajets plus longs que prévu. Les taxis sont rares ; en revanche, des *bemo* circulent entre les villages. Des bus publics desservent les localités du littoral, mais les cars touristiques sont plus confortables. Pratiquement aucun transport public ne fonctionne de nuit. Les ferries pour Lombok partent de Padang Bai, sur la côte sud.

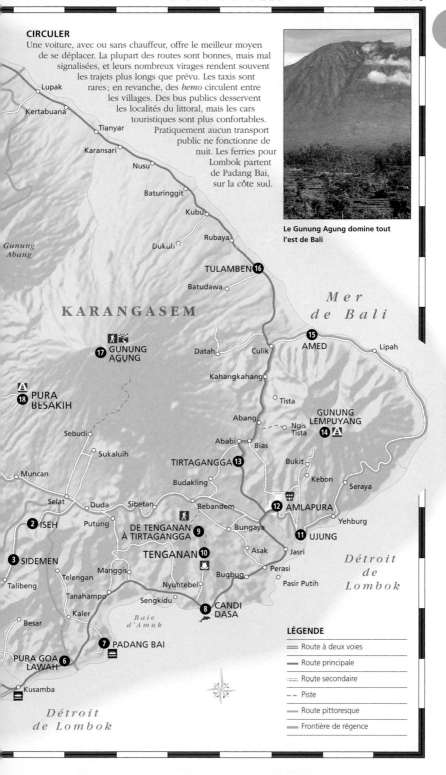

Le Gunung Agung domine tout l'est de Bali

Lupak
Kertabuana
Tianyar
Karansari
Nusu
Baturinggit
Kubu
Rubaya
Dukuh
Gunung Abang
TULAMBEN 16
Batudawa

Mer de Bali

KARANGASEM

17 GUNUNG AGUNG
Datah
Culik
15 AMED
Lipah
Kahangkahang
18 PURA BESAKIH
Tista
GUNUNG LEMPUYANG 14
Sebudi
Abang
Ngis Tista
Sukaluih
Ababi
Bias
TIRTAGANGGA 13
Bukit
Muncan
Budakling
Kebon
Seraya
Selat
Duda
Sibetan
Bebandem
12 AMLAPURA
2 ISEH
Putung
DE TENGANAN À TIRTAGANGGA 9
Bungaya
Yehburg
3 SIDEMEN
Manggis
TENGANAN 10
Asak
Jasri
11 UJUNG
Telengan
Nyuhtebel
Bugbug
Perasi
Pasir Putih
Talibeng
Tanahampo
Sengkidu
8 CANDI DASA
Kaler
Baie d'Amuk
Besar
7 PADANG BAI
PURA GOA LAWAH 6
Kusamba
Détroit de Lombok

Détroit de Lombok

LÉGENDE
— Route à deux voies
— Route principale
— Route secondaire
- - Piste
— Route pittoresque
— Frontière de régence

Bangli ❶

Carte routière D3. 🚗 🚌
🛈 *Jalan Brigjen Ngurah Rai 30,*
(0366) 91 537. 🍴 🏨 🏧 🌿

Capitale royale du XIVᵉ au
XIXᵉ siècle et l'une des plus
anciennes villes de Bali,
Bangli offre aujourd'hui
l'aspect d'une petite bourgade
propre et policée. Sa situation
en altitude, sur la route du
Gunung Batur, lui donne
un climat frais idéal pour
les promenades à pied.

Entouré d'une végétation
luxuriante, le **Pura Kehen**,
fondé au XIᵉ siècle, s'étage
à flanc de colline sur huit
terrasses. La première cour
renferme un immense banian
dont les branches dissimulent
au regard un *kulkul* qui
contient le tambour d'appel
aux prières. De belles statues
bordent l'escalier qui conduit
au sanctuaire intérieur, dont
le *meru* à 11 étages est dédié
au dieu du feu. Dans un des
angles s'élève un *padmasana
trisakti*, dont on peut admirer
l'élégance du décor sculpté.
Ses trois trônes symbolisent
la triade hindoue : Brahma,
Vishnou et Shiva.

Le **Pura Penyimpenan**
conserve trois anciennes
inscriptions sur bronze qui
indiquent que le lieu était
considéré comme saint
bien avant la construction
du sanctuaire actuel.

Sculpture du Pura Dalem
Pengungekan, temple des morts

Des images du ciel et
de l'enfer couvrent les murs
du **Pura Dalem Pengungekan**,
temple des morts qui abrite
des autels dédiés aux trois
grands dieux hindous.

🏛 **Pura Kehen**
Jalan Sri Wijaya. ⏰ *t.l.j.*
💰 *contribution.* 🎎 *Pagerwesi
(selon le calendrier balinais).*

🏛 **Pura Penyimpenan**
Jalan Sri Wijaya. ⏰ *t.l.j.*
⚫ *pour les cérémonies.*
💰 *contribution.*

🏛 **Pura Dalem Pengungekan**
Jalan Merdeka. ⏰ *t.l.j.*
⚫ *pour les cérémonies.*

Aux environs : à environ 4 km
à l'ouest de Bangli, le sommet
du Bukit Demulih permet
d'admirer la masse imposante
du Gunung Agung. Par temps
clair, la vue porte jusqu'à
Nusa Penida et à Sanur.

À Bunutin, à 7 km au sud
de Bangli, deux petits autels
se dressent sur les îles cernées
de nénuphars du lac du **Pura
Penataran Agung**.

Iseh ❷

Carte routière E3. 🚌 *depuis Bangli
et Klungkung.* 🛈 *Amlapura, (0363)
21 196.* 🖥

Les alentours d'Iseh abondent
en splendides paysages,
notamment sur la route qui se
dirige vers l'est depuis Bangli
et passe par Muncan et Duda.
Elle suit de grandes vallées
volcaniques aux verdoyantes
rizières en terrasses. Walter
Spies *(p. 88)* a possédé
une maison à Iseh, et le
site lui a inspiré certaines
de ses plus belles peintures.

Aux environs : à 6 km à l'est
d'Iseh, le village de **Putung**
abrite quelques *homestays
(p. 166-167)* et offre de
beaux points de vue. Quatre
kilomètres plus à l'est, le
village de **Sibetan** a pour
spécialité la culture du salak,
un fruit à la peau écailleuse
et dont le goût évoque à la
fois la pomme et la fraise.
Les plantations, ombragées
par des cocotiers, occupent
des centaines d'hectares.

Les alentours d'Iseh se prêtent à de belles promenades à pied

Pour les hôtels et les restaurants de la région, voir p. 176-177 et p. 189-190

Sidemen ❸

Carte routière E3. 🚌 *depuis Bangli et Klungkung.* 🛈 *Amlapura, (0363) 21 196.* 🍴 🏨 🛍

Sidemen renferme quelques bons *homestays (p. 166-167)* dominant des rizières sur les contreforts du Gunung Agung et offre un cadre paisible au cœur d'une des plus belles parties de l'est de Bali. La végétation dessine un subtil patchwork déclinant toutes les nuaces du vert devant un majestueux arrière-plan montagneux. Le village abrite aussi des ateliers de *songket,* tissage de soie et de fils d'or et d'argent, dont la fabrication était autrefois réservée aux castes les plus hautes.

Angle de rue du centre de Klungkung

Klungkung ❹

Carte routière D4. 🚌 🚐 🛈 *Jalan Untung Surapati 3, (0366) 21 448.* 🍴 🏨 🛍 ♿ 🛍

Ville marchande animée sur la route de l'est, la capitale du district de Klungkung porte aussi, depuis 1992, le nom de Semarapura. Elle conserve deux bâtiments historiques : le Kerta Gosa et le Bale Kambang. Ces deux pavillons, célèbres pour leurs plafonds peints, s'élèvent dans le jardin appelé **Taman Gili** *(p. 106-107).*

À côté, le petit musée **Daerah Semarajaya** expose une collection de sculptures en bronze et en marbre, des peintures de l'Italien Emilio

Peinture de style *wayang* d'un artiste de Kamasan

Ambron et des photographies de la demeure royales datant du début du XXᵉ siècle.

Au sud du Taman Gili s'élève une grande porte sculptée qui ouvrait sans doute jadis sur la cour intérieure de l'ancien *puri.* Selon la légende, ses massifs battants de bois sont restés collés depuis le *puputan* de 1908, au cours duquel 200 membres de la cour se donnèrent la mort *(p. 49).* L'événement est commémoré par le **monument au Puputan** érigé en face du Taman Gili. Au même carrefour, un grand marché couvert abrite des étals où se côtoient denrées et objets d'artisanat ou accessoires rituels. On peut aussi y acheter de beaux tissus produits localement.

Monument au Puputan de Klungkung

Aux environs : à 1 km au sud de Klungkung, les peintres de la petite ville de **Kamaşan** entretiennent une tradition séculaire *(p. 34-35)* qui s'inspire des marionnettes du théâtre d'ombres *wayang kulit :* les torses sont montrés de face alors que les membres sont présentés de profil.

En quittant Klungkung pour rejoindre Kamasan, prenez à gauche vers **UD Kamasan Bali**, où vous pourrez voir la fabrication des *kereng,* pièces de monnaie chinoises percées d'un trou carré et utilisées à Bali dans les offrandes rituelles.

À 1 km au nord-est, le **Pura Taman Sari** renferme un *meru* dont le toit à onze étages est édifié sur une tortue de pierre entourée d'un fossé.

LES TISSAGES

Les étoffes revêtent une grande importance dans l'est de Bali. La région est célèbre pour le *geringsing,* une forme de double *ikat* fabriquée seulement par les Bali Aga du village de Tenganan *(p. 110-111).* Les Balinais lui attribuent des pouvoirs spirituels protecteurs. Sidemen a pour spécialité le *songket,* un riche brocart de soie où des fils d'or et d'argent créent des motifs raffinés. Le *songket* est souvent réservé à des tenues portées lors de cérémonies religieuses ou d'événements importants de la vie sociale. Il entre aussi dans la confection de costumes de danse.

Songket tissés dans un atelier de Sidemen

Klungkung : Taman Gili

Lorsqu'ils prirent Klungkung en 1908, après un sanglant *puputan*, les Hollandais dévastèrent le Puri Semarapura, le palais du dieu de l'Amour, construit au début du XVIIIe siècle par le roi Gusti Sideman. De ce splendide complexe en forme de mandala ne subsistent plus aujourd'hui qu'une porte et le Taman Gili (littéralement le « jardin île »). Ce dernier renferme deux grands pavillons ouverts. Le Bale Kambang, le « Pavillon flottant », s'élève au milieu d'un bassin ornemental. Il servait de lieu de réception et de détente. Le Kerta Gosa abritait le tribunal chargé de résoudre les cas trop délicats pour être réglés par les villageois. Tous deux possèdent des plafonds peints de style *wayang*.

Bale Kambang
Les Hollandais agrandirent le Pavillon flottant pour lui donner sa taille actuelle.

★ **Plafond peint du Kerta Gosa**
Au sommet des 267 panneaux peints qui ornent le plafond, une fleur de lotus entourée de colombes dorées symbolise l'illumination et le salut.

Kerta Gosa

Entrée

LES PEINTURES DU KERTA GOSA

Les panneaux empruntent à plusieurs traditions des images montrant les châtiments réservés aux coupables et la voie vers le paradis des innocents. La principale série illustre le *Bhima Swarga*, une saga balinaise qui a pour héros un personnage du *Mahabharata*. D'autres scènes s'inspirent des *Histoires de Tantri*.

Le démon Wirosa poursuivant des pécheurs

Scène des *Histoires de Tantri*

Sur le chemin de l'illumination et du salut

Pour les hôtels et les restaurants de la région, voir p. 176-177 et p. 189-190

MODE D'EMPLOI

Puri Semarapura, angle de Jalan
Surapati et de Jalan Puputan,
Klungkung. ☐ t.l.j. 7h-18h.
◼ j.f. 🖼 🎫 👫

★ **Plafond peint
du Bale Kambang**
*Ces peintures illustrent des
mythes balinais, comme
l'histoire de Sutasoma, saint
bouddhiste qui symbolise
la force sans l'agression.*

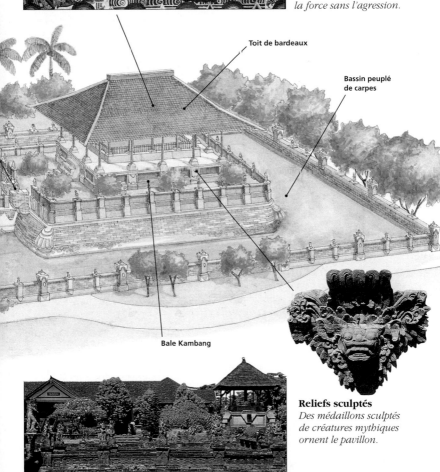

Toit de bardeaux

**Bassin peuplé
de carpes**

Bale Kambang

Reliefs sculptés
*Des médaillons sculptés
de créatures mythiques
ornent le pavillon.*

À NE PAS MANQUER

★ Plafond peint
du Bale Kambang

★ Plafond peint
du Kerta Gosa

Musée Daerah Semarajaya
*À l'ouest du Bale Kambang (p. 105), une petite exposition
entretient le souvenir des dynasties royales de Klungkung.*

Entrée du temple de la grotte Goa Lawah

Gelgel ❺

Carte routière E4. 🚌 *depuis Klungkung.* 🛈 *Klungkung, (0366) 21 448.* 🎭 *Purnama Kapat (oct.).*

Dewa Ketut Ngulesir, le fils du premier roi mojopahit de Bali, installa sa cour à Gelgel au XIVe siècle. La ville connut alors un grand rayonnement jusqu'en 1710, date à laquelle elle perdit son statut de capitale au profit de Klungkung. Elle garde peu de vestiges de cette période faste en dehors du **Pura Dasar**, temple d'État dominé par de hauts *meru*. Plusieurs autres temples bordent les rues, dont le **Pura Penataran**. Gelgel est également réputée pour ses *songket*.

Pura Goa Lawah ❻

Carte routière E4. 🚗 🚌 🛈 *Klungkung, (0366) 21 448.* 🕐 *t.l.j. 8h-18h.* 🎭 *anniversaire du temple (se renseigner sur place).* 🍴 🏨

La tradition attribue à Mpu Kuturan la fondation de ce temple en 1007. Associé aux rites funéraires, le sanctuaire garde l'entrée d'une grotte peuplée de dizaines de milliers de chauves-souris. Selon la légende, cette grotte s'enfoncerait de 20 km dans la montagne et rejoindrait le Pura Besakih *(p. 116-117)*, au pied du Gunung Agung. Elle abriterait le serpent géant Gana Basuki, gardien de l'équilibre du monde.

À l'extérieur, plusieurs restaurants permettent de faire une pause en admirant l'océan en direction de Nusa Penida et de Lombok.

Aux environs : à 4 km au sud-ouest de Goa Lawah, le petit village de **Kusamba** possède une plage de sable noir où les pêcheurs tirent au sec leurs *jukung*. Ces pirogues à balancier offrent un bon moyen d'aller passer une journée sur les îles voisines, mais la mer est souvent agitée et les vagues peuvent rendre l'expérience désagréable.

Jukung tirés sur la plage de sable noir de Kusamba

Padang Bai ❼

Carte routière E4. 🚗 🚌 🛥 *vers Nusa Lembongan, Nusa Penida et Lembar, Lombok.* 🛈 *Amlapura, (0363) 21 196.* 🍴 🏨 🏦 🛍

Le port de ce petit village de pêcheurs, d'où partent entre autres les ferries pour Lombok, est très animé. Padang Bai constitue donc un bon point de départ pour découvrir l'est de Bali avec ses nombreux restaurants, hôtels et clubs de plongée.

Aux environs : depuis Padang Bai, un quart d'heure de marche vers l'ouest conduit à la plage de sable blanc de **Biastugal**, très appréciée des amateurs de bains de soleil. Un peu plus loin le long de la

côte, il est possible de louer une pirogue afin d'aller découvrir avec masque et tuba des fonds coralliens de toute beauté. Il faut compter 20 min à pied pour atteindre le promontoire qui ferme la baie à l'est. Plusieurs temples s'y dressent, dont le **Pura Silayukti**, ancien ermitage du prêtre errant Mpu Kuturan, qui introduisit à Bali, au XIe siècle, le système de triple sanctuaire de village.

🏛 **Pura Silayukti**
🕐 *t.l.j.* 🎭 *anniversaire du temple (se renseigner sur place).*

Candi Dasa ❽

Carte routière E4. 🚗 🚌 🛈 *Jalan Candi Dasa, (0366) 41 204.* 🏦 🏨 🛍

La transformation de ce village de pêcheurs en station balnéaire a provoqué la disparition du récif qui protégeait la plage, le corail servant à fabriquer la chaux nécessaire à la construction des hôtels. L'érosion n'a laissé qu'une étroite bande de sable. Candi Dasa reste néanmoins une bonne base pour explorer la région. Elle offre également d'intéressantes possibilités de plongée, avec bouteilles ou au tuba, en particulier près des îles qui se trouvent au large. Les visiteurs y disposent d'un large choix d'hébergements, de bars et de restaurants. La spécialité culinaire locale est le *bebek betutu*, canard épicé *(p. 182)*.

Près du centre du village, le **Pura Candi Dasa** est dédié à Hariti, la déesse de la fertilité. Ce petit temple domine un bassin à nénuphars alimenté par une source.

🏛 **Pura Candi Dasa**
Jalan Candi Dasa. 🕐 *t.l.j.*

Aux environs : à 2 km à l'est de Candi Dasa, au sommet d'un escalier abrupt, le **Pura Gomang** offre un promontoire de choix pour découvrir un vaste panorama sur la côte. Plus à l'est, des *jukung* multicolores égaient la belle plage de sable de **Pasir Putih**.

Promenade de Tenganan à Tirtagangga ❾

Il faut environ trois heures pour effectuer cette randonnée de 6 km à travers l'une des régions les plus pittoresques de l'intérieur de Bali. Les points les plus hauts offrent de superbes panoramas sur les montagnes. La promenade longe des rizières en terrasses et traverse des villages accrochés à flanc de colline, dont les habitants conservent un mode de vie traditionnel. Elle permet de découvrir leurs temples, leurs écoles et leurs minuscules *warung (p. 28)*. Vous pourrez aussi voir des vanniers au travail. Tenganan est réputé pour son *tuak*, une boisson légèrement alcoolisée produite avec la sève d'un palmier appelé *jaka*. Des marchands en vendent dès le matin.

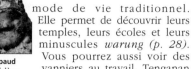

Crapaud de rizière

Budakling ⑥
Ce village de forgerons se trouve au nord de la grand-route. On atteint ensuite un chemin en lave.

Ababi ●

Tirtagangga ⑦
La petite route de Tirtagangga *(p. 112)* offre de belles vues sur les rizières, avec la mer en arrière-plan.

Kastala ⑤
Le sentier conduit à ce village proche de la route principale. Des moyens de transport, à Bebandem, permettent de raccourcir le trajet.

Warung ④
Un petit café domine les terrasses. Le sentier mène à un barrage d'irrigation et à un autel de rizière avant de traverser une rivière peu profonde.

Babandem

Pura Puseh ③
Ce temple donne sur un large panorama de rizières à différents stades de mise en culture. Le Gunung Lempuyang et le Gunung Seraya s'élèvent dans le lointain.

Gumung Kaja ②
Les habitants de Gumung Kaja fabriquent des paniers et des nattes en *ata*, fibre très résistante.

Bungaya ●

LÉGENDE

━━━ Route principale

═══ Route secondaire

- - Chemin en lave

-- Itinéraire

0   2 km

● Tenganan

Porte de Tenganan ①
Du village, un sentier empierré conduit à un temple, puis à la lisière de la forêt. De là, un mur marque le début d'une demi-heure de montée jusqu'à l'école primaire de Gumung Kaja.

CARNET DE ROUTE

Départ: Tenganan. ***Arrivée:*** Tirtagangga. ***Durée:*** *3 heures. Allez en bemo jusqu'à Candi Dasa, puis continuez à pied. Évitez la saison des pluies car les sentiers deviennent glissants. Un guide est vivement conseillé.*

Tenganan ❿

Ornement
mural

Tenganan est un village de Bali Aga, ou « Balinais originels » *(p. 46)*, qui conservent des coutumes originales. Théoriquement, ils n'ont pas le droit de se marier hors de la communauté. Depuis peu toutefois, un rite incluant une fausse crémation permet à une personne extérieure de « renaître » à Tenganan. Le village est renommé pour sa vannerie et le *geringsing*, une forme de double *ikat (p. 37)*. Attention, le site est fermé aux visiteurs la nuit.

Détail d'un *geringsing*

Bains publics

Marché

Temple du village
Dans le temple des origines situé hors les murs, la communauté participe à des rites collectifs reflétant une cosmologie dualiste opposant des principes complémentaires.

Le *wantilan* sert de cadre à des spectacles et à des réunions publiques.

LA LÉGENDE DE TENGANAN
La communauté de Tenganan possède collectivement plus de 1 000 ha cultivés. Selon la légende, c'est le roi Bedaulu qui accorda ces terres fertiles au XIVe siècle. Il avait perdu son cheval favori et les villageois partirent à sa recherche. Ils retrouvèrent l'animal mort et obtinrent en récompense tout le territoire où flottait l'odeur de la dépouille. Un ministre eut la charge de définir les limites de la zone. Le chef du village le secondait. Partout où ils allaient, la puanteur régnait. Le ministre ne savait pas que son compagnon cachait de la viande pourrie sous ses vêtements.

Des métayers exploitent les rizières de Tenganan pour ses habitants

Maisons traditionnelles
Les demeures, dotées d'une petite cour, obéissent toutes au même plan.

À NE PAS MANQUER
★ Bale Petemu

★ Rue principale

MODE D'EMPLOI

Carte routière F3. 🚌 *depuis Candi Dasa.* 🛈 *Amlapura, (0363) 21 196.* ◯ *en journée seul.* 🖼 *contribution.* 🎭 *Rejang Dewa (danse) [fév.] ; Usaba Sambah et Mekare-kare (combat rituel) [juin-juil.].* 🔲 🚻 👫

★ **Bale Petemu**
Les membres d'une des trois associations d'hommes célibataires s'y retrouvent.

★ **Rue principale**
En partie pavée, elle s'étage en gradins reliés par des rampes.

Coqs de combat
Leurs propriétaires les gardent souvent dans des cages posées devant les maisons.

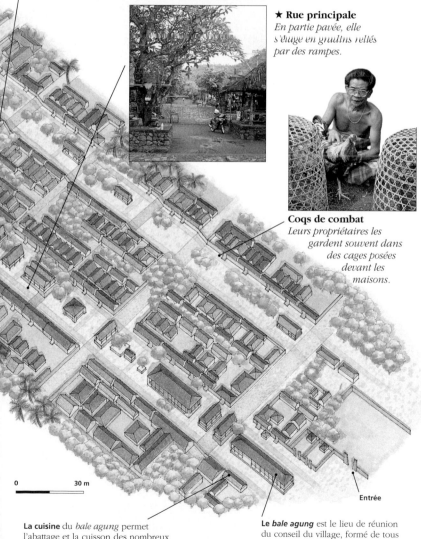

0   30 m

Entrée

La cuisine du *bale agung* permet l'abattage et la cuisson des nombreux porcs utilisés pour certaines cérémonies.

Le *bale agung* est le lieu de réunion du conseil du village, formé de tous les couples mariés.

Ujung ⓫

Carte routière F3. 🚗 🚌 *depuis Amlapura.* 🏥 *Amlapura, (0363) 21 196.*

Le nom d'Ujung (« au bout »), convient bien à ce village de pêcheurs isolé. Le dernier raja de Karangasem, Anak Agun Anglurah Ketut, s'y fit édifier un somptueux palais d'eau, le **Puri Taman Ujung**, inauguré en 1919. Très abîmé par l'éruption du Gunung Agung en 1963 et le tremblement de terre de 1974, il a retrouvé toute sa splendeur après sa rénovation en 2004.

🏛 Puri Taman Ujung
🕙 *t.l.j.* 📷 *contribution.* 🖼

Aux environs : depuis Ujung, la route étroite qui contourne la pointe orientale de Bali offre des vues spectaculaires sur l'océan et le Gunung Seraya. Avant de l'emprunter, mieux vaut toutefois se renseigner sur son état.

Le Puri Taman Ujung, avant rénovation

Amlapura ⓬

Carte routière F3. 🚗 🚌
🏥 *Jalan Diponegoro, (0363) 21 196.*
🍴 🏠 ⚓

Ce petit chef-lieu de district, dont le marché animé attire des villageois de toute la région, a reçu son nom actuel lors de sa reconstruction après l'éruption du Gunung Agung en 1963. Ce nouveau nom est supposé protéger la ville de la colère des dieux, mais ses habitants utilisent souvent l'ancien nom : Karangasem.

Karangasem devint au XVIIᵉ siècle la capitale d'un État puissant, dont les souverains étendirent leur pouvoir sur Lombok en 1678. Une nouvelle lignée colonisa l'ouest de cette île.

Styles balinais et européen se mêlent au Maskerdam, résidence royale

En 1849, elle se retourna contre Karangasem, qu'elle conquit avec l'aide des Hollandais. Quand ces derniers envahirent Lombok en 1894, ils obtinrent la soumission des rajas de Karangasem et leur laissèrent un semblant d'autorité.

Leur ancien palais, le **Puri Agung**, aussi appelé Puri Kanginan, date du début du XXᵉ siècle – le dernier raja y a vu le jour. Un imposant portail d'entrée évoquant une pagode à trois étages permet de pénétrer dans le vaste complexe, à l'atmosphère désolée, entouré d'un épais mur de brique rouge. Les descendants de la famille royale vivent désormais au Puri Gede et au Puri Kertasurahe, qui se trouvent de l'autre côté de la rue et ne se visitent pas. L'architecture du Puri Agung mélange avec éclectisme des éléments balinais, européens et chinois.

Le bâtiment appelé **Maskerdam** doit son nom à la difficulté qu'éprouvent les Balinais à prononcer « Amsterdam ». Il renferme, derrière des portes sculptées, des meubles qui furent offerts par la reine Wilhelmine des Pays-Bas. Ceux du Bale London, grand bâtiment doté d'une longue véranda, portent des armoiries que le raja croyait être celles de la couronne britannique. Les deux pavillons ouverts qui s'élèvent devant le Maskerdam servaient aux cérémonies et aux réceptions. L'un d'eux porte au-dessus de l'entrée une photographie du raja prise en 1939, date à laquelle les Hollandais accordèrent une autonomie partielle au district.

🏛 Puri Agung
Jalan Gajah Mada. 🕙 *t.l.j.* 📷 🖼

Tirtagangga ⓭

Ababi. **Carte routière** F3. 🚗 🚌
🏥 *Amlapura, (0363) 21 196.* 🕙 *t.l.j.*
📷 🖼 🍴 🏠 ♿ *(limité).* ⚓

Ce petit village à flanc de colline au milieu de rizières porte un nom qui signifie « Eau sacrée du Gange ». Il jouit d'un climat frais et des *homestays* permettent d'y séjourner. Il abrite le plus bel exemple de palais d'eau à avoir subsisté à Bali. Il fut construit en 1947 par Anak Agung Anglurah Ketut, le dernier raja de Karangasem, mais a beaucoup souffert de l'éruption de 1963 et reste en cours de restauration. Un jardin bien entretenu et orné de statues renferme de grands bassins où l'eau jaillit de la gueule de monstres. Les visiteurs peuvent se baigner, au prix d'une modique contribution, et des vestiaires rudimentaires permettent de se changer.

Jardin et piscines du palais d'eau de Tirtagangga

Pour les hôtels et les restaurants de la région, voir p. 176-177 et p. 189-190

Sur la route du Gunung Lempuyang

Gunung Lempuyang ⑭

Traverser les villages de Tista, Abang et Ngis Tista. **Carte routière** F3.
Amlapura, (0363) 21 196.

Le mont Lempuyang culmine à 1 058 m et justifie une excursion d'une journée, en particulier lorsqu'une cérémonie s'y déroule. Le trajet pour l'atteindre fait partie de l'intérêt de la sortie. Depuis Tirtagangga, en se dirigeant vers le nord-est, la route traverse de vertes rizières dans la vallée qui sépare le Gunung Agung et le Gunung Lempuyang. Une route latérale gravit le flanc de ce dernier.

Au sommet, le **Pura Lempuyang Luhur** occupe un emplacement qui était probablement déjà sacré avant l'époque hindoue. Sa situation, sur la montagne la plus à l'est de l'île, en fait un temple très important aux yeux des Balinais, même s'il ne comprend qu'une cour abritant quelques pavillons. L'escalier de 1 700 marches qui y conduit commence au Pura Telegama, un sanctuaire plus petit. L'ascension demande 2 heures d'effort et mieux vaut l'entreprendre aux heures fraîches de la matinée. Mais la vue superbe récompense les marcheurs courageux qui veulent bien se hisser jusqu'au sommet.

Pura Lempuyang Luhur
t.l.j. anniversaire du temple (se renseigner sur place).

Amed ⑮

Carte routière F2.
Amlapura, (0363) 21 196.

Ce petit village de pêcheurs reste peu touché par le tourisme, ce qui fait une bonne partie de son charme. Ses habitants continuent d'y

La plongée est très pratiquée aux alentours d'Amed

produire du sel selon une technique très ancienne, exposant au soleil, dans de longs récipients creusés dans des troncs de palmier, une saumure obtenue en laissant s'égoutter du sable mouillé.

La côte présente un visage aride très différent du reste de la région. Des collines dénudées où s'accrochent des palmiers lontar offrent un contraste marqué avec les montagnes verdoyantes qui se dressent en arrière-plan. De splendides récifs coralliens peuplés de très nombreux poissons attirent des plongeurs sous-marins, en particulier dans la baie de Jemeluk, à l'est d'Amed.

Aux environs : à 5 km à l'est d'Amed se dresse le petit village de **Lipah**, en pleine expansion touristique. Mais les infrastructures implantées restent sobres et s'intègrent assez bien au paysage.

Palmiers lontar de la région côtière près de Tulamben

Tulamben ⑯

Carte routière F2. *depuis Amlapura et Singaraja.* *Amlapura, (0363) 21 196.*

Petit village sans intérêt particulier, Tulamben est surtout réputé comme l'un des sites de plongée les plus populaires de Bali grâce à l'épave du *Liberty*, un cargo américain de 120 m de long coulé en 1942. Celui-ci repose à une quarantaine de mètres du rivage et à 3 m de profondeur pour sa partie la plus haute. Une faune et une flore étonnantes ont profité de ce support. Des clubs de plongée *(p. 202)* organisent des sorties d'une journée.

Gunung Agung ⑰

Volcan toujours en activité, le Gunung Agung, haut de 3 142 m, tient une place centrale dans la conception balinaise de l'ordre cosmique.

Séjour des dieux et des esprits des ancêtres, pôle de la direction *kaja*, la direction la plus pure, le mont Agung guide l'orientation des villages, des temples et même des lits. Pour le gravir, il vaut mieux respecter les règles vestimentaires en vigueur dans les temples *(p. 218)*.

CARNET DE ROUTE

Points de départ : Besakih ①, ou Pura Pasar Agung ②, au nord de Selat.
Comment s'y rendre : bus ou bemo jusqu'à Besakih depuis Denpasar, Gianyar et Amlapura. Par ses propres moyens jusqu'au Pura Pasar Agung.
Quand y aller : accès interdit pendant la saison des pluies, d'octobre à mai, et pendant certaines cérémonies en mars et en avril.
Guide : il est hautement recommandé d'engager un guide de confiance (p. 205). Les deux ascensions imposent un départ avant le lever du soleil et le temps peut varier assez brusquement. Il faut se munir de bonnes chaussures à semelles antidérapantes.
Durée de l'ascension : 6 heures depuis Besakih, 3 heures depuis le Pura Pasar Agung.

Depuis Besakih ①
Le plus long des deux itinéraires conduit au sommet du cratère. Il offre une vue spectaculaire sur Bali et Lombok… quand il n'est pas couvert de brume.

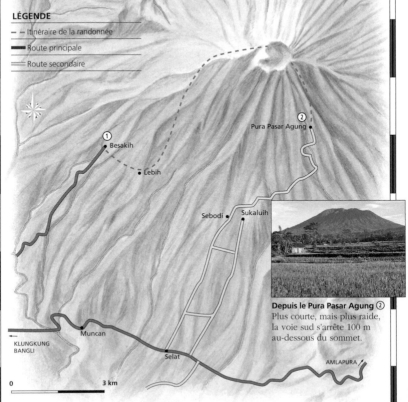

LÉGENDE

– – Itinéraire de la randonnée
▬▬ Route principale
═══ Route secondaire

② Pura Pasar Agung
① Besakih
Lebih
Sebodi • Sukaluih
Muncan
← KLUNGKUNG BANGLI
Selat
AMLAPURA

0   3 km

Depuis le Pura Pasar Agung ②
Plus courte, mais plus raide, la voie sud s'arrête 100 m au-dessous du sommet.

L'ÉRUPTION DU GUNUNG AGUNG EN 1963

En 1963, après un sommeil de plus d'un siècle, et quelques signes avant-coureurs pris pour des auspices favorables, le mont Agung entra dans une très violente éruption le 16 mars, peu après la célébration à Besakih de l'Eka Dasa Rudra. Ce rituel de purification n'a lieu qu'une fois par siècle. L'éruption dura en tout six mois, détruisit plusieurs villages et fit près de 2000 victimes. Les paysages gardent encore la trace des coulées de lave et de roches volcaniques. Une rumeur circule sur la cause du phénomène : il serait dû à une erreur dans la détermination de la date de la cérémonie. D'anciens textes suggèrent qu'elle aurait dû avoir lieu en 1979.

Éruption du Gunung Agung (1968)
par Ida Bagus Nyoman Rai

Pura Besakih ⑱

Voir p. 116-117.

Gunung Batur ⑲

Voir p. 120-121.

Kintamani ⑳

Carte routière D2. 🚗 🚌
🛈 *Penelokan, (0366) 51 370.*
🍴 🏧 📷 ♻

Kintamani est sans doute l'un des sites touristiques les plus populaires de Bali, comme en témoigne le nombre de bus des agences de voyages garés le long de la rue principale aux heures de pointe. Le village s'est étendu au fil des ans et se confond désormais avec les localités voisines de Batur et Penelokan, formant un long ruban de restaurants et de commerces destinés à satisfaire les besoins des visiteurs. Les vendeurs ambulants se révèlent parfois d'une insistance importune. Situé à 1500 m d'altitude, Kintamani jouit d'un climat

frais et possède un marché animé où, tous les trois jours, les agriculteurs locaux viennent proposer leurs produits frais. Le village doit son succès à sa situation sur la crête de la caldeira du Gunung Batur *(p. 120-121)* et à la vue qu'il offre sur ce site exceptionnel. Elle permet de distinguer clairement le volcan lui-même et le lac qui s'étend à ses pieds, bordé par le village Bali Aga de Trunyan *(p. 121).* À l'est se dresse le Gunung Abang.

De nombreux restaurants ont ouvert le long des 10 km de l'artère principale. Beaucoup jouissent d'un magnifique panorama : le déjeuner à Kintamani est un arrêt classique des visites guidées en autocar. Il est recommandé de passer la nuit sur place pour apprécier le village aux heures calmes et admirer de magnifiques levers de soleil. Les nuits sont fraîches et des vêtements chauds s'imposent.

Pura Ulun Danu Batur ㉑

Voir p. 122-123.

Pura Tegeh Koripan ㉒

Carte routière D1. 🚗
🚌 *depuis Kintamani.* 🛈 *Penelokan, (0366) 51 370.* ⏰ *t.l.j.* 💰 *pendant les cérémonies.* 📷 *contribution.* 🎭 *fête du temple (oct.).*

Également appelé Pura Sukawana et Pura Penulisan, ce temple se trouve à une altitude de 1745 m et compte parmi les plus hauts de Bali. Sa fondation date du XIᵉ siècle, mais sa structure pyramidale sur 11 niveaux laisse supposer des origines mégalithiques.

Autel du Pura Tegeh Koripan

Peu visité, le Pura Tegeh Korigan a une atmosphère paisible. Il se compose en fait de cinq sanctuaires utilisés par des villageois des environs. Le sanctuaire principal, le Pura Panarajon, occupe la position la plus élevée, au sommet d'un escalier de 345 marches. Il conserve des pierres gravées d'inscriptions anciennes et des statues remontant pour certaines au XIᵉ siècle. L'une d'elles porte le nom de Betari Mandul, l'épouse stérile du roi Anak Wungsu *(p. 45).*

Les flancs du Gunung Penulisan, sur lequel se dresse le temple, réservent de beaux panoramas.

Boutique et *warung* typiques de ceux qui bordent la route de Kintamani

Pour les hôtels et les restaurants de la région, voir p. 176-177 et p. 189-190

Pura Besakih ⑱

Ornement mural

Sur les pentes du Gunung Agung *(p. 114)*, volcan sacré de Bali et le plus haut de toute l'île, le « temple mère » se compose de 22 sanctuaires qui se répartissent sur une superficie de plus de 3 km². La tradition attribue au sage Rsi Markandya la fondation du Pura Besakih, au VIIIᵉ siècle. L'édifice devint ensuite un temple d'État du royaume de Klungkung, où seuls les membres de la cour participaient aux rites. Ravagé par un tremblement de terre en 1917, puis restauré, il subit de nouveaux dégâts lors de l'éruption de 1963. Une fervente animation y règne tous les jours. Les grandes cérémonies attirent des milliers de pèlerins.

★ Meru à onze étages
Ces pagodes servent au culte de rois déifiés, d'esprits ancestraux et de divinités de la nature.

★ Cour principale
Cœur du temple, elle abrite le triple trône au lotus dédié à Brahma, Shiva et Vishnou.

Entrée en terrasses
Les terrasses de l'entrée du Pura Penataran Agung font écho aux pyramides à étages de la préhistoire indonésienne.

Escalier d'accès
Seuls les dévots ont le droit de l'emprunter.

Des allées relient les temples du complexe.

Pura Ratu Pande
*Ce temple du clan
des Pande se dresse
à proximité du Pura
Penataran Agung.
Ses toits ont été
rénovés.*

MODE D'EMPLOI

Besakih. **Carte routière** E2.
🚌 🚐 ℹ️ *Jalan Díponegoro,
Amlapura, (0363) 21 196.*
⏰ *t.l.j. 7h-18h ; pas d'accès aux
cours intérieures.* 📷 📹 🚻 🏪
📅 *Betara Turun Kabeh (avr.) ;
Purnama (pleines lunes, toute
l'année, mais surtout en avr. et
en oct.).*

Les cours intérieures
renferment des *meru*
depuis le XIVᵉ siècle.

PURA PENATARAN AGUNG
*Le temple principal de Besakih
(ci-contre) est dédié à Shiva.*

Un mur entoure le temple.
Il est assez bas pour
permettre aux visiteurs
de voir les bâtiments
depuis l'allée.

**SANCTUAIRES
DE BESAKIH**
① Peninjoan
② Batu Madeg
③ Ratu Pande
④ Pengubengan
⑤ Gelap
⑥ Tirta
⑦ Ratu Penyarikan
⑧ Pedharman
⑨ Kiduling Kreteg
⑩ Ratu Pasek
⑪ Penataran Agung
⑫ Dukuh Segening
⑬ Basukian
⑭ Merajan Kanginan
⑮ Goa
⑯ Bangun Sakti
⑰ Ulun Kulkul
⑱ Manik Mas
⑲ Pesimpangan
⑳ Dalem Puri
㉑ Merajan Selonding
㉒ Jenggala

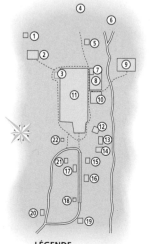

LÉGENDE

- - - Allée

À NE PAS MANQUER

★ Cour principale

★ *Meru* à
onze étages

Rizières irriguée de Tirtagangga, au pied du Gunung Agung ▷

Gunung Batur ⓳

Le volcan le plus actif de Bali atteignait jadis une altitude plus élevée que ses 1 717 m actuels. Une gigantesque explosion en fit sauter le sommet et vida la poche de magma. Les parois s'effondrèrent. Ce cataclysme créa une magnifique caldeira, large de 13 km, où un nouveau cône est apparu. Le volcan a connu plus de vingt éruptions majeures au cours des deux derniers siècles. La plus dévastatrice, en 1917, tua plus de 1 000 personnes et détruisit 2 000 temples. Cette activité intense explique l'aspect dénudé du Batur, alors que de la végétation couvre les flancs du Gunung Abang, sur l'autre rive du lac.

Éruptions
De petites éruptions se produisent fréquemment. Elles sont visibles de la route qui traverse Kintamani.

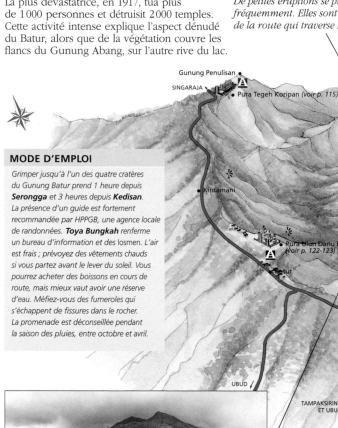

Gunung Penulisan

SINGARAJA

Pura Tegeh Koripan *(voir p. 115)*

Kintamani

Pura Ulun Danu Batur *(voir p. 122-123)*

Batur

Penelokan

UBUD

TAMPAKSIRING ET UBUD

BANGLI

0   3 km

MODE D'EMPLOI

*Grimper jusqu'à l'un des quatre cratères du Gunung Batur prend 1 heure depuis **Serongga** et 3 heures depuis **Kedisan**. La présence d'un guide est fortement recommandée par HPPGB, une agence locale de randonnées. **Toya Bungkah** renferme un bureau d'information et des losmen. L'air est frais ; prévoyez des vêtements chauds si vous partez avant le lever du soleil. Vous pourrez acheter des boissons en cours de route, mais mieux vaut avoir une réserve d'eau. Méfiez-vous des fumeroles qui s'échappent de fissures dans le rocher. La promenade est déconseillée pendant la saison des pluies, entre octobre et avril.*

Flanc ouest du Gunung Batur
Au pied du volcan, une maigre végétation pousse sur la lave déposée par d'anciennes éruptions.

LÉGENDE

━━━ Route principale

- - Sentier pédestre

☐ Embarcadère

🅰 Temple

ℹ Information touristique

✼ Point de vue

Pour les hôtels et les restaurants de la région, voir p. 176-177 et p. 189-190

Lac Batur
Protégé par la déesse Ida Betari Dewi Ulun Danu, ce lac constitue la principale source d'irrigation du centre et de l'est de Bali.

MODE D'EMPLOI

Carte routière D2. 🚗 🚌
depuis Penelokan et Kintamani.
ℹ️ *Jalan Letulila 9, Bangli (0366) 91 537.* 🚗 🍴 🏨 📷 🛍
Village Bali Aga de Trunyan
🚤 *depuis Kedisan.* 🎭 barong berutuk *(danse traditionnelle) [oct].* **Museum Gunungapi Batur :** Penelokan. *Tél. (0366) 51 152.* ◯ *t.l.j. 8h-17h.* 📷

Pura Gunung Abang
Un sanctuaire aux petits autels peints de couleurs vives se dresse au sommet boisé de ce mont de 2 153 m d'altitude.

erongga
Song
Pura Ulun Danu 🅰️
Toya Bungkah
Pura Jati 🅰️
edisan
Trunyan
BESAKIH
Gunung Abang

Trunyan, sur la rive orientale du lac Batur, est un but de promenade en bateau

LE VILLAGE BALI AGA DE TRUNYAN

Le bateau offre le moyen de transport le plus aisé jusqu'à ce village si isolé que ses habitants gardent des coutumes inconnues jusque dans les autres communautés Bali Aga (p. 46). Ainsi, les rites funéraires ne comportent pas de crémation et les habitants de Trunyan laissent leurs morts se décomposer à l'air libre, posés à même le sol et protégés par une cage en bambou. Leur cimetière est devenu une attraction touristique et une source de revenus grâce aux « donations » réclamées avec insistance. Il existe dans le temple une statue, haute de 4 m, de la divinité protectrice du village, Dewa Ratu Gede Pancering. Les villageois la sortent pour la fête de Berutuk, qui a lieu généralement au mois d'octobre.

Toya Bungkah
Ce village où jaillit une source chaude abrite quelques restaurants et losmen.

Pura Ulun Danu Batur ㉑

Sculpture de pierre

Les Balinais considèrent ce vaste temple comme le plus important après celui de Besakih *(p. 116-117)*, car il est dédié à la déesse protectrice du lac Batur. Ce dernier alimente par des sources souterraines les systèmes d'irrigation d'une grande partie de l'île. Après l'éruption de 1926, les vestiges de neuf sanctuaires précédents ont servi à sa reconstruction au bord de la caldeira.

Bannières
Des bannières représentant des divinités ou des animaux mythiques décorent les temples en certaines occasions.

Troisième cour
Trois portails donnent accès à la cour la plus sacrée.

Garuda
L'oiseau mythique, monture de Vishnou, est un sujet fréquent dans l'ornementation sculptée.

★ Cour centrale
Le vaste quadrilatère accueille parfois des danses baris gede *(p. 30). La photo montre qu'il peut abriter une structure dressée pour une fête.*

LA DÉESSE DU LAC

Offrande de fruits et de fleurs

Des pèlerins viennent de toutes les régions de Bali déposer au Pura Ulun Danu Batur des offrandes dédiées à Ida Betari Dewi Unlun Danu, la déesse qui, en protégeant le lac Batur, préserve la plus importante réserve d'eau de l'île.

Le sanctuaire se trouvait jadis plus près du lac. Lors de l'éruption de 1917, il n'échappa que par miracle à la destruction, la coulée de lave s'arrêtant à sa porte. L'éruption de 1926 convainquit les villageois qu'il valait mieux reconstruire le temple dans un lieu plus sûr. Ils choisirent la crête de la caldeira.

MODE D'EMPLOI

Batur. **Carte routière** D2.
Penelokan, (0366) 51 370.
t.l.j. 7h-18h. contribution.
anniversaire du temple (pleine lune [Purnama] d'avr. et d'oct.)

★ **Portes dorées**
Seuls les prêtres, lors des grandes occasions, peuvent franchir le portail principal du temple.

Portail latéral
Cette construction en brique et paras conduit à un autre sanctuaire.

Entrée

Le *bale gong* renferme le gamelan du temple. Les instruments comprennent un grand gong aux origines magiques.

À NE PAS MANQUER

★ Cour centrale

★ Portes dorées

LE NORD ET L'OUEST DE BALI

La moitié ouest de Bali a pour cœur une longue chaîne montagneuse. La majeure partie de la population vit dans les plaines
côtières qui l'entourent. Pendant des siècles, jusqu'à la
conquête du sud de l'île par les Hollandais à partir de 1096 et la
construction d'un port à Benoa dans les années 1920, cette région est
restée celle qui avait le plus d'échanges avec le reste du monde.

La partie de Bali décrite dans ce chapitre correspond aux régences de Tabanan, Jembrana et Buleleng, dont les capitales administratives sont, respectivement, Tabanan, Negara et Singaraja. Au sud de la chaîne centrale, les rizières cèdent graduellement la place à des cultures sèches et à des forêts, tandis que la proportion de musulmans dans la population augmente. Les communautés les plus anciennes, fondées par des marins bugis, remontent au XVIIe siècle. Un parc national protège la pointe occidentale de l'île, restée très sauvage. Sur la côte nord, une étroite bande de terre, en général impossible à irriguer, s'étend au pied de pentes abruptes. L'arrière-pays relativement fertile de Singaraja et, à l'intérieur des terres, les alentours de Munduk et de Busungbiu, constituent deux exceptions.

Les influences extérieures ont marqué l'histoire de l'ouest et du nord de Bali, et l'atmosphère des villes de Negara et Singaraja évoque les ports marchands javanais. Première région conquise par les Hollandais, dès 1849, elle a gardé des traces profondes de la colonisation, en particulier à Singaraja, où ont survécu quelques bâtiments administratifs et résidentiels de l'époque. Les temples se distinguent de ceux du sud par l'exubérance de leur décor sculpté et conservent des témoignages plus souriants des premiers contacts avec les Européens. Des bateaux à vapeur, des voitures ou un peintre à bicyclette apparaissent dans leurs bas-reliefs au milieu des démons ou des personnages légendaires. Depuis les années 1930, les environs de Negara abritent deux villages de Balinais convertis au christianisme. Plus récemment, ce sont des immigrants madurais qui se sont installés sur la côte.

Ferme d'élevage dans une plaine côtière de l'ouest de Bali

◁ Le Pura Tanah Lot (p. 128) occupe un site exceptionnel sur un promontoire battu par les vagues

À la découverte du nord et de l'ouest de Bali

Montagnes, plages de sable noir, plantations de cocotiers et rizières composent de splendides paysages. La partie la plus orientale de la région est réputée pour ses temples et pour le Gunung Batukau, entouré de la dernière forêt primitive de l'île. Non loin, près de la station de villégiature de Bedugul, une caldeira abrite un chapelet de lacs de montagne. Au nord, Singaraja, l'ancienne capitale administrative hollandaise, garde le souvenir du port actif qu'elle fut jadis. À la pointe occidentale de Bali, la réserve naturelle du Parc national de l'ouest de Bali protège des habitats variés et des fonds coralliens.

Mer limpide à Pantai Gondol

VOIR AUSSI

• *Hébergement* p. 177-179

• *Restaurants* p. 190-191

LA RÉGION D'UN COUP D'ŒIL

Banjar **22**
Blayu **7**
Bedugul **27**
Gilimanuk **16**
Gitgit **30**
Gunung Batukau **12**
Île de Menjangan **18**
Jagaraga **31**
Kapal **2**
Krambitan **4**
Lac Buyan **26**
Lovina **29**
Makam Jayaprana **19**

Marga **9**
Medewi **13**
Mengwi p. 129-131 **6**
Munduk **24**
Negara **15**
Pantai Gondol **21**
Parc national de l'ouest de Bali (Taman Nasional Bali Barat) p. 136-137 **17**
Pejaten **3**
Pemuteran **20**
Pengambangan **14**
Pupuan **23**

Pura Gangga **11**
Pura Meduwe Karang p. 148-149 **32**
Pura Tanah Lot **1**
Sangeh **8**
Singaraja p. 144-146 **28**
Tabanan **5**
Tejakula **33**
Yeh Panas **10**

Excursion
Lac Tamblingan p. 140-141 **25**

Replquage dans une rizière près de Tabanan

CIRCULER

Des distances étendues et l'absence de transports
publics dans les lieux les plus reculés rendent la
voiture idéale pour se déplacer dans le nord et
l'ouest de Bali. Une route très fréquentée relie
Denpasar au port de Gilimanuk *via* Mengwi.
Il faut la quitter pour atteindre aussi bien le
Gunung Batukau que Tanah Lot et son temple
en bord de mer. La route principale entre
Denpasar et Singaraja donne accès à des sites
comme le Pura Taman Ayun et Bedugul. Des bus
et des *bemo* circulent sur ces deux grands axes
et sur la route côtière nord qui, depuis Gilimanuk,
rejoint l'est de Bali en passant par Singaraja.

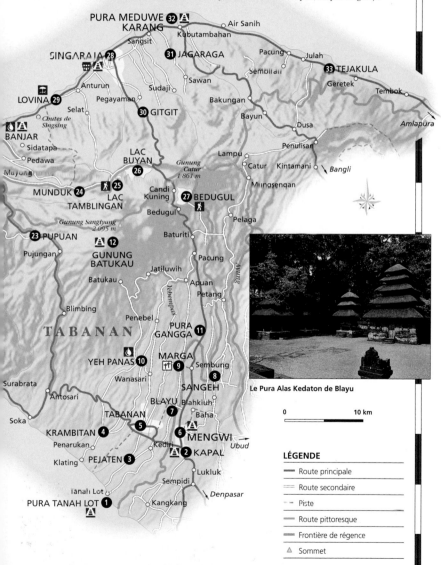

Le Pura Alas Kedaton de Blayu

0 _____ 10 km

LÉGENDE

▬▬	Route principale
▬▬	Route secondaire
▬ ▬	Piste
▬▬	Route pittoresque
▬▬	Frontière de régence
△	Sommet

Le Pura Tanah Lot à marée basse

Pura Tanah Lot ❶

Tanah Lot. **Carte routière** B4. 🚗
🚌 *depuis Denpasar et Kediri.*
ℹ️ *Tabanan, (0361) 811 602.*
⏰ *t.l.j. 7h-19h.* 💰 *contribution.*
🎉 *anniversaire du temple.*
🍴 🛍 🛒 🛍

Les agences de voyages locales ont fait de Tanah Lot l'un des sites les plus touristiques de Bali et les visiteurs s'y pressent en foule au coucher du soleil. Il est vrai que ce petit temple perché sur un îlot à une centaine de mètres de la côte offre un spectacle féerique lorsque ses toits de chaume évoquant des pagodes chinoises se détachent contre un ciel embrasé par le crépuscule. Des stands de boissons, d'artisanat et de souvenirs témoignent du renom du lieu.

Au début du XXe siècle, le rocher était accessible à pied en permanence ; aujourd'hui, il ne l'est plus qu'à marée basse. Des renforts en béton ont été coulés du côté sud pour lutter contre l'érosion.

Selon la tradition, le Pura Tanah Lot aurait été fondé par Dang Hyang Nirartha (*p. 46-47*), le prêtre errant du XVIe siècle qui voulut protéger Bali des épidémies causées par les forces destructrices issues de la mer. Littéralement « temple de la Mer et de la Terre », le sanctuaire est dédié à la fois à la déesse marine Batara Tengah Segara et aux dieux du Gunung Batukau (*p. 133*). Tout le monde peut s'y promener à pied à marée basse (vers midi à la pleine lune), mais seuls les dévots

ont le droit de pénétrer dans l'enceinte. Ils prennent grand soin de ne pas déranger les serpents venimeux qui appartiennent à l'esprit protecteur du temple.

Aux environs : temples et autels jalonnent la côte aux alentours de Tanah Lot. Ils comprennent le **Pura Pekendungan**, le **Pura Jero Kandang**, le **Pura Galuh** et le **Pura Batu Bolong**. Ce dernier se dresse sur une petite île reliée au littoral par un pont naturel.

Kapal ❷

Carte routière C4. 🚗 🚌 *depuis Kediri et Denpasar.* ℹ️ *Tabanan, (0361) 811 602.* 🚗

Kapal a pour spécialité la fabrication des temples domestiques et des objets et statues utilisés pour leur décoration. On y produit aussi une poterie primitive. Vous pourrez acheter ces objets artisanaux dans les nombreuses boutiques bordant la rue principale.

Statuettes en vente à Kapal

Dans une rue latérale qui part près du marché se trouve le **Pura Sada**, le temple des origines de la dynastie de Mengwi (*p. 47*). Endommagé par le tremblement de terre de 1917, il a été restauré dans les années 1950 sous la direction d'archéologues indonésiens, d'après une reconstitution de son aspect au XVIIe siècle. Il renferme un *meru* en pierre de onze étages élevé dans le style d'un *candi* javanais. Ce *prasada* haut de 16 m, un monument très rare à Bali, rappelle que les rois de Mengwi revendiquaient une ascendance mojopahit (*p. 46*). Sa forme phallique affirme sa consécration à Shiva. Les images des huit seigneurs des points cardinaux ornent ses côtés. La triade des grands dieux hindous figure à l'est. Sur la base de la tour apparaissent les sept prophètes de la cosmologie hindo-balinaise. Des têtes de l'esprit gardien Boma décorent le *candi bentar*. Comme le portail lui-même, elles sont divisées en deux. De petits autels forment des rangs serrés dans la cour intérieure. Plusieurs légendes circulent à leur sujet. Selon l'une d'elles, ils rendraient hommage à l'équipage d'un bateau qui aurait fait naufrage en apportant à Bali l'effigie sacrée d'un roi mojopahit.

🏛 **Pura Sada**
Banjar Pemebetan, près de Banjar Celuk Kapal.
⏰ *t.l.j.* 💰 *contribution.*

Rangs de petits autels du Pura Sada de Kapal

Pejaten ❸

Carte routière B4. 🚗 🚌 *depuis Denpasar et Tanah Lot.* 🛈 *Tabanan, (0361) 811 602.*

Ce petit village accueillant a pour activité traditionnelle la fabrication de tuiles et d'objets en céramique, entre autres de figurines qui sont souvent d'une charmante naïveté. Depuis 1985, ses artisans produisent aussi de la porcelaine.

Poterie fabriquée à Pejaten

Aux environs : situé à environ 3 km au nord-est de Pejaten, le village de **Kediri**, orné en son centre d'une statue blanche, est un important marché au bétail. La route qui rejoint au sud Tanah Lot traverse des paysages ruraux parmi les plus enchanteurs de Bali.

Krambitan ❹

Carte routière B4. 🚗 🚌 *depuis Tabanan.* 🛈 *Tabanan, (0361) 811 602.* 🍽

Krambitan fut la capitale d'un royaume agraire qui existait encore au début du XXᵉ siècle. Elle est toujours réputée pour ses troupes de danse, ses peintres de style *wayang* et ses sculpteurs sur bois et sur pierre.
Deux palais, le **Puri Anyar** et le **Puri Agung Wisata**, accueillent des hôtes. Les descendants des anciens princes organisent des « soirées royales » rythmées par des spectacles de *legong* et de gamelan *tektekan*. Cette forme d'orchestre utilise des instruments en bambou et des cloches en bois.

🏯 **Puri Anyar et Puri Agung Wisata**
Tél. *(0361) 812 774/668.* 🔲 *t.l.j.* 🔴 *j.f.* 🎫 *contribution.* 🏠

Aux environs : à 6 km au sud de Krambitan, **Klatingdukuh** est une grande plage où des *jukung* aux couleurs vives tranchent sur le noir du sable ; quelques *losmen* sont situés à proximité et les infrastructures touristiques se développent.

Tabanan ❺

Carte routière C4. 🚗 🚌 *depuis Denpasar.* 🛈 *Jalan Gunung Agung, (0361) 811 602.* 🍽 🔲 🏠 🍴

Cette ville marchande animée abrite le **Musée Subak (Subak Museum)**, le seul de Bali consacré à l'agriculture. Il est mal entretenu, mais contient des maquettes qui illustrent le système d'irrigation balinais organisé en *subak*, associations de riziculteurs dépendant d'une même source d'eau. L'exposition comprend aussi des outils agricoles.

🏛 **Musée Subak**
Jalan Raya Kediri, Sanggulan.
Tél. *(0361) 810 315.* 🔲 *t.l.j. 8h-17h.* 🔴 *j.f.* 🎫 *contribution.*

Aux environs : dans le village de Wanasari, à 7 km au nord de la route du Gunung Batukau, le petit jardin de papillons **Taman Kupu Kupu** abrite des espèces rares. Des plages de sable noir jalonnent la route côtière de Negara *(p. 134)*. À environ 30 km à l'ouest de Tabanan, **Surabrata** (aussi appelée Balian Beach) est une ville charmante. Une haute falaise surplombe un village de pêcheurs et une petite rivière appelée « Rivière sacrée ». Les vagues se prêtent au surf.

🦋 **Taman Kupu Kupu**
Jalan Batukau, Sandan Wanasari.
Tél. *(0361) 814 282.* 🔲 *t.l.j.* 🎫 🏠

Mengwi ❻

Carte routière C4. 🚗 🚌 *depuis Denpasar et Bedugul.* 🛈 *Tabanan, (0361) 811 602.* 🍽 🔲

La puissance du royaume de Mengwi s'étendit jusque sur l'est de Java, mais son ancienne capitale *(p. 47)* est devenue un bourg paisible qui garde peu de souvenirs de sa gloire passée, en dehors du Pura Taman Ayun *(p. 130-131)*, vaste temple d'État entouré d'un bassin.

Aux environs : la route qui conduit de Mengwi à Sangeh offre de belles vues sur une étendue de rizières jalonnée de temples. À 5 km au nord de Mengwi, une restauration a rendu au village de Baha son aspect traditionnel, avec ses enclos domestiques et ses temples typiques d'une communauté balinaise.

Rizières de la régence de Tabanan

Mengwi : Pura Taman Ayun

Les descendants des rois de Mengwi entretiennent toujours ce vaste sanctuaire d'État, fondé au XVIIe siècle et entièrement restauré en 1937. Contrairement à la majorité des autres temples de l'île, il n'est pas orienté vers le Gunung Agung, mais vers le Gunung Batukau. Au centre d'un bassin sur lequel il paraît flotter, le « temple du Vaste Jardin » symbolise l'univers hindou. Certains des autels et des *meru* de la cour intérieure représentent les montagnes les plus sacrées de Bali et des temples d'une grande importance rituelle. Les dévots peuvent venir faire leurs offrandes à ces répliques sans avoir à se déplacer jusqu'à l'original.

★ **Meru à onze étages**
Le plus haut symbolise le Gunung Batukau (p. 133).

L'eau du bassin intérieur sert à purifier le temple lors de certaines fêtes comme l'*odalan*.

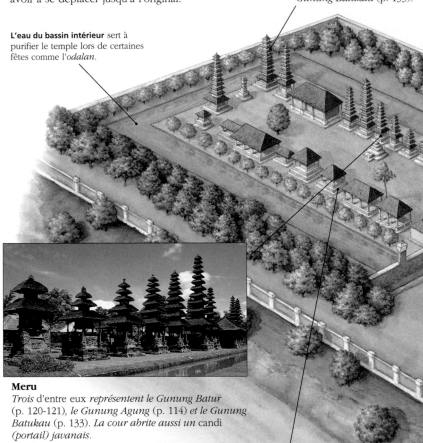

Meru
Trois d'entre eux *représentent le Gunung Batur* (p. 120-121), *le Gunung Agung* (p. 114) *et le Gunung Batukau* (p. 133). *La cour abrite aussi un* candi *(portail) javanais.*

Bale
Plusieurs bale *(pavillons en bois) reposent sur des socles en pierre sculptée. L'un d'eux protège un trône au lotus destiné aux dieux hindous Brahma, Shiva et Vishnou.*

À NE PAS MANQUER

★ Kori Agung

★ *Meru* à onze étages

MODE D'EMPLOI

Mengwi. **Carte routière** C4.
Tél. (0361) 756 176. 🚌 depuis
Denpasar. ⬜ t.l.j. 8h-18h.
⚫ certaines zones sont fermées
au public hors des fêtes rituelles.
📷 📹 dans les cours. 🍴
🎭 odalan (anniversaire du temple)
à l'Anggarkasih Medangsia
du calendrier balinais.

Bassin intérieur
Un plan d'eau en partie couvert de lotus
entoure de trois côtés la cour intérieure.

Démon protecteur
Des statues d'esprits
gardiens se dressent
à l'entrée.

Des allées accessibles
aux visiteurs permettent
de découvrir les autels de
la cour intérieure depuis
l'autre bord du bassin.

Murs de brique
Une ornementation
foisonnante orne les
murs de séparation,
assemblés sans mortier.

Le *candi bentar*
(portail fendu), que peuvent
franchir les visiteurs, donne
sur la première cour.

★ Kori Agung
Les portes de l'entrée principale ne s'ouvrent
que lors des cérémonies. Sur le linteau, des
divinités et des prophètes divins encadrent
Sai, une puissance protectrice.

Blayu ❼

Carte routière C3. 🚌 *depuis Denpasar et Kediri.* 🏛 *Tabanan, (0361) 811 602.*

Blayu, comme Mambal, est un village pittoresque qui se dresse sur une route bordée de gracieux portails typiques de la région. La forêt de singes d'Alas Kedaton s'étend non loin. Le temple de Blayu, le **Pura Alas Kedaton**, abrite une statue du dieu Ganesh.

🏛 Pura Alas Kedaton
⭕ *t.l.j.* 🅿 📷 🎫 *Anggarkasih Medangsia (selon calendrier balinais).*

Meru du Pura Alas Kedaton dans la forêt proche de Blayu

Sangeh ❽

Carte routière C3. 🚌 *depuis Denpasar.* 🏛 *Tabanan, (0361) 811 602.* 💻 📷 ♿

Les macaques sacrés de Sangeh peuplent une forêt de palahlars *(Dipterocarpus haseltii)* pouvant atteindre 30 à 40 m de haut. Cette forêt abrite un petit temple couvert de lichen, le **Puri Bukit Sari**, fondé au XVIIᵉ siècle et bien restauré. Un panneau le signale sur la route principale.

Selon une légende inspirée du *Ramayana*, ces singes faisaient partie de l'armée du général Hanuman, qui écrasa le démon Ravana entre les deux moitiés du Meru, la montagne mythique hindoue. Tombés à Sangeh avec un bout de la montagne, ils y sont restés depuis. L'histoire offre au moins le mérite d'expliquer l'origine des palahlars, une essence qui n'est pas indigène à Bali. Sacrés ou non, mieux vaut

se méfier des macaques. Gardez vos distances, surtout en présence de petits, et n'exhibez pas de bananes ou de cacahuètes. Évitez tous gestes brusques, car les singes peuvent avoir le réflexe de mordre. S'ils vous chapardent lunettes ou appareil photo, appelez un *pawang* (gardien) pour qu'il récupère l'objet volé.

Macaque de Sangeh

🏛 Pura Bukit Sari
Sangeh. ⭕ *t.l.j.* 🅿

Marga ❾

Carte routière C3. 🚐 🚌 *depuis Denpasar et Mengwi.* 🏛 *Tabanan, (0361) 811 602.*

Le 20 novembre 1946, les troupes hollandaises défirent à Marga un groupe de partisans de l'indépendance. À l'ouest

Monument à la bataille de Marga (Margarana)

LA BATAILLE DE MARGA

Après la reddition des Japonais à la fin de la Seconde Guerre mondiale, les Pays-Bas voulurent reprendre le contrôle de leur empire colonial et attaquèrent en février 1946 la jeune République indonésienne proclamée par les nationalistes. À Bali, le 20 novembre 1946, les troupes néerlandaises prirent au piège un groupe de 94 combattants conduits par le lieutenant-colonel Gusti Ngurah Rai. Fidèles à la tradition du *puputan (p. 51)*, les maquisards refusèrent de se rendre malgré un bombardement à la fois terrestre et aérien. Ce combat décapita la résistance balinaise.

du village, un monument commémore leur sacrifice. Un jardin contient leurs tombes et celles de 1372 héros de la lutte contre le pouvoir colonial à Bali. Elles évoquent par leur forme des bâtiments sacrés de l'Empire javanais des Mojopahit *(p. 46)*. Croix, croissants de lune et swastikas distinguent chrétiens, musulmans et hindous. La tour centrale rappelle un *meru*, mais a été dessinée pour indiquer symboliquement la date de la proclamation de l'indépendance : le 17 août 1945. Les quatre marches et les cinq petits piliers de la base correspondent à l'année, tandis que les huit étages du toit désignent le mois. Elle est haute de 17 m. Une statue représente Gusti Ngurah Rai *(p. 51)*, le commandant de la petite unité décimée en 1946. L'aéroport de Bali, entre autres, porte son nom.

Monuments aux martyrs de la guerre d'indépendance à Marga

Pour les hôtels et les restaurants de la région, voir p. 177-179 et p. 190-191

Piscine de l'établissement thermal de Yeh Panas

Yeh Panas ⑩

Penatahan, près de Penebel.
Carte routière C3. 🚌 *depuis
Denpasar et Tabanan.* **Tél.** *(0361)
262 356.* ◯ *t.l.j. 6h-18h.*
🎫 🚻 ▦ 🍴 🚹🚺

Ces sources chaudes et
sulfureuses, situées sur
la route qui mène au Gunung
Batukau depuis Tabanan ou
Penebel, méritent un arrêt.
Les principales alimentent
depuis quelques années
un établissement thermal
qui comprend un hôtel.
Des panneaux indiquent
les bains qui sont accessibles
gratuitement au public. L'eau
jaillie du sol remplit aussi
les bassins d'un temple.
Le village d'Angsri, près
d'Apuan, possède également
des sources chaudes. Elles
coulent dans un agréable
cadre naturel.

Pura Gangga ⑪

Sur la petite route menant à Apuan
et Batruriti en passant par Perean.
Carte routière C3. 🚹 *Tabanan,
(0361) 811 602.* ◯ *aux visiteurs.* ▦

Près de la route principale
pour Bedugul, ce temple
nommé d'après le Gange, le
fleuve sacré indien, se dresse
sur les rives verdoyantes
d'un petit cours d'eau. Le
sanctuaire renferme un *meru*
de sept étages qui possède
un socle ouvert sur le devant
de l'édifice (au lieu d'être clos
comme habituellement). Les
visiteurs ne sont pas autorisés
à pénétrer dans l'enceinte,
mais ils peuvent découvrir
les bâtiments qu'elle
contient depuis l'extérieur.

Gunung Batukau ⑫

Carte routière B2. 🚌 *depuis
Denpasar et Tabanan.* 🚹 *Tabanan,
(0361) 811 602.* ▦ 🍴 🛒

Il s'agit de la plus haute
montagne de l'île après le
Gunung Agung et ses flancs
sont couverts par les derniers
vestiges de véritable forêt
pluviale existant à Bali. Une
clairière entourée de hauts
arbres renferme le **Pura Luhur
Batukau**, ancien temple d'État
des princes de Tabanan.
Le charme du lieu tient
beaucoup à la manière dont
les constructions humaines
s'inscrivent dans la nature.
La jungle paraît sur le point
d'engloutir les *meru* et les
pavillons aux toits de chaume
sombre, tandis que les tons
noirs et rouges des bâtiments
tranchent sur les différents
tons de vert des feuillages,
des buissons et des fougères.
Selon la légende, une
attaque du roi de Buleleng
laissa le sanctuaire en ruine
au début du XVIIᵉ siècle.
Sa reconstruction ne
commença qu'en 1959.
Peu fréquenté par les
touristes, il s'emplit
de milliers de pèlerins
le lendemain de Galungan.
Les chefs des *subak*
(associations d'irrigation)
viennent aussi y recevoir
l'eau sacrée qui permettra
d'effectuer certains rites.
Un peu à l'écart, vers l'est,
un escalier descend jusqu'à
un bassin entourant une île
artificielle. Deux petits autels
y sont consacrés au Gunung
Batukau et à Dewwi Danu,
la déesse protectrice du lac
Tamblingan *(p. 140-141)*.

🅰 **Pura Luhur Batukau**
◯ *t.l.j.* 🎫 *contribution.*
🚫 *certaines zones.*

Aux environs : à l'est du Pura
Luhur Batukau, la route de
Baturiti longe les rizières
en terrasses de **Jatiluwih**.
Le panorama s'ouvre jusqu'à
la mer. Dans les villages,
les greniers à riz restent
fréquents. **Pacung** possède
aussi de superbes rizières.

Rizières en terrasses de Jatiluwih, près du Gunung Batukau

Le Pura Rambut Siwi à l'ouest de Medewi

Medewi ⓭

📞 🚌 depuis Denpasar. 🛈 Negara, (0365) 41 060. 🏨 🥢

Les longues déferlantes qui viennent mourir sur la plage de Medewi peuvent atteindre 7 m de hauteur. Elles rendent la baignade dangereuse, mais sont très appréciées des surfeurs. Quelques hôtels et restaurants offrent un confort sommaire pour les visiteurs en quête de calme. Le paysage dévoile toute sa beauté au coucher du soleil, quand les rochers mouillés éparpillés sur le sable noir reflètent la lueur du crépuscule alors que la côte de Java se profile à l'horizon.

Aux environs : situé à 6 km à l'ouest de Medewi, le **Pura Rambut Siwi** domine la mer depuis le sommet d'un petit promontoire. Une statue de la sorcière Rangda *(p. 25)* garde l'entrée qui fait face à l'océan. À l'intérieur s'élève un unique *meru* à trois étages. Il abrite dans son *gedong* une mèche offerte aux villageois par le prêtre errant du XVIe siècle Dang Hyang Nirartha *(p. 46-47)*. Les habitants de la région avaient édifié le temple en son honneur pour le remercier de les avoir sauvés d'une épidémie. Sur la plage, des grottes creusées dans la falaise renferment de petits sanctuaires.

🔼 **Pura Rambut Siwi**
6 km O de Medewi, puis 500 m
🕐 t.l.j. 📷 contribution.

Pengambangan ⓮

🛈 Negara, (0365) 41 060.

Il règne une atmosphère particulière dans le quartier musulman de la ville. Le long de l'Ijo Gading, la musique qui s'échappe des cafés évoque le Moyen-Orient. Des bateaux bugis, reconnaissables à leur longue étrave et à leurs couleurs vives, flottent sur la rivière. Ils arborent tous une petite mosquée au sommet de leur mât. La véritable mosquée présente des arches mauresques et une coupole.

Aux environs : le village de **Perancak**, de l'autre côté de la rivière, possède une mosquée au toit à étages dans le style traditionnel indonésien.

Negara ⓯

📞 🚌 depuis Denpasar et Gilimanuk. 🛈 Jalan Ngurah Rai, (0365) 41 193. 🏨 🏦 📷 🥢

Loloan, sans doute le quartier le plus pittoresque de Negara, s'étend de part et d'autre de l'Ijo Gading au sud du pont de Jalan Gatot Subroto. Fondé au XVIIe siècle par des immigrants bugis *(encadré)*, il conserve quelques maisons traditionnelles construites sur pilotis. Les plus belles se trouvent au bout de Jalan Gunung Agung et dans la rue voisine de Jalan Puncak Jaya. Loloan possède plusieurs *pesantren* (internats islamiques) dont certains élèves auraient été promus au rang d'uléma à La Mecque.

La région de Negara est très connue à Bali pour ses orchestres *jegong*, qui jouent sur d'immenses instruments de bambou *(p. 33)*. Elle doit aussi son renom aux courses de chars à buffles appelées *mekepung*, coutume originaire de l'île de Madura. Les plus spectaculaires ont lieu de juillet à octobre. Les participants ne rivalisent pas uniquement de vitesse, car leur style et l'élégance de l'attelage comptent beaucoup dans l'attribution des prix qui couronnent ces courses.

Concurrent d'un *mekepung,* course de chars

Aux environs : à 4 km à l'ouest de Negara, on peut emprunter une petite route qui conduit, au bout de 8 km,

Mosquée de Perancak, près de Pengambangan

Pour les hôtels et les restaurants de la région, voir p. 177-179 et p. 190-191

Église catholique de Palasari, au nord de Negara

à la plage paisible de **Rening**, où se dresse quelques bungalows à louer. Le cap Rening offre de splendides couchers de soleil sur les montagnes de l'est de Java. Une autre plage agréable, Candi Kusuma, se trouve à 13 km à l'ouest de Negara.

Il existe au nord deux villages chrétiens : **Palasari** (catholique) et **Blimbingsari** (protestant). Leur fondation remonte aux années 1930. Les Hollandais fournirent le terrain à des Balinais que leur conversion avait exclus de leur communauté. Dans les deux villages, l'architecture des édifices religieux associe styles local et nord-européen. Près de Palasari, un bassin d'irrigation s'inscrit dans un beau paysage.

Gilimanuk ⑯

🔲 🚌 *depuis Denpasar et Singaraja.*
🚌 *depuis Ketapang, Java.* ℹ️
Negara, (0365) 41 210. 🔟 🍴 🏨 🛍️

C'est de ce port que partent les bateaux à destination de Java. Gilimanuk possède une atmosphère agréable, mais est pauvre en monuments.

Le seul édifice qui présente un peu d'intérêt est l'arche double baptisée « porte de Bali ». Quatre dragons portent un trône divin et font face aux points cardinaux. Sur les quais, des *warung* permettent de se restaurer en attendant un embarquement.

Aux environs : à Cekik, au nord de Gilimanuk, le **Musée archéologique (Museum Purbakala)** expose des sarcophages et des outils de l'âge de pierre mis au jour dans des sites funéraires de la région. Ce sont les plus anciennes traces d'occupation humaine retrouvées dans l'île. Cekik abrite aussi le siège du Parc national de l'ouest de Bali *(p. 136-137)*, la réserve naturelle qui couvre 10 % de l'île.

🏛️ **Musée archéologique**
Jalan Raya, Cekik. *Pas de tél.*
⭕ *lun.-sam.* 🖼️ 📷

La « porte de Bali » de Gilimanuk

LES BUGIS À BALI

Musulmans réputés pour leurs qualités de marins et leur courage, les Bugis sont originaires de Sulawesi (Célèbes), une grande île qui se trouve au nord de Bali. Après la prise de Makassar par les Hollandais en 1667, ils s'exilèrent par milliers, s'éparpillant dans tout l'archipel. À Java comme à Bali, les Bugis louèrent souvent leurs services comme mercenaires. L'estuaire de la rivière Ijo Jading, dans le royaume de Jembrana, constituait un bon lieu d'ancrage. Ils entrèrent dans l'armée du roi et finirent par s'installer plus en amont pour se rapprocher du palais qui se trouvait à Negara. D'autres groupes fondèrent des communautés sur la côte nord de Bali. C'est avec l'aide de mercenaires bugis que Panji Sakti, un roi de Buleleng, occupa Blambangan, dans l'est de Java, en 1697. À la fin du XIXe siècle, un groupe de pirates opérait toujours depuis l'île de Serangan *(p. 72)*, proche de Denpasar. Les Bugis contrôlèrent le commerce entre Bali et Java jusqu'au milieu du XXe siècle. Les liaisons par ferries depuis Gilimanuk détruisirent leur pouvoir économique et, aujourd'hui, ils tirent pour la plupart une maigre subsistance de la pêche.

Bateaux bugis à la longue étrave peinte de couleurs vives

Parc national de l'ouest de Bali ⑰

Taman Nasional Bali Barat

Heliconia

Cette réserve naturelle, fondée en 1941 par les Hollandais pour offrir un asile à l'étourneau de Bali en voie de disparition, est devenue en 1984 l'un des dix parcs nationaux indonésiens. Il couvre environ 10 % de la superficie de l'île, principalement des espaces sauvages allant de la mangrove à la savane, mais aussi une large bande de terre cultivée. Seules les promenades à pied y sont autorisées.

★ Mangrove
Les palétuviers protègent la côte de l'érosion. Crabes et gobies marcheurs se faufilent entre leurs racines.

Récif de corail
Le parc renferme les abords de l'île de Menjangan (p. 138), où les plongeurs peuvent admirer une riche faune marine.

La station de reproduction des étourneaux de Bali tente de sauver l'espèce.

GUNUNG PRAPAT AGUNG
332 m

Labuhan Laláng

Banyuwedang

Teluk Terima

Pemuteran   Pura Pulaki

Gilimanuk

PARC NATIONAL

Makam Jayaprana

Cekik

GUNUNG KELATAKAN
▲ 698 m

GUNUNG BAKUNGAN
▲ 603 m

GUNUNG SANGIANG
▲ 1 004 m

GUNUNG MERBUK
▲ 1 385 m

Blimbingsari

Sumbersari

GUNUNG MESEHE
▲ 1 344 m

Palasari

Malaya

Negara

Mendoyo

Perancak

Sentier de découverte
Une courte randonnée effectuée avec un guide permet de découvrir la forêt pluviale. L'itinéraire passe près de plusieurs temples ; l'un d'eux offre une belle vue.

À NE PAS MANQUER

★ Mangrove

★ Sambars

★ Savane

★ Savane
Les flancs nord de la chaîne montagneuse centrale reçoivent peu de pluie ; seuls survivent des plantes ou arbres comme l'acacia, les broussailles ou le palmier.

Prairies fertiles
*Elles s'étendent près
de la plage paisible
de Pantai Gondol, où
a été installé un institut
de recherche sur la pêche.*

★ Sambars
*Ces cerfs asiatiques errent
en liberté sur les pentes
boisées du parc.*

LÉGENDE

▬▬▬ Route principale

═══ Route secondaire

‒ ‒ ‒ Sentier pédestre

▬▬▬ Limite de la réserve

✲ Point de vue

0   10 km

L'ÉTOURNEAU DE BALI

L'étourneau de Bali, appelé
aussi étourneau de Rothschild
(Leucopsar rothschildi), est le
seul oiseau endémique de Bali
à avoir survécu, mais c'est
aussi l'un des plus menacés
de disparition de la planète.
Estimé à moins de 10 en 2000,
le nombre de ses membres
vivant en liberté serait remonté
à 50 en 2008. Le programme
de reproduction du Parc
national de l'ouest de Bali
jouit d'un soutien international.
Les oiseaux naissent en
captivité, à l'abri du
braconnage – la principale
cause du déclin de l'espèce –,
et sont ensuite relâchés
dans leur habitat naturel.

Étourneau de Bali

Sapi balinais
*Cette espèce locale
de bovins descend du*
bantang *sauvage, qui a été
domestiqué pour travailler
dans les rizières.*

Monument à Makam Jayaprana, héros d'une tragédie romantique

Île de Menjangan ⑱

🔲 🚌 *jusqu'à Labuhan Lalang depuis Denpasar et Seririt.* 🚢 *depuis Labuhan Lalang.* 🛈 *Labuhan Lalang, (0365) 61 060.* 📷 📁

Nommée d'après le cerf de Java *(menjangan)* qui vient s'y promener depuis le continent à marée basse, l'île de Menjangan fait partie du Parc national de l'ouest de Bali *(p. 136-137).* Son principal intérêt est sa faune marine, d'une richesse exceptionnelle. Il suffit d'être équipé d'un tuba pour la découvrir. Le meilleur des huit sites de plongée est sans doute celui surnommé Anchor Wreck à cause d'une ancre incrustée dans le récif.

Labuhan Lalang, sur la baie de Teluk Terima, constitue le point d'accès le plus proche et comporte des hébergements sommaires. Il faut acheter son passage sur place auprès du bureau des gardes du Parc national de l'ouest de Bal *(p. 137).* Les derniers bateaux partent à 11 h et reviennent à la tombée de la nuit.

Poisson-scorpion au large de Menjangan

Makam Jayaprana ⑲

Teluk Terima. 🔲 🚌 *depuis Denpasar et Seririt.* 🛈 *Singaraja, (0362) 25 141.* 🕐 *t.l.j.* 📷 📁

Le mausolée de Jayaprana est aussi un temple. Pour l'atteindre, il faut grimper un sentier à flanc de colline depuis la route, mais les marcheurs sont récompensés de leurs efforts par une vue qui s'étend jusqu'à Gilimanuk, l'île de Menjangan et le Gunung Raung de Java. Le sanctuaire s'élève sur le lieu de sépulture de Jayaprana, héros du folklore balinais. Son épouse, Layonsari, était d'une telle beauté que le seigneur de Kalianget décida de se débarrasser du mari pour pouvoir la conquérir. Il prétendit que des pirates bugis avaient débarqué à Gilimanuk et envoya Jayaprana à la tête d'un groupe de soldats pour les repousser. Mais ce fut leur chef que les hommes tuèrent en arrivant à destination. Layonsari résista aux avances du roi et se suicida pour rejoindre son bien-aimé dans la mort. Des statues du couple ornent la tombe.

Pemuteran ⑳

🏨 🚌 🛈 *Singaraja, (0362) 25 141.* 🍽 📷 📁

Le village de pêcheurs de Pemuteran borde la plus belle plage de sable du nord de Bali. C'est aujourd'hui une station balnéaire en pleine croissance, qui offre un cadre agréable pour passer la nuit avant ou après une visite de l'île de Menjangan. Celle-ci est accessible aux visiteurs qui louent un bateau. Les eaux recèlent de beaux récifs de coraux peuplés de très nombreux poissons tropicaux.

Aux environs: un peu à l'ouest de Pemuteran, la petite baie de **Banyuwedang** porte un nom qui signifie « sources chaudes » en balinais. Un petit établissement thermal, **Mimpi Resort Menjangan** *(p. 178),* exploite l'une d'elles. D'autres sources jalonnent le rivage, submergées ou découvertes selon la marée. À environ 5 km à l'est de Pemuteran, le **Pura Pulaki** se dresse à quelques mètres de la mer au pied d'une falaise. Restauré en 1983, il commémore l'arrivée à Bali de Dang Hyang Nirartha *(p. 46-47).* Ce dernier aurait transformé les habitants du lieu en *gamang* (fantômes) pour qu'ils protègent sa fille. Les macaques qui peuplent les environs sont considérés comme sacrés mais font preuve d'une forte agressivité.

🗿 **Pura Pulaki**
Banyu Poh. 🕐 *t.l.j.* 📷 *contribution.* 📁 *certaines zones.*

Pantai Gondol ㉑

6 km à l'ouest de Grogak, de l'autre côté du champ bordant le Fisheries Research Project (Perikanan). 🔲 🚌 🛈 *Singaraja, (0362) 25 141.*

La plage de sable blanc de Gondol s'étend au pied d'un petit promontoire. L'absence d'hébergement en fait un lieu paisible, où les nageurs munis d'un masque et d'un tuba peuvent contempler la faune colorée des récifs de coraux.

La plage de Pantai Gondol est restée sauvage

L'Air Panas Banjar est une source d'eau chaude appréciée de tous

Banjar ❷

Carte routière A1. 🚗 🚌 *jusqu'à Seririt, puis par ses propres moyens.* ℹ️ *Singaraja. (0362) 25 141.* 🏛️⬜📷

Banjar s'étend sur une plaine côtière derrière laquelle les montagnes du nord de Bali forment un majestueux arrière-plan. C'était encore un petit royaume semi-indépendant en 1871, et la famille de brahmanes qui le dirigeait opposa une vive résistance aux conquérants hollandais. Le conflit, qui prit le nom de guerre de Banjar, s'est achevé par l'un des premiers *puputan (p. 48)* attestés de l'histoire de l'île.

La grande renommée des brahmanes de Banjar ne repose pas que sur leur vaillance car ils jouissent aussi d'une haute réputation littéraire depuis qu'ils ont traduit en balinais, au XIXᵉ siècle, des textes classiques en javanais ancien.

Après s'être converti au bouddhisme theravada qui prévaut en Thaïlande, Bhikku Giri Rakhita fonda en 1970 le **Brahma Vihara Ashrama** *(p. 23)*. L'architecture de ce monastère intègre plusieurs éléments thaïlandais : toit de tuiles vernissées et bouddhas dorés à la feuille. Il livre une vue magnifique sur une vallée voisine et sur le littoral.

À 10 min de marche du Bhrama Vihara Ashrama, la **source chaude de Banjar (Air Panas Banjar)** attire les Balinais et les étrangers qui séjournent à Lovina. Trois bassins permettent de se baigner dans des eaux de températures différentes (le plus élevé est le plus chaud). Leur teinte vert-jaune provient du soufre contenu dans l'eau.

🅰️ **Brahma Vihara Ashrama**
Entre Banjar et Pedawa.
Tél. *(0362) 92 954.* ⭕ *t.l.j. 8h-18h.* 💷 *contribution.* 📷

🔥 **Source chaude de Banjar**
⭕ *t.l.j. 8h-18h.* 💷 🚻

Aux environs : situé à 10 km à l'intérieur des terres, **Pedawa** occupe une situation isolée. Il s'agit d'un village Bali Aga *(p. 46)* peuplé par les

descendants de Balinais qui refusèrent d'adopter la culture indo-javanaise après l'invasion de l'île en 1343. Les habitants de Pedawa entretiennent des traditions très anciennes et, encore récemment, ils ne rendaient pas de culte à la triade des grands dieux hindous : Brahma, Vishnou et Shiva. De même, ils n'élèvent pas, derrière leurs maisons, plusieurs autels pour les dieux et les esprits des ancêtres, mais y dressent un unique sanctuaire en bambou.

Deux routes permettent de rejoindre Pedawa depuis Banjar et offrent, tout le long du trajet, une succession de paysages somptueux. À l'intérieur des terres, le petit village de **Sidatapa** a conservé de jolies maisons traditionnelles en bambou.

Le Brahma Vihara Ashrama, monastère bouddhiste de Banjar

Arbre sacré enjambant la route de Pekukatan à Pupuan

Pupuan ㉓

Carte routière B2. 🚗 🚌 *depuis
Denpasar et Singaraj.* 🛈 *Tabanan,
(0361) 811 602.* 🍴

La région de Pupuan, au
cœur de la partie la plus
pluvieuse de Bali, jouit en
altitude d'un climat frais.
C'est un grand centre de
production maraîchère. La
route entre Seririt et Antosari
traverse certains des plus
beaux paysages de l'île et
offre de larges panoramas
sur la côte. Elle grimpe, via

Busungbiu et Pupuan, jusqu'à
un col à 790 m d'altitude,
puis redescend en serpentant
jusqu'à Bimbing et Barja,
avant de longer des rizières
en terrasses. Au sud-ouest de
Pekukatan, la route traverse
une région de plantations de
café et passe sous les racines
d'un grand arbre sacré.

Aux environs: à 12 km au sud
de Pupuan, **Blimbing** offre
une vue très étendue sur les
rizières en terrasse et abrite
le plus proche hébergement,
ainsi qu'un restaurant.

Munduk ㉔

Carte routière B2. 🚗 🚌 *depuis
Singaraja et Seririt.* 🛈 *Singaraja,
(0362) 25 141.* 🍴 🏕 🍃

Près des lacs Tamblingan,
Buyan et Bratan, Munduk
est perchée sur une crête
au milieu des plantations de
café, de cacao, de vanille, de
tabac et de clous de girofle.
Le village a conservé
quelques bâtiments des
années 1920 de style colonial.
On peut y visiter l'atelier
d'I Made Trip, le plus célèbre
fabricant d'instruments de
musique en bambou de Bali.

Munduk constitue une base
idéale pour des promenades
à vélo, une randonnée en
montagne jusqu'à Pedawa,
des flâneries à travers les
rizières jusqu'à Uma Jero ou
une excursion jusqu'aux lacs
volcaniques voisins. La région
recèle plusieurs cascades.
La plus spectaculaire, haute
de 30 m, se trouve à 1 km
sur la route qui part en
direction de Bedugul.

Excursion du lac Tamblingan ㉕

Cette balade enchaîne une promenade
en bateau, une marche à pied et
un trajet en voiture sur une route
panoramique. Elle part de Gubug et
commence par une traversée du lac
Tamblingan, qui occupe, avec le lac
Buyan, le fond d'une vaste caldeira.
Les pêcheurs qui louent leurs services
aux visiteurs leur font longer la rive
nord, où une dense forêt primitive
descend jusqu'au bord de l'eau. La forêt
peuplée de singes et de nombreux
oiseaux résonne de leurs appels.

**Pura Ulun Danu
Tamblingan ③**
Une volée de
marches conduit
au temple. Le sentier
part d'une cour
et s'enfonce
dans la forêt.

MUNDUK

Source sacrée ②
Elle coule dans
une grotte ornée de
parasols et accessible
uniquement par bateau.

Gubug ①
Un *warung* du village fournit
des informations sur la région.
Il n'existe pas de sentier sur la
rive nord et elle ne peut être
approchée qu'en pirogue.

GUNUNG
LESONG

En pirogue sur le lac Tamblingan

Pour les hôtels et les restaurants de la région, voir p. 177-179 et p. 190-191

Parachute ascensionnel au lac Bratan

Lac Buyan ㉖

Carte routière B2 et C2. 🚗 🚌 *depuis Singaraja.* 🏨 *Singaraja,* *(0362) 25 141.* 🍴 📷 ⚲

La route de montagne qui y conduit livre une belle vue sur le lac cerné d'une dense végétation. Les visiteurs peuvent louer une barque de pêche et participer à des randonnées organisées jusqu'à Gensing, Munduk ou au Gunung Lesong.

Bedugul ㉗

Carte routière C2. 🚗 🚌 *depuis Singaraja et Denpasar.* 🏨 *Tabanan, (0361) 811 602.* 🍴 🛏 📷 ⚲

Bedugul s'étire sur la rive occidentale du lac Bratan. Cette station de villégiature devient très animée le week-end et pendant les périodes de vacances. Le plan d'eau permet de pratiquer des activités nautiques comme le canotage, le ski nautique

et le parachute ascensionnel. Des guides organisent des excursions en montagne, sur le Gunung Pecak Manggu et le Gunung Catur.

Un *meru* de 11 étages domine le **Pura Ulun Danu Bratan**, temple fondé au XVIIe siècle et dédié à la déesse du lac, Dewi Danu. Un pont en bois le relie à un îlot voisin, où s'élève un stupa orné de bouddhas.

D'une superficie de 155 ha, le **Jardin botanique de Bali (Kebun Raya Eka Karya)** renferme une collection de 320 variétés d'orchidées, un jardin de fougères et des plantes utilisées dans la médecine traditionnelle. Le parc abrite aussi le Bali Treetop et ses attractions d'accrobranche.

Au nord du lac, le Bali Handara Kosaido Country Club *(p. 204)* possède un magnifique golf 18 trous.

🌼 **Jardin botanique** Kebun Raya, à l'ouest de Candi. **Tél,** *(0368) 21 273.* ⏰ *t.l.j.* 🖼 👫

SINGARAJA

⑧

LAC BUYAN

BEGUGUL

Gubug ⑦ De là, l'excursion continue en voiture sur une route de crête.

Lac Buyan ⑧ Du bord de la caldeira, la route offre une belle vue sur les lacs qui s'étendent au fond.

Pura Pekemitan Kangin ④ Au haut d'un long escalier, ce temple domine depuis une crête l'isthme boisé entre les deux lacs.

Forêt pluviale ⑤ De nombreux sentiers pénètrent dans la dense forêt pluviale qui s'étend vers le lac Buyan. Lianes et plantes grimpantes s'accrochent à de grands arbres aux massives racines apparentes.

Pura Dalem Gubug ⑥ Un court sentier mène à ce temple, qui dresse un haut *meru* sur un promontoire. Le chemin jusqu'à Gubug traverse ensuite des prairies.

LÉGENDE

– – Trajet en bateau

– – Trajet à pied

▬▬ Trajet en voiture

═══ Route secondaire

═══ Piste (parfois inaccessible)

0   2 km

CARNET DE ROUTE

Départ: Gubug en pirogue.
Arrivée: retour à Gubug à pied. Il faut avoir prévu un véhicule pour prendre la route de crête qui part à l'ouest vers Bedugul.
Comment s'y rendre: par ses propres moyens via Bedugul ou Munduk.
Quand partir: le matin. Évitez la saison des pluies, des sangsues infestent les sentiers.
Durée: 2 à 3 heures.

Singaraja pas à pas ⍟

Article vendu au marché

La grande ville du nord se prête à d'agréables promenades avec ses rues au plan régulier où des voitures à cheval se mêlent à une intense circulation. Le port qui s'envase depuis 60 ans a presque perdu toute activité au profit de Celukang Bawang, situé à 38 km à l'ouest. Le quartier portuaire abrite toujours des communautés chinoises et musulmanes, des Bugis *(p. 135)* notamment, et il reste l'un des plus intéressants de Singaraja. La zone résidentielle balinaise se trouve plus à l'est et le centre commerçant s'étend près du marché, le Pasar Anyar, autour de Jalan Ahmad Yani et Jalan Diponegro.

Le quartier commerçant concentre banques et entreprises.

Vers le lac Bratan et Bedugu

Vue de la rivière Buleleng
De vieilles maisons, visibles depuis le pont, bordent le cours d'eau.

★ **Temple chinois**
Avec son toit de tuiles rouges, il rappelle l'influence de la communauté chinoise dans une ville dont la prospérité a longtemps reposé sur les échanges commerciaux.

JALAN DR

JALAN

JALAN IMAM

JALAN HASANUDDIN

Vers le terminus des bus

À NE PAS MANQUER

★ Masjid Nur

★ Monument à l'Indépendance

★ Temple chinois

Buleleng

LÉGENDE

– – – Itinéraire conseillé

◁ Le Pura Ulun Danu Bratan, temple dédié à la déesse du lac Bratan *(p. 141)*

Masjid Agung Jamik
*Cette vaste mosquée
est signalée de loin
par son minaret
et sa coupole dorée.*

MODE D'EMPLOI

Carte routière B1. 🚉 terminus
*sur Jalan Surapati, sur Jalan
Ahmad Yani et à Sangket.* 🚌
🛈 *Jalan Veteran, (0361) 25 141.*
🍴🏛️📷🛍️

Au Pasar Anyar, quatre
bâtiments abritent
des stands de produits
alimentaires et
d'articles divers.

★ **Masjid Nur**
*Le style de la mosquée Nur a été
influencé par l'architecture indienne.*

Vieux port
*Son activité a attiré des
marchands venus d'autres îles.
Leurs descendants habitent
toujours le quartier.*

★ **Monument
à l'Indépendance**
*La statue représente
Ketut Merta,
mitraillé depuis une
vedette hollandaise
parce qu'il avait
remplacé un
drapeau des
Pays-Bas par celui
de l'Indonésie.*

JALAN DIPONEGORO

JALAN ERLANGGA

0   50 m

À la découverte de Singaraja

Un palais édifié en 1604 par le raja Panji Sakti a donné son nom à l'ancienne capitale du royaume de Buleleng. Singaraja signifie « lion roi »; l'animal est représenté par une statue moderne qui se dresse au croisement de Jalan Veteran et de Jalan Ngurah Rai. Après leur victoire à Jagaraga en 1849, les Hollandais firent de Singaraja leur capitale administrative. Des bâtiments de style colonial subsistent dans les rues au sud du centre. Les édifices construits dans le cadre de l'Ordre nouveau de Suharto (p. 51), tel le Pura Jagat Natha, interprètent le style traditionnel balinais dans un sens monumental.

Scène de rue à Singaraja

🔼 Pura Jagat Natha

Jalan Pramuka. 💳 *contribution.*
Le temple territorial hindou de la régence de Buleleng forme un vaste complexe de bâtiments couverts de sculptures. Son haut *padmasana (p. 26)* est typique des sanctuaires balinais édifiés depuis les années 1970. Un gamelan répète le soir dans une des cours.

🏛 Gedong Kertya

Jalan Veteran 20 et 22. *Tél. (0362) 22 645.* ◯ *lun.-jeu. 8h-15h30, ven. 8h-13h.* 💳 *contribution.*
Fondée par les Hollandais en 1928, cette bibliothèque historique est principalement fréquentée par des Balinais

effectuant des recherches généalogiques ou intéressés par les pratiques médicales d'antan. Elle conserve des milliers de manuscrits anciens gravés avec un stylet sur des feuilles de palmier lontar et frottés avec une pâte à noircir afin de rendre l'inscription lisible. La même technique sert à la réalisation des illustrations de légendes populaires appelées *prasi*.

🏛 Puri Sinar Nadiputra

Jalan Veteran, près du Gedong Kertya. ◯ *lun.-jeu. et sam.*
Cet ancien palais abrite un atelier de tissage ouvert aux visiteurs. La boutique adjacente vend des *ikat* de soie et de coton.

Aux environs : à 8 km au sud de Singaraja, le village de **Nagasepaha** est spécialisé dans la peinture sur verre. Jero Dalang Diah, fabricant de marionnettes de théâtre d'ombres, initia cette tradition en répondant en 1927 à la demande d'un collectionneur. Celui-ci avait apporté la peinture sur verre d'une Japonaise en kimono en demandant qu'on lui fabrique un objet similaire, mais ayant pour sujet un personnage du théâtre *wayang (p. 30)*. L'art de Jero Dalang Diah évolua avec le dessin d'arrière-plans réalistes. Ses descendants et plusieurs voisins suivent les voies qu'il a ouvertes.

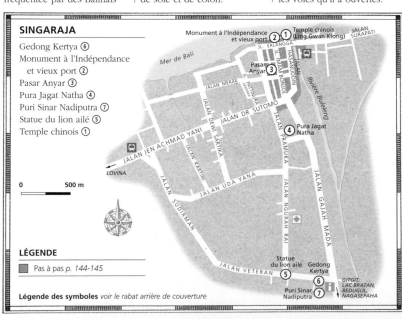

SINGARAJA

Gedong Kertya ⑥
Monument à l'Indépendance et vieux port ②
Pasar Anyar ③
Pura Jagat Natha ④
Puri Sinar Nadiputra ⑦
Statue du lion ailé ⑤
Temple chinois ①

0   500 m

LÉGENDE

Pas à pas *p. 144-145*

Légende des symboles *voir le rabat arrière de couverture*

Lovina ㉙

Carte routière B1. 🚗 🚌
ℹ️ *Kalibukbuk, (0362) 41 910.*
🍴 📷 🏛️ 🏊

Cette station balnéaire qui se déploie au bord d'une longue plage de sable noir a gardé un charme empreint de nonchalance. Les pêcheurs proposent des sorties en mer à la rencontre des dauphins. Il suffit d'un tuba pour découvrir des fonds marins magnifiques. Jalan Binaria, rue qui mène à une statue de dauphins, est bordée par des agences postales qui font office de services touristiques. Des rizières et des cocoteraies s'étendent au nord.

Le nom « Lovina Beach » désigne une bande côtière qui s'étend sur plusieurs kilomètres et jalonnée de localités, de Tukadmungga à l'est à Kaliasem à l'ouest.

Gitgit ㉚

Carte routière C1. 🚗 🚌 *depuis Singaraja et Bedugul.* ℹ️ *Singaraja, (0362) 25 141.* 📷 *pour la cascade.*
🍴 🏛️ 🏊

La plus belle cascade de Bali se jette de 45 m de haut dans un bassin enchâssé au sein d'une végétation luxuriante. Elle est séparée de la route par une distance de 400 m. Une autre chute d'eau, moins spectaculaire et moins fréquentée, se trouve 1 km plus haut sur la colline.

La plus haute cascade de Bali se trouve près de Gitgit

Le Pura Beji de Sangsit, près de Jagaraga, possède un riche décor sculpté

Aux environs : les habitants du village musulman de **Pegayaman** portent en procession un *tumpeng* (offrande rituelle en forme de montagne) pour l'anniversaire du Prophète *(p. 43)*.

Jagaraga ㉛

Carte routière C1.
🚌 *depuis Singaraja.*
ℹ️ *Singaraja, (0362) 25 141.*

C'est à Jagaraga, en 1849, que les Hollandais réussirent à venir à bout de Gusti Jelantik, qui leur résistait depuis 1846. Le **Pura Dalem** (temple des morts) du village est réputé pour son exubérant décor sculpté, où apparaissent des cyclistes, un avion, des cerfs-volants, un poisson géant avalant une pirogue et un bandit masqué braquant un mousquet sur un colon assis dans une voiture du début du XXe siècle.

🏛️ **Pura Dalem**
Jagaraga. 🌓 *t.l.j.* 📷 *contribution.* 📷

Aux environs : à 4 km de Jagaraga, dans le village de **Sangsit**, le **Pura Beji** offre un autre exemple du style fantasque du nord de Bali. L'ornementation du portail central est particulièrement intéressante. Le **Pura Dalem** voisin abrite de sombres descriptions des supplices qui attendent dans l'au-delà ceux qui se conduisent mal.

Dans une région creusée de gorges majestueuses, **Sawan**, à 4 km au sud de Jagaraga, a la réputation de produire l'un des meilleurs riz de Bali. Le village abrite des fabricants de gongs. **Air Sanih**, à 12 km

de Sangsit, est une station balnéaire sans prétention. On y trouve un restaurant au bord de la plage ainsi que des hébergements simples.

🏛️ **Pura Beji**
Sangsit. 🌓 *t.l.j.* 📷 *contribution.*

Relief du début du XXe siècle au Pura Dalem de Jagaraga

Pura Meduwe Karang ㉜

Voir p. 148-149.

Tejakula ㉝

Carte routière D1. 🚗 🚌 *depuis Singaraja.* ℹ️ *Singaraja, (0362) 25 141.* 🏊

Réputé pour ses bijoux en argent et ses danses *wayang wong (p. 31)*, le vieux village de Tejakula mérite aussi une visite pour ses plages de sable noir et ses bosquets de cocotiers. La partie orientale de la régence de Buleleng est une des régions les plus préservées de Bali.

Aux environs : on rencontre plusieurs villages Bali Aga *(p. 46)* aux alentours de Tejakula. **Sembiran** se trouve à l'ouest, plus haut dans la montagne (très belle vue sur la côte). Il conserve des vestiges mégalithiques.

Pura Meduwe Karang ⓷⓶

Ce vaste temple, dédié à la Terre Mère qui assure la fertilité des cultures sans irrigation, permet de contempler un foisonnement de sculptures caractéristiques de l'art religieux du nord de Bali. Ses deux cours s'étagent en terrasses reliées par des volées de marches encadrées par des portails fendus. Au sommet s'élève le Betara Luhur Ing Angkasa, l'autel pyramidal du « Seigneur possédant le sol ».

Fleur de frangipanier

Portails fendus
Des bas-reliefs décorent les candi betar *qui donnent accès aux cours.*

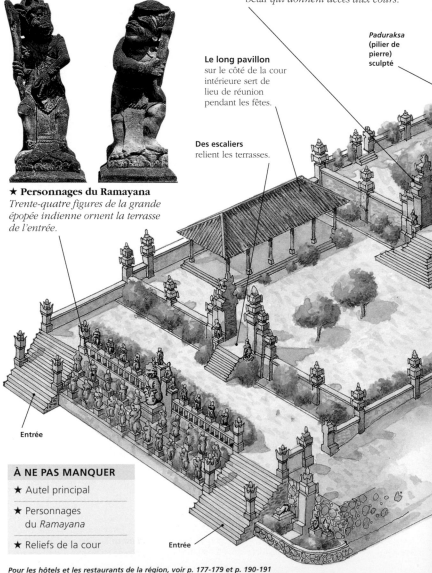

Paduraksa (pilier de pierre) sculpté

Le long pavillon sur le côté de la cour intérieure sert de lieu de réunion pendant les fêtes.

Des escaliers relient les terrasses.

★ **Personnages du Ramayana**
Trente-quatre figures de la grande épopée indienne ornent la terrasse de l'entrée.

Entrée

À NE PAS MANQUER

★ Autel principal

★ Personnages du *Ramayana*

★ Reliefs de la cour

Entrée

Pour les hôtels et les restaurants de la région, voir p. 177-179 et p. 190-191

MODE D'EMPLOI

Kubutambahan. **Carte routière**
C1. 🚌 🚐 depuis Singaraja.
🕐 t.l.j. 8h-17h. 📷 📹
🎭 Purnama Sasih Kawulu (fév.).

Cycliste en bas relief
L'homme montré en train de pédaler sur le mur à gauche de l'autel serait l'artiste hollandais W. O. J. Nieuwenkamp, qui visita la région en 1904.

Des piliers sculptés remplacent certains murs.

★ Reliefs de la cour
Ce prêtre offre un bon exemple des personnages et des scènes de la vie quotidienne sculptés sur les murs de la cour intérieure.

Les murs sont renforcés de piliers au sommet ouvragé.

Sculpture murale
Le décor de la cour comprend des épisodes tirés de légendes balinaises.

★ Autel principal
L'impressionnant Betara Luhur Ing Angkasa, l'autel du « Seigneur possédant le sol », reçoit aussi des offrandes au dieu solaire Surya et à Ibu Pertiwi, la Terre Mère. Celle-ci est une déesse de la fertilité qui protège les récoltes sur terrain sec.

LOMBOK

*R*izières inondées, collines verdoyantes, montagnes austères
et longues plages de sable blanc composent à Lombok des
paysages variés. Une population où se mêlent Sasak musulmans et Balinais de souche entretient une riche diversité culturelle.
L'île n'a pas connu le développement touristique de Bali : elle conserve
plus d'authenticité, mais offre moins de confort au visiteur.

Au nombre d'envi-
ron 3 millions, les
Sasak, qui forment la
majorité de la population
de Lombok, descendent
probablement d'immigrants arrivés au
IVᵉ millénaire av. J.-C. Leur identité
est issue de deux influences majeures
qui se sont exercées à partir du
début du XVIᵉ siècle sur des coutumes animistes centrées sur le culte
des ancêtres : l'islam, prêché par des
Javanais, et la culture hindouiste de
conquérants venus de Bali. Ces derniers s'imposèrent surtout à l'ouest
de l'île et c'est toujours là que vit la
majeure partie de la minorité de tradition balinaise. Elle compte quelque
100 000 membres. Lombok abrite
également de petites communautés
chinoises, arabes et bugies.

Les Sasak pratiquent un artisanat
séculaire, dont l'originalité s'exprime
entre autres dans les tissages et la
poterie. Leurs mosquées s'inspirent

souvent de l'architec-
ture musulmane java-
naise, mais la forme
caractéristique de leurs
greniers à riz a des
origines plus anciennes.
Les danses et la musique de l'île de
Lombok doivent beaucoup aux civilisations indo-javanaise et balinaise.

L'île présente plus d'intérêt pour la
beauté de ses paysages que pour son
héritage architectural. Les nombreuses plages permettent des activités comme le surf, la planche à voile,
la plongée et la pêche. À l'intérieur
des terres, la chaîne volcanique
dominée par le Gunung Rinjani offre
de splendides itinéraires de randonnée. Sur la côte ouest, Senggigi est
devenu le principal pôle touristique.
Au large, les îles Gili possèdent des
fonds coralliens exceptionnels. La
côte sud, où des falaises spectaculaires tombent à pic dans l'océan,
reste encore très peu fréquentée.

Coucher de soleil sur le détroit de Lombok vu de la station balnéaire de Senggigi

◁ Mosquée au sein d'une plantation près de Sapit, au sud-est du Gunung Rinjani

À la découverte de Lombok

Les ferrys en provenance de Bali arrivent à Lembar, au sud de la côte ouest. Les avions des lignes intérieures indonésiennes se posent à quelques kilomètres de là sur l'aéroport de Mataram, la capitale provinciale. Celui-ci permet d'atteindre rapidement la station balnéaire de Senggigi. Depuis Mataram, la route qui rejoint à l'est le petit port de Labuhan Lombok dessert des sites comme Narmada et l'agréable village de Tetebatu. Kuta constitue une base idéale pour partir à la découverte des splendides plages isolées de la côte sud. Au nord, les chemins conduisant à la spectaculaire caldeira du lac Segara Anak et au sommet du Gunung Rinjani partent de Senaru et de Sembalun.

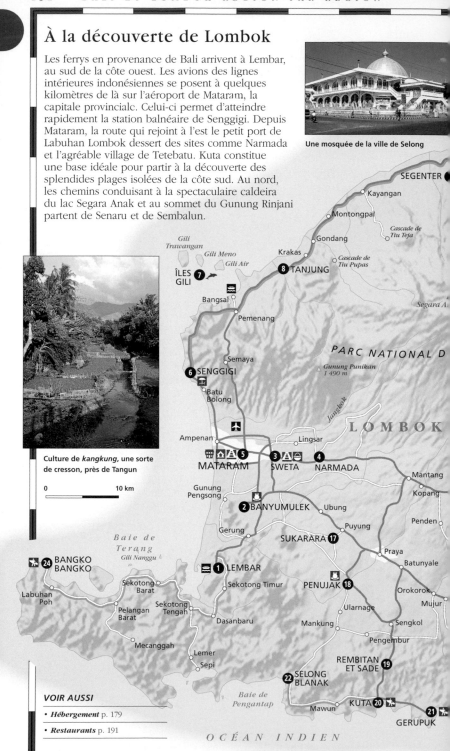

Une mosquée de la ville de Selong

Culture de *kangkung*, une sorte de cresson, près de Tangun

0   10 km

VOIR AUSSI

• **Hébergement** p. 179

• **Restaurants** p. 191

SEGENTER

Kayangan

Montongpal

Cascade de
Tiu Teja

Gili
Trawangan

Gili Meno

Gili Air

Gondang

Krakas

Cascade de
Tiu Pupas

ÎLES 7
GILI

8 TANJUNG

Bangsal

Pemenang

Segara A

PARC NATIONAL D

Semaya

Gunung Punikan
1 490 m

6 SENGGIGI

Batu
Bolong

Jangkok

Ampenan

Lingsar

LOMBOK

MATARAM 5

3 SWETA

4 NARMADA

Mantang

Gunung
Pengsong

Kopang

2 BANYUMULEK

Ubung

Penden

Gerung

Puyung

SUKARARA 17

Baie de
Terang

Gili Nanggu

1 LEMBAR

Praya

Batunyale

24 BANGKO
BANGKO

Sekotong
Barat

Sekotong Timur

PENUJAK 18

Orokorok

Labuhan
Poh

Pelangan
Barat

Sekotong
Tengah

Dasanbaru

Ularnage

Mujur

Mankung

Sengkol

Mecanggah

Lemer

Pengembur

Sepi

REMBITAN
ET SADE 19

22 SELONG
BLANAK

Baie de
Pengantap

Mawun

KUTA 20

21
GERUPUK

OCÉAN INDIEN

CIRCULER

Des bus et des *bemo* circulent sur
les principales routes, en particulier celle
qui mène à Senggigi depuis Mataram et
celle qui traverse l'île d'est en ouest.
Il existe peu de transports publics ailleurs,
y compris pour rejoindre Kuta au sud,
et mieux vaut disposer d'un véhicule,
de préférence avec chauffeur. Les routes
sont souvent étroites ou défoncées.

Dans le Parc national du Gunung Rinjani

Danse traditionnelle sasak

LÉGENDE

— Route principale
═ Route secondaire
-- Piste
— Route pittoresque
△ Sommet

LOMBOK D'UN COUP D'ŒIL

Bangko Bangko ㉔
Banyumulek ❷
Gerupuk ㉑
Îles Gili ❼
Kuta ⑳
Labuhan Lombok ⑭
Lembar ❶
Mataram p. 155 ❺
Narmada ❹
*Parc national du Gunung
Rinjani (Taman
Nasional Gunung
Rinjani)
p. 158-159* ⑪

Penujak ⑱
Pringgasela ⑮
Rembitan et Sade ⑲
Sapit ⑬
Segenter ❾
Selong Blanak ㉒
Sembalun ⑫
Senaru ❿
Senggigi ❻
Sukarara ⑰
Sweta ❸
Tanjung ❽
Tanjung Luar ㉓
Tetebatu ⑯

Places on map: Anyar, Bayan, Putih, Beburung, Pedamekan, Dasansantong, Belanting, SENARU, Cascade de Sendang Gile, Sajang, Bawaknaw, Lendangbatu, Gunung Senkereang Jaya 2 902 m, SEMBALUN ⑫, Gubukrempung, Gili Lawang, Gili Sulat, Maroak, Gunung Rinjani 3 726 m, GUNUNG RINJANI ⑪, Gunung Nangi 2 330 m, Gubuktambak, Pesugulan, SAPIT ⑬, Menangabaris, Otakgawar, LABUHAN LOMBOK ⑭, Cascade de Jeruk Manis, Suwela, TETEBATU ⑯, Pringgabaya, PRINGGASELA ⑮, Aikmel, Loyok, Masbagik, Selong, Montongbaan, Sakra, Labuhan Haji, Détroit d'Alas, Gunungrajak, Sepit, Tangun, TANJUNG LUAR ㉓, Pemokong, Batu Nampar, Tanjung Ringgit, Baie d'Ekas, Pengorosdalam, Mer de Bali

Panorama offert par le sommet du Gunung Pengsong

Lembar ❶

🚌 🚐 🚢 *depuis Padang Bai et Pelabuhan Benoa.* 🛈 *débarcadère.* 🅿

Le principal port de Lombok jouit d'une situation protégée au fond d'une baie entourée de collines. Les vendeurs ambulants abondent autour du débarcadère, où accostent les ferrys et les hydroptères en provenance de Bali. Les prix des places dans les bus et minibus surchargés desservant le reste de l'île donnent lieu à d'intenses marchandages. On trouve à Lembar un petit bureau d'information touristique, quelques téléphones publics et des échoppes proposant des plats préparés. De belles embarcations bugis *(p. 135)* continuent d'assurer une part du transport de marchandises.

Aux environs : la route qui rejoint **Sekotong**, à quelque 10 km au sud de Lembar, offre des vues très étendues sur la baie et ses *bagan*, des plates-formes de pêche construites sur pilotis d'où les pêcheurs attirent les poissons dans leurs filets avec des lamparos. Depuis Sekotong,

on peut se faire transporter en canots à moteur jusqu'aux petites îles coralliennes appelées Gili Gede et Gili Nanggu. Les visiteurs qui souhaitent y passer la nuit devront se contenter d'un confort rudimentaire.

Banyumulek ❷

🚐 *depuis Mataram.* 🛈 *Mataram, (0370) 634 800.* 🅿

Ce village classique, avec ses maisons en bois à toit de chaume, est un des grands sites potiers de l'île. Ce sont traditionnellement les femmes qui façonnent les poteries, et les visiteurs peuvent les voir réaliser patiemment des récipients de tailles variées.

Aux environs : à 3 km à l'ouest de Banyumulek, le **Gunung Pengsong** est une montagne facile d'accès. Son ascension mène à un temple qui offre un large panorama. Par temps clair, la vue porte jusqu'au Gunung Agung de Bali d'un côté et jusqu'au Gunung Rinjani de Lombok de l'autre. Au pied de la colline, la plaine de Mataram s'étend jusqu'à la mer.

Sweta ❸

🚌 🚐 🛈 *Mataram, (0370) 634 800/623 723.* 🍴 🗀 🅿

L'agglomération de Mataram a absorbé le village de Sweta, qui renferme l'un des plus vieux temples de Lombok, le **Pura Lingsar**, fondé en 1714. Ce lieu de culte est fréquenté à la fois par des hindouistes et des musulmans Wetu Telu *(p. 23)*. Un bassin contient des anguilles albinos. La gare routière se trouve désormais à côté du **marché de Bertais**, le plus important de l'île. Une foule animée se presse entre les étals où s'empilent fruits, légumes et épices, mais aussi paniers, tissus et objets artisanaux de toutes sortes.

🅰 **Pura Lingsar**
Nord de Sweta. 🕐 *t.l.j.* 🗓 🎭 *Perang Topat (guerre des gâteaux de riz) et Pujawali (nov.-déc.).*

Narmada ❹

🚌 🚐 🛈 *Mataram, (0370) 634 800/623 723.* 🕐 *t.l.j.* 🎭 *fête de la chasse au canard (17 août).*

Narmada a conservé le palais d'été qu'y fit construire, en 1805, le raja de Mataram. Dans les jardins en terrasses agrémentés de bassins à lotus s'étend un lac censé représenter celui qui occupe la caldeira du Gunung Rinjani *(p. 158-159)*. Devenu incapable de gravir la montagne sacrée pour contempler l'original, le raja en fit aménager une réplique devant son palais.

Bassin à lotus du palais d'été de Narmada, construit au XIXᵉ siècle

---

LA POTERIE DE LOMBOK

Plusieurs villages de Lombok entretiennent depuis des siècles une tradition de poteries rustiques fabriquées sans tour. Les femmes donnent forme à leurs créations, simples assiettes ou grands récipients, en assemblant des colombins ou en utilisant des outils appelés « pierre et pagaie ». Si la poterie de Banyumulek se distingue par sa simplicité et son absence d'ornement, celle de Masbagik arbore des motifs géométriques caractéristiques tandis que celle de Penujak *(p. 161)* privilégie les décors animaliers.

Vase de Penujak

Pour les hôtels et les restaurants de la région, voir p. 179 et p. 191

Mataram ❺

Le développement urbain a fondu en une seule agglomération trois villes autrefois distinctes : Mataram, Ampenan et Cakranegara. La population mélangée d'Ampenan, à l'ouest, rappelle que son port fut une étape importante sur la route des épices. Il n'accueille plus désormais que des bateaux de pêche. À Mataram, capitale de la province de Nusa Tenggara, des bâtiments administratifs bordent des avenues aérées. Cakranegara, où résidaient les rajas, est devenue le grand pôle commercial de Lombok.

Logo de l'office de tourisme

À la découverte de Mataram

À l'ouest, les rues sinueuses d'Ampenan abritent maisons et boutiques de marchands chinois et arabes. Certains bâtiments, transformés en restaurants et en cafés, ont été influencés par le style Art déco. La plage s'anime au coucher du soleil, quand la chaleur se fait moins vive.

Ses parcs et ses avenues arborées font de Mataram une ville agréable à parcourir. Sur l'axe principal, se dresse le **Kencana Warsa Mahardika**, statue illustrant le civisme. Le magasin du **Lombok Pottery Centre** (*p. 194-195*) est spécialisé dans l'artisanat local. L'active Cakranegara possède une communauté chinoise importante.

Musée ethnographique

Museum Negeri
Jalan Panji Tilar Negara 6.
***Tél.** (0370) 637 503.* ☐ *mar.-dim. 8h-14h (ven. 0h-11h).* ☐ *j f*
Ce musée consacré aux îles de Nusa Tenggara Ouest propose une intéressante collection d'objets tels que bijoux, porcelaines, vaisselle, sculptures sur bois, meubles, vanneries, tissus anciens, bronzes, outils et instruments de musique.

Puri Mayura

Jalan Selaparang, Cakranegara.
***Tél.** (0370) 624 442.* ☐ *t.l.j.*
Du palais d'eau construit en 1744 par les rois balinais de Lombok ne subsiste qu'un jardin agrémenté d'autels autour d'un lac artificiel.

MODE D'EMPLOI

✈ aéroport de Selaparang. 🚌 Sweta. 🚏 ℹ️ Dép. de tourisme, art et culture, Jalan Singosari 2, Mataram, (0370) 634 800.
🎭 Peresean (combat rituel) [août].
🍴 🛏 🛍 🛒

Pura Meru

Jalan Selaparang, Cakranegara.
☐ *t.l.j.*
Fondé en 1720 par un prince balinais, le plus vaste temple hindou de Lombok renferme trois hauts *meru* consacrés aux grands dieux Shiva, Vishnou et Brahma.

Le Pura Meru vu du palais d'eau, le Puri Mayura

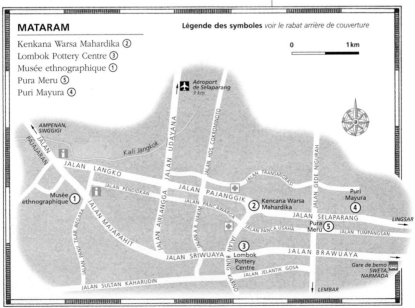

MATARAM

Légende des symboles *voir le rabat arrière de couverture*

Kenkana Warsa Mahardika ②
Lombok Pottery Centre ③
Musée ethnographique ①
Pura Meru ⑤
Puri Mayura ④

0   1km

La station balnéaire de Senggigi est le principal pôle touristique de Lombok

Senggigi ❻

🚌 🚐 *depuis Lembar et Mataram.*
🛈 *Mataram, (0370) 640 691.*
🎭 *Mois d'échanges culturels (août).*
🍴 🖼 📷 🐚

Avec ses plages de sable blanc bordées de cocotiers, Senggigi est devenue la grande station balnéaire de Lombok. Sans avoir atteint le niveau de développement touristique de Kuta, à Bali, elle offre néanmoins un large choix d'hébergements et de restaurants, mais aussi d'activités nautiques et de sorties nocturnes.

Officiellement, la localité proprement dite ne borde que deux petites anses séparées par une pointe de corail blanc s'enfonçant dans l'océan. Mais Senggigi désigne aujourd'hui une bande de 6 km où restaurants et cafés se serrent le long de la route côtière. Celle-ci offre de superbes panoramas, la vue portant jusqu'à Bali. Des eaux calmes permettent une baignade sûre et les surfeurs débutants peuvent se risquer sur les vagues qui déferlent sur le récif. La planche à voile est aussi un sport très pratiqué. Il suffit d'un masque et d'un tuba pour contempler à quelques mètres du bord une riche faune multicolore.

Aux environs : à 3 km au sud de Senggigi, le temple hindou de **Batu Bolong** se dresse sur un promontoire rocheux. Les dévots viennent y déposer leurs offrandes au crépuscule. Les couchers du soleil sont magnifiques depuis ce site, avec la silhouette du Gunung Agung, sur Bali, à peine visible dans le lointain.

Îles Gili ❼

🚌 🚐 *depuis Senggigi et Mataram jusqu'à Bangsal.* 🚤 *depuis Bangsal.*
🛈 *Mataram, (0370) 640 691.*
🍴 📷 📁 🐚

Accessibles en quelques minutes en bateau depuis Bangsal, ces trois petites îles sans voitures possèdent des fonds coralliens abritant une faune exceptionnelle. Grâce à la limpidité de l'eau, un tuba suffit, en particulier de fin avril à fin août.

Gili Air, l'île la plus proche de la côte, est aussi la plus peuplée des trois (sans compter les visiteurs de passage). Ses logements éparpillés parmi les cocotiers se prêtent à un séjour en famille et les tarifs pratiqués sont raisonnables. Les visiteurs peuvent y profiter du calme ou choisir de participer à la vie locale assez animée.

Moins fréquentée, **Gili Meno** est aussi moins attirante que ses voisines. Elle offre des possibilités d'hébergement plus réduites, avec surtout des hôtels et des restaurants haut de gamme.

Gili Trawangan, la plus grande île du petit archipel, mesure environ 2 km sur 3. Elle abrite quelques hôtels de luxe, mais surtout des *losmen (p. 166)* bon marché ; leurs prix augmentent cependant en haute saison. Ils accueillent beaucoup de jeunes gens venus faire la fête jusqu'au petit matin dans les bars, les restaurants et les discothèques qui bordent le front de mer au sud-est. L'autre côté de l'île, où une belle plage permet la baignade et la plongée au tuba, est plus calme.

LA FAUNE MARINE DES ÎLES GILI

Une journée de plongée au large des îles Gili *(p. 210-211)* donne en général l'occasion de voir des requins de récif, qui heureusement n'attaquent pas l'homme. Malgré les dégâts causés, il y a quelques années, par la pêche à l'explosif, le corail de l'archipel des Gili permet la survie  de 3 500 espèces différentes, plus que la Grande Barrière australienne. Observée au tuba, la danse de poissons multicolores aux noms évocateurs comme le poisson-clown à trois bandes, le poisson-perroquet et le poisson-cocher offre un spectacle enchanteur. Deux espèces de tortues menacées d'extinction fréquentent aussi ces eaux : la tortue verte et la tortue imbriquée.

Le merveilleux monde sous-marin des îles Gili

Tambour *kecimol* lors d'un mariage musulman à Tanjung

Tanjung ❽

🚌 🚐 *depuis Mataram.* ℹ️
Mataram, (0370) 640 691. 📧 📱 🌐

Ce gros village, niché dans un paysage verdoyant où voisinent cocoteraies, rizières et jardins maraîchers, borde la route qui rejoint au nord les contreforts du Gunung Rinjani. Ses habitants vivent principalement de la pêche et de l'agriculture. Il accueille deux fois par semaine un marché aux bestiaux. Dans les parties peu profondes de la rivière pousse du *kangkung*, plante aquatique rappelant le cresson et très appréciée en cuisine.

Aux environs: en longeant vers le nord les plages de sable noir, le paysage devient plus aride. À 4 km de Tanjung, le petit village de **Krakas** est réputé pour sa source, qui jaillit à 400 m au large et à une profondeur d'environ 10 m. Les pêcheurs y conduisent les visiteurs en échange d'une modeste contribution et puisent l'eau pour leur montrer qu'elle est potable. Au nord, juste après Gondang, on peut s'aventurer jusqu'à la cascade de **Tiu Pupas** et les grottes voisines.

Segenter ❾

🚌 *depuis Mataram.* ℹ️ *Mataram, (0370) 640 691.* 🕐 *t.l.j. 9h-17h.* 💰 *contribution.*

Ce petit village offre un bon exemple d'une communauté agricole traditionnelle de Lombok. Ses habitants sont discrets et moins intéressés par les visiteurs que les gens de la région de Senggigi. Une promenade dans le village permet de les voir se livrer à leurs occupations. Ils mènent une existence des plus simple, produisant l'essentiel de leur nourriture. Ils cultivent aussi du riz, du coton et du tabac qu'ils vendent au marché.

En fin de matinée, les habitants se réunissent un moment pour bavarder dans les « pavillons d'hôtes », constructions ouvertes aux planchers surélevés, plus petites que les bâtiments à toit de chaume qui servent d'habitations.

Maison de Segenter construite avec entre autres des palmes tressées

Senaru ❿

🚌 *depuis Sweta et Tanjung.* ℹ️
Mataram, (0370) 640 691.
🍴 📧 📱 🌐

Au pied du Gunung Rinjani, à 400 m d'altitude, Senaru jouit d'un climat plus frais que le littoral. Le panorama est superbe avec l'océan à l'ouest et le volcan au sud.

Longtemps protégé du monde extérieur par son isolement, le village a conservé ses maisons traditionnelles, dont le toit de chaume repose sur des murs de bambou. C'est aujourd'hui une station de villégiature appréciée le week-end.

Avec ses nombreux *losmen* et restaurants sans prétention, Senaru est aussi devenu le plus populaire des points de départ pour la randonnée qui mène à la caldeira du lac Segara Anak et au sommet du Gunung Rinjani *(p. 158-159)*. Cette expédition de plusieurs jours exige une bonne forme physique. On peut engager des guides et des porteurs, louer du matériel de camping (tente, duvet, etc.) et acheter des produits de base, en particulier des provisions.

Aux environs: une marche aisée d'une demi-heure conduit à l'ouest de Senaru à la spectaculaire cascade de **Sendanggile**. Haute de 40 m, elle offre l'occasion de se rafraîchir dans une eau qui est sans doute la plus pure de toute l'Indonésie. Un peu plus haut, à flanc de colline, une seconde cascade, **Tiu Kelep**, se jette dans un charmant bassin idéal pour la baignade.

Une autre promenade depuis le centre de Senaru mène à **Payan**. D'apparence mégalithique avec ses maisons à toit de chaume, c'est l'un des derniers village de l'île à rester fidèle à la religion Wetu Telu *(p. 23)*, qui mêle croyances animistes et musulmanes. Séduits par la manne touristique, ses habitants commencent toutefois à exploiter leurs coutumes à des fins mercantiles et touristiques.

Cascade de Sendanggile, près de Senaru

Parc national du Gunung Rinjani ⓫
Taman Nasional Gunung Rinjani

Culminant à 3726 m d'altitude, le Gunung Rinjani est un volcan sacré pour les hindous comme pour les musulmans de Lombok. Il n'est plus actif, contrairement au Gunung Baru apparu au fond de sa caldeira. Ce dernier est entré plusieurs fois en éruption au cours du XXe siècle et, en 1995, des projections de cendres ont conduit les autorités à fermer le parc. La randonnée jusqu'à la caldeira, puis le sommet, exige une bonne forme physique et de solides chaussures ; mieux vaut éviter la saison des pluies. Elle peut être organisée depuis Mataram, Senggigi et Senaru. Sembalun Lawang est un autre point de départ mais offre moins de possibilités.

Le *Presbytis thomasi* est un singe fréquent à Lombok

Au départ de Senaru
Les losmen *locaux peuvent se charger de l'organisation de l'expédition.*

BATU KOQ
ET BAYAN ↑   • Batu Koq

Senaru •
• Cascade de
Rinjani   Sendang Gile
Centre de randonnée

Camp de base •   GUNUNG
SENKEREANG JAYA
Site de camping •   ▲
• Cascade de Tiu Teja   2 919 m
                                    • Sources cha
                        Site de camping
GUNUNG PLAWANGAN
▲   GUNUNG B
2 612 m   ▲
                              2 363

            GUNUNG   GUNUNG
          BUANMANGGE   TANAKLAYUR
              ▲   ▲
           1 916 m   2 664 m

0   5 km

BUKIT KETIMUNAN
▲
1 602 m

★ **Lac Segara Anak**
Un lac aux eaux émeraude s'étend au pied des flancs abrupts de la caldeira. Des sentiers conduisent au petit Gunung Baru, toujours en activité.

Pour les hôtels et les restaurants de la région, voir p. 179 et p. 191

Près de Sembalun
La chaîne montagneuse qui s'élève à l'est de la vallée de Sembalun offre un spectacle impressionnant depuis le Gunung Kanji.

Loriot de Chine
Les oiseaux qui vivent dans le parc comprennent aussi des loriquets, des pigeons et des merles.

BAYAN ET ANYAR

Sajang

Sembalun Lawang

Sembalun Bumbung

GUNUNG ATAS TIMUR
2 238 m

GUNUNG KANJI
2 045 m

GUNUNG NANGI
2 330 m

de camping

GUNUNG PROPOK
2 077 m

GUNUNG RINJANI
3 726 m

Sapit

AIKMEL ET LABUHAN LOMBOK

LÉGENDE

═══ Route principale
─── Route secondaire
– – – Sentier de randonnée
🌼 Point de vue

Vallée de Sembalun
Sur la route au sud de Sapit, un col situé à 2 000 m d'altitude dévoile un large panorama sur les villages et les plantations au fond de la vallée.

★ **Sommet du Gunung Rinjani**
Depuis le point culminant de Lombok, la vue porte jusqu'aux plaines côtières.

À NE PAS MANQUER

★ Lac Segara Anak

★ Sommet du Gunung Rinjani

Plantations près de Sapit, au pied du Gunung Rinjani

Sembalun ⓬

🚌 depuis Mataram et Tanjung. ℹ️ Mataram, (0370) 634 800. 🍴 🛍️

Sembalun étend ses maisons basses en bois dans une vallée dominée par de hautes montagnes. Le Gunung Rinjani dresse sa silhouette imposante à l'ouest et paraît presque à portée de main. Sembalun est le point de départ d'une voie menant au sommet du volcan, plus directe que l'itinéraire depuis Senaru (p. 158-159). Cependant, peu de visiteurs l'empruntent, car les possibilités d'hébergement sont beaucoup plus limitées.

La sensation d'isolement et la fraîcheur de l'air – il fait même froid la nuit – en font néanmoins un lieu de séjour agréable. La campagne permet de belles promenades dans des paysages apaisants. Les échalotes représentent une importante source de revenu pour la région et leur odeur piquante, mais pas déplaisante, flotte souvent dans l'air près des maisons.

Aux environs: la route qui rejoint Sapit à l'est passe par l'un des plus hauts cols d'Indonésie. Au détours des nombreux lacets, on peut admirer des vues étendues sur la vallée de Sembalun.

Sapit ⓭

🚌 depuis Sweta. ℹ️ Mataram, (0370) 634 800. 🍴 🛍️

Sapit se niche sur les contreforts orientaux du Gunung Rinjani, dans un écrin de plantations de tabac et de rizières en terrasses vert émeraude. À une altitude de 800 m, le village jouit d'un climat vivifiant et abrite quelques *losmen* bon marché et bien tenus. Jardins et parterres de fleurs lui donnent un aspect soigné et engageant. La vue sur l'est de Lombok porte jusqu'à l'île de Sumbawa, de l'autre côté du détroit d'Alas.

Bateaux amarrés à une jetée de Labuhan Lombok

Labuhan Lombok ⓮

🚗🚌 depuis Mataram. ⛴️ depuis Mataram et Sumbawa. ℹ️ dans l'embarcadère. 🍴 🛍️

La baie de Labuhan Lombok forme un port naturel et la route parallèle à la côte longe des maisons sur pilotis bâties au bord de l'eau par des pêcheurs bugis (p. 135). Leurs bateaux peints de couleurs vives flottent à côté. En ville, le dimanche, les étals du marché proposent des produits de toutes sortes.

Mais la plupart des visiteurs viennent à Labuhan Lombok

Maisons sur pilotis de la baie de Labuhan Lombok

Pour les hôtels et les restaurants de la région. voir p. 179 et p. 191

uniquement pour prendre un bateau vers l'île voisine de Sumbawa. L'embarcadère se trouve à 2 km du centre, au bout de la baie (plusieurs départs tous les jours).

Princgasela ⑮

🚌 *depuis Sweta et Labuhan Lombok.* ℹ️ *Mataram, (0370) 634 800.* 📷

Sur les contreforts du Gunung Rinjani, un ruisseau court le long de la route qui traverse ce village réputé pour ses *ikat*. Les femmes les tissent assises à même le sol, sur des métiers qui ont peu changé depuis des siècles. C'est leur poids qui assure la tension des fils. Les tisserandes commencent leur apprentissage vers l'âge de dix ans. Les nombreux tissus exposés devant les maisons créent une atmosphère colorée. Les motifs et les couleurs, où le noir et le rouge dominent, sont typiques de Lombok.

Panier tressé
à Loyok

Aux environs : dans les collines qui se dressent au sud de Princgasela se niche un autre village d'artisans, Loyok, renommé pour sa vannerie et ses nattes en fibre de bambou. La route de Loyok suit un torrent qui traverse une série de belles forêts et vallées.

Tetebatu ⑯

🚌 *depuis Mataram.* ℹ️ *Mataram, (0370) 634 800.* 🍴 📷 🎫

Dans un cadre splendide au pied du Gunung Rinjani, le village de Telebatu jouit à 550 m d'altitude d'un climat très agréable qui en fait un bon endroit où se détendre quelques jours. Il abrite quelques *losmen*, mais on trouve aussi ces petits établissements à l'extérieur, au milieu des rizières.

La campagne permet de belles promenades. L'une d'elles conduit à une petite rivière alimentée par la cascade de Jeruk Manis. Il faut compter 2 h 30 pour atteindre la chute d'eau haute de 50 m. D'autres parcours mènent à des villages isolés et à une forêt tropicale peuplée de singes. De nombreux guides proposent leurs services.

Sukarara ⑰

🚌 *depuis Sweta.* ℹ️ *Mataram, (0370) 634 800.* 📷

La renommée de ce village de tisserandes, de *songket (p. 37)* notamment, lui vaut d'attirer de nombreux touristes.

Les boutiques proposent un large choix de tissus variés fabriqués dans toute la région. Vêtues de noir selon la coutume, les femmes travaillent sur le pas de leur porte et acceptent de poser pour les photographes.

Penujak ⑱

🚌 *depuis Sweta.* ℹ️ *Mataram, (0370) 634 800.* 📷

Penujak est, avec Banyumulek *(p. 154)* et Masbagik, l'un des principaux villages de potiers de Lombok. C'est sans doute aussi le meilleur endroit pour se faire expliquer toutes les étapes de la fabrication de ces poteries au colombin. Traditionnellement, les femmes façonnaient les pièces et les hommes les vendaient. Une forte augmentation de la demande a conduit ces derniers à aider leurs compagnes. Chaque village possède sa propre décoration, mais tous abritent des points de vente proposant des pièces des trois styles.

Poterie traditionnelle fabriquée à Penujak

LES TISSUS DE LOMBOK

Les Sasak continuent de tisser sur des métiers traditionnels des étoffes de grande qualité. Des villages tels que Sukarara, Princgasela, Rembitan et Sade *(p. 162)* se sont spécialisés dans cette activité. Il existe une production moins artisanale autour de Mataram. Les villageois laissent les visiteurs assister à tout le processus de fabrication. Celui-ci commence par la décoction d'écorces et de racines pour obtenir les teintures naturelles. Le jaune est ainsi tiré de la racine du curcuma et le bleu de l'indigotier. La technique de l'*ikat* consiste à effectuer sur le fil de chaîne une teinture avec réserve, de manière à obtenir plusieurs couleurs qui détermineront les motifs. Les bains durent 24 heures. Les métiers restent extrêmement rustiques. Les femmes assurent la tension des fils avec une tige de bois passée derrière leurs reins.

Tisserande au travail à Sukarara

Sarong typique de Lombok

Rembitan et Sade ⑲

i *Mataram, (0370) 634 800.*
contribution.

Ces deux villages agricoles situés à 3 km l'un de l'autre sur un flanc de colline attirent de nombreux visiteurs. Les constructions traditionnelles ont des toits de chaume et des murs en treillis de bambou ou de nervures de feuilles de palmier. Ils ont conservé des greniers à riz. Ces *lumbung* à la toiture en capuchon, jadis considérés comme un symbole de Lombok, sont désormais devenus plus rares. Les marchands de souvenirs abondent, mais les habitants de Rembitan et de Sade conservent pour la plupart leur mode de vie ancestral. Ce dernier est basé sur la culture du riz et l'élevage.

Kuta ⑳

i *depuis Sweta.* **i** *Mataram, (0370) 634 800.* *Festival de la pêche de Nyale (fév.-mars).*

Le Kuta de Lombok offre un contraste frappant avec son homonyme de Bali, mais le luxueux Novotel Coralia Lombok *(p. 179)* laisse présager que sa magnifique plage de sable blanc encadrée de deux promontoires rocheux ne restera pas longtemps aussi calme qu'aujourd'hui. Au large, sur le récif, les vagues déferlent en rouleaux appréciés des surfeurs. Le village de Kuta est très simple et compte, à côté de cabanes de pêcheurs en bois,

Kuta est un paradis pour les surfeurs et les amateurs de bains de soleil

quelques *losmen*. Il s'anime cependant en février pour la fête du *nyale (p. 42)*, qui attire sur la plage des milliers de personnes.

Aux environs : on trouve deux autres plages superbes à une courte distance de Kuta. À 8 km à l'ouest, celle de **Mawun** s'inscrit dans une crique isolée. À la même distance à l'ouest, la plage de **Tanjung Aan** occupe le fond d'une baie. Des vagues s'écrasent sur les rochers qui l'enserrent, mais une bande de sable fin conduit à une eau lisse et turquoise.

Gerupuk ㉑

i *Mataram, (0370) 634 800.*

Le village de Gerupuk borde une baie très étendue. Ses habitants continuent de vivre en partie de la pêche et en partie de la culture d'algues

utilisées dans l'alimentation des animaux d'élevage. Elles poussent sur des cages en bambou à demi submergés devant la plage. Après la récolte, on les fait sécher le long de la route.

Gerupuk jouit d'un renom qui dépasse les frontières indonésiennes, car c'est l'un des meilleurs spots de surf de Lombok. La houle venue de l'océan Indien se brise au large sur une barrière de corail et les surfeurs doivent louer une petite barque, qui les attendra un peu à l'écart, pour franchir la courte distance jusqu'aux vagues. Le trajet offre une vue saisissante sur les falaises et les rochers escarpés qui jalonnent le littoral.

Les déferlantes de Gerupuk se brisent sur un récif assez profond, moins dangereux que le corail proche de la surface de Maui, près de Selong Blanak. La plupart des vagues déroulent vers la droite. Les vagues de gauche sont moins régulières. La glisse reste bonne toute la journée, mais c'est au petit matin, avant que le vent ne se lève, en général vers 9 h, que les conditions sont les meilleures. Les surfeurs viennent de Kuta ou sont étrangers, Australiens et Japonais principalement, mais aussi Brésiliens et Français. Ils logent pour la plupart à Kuta.

Sur une vague de Gerupuk, l'un des meilleurs spots de surf de Lombok

Pour les hôtels et les restaurants de la région, voir p. 179 et p. 191

Selong Blanak ㉒

ℹ *Mataram, (0370) 634 800.*

Une longue baie fermée des deux côtés par des promontoires rocheux abrite un petit village de pêcheurs dont les pirogues à balancier créent des taches de couleur vive sur le sable blanc. Il accueille principalement des surfeurs venus affronter les rouleaux de la plage voisine appelée **Maui**. Très rapides, les vagues imposent de se lancer au-dessus d'un récif peu profond et demandent donc une grande expérience.

Tanjung Luar ㉓

ℹ *Mataram, (0370) 634 800.*
🍴 📷 🏪

Dans une région peu propice à l'agriculture, Tanjung Luar tire sa subsistance de la mer. C'est un petit port où débarquent les habitants d'autres îles venus sur des pirogues, qui assurent un service de taxi. Ils se déplacent souvent pour le marché, très fréquenté, ou pour acheter le poisson que les pêcheurs, de retour de plusieurs jours au large, vendent directement en

Vue du littoral près de Selong Blanak

plein air au bord de la plage. Leurs prises comprennent espadons, daurades et, à l'occasion, requins. Marchandages, discussions et plaisanteries entretiennent une atmosphère animée. Des enfants s'initient à la pêche, tandis qu'ici ou là on redonne des couleurs à une coque.

Un peu plus loin s'élèvent au bord de l'eau les maisons sur pilotis d'une communauté de Bugis (*p. 135*). Leurs bateaux se reconnaissent à leur haute étrave caractéristique.

Les petites voitures à cheval, appelées *cidomo*, ne sont pas un mode de transport pittoresque destiné aux touristes, mais l'unique moyen de déplacement pour les nombreux habitants de cette région isolée.

Docimo de Tanjung Luar

Bangko Bangko ㉔

🚌 *depuis Lembar.* **ℹ** *Mataram, (0370) 634 800.*

Au bout de la péninsule qui forme la pointe sud-ouest de Lombok, Bangko Bangko est un lieu-dit plus qu'un village. Il se compose d'une demi-douzaine de cabanes au bout d'une piste difficile. Un paysage magnifique récompense les efforts qui permettent d'atteindre ce site excentré.

L'endroit porte aussi le surnom de Desert Point. Les vagues qui déroulent à gauche sur une barrière de corail et déferlent au pied d'une falaise procurent des sensations intenses aux surfeurs expérimentés. Des agences de Lembar (*p. 154*) proposent des expéditions de pêche à Bangko Bangko.

Maisons bugies sur pilotis près du port de Tanjung Luar

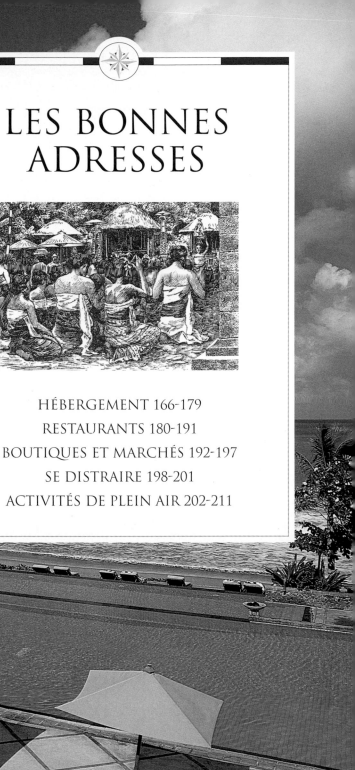

LES BONNES
ADRESSES

HÉBERGEMENT 166-179
RESTAURANTS 180-191
BOUTIQUES ET MARCHÉS 192-197
SE DISTRAIRE 198-201
ACTIVITÉS DE PLEIN AIR 202-211

HÉBERGEMENT

Portier d'hôtel

Au sein d'une végétation tropicale où bruissent les palmes des cocotiers, même le plus international des grands hôtels possède un charme particulier à Bali. Les complexes hôteliers *(resorts)* ont longtemps formé l'essentiel de l'offre haut de gamme, mais le choix s'est élargi avec l'ouverture de petits établissements de luxe appelés « hôtels-boutiques ». En famille, la location d'une villa peut s'avérer la forme d'hébergement la plus intéressante. L'infrastructure touristique de Lombok reste moins développée qu'à Bali. Dans les deux îles, l'équipement des hôtels tient peu compte des besoins des handicapés.

LOSMEN OU HOMESTAYS

Le *losmen* (ou *homestay*) est la forme la plus répandue d'hébergement bon marché à Bali. Le nom, qui dérive du mot « logement » utilisé pendant l'ère coloniale, désignait au début une simple chambre chez l'habitant. Le terme s'applique aussi à de petits hôtels familiaux d'un confort rudimentaire. Dans de nombreux endroits, c'est la seule forme de logement disponible. Les réservations sont en général impossibles.

Un *losmen* typique loue des chambres disposées autour d'un patio ou d'un jardin, toutes équipées de moustiquaires et d'un ventilateur. Les plus chères ont la climatisation. Les salles de bains ne possèdent pas toutes l'eau chaude et on trouve rarement du papier dans les toilettes. Le prix comprend presque toujours le petit déjeuner.

Il existe de nombreux *losmen* à Kuta (Poppie Lane II), au centre d'Ubud (Jalan Bisma et Jalan Kajeng), dans le village de Lembongan sur Nusa Lembongan, à Candi Dasa (rue principale) et près des plages de Lovina, Padang Bai et Amed.

Piscine d'un complexe hôtelier de Senggigi, à Lombok

HÔTELS ET COMPLEXES HÔTELIERS CLASSIQUES

Bali compte de nombreux hôtels et complexes hôteliers aux normes de confort « occidentales ». Ils sont en majorité concentrés dans les régions les plus touristiques de l'île : le sud et le centre. L'offre couvre une gamme de tarifs étendue et beaucoup d'agences de voyages européennes proposent des forfaits intéressants. Le choix est plus limité à Lombok, où les établissements de ce type se trouvent pour la plupart dans la région de Senggigi et sur les îles Gili *(p. 156)*.

Le développement de la location de villas et le succès des hôtels-boutiques ont renforcé la concurrence à Bali. Vous pourrez faire de bonnes affaires si vous prenez la peine de comparer coûts et prestations. Les grands complexes hôteliers offrent un confort luxueux à l'écart de l'agitation de la vie quotidienne de l'île. Ils conviennent particulièrement aux personnes désireuses de se détendre et aux familles avec de jeunes enfants, car ils proposent en général un service de baby-sitting et des activités surveillées.

La station balnéaire de Nusa Dua *(p. 73)* réunit dans une enclave isolée une sélection d'hôtels cinq-étoiles donnant directement sur la plage et plusieurs équipements haut de gamme, comme un splendide terrain de golf et un grand centre commercial. Nombre des résidents se cantonnent à ce complexe et ne voient pas l'intérêt de s'aventurer sur l'île. La plupart des établissements appartiennent à des chaînes internationales et les hôtes y disposent de courts de tennis, piscines, salles de sports et établissements thermaux. Les restaurants proposent en outre des spectacles.

Les prix varient en fonction du standing, de la chambre, de la région et de la saison.

L'antenne balinaise de la **PHRI** (Persatuan Hotel dan Restaurant Indonesia), l'organisation locale des hôtels et restaurants indonésiens *(p. 169)*, publie des listes avec classement des établissement par étoiles, mais elles sont souvent incomplètes et rarement mises à jour. Cet organisme

Losmen de Lombok

◁ **Les piscines à deux niveaux de l'hôtel The Legian à Seminyak** *(p. 173)*

Villa meublée dans le style balinais

est supposé proposer une assistance en cas de problème, mais il est plus rapide et plus efficace de s'adresser directement à la direction de l'hôtel.

HÔTELS ET COMPLEXES HÔTELIERS SPÉCIALISÉS

Ces établissements s'adressent surtout aux visiteurs désireux de découvrir la vie culturelle locale ou de participer à certaines activités, comme la découverte de sites naturels. Les petits *losmen* des villages au pied du Gunung Agung, à Bali, et du Gunung Rinjani, à Lombok, fournissent ainsi des guides aux randonneurs décidés à grimper jusqu'aux sommets de ces volcans.

Les amateurs de plongée sous-marine ou d'observation aquatique avec masque et tuba *(snorkelling)* apprécieront les *resorts* de la côte est de Bali (autour d'Amed et de Tulamben), de Nusa Lembongan (au large de Sanur), du nord de Bali (d'où ils pourront rallier en bateau les fonds coralliens du Parc national de l'ouest de Bali) et de Gili Trawangan, une île accessible depuis Lombok.

Plusieurs hôtels, notamment à Ubud, permettent de participer à la vie d'un village ou de s'initier à la cuisine balinaise, à la langue indonésienne ou à des artisanats comme le tissage.

VILLAS

À Bali, une villa de location type possède une piscine, plusieurs chambres et la télévision par satellite. Le prix comprend la mise à disposition de personnel de maison (femme de ménage, jardinier, cuisinier, etc.). Cette forme d'hébergement convient pour des vacances en famille ou entre amis.

Des agences spécialisées vous aideront à trouver une location compatible avec votre budget. Certaines ont des sites Internet, le plus souvent anglophones, comme **Prestige Bali Villas** et **Privates Homes and Villas**. Membre du groupe Elite Havens, **Bali Premium** dispose d'un site en français avec des offres pour tous les budgets. Signalons également **Les toits de Bali** ou **Pool Villas Bali**.

Fontaine de l'Intercontinental Bali Resort (p. 171)

VOYAGER AVEC DES ENFANTS

Les Balinais se montrent généralement très accueillant avec les enfants et le personnel des hôtels fera preuve de prévenance envers les vôtres. Tous les grands complexes de luxe et la plupart des boutique-hôtels possèdent des suites familiales et offrent toute une gamme de services – dont le baby-sitting et des activités surveillées – permettant aux parents de profiter au mieux de leurs vacances.

RÉSERVATIONS

Internet constitue un moyen pratique de se renseigner sur un hébergement et même de réserver directement. En évitant de passer par une agence de voyages, vous obtiendrez peut-être un tarif intéressant, mais vous risquez de vous retrouver sans recours au cas où la réalité ne correspondrait pas à vos attentes. Beaucoup de complexes hôteliers possèdent leur propre site. Ceux des intermédiaires balinais regroupent les offres d'hôtels, de villas et d'organisateurs d'excursions. Si vous désirez trouver d'autres adresses, tapez « accomodation Bali » dans un moteur de recherche.

Le Westin Resort *(p. 172)*, à *Nusa Dua*, est une adresse idéale pour un séjour en famille

Établissements thermaux

Plantes aromatiques

Les Indonésiennes sont adeptes depuis des siècles de bains, de massages et de baumes préparés avec des plantes aromatiques pour entretenir leur beauté et leur forme. Ces dernières années, les spas et autres centres de thalasso qui ont ouvert en grand nombre dans les hôtels de Bali ont rendu ces soins aisément accessibles aux visiteurs des deux sexes. Certains de ces établissements font partie des meilleurs du monde. Leur luxe ne peut être concurrencé par les petits salons de beauté urbains, mais ces derniers offrent souvent un bon choix de prestations pour un coût bien moindre.

Salle de bains et de massage du Four Seasons Resort de Sayan *(p. 174)*

SOINS TRADITIONNELS

Les établissements thermaux (Spa) de Bali n'affichent pas une vocation strictement thérapeutique. On ne les fréquente pas pour suivre une cure, mais plutôt dans le but de libérer son esprit et de régénérer son corps. Beaucoup ont été conçus dès l'origine pour accueillir des couples et, contrairement aux salons de beauté locaux, s'adressent aussi bien aux hommes qu'aux femmes.

Très agréable, le traditionnel massage balinais est une expérience à la fois relaxante et tonifiante. Vous pouvez en profiter sur les plages de Kuta et de Sanur, où les professionnelles qui dispensent ces soins se reconnaissent à leur chapeau. L'influence occidentale se fait surtout sentir dans la place accordée à l'aromathérapie. La richesse de la végétation indonésienne a permis le développement d'une industrie spécialisée dans les huiles essentielles. Même pour un simple massage

bien-être, on vous fera choisir entre différents baumes aux parfums variés, dont chacun correspond à une humeur précise. Parmi les soins appréciés par les deux sexes figure le *lulur* javanais, qui commence par l'application d'une pâte exfoliante à base de produits naturels.

LE LULUR JAVANAIS

Le soin de beauté appelé *lulur* est né dans les palais royaux du centre de Java. Il s'agissait à l'origine d'un rituel prénuptial suivi par les jeunes promises pendant quarante jours avant leur mariage. Le traitement dure normalement deux heures. Une pâte jaune composée de curcuma, de santal, de poudre de riz et d'épices est étalée sur la peau pour la débarrasser de ses cellules mortes, à la manière d'un gommage. Une application de yaourt rend ensuite sa souplesse à l'épiderme et corrige le pH de la peau. Une douche précède un long massage décontractant, suivi d'un bain parfumé. L'Espace Spa, à Seminyak, est spécialisé dans ce soin très agréable.

Le *lulur* javanais est une spécialité de l'Espace Spa de Seminyak

ÉTABLISSEMENTS THERMAUX

Bali offre un immense choix d'établissements disposant de centres de soins. Pour une première approche, nous vous conseillons d'opter pour un forfait.

Le Spa du **Four Seasons Resort** de Jimbaran a remporté plusieurs prix internationaux. Il propose un éventail complet de soins orientaux et occidentaux. Une de ses spécialités est un massage sous une fine douche qui produit l'effet relaxant d'une pluie tropicale. On y trouve aussi un espace *jamu* (remèdes naturels), où sont concoctés des soins locaux à base de plantes.

Le **Nusa Dua Spa** du Nusa Dua Beach Hotel demeure l'un des plus importants établissements de Bali. Soins de beauté et massages sont prodigués dans des salles individuelles ou dans les chambres des clients résidant à l'hôtel. Également à Nusa Dua, le Spa du **Balé** allie massage thaïlandais, massage aux pierres chaudes et traitement après-soleil.

Le **Thalasso** du Grand Mirage Resort est un établissement français où l'eau de mer est utilisée dans la plupart des traitements.

Les thermes climatisés du **Four Seasons Resort** de Sayan dispensent des soins ayurvédiques dans un cadre luxueux. L'**Intercontinental Resort Bali** de Jimbaran est également recommandé pour ses cures en piscine, mais il propose aussi un large choix de massages selon les techniques occidentales ou asiatiques, ainsi que différents soins thermaux. Tous ces traitements sont dispensés dans de magnifiques espaces.

À Seminyak, **Bodyworks** est réputé pour ses soins de beauté, qui vont de la coloration des cheveux à la manucure en passant par les soins du visage ; il possède une antenne plus luxueuse à Petitenget.

Dans le complexe hôtelier Villas Bali Hotel & Spa de Seminyak *(p. 173)*, **Prana Spa** propose bassins d'eau chaude et d'eau froide, soins ayurvédiques, réflexologie et hammam aux plantes. Toujours à Seminyak, le Spa

de **The Oberoi** *(p. 173),* est spécialisé dans les enveloppements naturels de boue et le *lulur*. Le **Martha Tilaar** est le seul Spa qui pratique le *ken dedes*, baptisé ainsi en souvenir d'une reine de l'empire Majapahit au VIe siècle. Ce traitement réservé aux femmes associe massages et soins intimes.

La chaîne **Mandara Spa** possède des centres de soin dans plusieurs hôtels de Bali et de Lombok, comme le **Padma Resort Bali**, le **Nikko Lombok** ou l'**Ayodya Resort Bali**. **Nur Salon**, l'un des premiers salons de beauté d'Ubud, a su maintenir une ambiance traditionnelle et reste bon marché. **Bali Hati** possède des salles de massage, un sauna et un Jacuzzi extérieur ; les prix y sont raisonnables. Avec ses

Le double massage, une spécialité de la chaîne Mandara Spa

espaces de soins à ciel ouvert à la lisière d'une forêt, **Como Shambala** est en revanche plus cher. Au nord d'Ubud, donnant sur une vallée encaissée, **Bagus Jati Resort** propose soins ayurvédiques et balinais dans un cadre somptueux.

L'**Espace Spa** de Sem est une bonne adresse pour découvrir différents soins dans un cadre reposant. Plus traditionnel, **The Yoga Barn** dispense cours de yoga et soins bien-être.

ADRESSES

INFORMATION TOURISTIQUE

Ambassades d'Indonésie
Elles donnent quelques informations touristiques et mettent en relation les particuliers avec les agences de voyages. *Voir p. 217.*

PHRI Bali
Villa Rumah Manis, Jalan Nakula, Seminyak. *Tél. (0361) 730 606.*

LOCATION DE VILLAS

Bali Premium
www.bali-premium.com

Elite Havens
www.elitehavens.com

Prestige Bali Villas
www.prestige
balivillas.com

Pool Villas Bali
www.poolvillasbali.com

Private Homes and Villas
www.privatehomes
andvillas.com

Les toits de Bali
www.lestoitsdebali.com

ÉTABLISSEMENTS THERMAUX

Bagus Jati Resort
Banjar Jati Sebatu, Ubud. *Tél. (0361) 901 888.* www.bagusjati.com

Bali Hati
Jln Raya Andong, Ubud. *Tél. (0361) 977 578.* www.balihati.org

Bodyworks
Jln Raya Andong, Seminyak 63, Seminyak. *Tél. (0361) 730 454.*

Kayu Hati 2, Petit Tenget. *Tél. (0361) 733 317.*

Como Shambala
Uma, Ubud. *Tél. (0361) 972 448.* www.cse.como.bz/

Four Seasons Resort, Jimbaran
Jln Raya Seminyar, Basangkasa, Seminyak. *Tél. (0361) 701 010.* www.fourseasons.com /jimbaranbay

Four Seasons Resort, Sayan
Sayan, Ubud. *Tél. (0361) 977 577.* www. fourseasons.com/sayan

Intercontinental Resort Bali
Jln Uluwatu 45, Jimbaran. *Tél. (0361) 701 888.* www.bali. intercontinental.com

Mandara Spa
Ayodya Resort Bali : Jln Pantai Mangiat, Nusa Dua. *Tél. (0361) 771 102.* www. ayodyaresortbali.com

Hôtel Nikko Bali : Jln Raya, Nusa Dua. *Tél. (0370) 773 377.* www.nikkobali.com

Padma Resort Bali : Jln Padma 1, Kuta. *Tél. (0361) 752 111.* www. padmaresortbali.com

Martha Tilaar
Jln Raya Basangkasa 30a, Seminyak, Kuta. *Tél. (0361) 731 463.*

Nur Salon
Jln Hanoman 29, Padang Tegal, Ubud. *Tél. (0361) 975 352. Fax. (0361) 974 622.*

Nusa Dua Spa
Nusa Dua Beach Hotel, Nusa Dua. *Tél. (0361) 771 210.*

Oberoi
Seminyak, Kuta. *Tél. (0361) 730 361.* www.oberoihotels.com

Prana Spa
The Villa Jln Kunti 118, Seminyak, Kuta. *Tél. (0361) 730 840.* www.thevillas.net

Spa du Balé
Jln Raya Nusa Dua Selatan, Nusa Dua. *Tél. (0361) 775 111.* www.thebale.com

Thalasso
Grand Mirage Resort, Jln Pratama 74, Tanjung Benoa. *Tél. (0361) 773 883. Fax (0361) 772 241.* www.thalassobali.com

The Yoga Barn
Jln Hanoman 44, Ubud. *Tél. (0361) 971 236 ou (0361) 970 992.* www.theyogabarn.com

LULUR JAVANAIS

Espace Spa
Jalan Raya, Seminyak 3B, Br. Basangkasa, Kuta. *Tél. (0361) 730 828.* www.espacespabali.com

Choisir un hôtel

Les hébergements disponibles à Bali et Lombok vont du plus luxueux au plus rustique. La plupart des *losmen* (*p. 166*) ne prenant pas de réservations, nous n'en avons pas répertorié dans ces pages. Pendant la haute saison (de mi-décembre à mi janvier et de début juillet à fin août), les tarifs peuvent augmenter ; à l'inverse, des rabais peuvent être appliqués en basse saison.

CATÉGORIES DE PRIX
Les prix correspondent à une nuit en chambre double standard et comprennent le petit déjeuner, le service et les taxes.
€ moins de 40 euros
€€ de 40 à 75 euros
€€€ de 75 à 150 euros
€€€€ de 150 à 230 euros
€€€€€ plus de 230 euros

SUD DE BALI

CANGGU Hotel Tugu Bali
€€€€€
Jln Pantai Batu Bolong, Canggu Beach **Tél.** *(0361) 4731 701* **Fax** *(0361) 731 708* **Chambres** *22* **Plan** *C4*

Situé entre des rizières et la paisible plage de Canggu, cet hôtel-Spa a des allures de musée, avec sa belle collection d'antiquités et d'objets rares. Deux suites rendent hommage aux peintres Walter Spies et Jean Le Mayeur, qui découvrirent Bali dans les années 1930 et contribuèrent à faire connaître l'île en Europe. **www.tuguhotels.com**

JIMBARAN Intercontinental Resort Bali
€€€€
Jln Uluwatu 45, Jimbaran, 80361 **Tél.** *(0361) 701 888* **Fax** *(0361) 701 777* **Chambres** *425* **Plan** *C5*

Ce complexe hôtelier moderne s'inspire de l'architecture traditionnelle balinaise et offre un cadre très reposant. Situé en bord de plage, il possède six restaurants, plusieurs piscines, un élégant Spa, un club enfants, un salon VIP, ainsi que de nombreux équipements de loisirs et espaces professionnels. **www.bali.intercontinental.com**

JIMBARAN Jimbaran Puri Bali
€€€€
Jln Uluwatu, Jimbaran **Tél.** *(0361) 701 605* **Fax** *(0361) 701 320* **Chambres** *41* **Plan** *C5*

Les cottages ouvrent sur de charmants jardins privatifs et certains possèdent même une petite piscine. Statues en pierre, étoffes tissées à la main et bois finement sculpté : l'art balinais inspire la décoration des villas. Belle piscine, deux restaurants (dont un sur la plage), bibliothèque et bar en plein air. **www.jimbaranpuribali.com**

JIMBARAN Ayana Resort & Spa
€€€€€
Jln Karang Mas Sejahtera Jimbaran, 80364 **Tél.** *(0361) 702 222* **Fax** *(0361) 701 555* **Chambres** *322* **Plan** *C5*

Ce prestigieux établissement est doté d'équipements à la hauteur de sa réputation : cinq restaurants, une plage privée, deux pavillons pour les couples en voyage de noce, piscines, boutiques, terrains de tennis et club pour enfants. Le Spa possède un des plus grands bassins d'eau de mer Aquatonic du monde. **www.ayanaresorts.com**

JIMBARAN Four Seasons Resort
€€€€€
Jimbaran, 80361 **Tél.** *(0361) 701 010* **Fax** *(0361) 701 020* **Chambres** *147* **Plan** *C5*

Dans l'enceinte d'une cour aménagée en parc, on trouve plusieurs ravissantes villas au toit de chaume. Le complexe de luxe possède cinq restaurants, une bibliothèque, un Spa très réputé, plusieurs salles de réunion, des terrains de tennis et un centre de loisirs avec des ateliers pour s'initier à la cuisine asiatique. **www.fourseasons.com**

JIMBARAN Jamahal Private Resort & Spa
€€€€€
Jln Uluwatu 1 **Tél.** *(0361) 704 394* **Fax** *(0361) 703 011* **Chambres** *11* **Plan** *C5*

Éparpillées le long d'une allée dérobée et enserrées dans les méandres d'une lagune, les jolies villas de ce complexe très chic baignent dans une atmosphère intime. Spa et transport privatif jusqu'à la plage située à 5 min. Des repas raffinés peuvent être servis sur demande dans les chambres. **www.jamahal.net**

KUTA Un's Hotel
€
Jln Bene Sari 16 **Tél.** *(0361) 757 409* **Fax** *(0361) 758 414* **Chambres** *30* **Plan** *C5*

À deux pas de la plage, le Un's Hotel séduira les voyageurs en quête de calme. Spacieuses, les chambres sont équipées d'un ventilateur ou de l'air conditionné. Elles possèdent toutes un grand balcon ou une terrasse donnant sur la piscine, au milieu d'un ravissant jardin. Le restaurant propose un service en chambre. **www.unshotel.com**

KUTA Yulia Beach Inn
€
Jln Pantai Kuta 43 **Tél.** *(0361) 751 893* **Fax** *(0361) 751 055* **Chambres** *34* **Plan** *C5*

Situé tout près de la plage de Kuta, voici une adresse sympathique mais sans doute un peu bruyante. L'hôtel se trouve en effet à deux pas des boutiques et des bars animés. Hébergement en chambres simples ou en bungalows ; petit restaurant sur place et piscine agréable. **www.yuliainns.com**

KUTA Poppies Cottages
€€
Jln Pantai, Gang Poppies **Tél.** *(0361) 751 059* **Fax** *(0361) 752 364* **Chambres** *20* **Plan** *C5*

Charmantes villas de style traditionnel situées au cœur d'un ravissant jardin. Chacune possède un toit de chaume, une cour abritant un bain à remous à ciel ouvert, une chambre double, deux chambres simples et un grand balcon. Grande piscine équipée d'un solarium, au milieu d'une végétation luxuriante. **www.poppiesbali.com**

Légende des symboles *voir le rabat arrière de couverture*

KUTA Alam KulKul
Jln Pantai Kuta **Tél.** *(0361) 752 520* **Fax** *(0361) 752 519* **Chambres** *80* — **Plan** *C5*

En face de la principale plage de Kuta, cet élégant complexe dispose de chambres luxueusement meublées et de villas nichées au pied de banians séculaires ; Spa, service de baby-siting et garderie, deux restaurants réputés (un de cuisine indonésienne, l'autre de cuisine italienne). **www.alamkulkul.com**

KUTA Hard Rock Hotel
Jln Pantai, Banjar Pande Mas **Tél.** *(0361) 761 869* **Fax** *(0361) 761 868* **Chambres** *418* — **Plan** *C5*

Premier hôtel Hard Rock d'Asie, cet établissement occupe un site exceptionnel près de la plage de Kuta. Conçu sur le thème de la culture rock, il possède, entre autres, huit restaurants et bars, des salles de concert, des boutiques, une immense piscine, un Spa et un centre d'affaires. **www.hardrockhotels.net**

LEGIAN Three Brothers
Jln Legian, Three Brothers Lane **Tél.** *(0361) 751 566* **Fax** *(0361) 756 082* **Chambres** *93* — **Plan** *C5*

À mi-chemin entre la plage et la rue commerçante de Jalan Legian, cette adresse bon marché propose de grands bungalows en brique abrités du soleil par d'impressionnants banians. Les chambres sont vastes et la plupart sont équipées d'un ventilateur. Belle piscine pour se rafraîchir. **www.threebrothersbungalows.com**

LEGIAN All Seasons Resort
Jln Padma Utara **Tél.** *(0361) 767 688* **Fax** *(0361) 768 180* **Chambres** *113* — **Plan** *C5*

Ce grand hôtel moderne du groupe Accor s'adresse aux voyageurs à petit budget. Situé tout près de la plage de Legian, il est bâti au cœur d'un vaste jardin abritant une piscine et un restaurant de qualité. Les chambres bénéficient toutes de l'air conditionné et sont équipées de la télévision câblée. **www.accorhotels.com/asia**

LEGIAN Legian Beach Hotel
Jln Melasti **Tél.** *(0361) 751 711* **Fax** *(0361) 752 651* **Chambres** *218* — **Plan** *C5*

Faisant face à la plage de Kuta, cet établissement propose un hébergement en bungalows de style balinais ou en chambres classiques. Le parc planté de grands arbres abrite deux belles piscine. Spa et nombreux équipements et services. Trois restaurants ; repas sur le pouce servi dans le patio. **www.legianbeachbali.com**

LEGIAN Padma Resort Bali
Jln Padma 1 **Tél.** *(0361) 752 111* **Fax** *(0361) 752 140* **Chambres** *405* — **Plan** *C5*

Situé tout près de la plage de Kuta, cet hôtel majestueux se cache au milieu d'une végétation tropicale. Superbement conservé, il offre des chambres spacieuses dans un décor élégant composé d'objets d'art balinais. Grand complexe sportif, Spa, trois restaurants et une piscine. **www.padmaresortbali.com**

NUSA DUA Ayodya Resort Bali
Jln Pantai Mengiat, Nusa Dua, 80363 **Tél.** *(0361) 771 102* **Fax** *(0361) 771 616* **Chambres** *537* — **Plan** *C5*

Cet immense complexe international se répartit sur plusieurs bâtiments au milieu de très beaux jardins, à proximité d'une plage de sable blanc. L'architecture balinaise inspire l'aménagement intérieur et extérieur. Grande piscine, Spa, club enfants et nombreux équipements sportifs. **www.ayodyaresortbali.com**

NUSA DUA Grand Hyatt Bali
PO Box 53, Nusa Dua **Tél.** *(0361) 771 234* **Fax** *(0361) 772 038* **Chambres** *457* — **Plan** *C5*

Conçu pour ressembler à un palais sur l'eau balinais, le plus grand complexe hôtelier de l'île s'étire sur 16 ha de jardins paysagers. Bordé par une plage de sable blanc, le Grand Hyatt Bali possède deux villas grand luxe, six piscines, six restaurants, un service affaires et un Grand Club indépendant. **www.hyatt.com**

NUSA DUA Nusa Dua Beach Hotel
Nusa Dua **Tél.** *(0361) 771 210* **Fax** *(0361) 772 617* **Chambres** *381* — **Plan** *C5*

Ce ravissant complexe hôtelier est la propriété du sultan de Brunei. Hébergement en suites ou en bungalows répartis dans de magnifiques jardins situés derrière une plage de sable blanc. Piscine, tennis, squash, Spa, club pour enfants, et trois restaurants. **www.nusaduahotel.com**

NUSA DUA Nikko Bali Resort & Spa
Jln Raya Nusa Dua, Selatan, Nusa Dua **Tél.** *(0361) 773 377* **Fax** *(0361) 773 388* **Chambres** *386* — **Plan** *C5*

S'élevant au sommet d'une falaise de 40 m, c'est un des hôtels de bord de mer les plus impressionnants de Bali. Au programme : piscines, restaurants, Spa, club pour enfants et nombreux équipements sportifs, mais aussi observation des étoiles, cours de cuisine balinaise et excursion safari à dos de chameau. **www.nikkobali.com**

NUSA DUA Amanusa
Nusa Dua **Tél.** *(0361) 772 333* **Fax** *(0361) 772 335* **Chambres** *33* — **Plan** *C5*

Perché en haut d'une colline, cet hôtel chic joue d'une remarquable architecture et d'un cadre ravissant. Surplombant le terrain de golf et la mer, certaines villas possèdent une vue imprenable sur le détroit de Badung. Grande piscine, deux restaurants, des terrains de tennis et une plage privée. **www.amanresorts.com**

NUSA DUA The Balé
PO Box 76, Jln Raya Nusa Dua Selatan, 80363 **Tél.** *(0361) 775 111* **Fax** *(0361) 775 222* **Chambres** *18* — **Plan** *C5*

Une adresse originale, qui joue la carte du tourisme responsable et propose une belle gamme de soins pour revitaliser son corps et son esprit. Le lieu est intime et apaisant, avec une architecture aux lignes épurées pour les villas, comme une invitation à plus de sérénité. Chacune dispose d'une piscine et d'une véranda. **www.thebale.com**

NUSA DUA St Regis Bali Resort 🏨 🍴 🏊 🏋 📋 🛎 ♿ €€€€€
Kawasan Pariwisata, Nusa Dua **Tél.** *(0361) 847 8111* **Fax** *(0361) 847 8099* **Chambres** *123*   **Plan** *C5*

Ce somptueux complexe en bord de plage loue de vastes suites, des villas indépendantes et deux résidences de grand luxe. Il renferme des restaurants et des bars, une chapelle nuptiale, un lagon de baignade de plus de 3 500 m² et un centre thermal. Le décor marie avec goût tradition et modernisme. **www.stregisbaliresort.com**

NUSA DUA The Westin Resort 🏨 🍴 🏊 🏋 📋 🛎 ♿ €€€€€
Nusa Dua **Tél.** *(0361) 771 906* **Fax** *(0361) 771 908* **Chambres** *355*   **Plan** *C5*

Cet établissement international est rattaché au palais des congrès local et propose de nombreux services à sa clientèle. Le cadre est moderne, chic, mais sans grand charme. Large choix de chambres et de suites, trois piscines entourées de cascades, club pour enfants, terrains de tennis et restaurants. **www.westin.com/bali**

NUSA LEMBONGAN Hai Tide Huts 🍴 🏊 📋 €€€€
Nusa Lembongan **Tél.** *(0361) 720 331* **Fax** *(0361) 720 334* **Chambres** *20*   **Plan** *E4*

Les chambres joliment meublées, dans le style ethnique chic, de ces bungalows en bambou et toit de chaume occupent l'étage supérieur de ces habitats traditionnels et sont accessibles à l'aide d'une échelle. Pour les amoureux de nature. Salle de bains commune à quelques mètres. Piscine. **www.balihaicruises.com/hai-tide-huts.html**

NUSA LEMBONGAN Nusa Lembongan Resort 🍴 🏊 📋 €€€€
Sanghyang Bay **Tél.** *(0361) 725 864* **Fax** *(0361) 725 866* **Chambres** *12*   **Plan** *E4*

Cet établissement à l'atmosphère décontractée se situe en amont d'une belle plage de sable blanc bordée d'eaux cristallines. Bungalows de luxe avec mobilier ancien et salle de bains en marbre. Piscine, restaurant gastronomique, installations sportives et site de plongée. **www.nusa-lembongan.com**

SANUR Hotel Segara Agung 🍴 🏊 📋 €
Jln Duyung 43 Semawang **Tél.** *(0361) 288 446 / 286 804* **Fax** *(0361) 286 113* **Chambres** *16*   **Plan** *D4*

Architecture traditionnelle balinaise et ravissant jardin abondamment fleuri font le charme de cet établissement doté d'une piscine et d'un restaurant. Quatre types de chambres au choix, notamment des suites familiales pour des séjours avec enfants. Plage à proximité. **www.segaraagung.com**

SANUR Mercure Resort 🏨 🍴 🏊 🏋 📋 🛎 €€
Jln Mertasari **Tél.** *(0361) 288 833* **Fax** *(0361) 287 303* **Chambres** *189*   **Plan** *D4*

Complexe en bord de mer proposant des chambres familiales de grand standing dans des bungalows de style balinais regroupés au sein d'un ravissant parc. Salle de conférences, terrains de tennis et de badminton et restaurant en plein air. **http://mercuresanur.com**

SANUR Griya Santrian Hotel 🏨 🍴 🏊 🏋 📋 🛎 €€€
Jln Danau Tamblingan 47 **Tél.** *(0361) 288 181* **Fax** *(0361) 288 185* **Chambres** *90*   **Plan** *C5*

Ce complexe offre un hébergement en bungalows individuels au bord de la plage et reliés les uns aux autres par les allées d'un vaste jardin ; chacun possède une terrasse privative avec vue sur le jardin ou l'océan. Deux piscines, deux restaurants et de nombreux services destinés aux enfants. **www.santrian.com/griya**

SANUR Hotel Sanur Beach 🏨 🍴 🏊 🏋 📋 🛎 €€€
Jln Danau Tamblingan. **Tél.** *(0361) 288 011* **Fax** *(0361) 287 566* **Chambres** *425*   **Plan** *D4*

Propriété de la compagnie aérienne Garuda, ce vaste hôtel fut construit en 1974 pour succéder aux premières pensions de famille de Bali. Splendides jardins parsemés d'arbres majestueux, grande piscine, centre de remise en forme, centre d'affaires et Spa. **www.sanurbeachhotelbali.com**

SANUR La Taverna 🍴 🏊 📋 €€€
Jln Danau Tamblingan 29 **Tél.** *(0361) 288 497* **Fax** *(0361) 287 126* **Chambres** *36*   **Plan** *D4*

Cet hôtel historique a été rénové dans le respect de son charme traditionnel. Au sein d'un luxuriant jardin tropical, les chambres occupent des bungalows à toit de chaume et des bâtisses classiques sur deux niveaux. Un Spa jouxte la piscine. Le restaurant sur la plage sert des spécialités indonésiennes et italiennes. **www.latavernahotel.com**

SANUR Puri Santrian 🏨 🍴 🏊 🏋 📋 🛎 €€€
Jln Danau Tamblingan **Tél.** *(0361) 288 009* **Fax** *(0361) 287 101* **Chambres** *182*   **Plan** *C5*

L'établissement est géré par une famille de Balinais et prospère depuis près de quarante ans. L'élégance sobre est de mise ici, aussi bien dans les chambres de la partie hôtel que dans les bungalows dédiés aux familles. Le lieu abrite aussi trois piscines, un beau Spa et un restaurant thaï très chic. **www.santrian.com/puri**

SANUR Tandjung Sari Hotel 🍴 🏊 📋 €€€
Jln Danau Tamblingan 41 **Tél.** *(0361) 288 441* **Fax** *(0361) 287 930* **Chambres** *26*   **Plan** *D4*

Cet hôtel ancien a beaucoup de charme. Admirablement conservé, il abrite un mobilier composé d'objets traditionnels et d'antiquités. Une profusion de plantes décore les parties communes. Bungalows de style balinais ou villas ; piscine et restaurant ombragé en bordure de plage. **www.tandjungsarihotel.com**

SANUR Bali Hyatt 🏨 🍴 🏊 🏋 📋 🛎 ♿ €€€€
PO Box 392 Sanur **Tél.** *(0361) 281 234 / 288 271* **Fax** *(0361) 287 693* **Chambres** *389*   **Plan** *C5*

Ce grand complexe familial est réputé pour ses magnifiques jardins, conçus par le célèbre paysagiste Made Wijaya et qui s'étendent jusqu'à la plage. Restaurants, piscines, Spa et équipements sportifs garantissent des vacances reposantes dans un site agréable. **http://bali.resort.hyatt.com**

Légende des prix *p. 170.* **Légende des symboles** *voir le rabat arrière de couverture*

SEMINYAK Bali Agung Village ⬛⬛⬛ €€

Jln Abimanyu (Dhyana Pura) **Tél.** *(0361) 730 367* **Fax** *(0361) 730 469* **Chambres** *32* **Plan** *C4*

Situées au cœur de Seminyak, les jolies chambres de cet établissement sont réparties entre un bâtiment à deux étages et des bungalows caractérisés par une architecture balinaise, un toit de chaume et un jardin en terrasses. Restaurant de cuisine européenne, chinoise et indonésienne. Spectacles de danse traditionnelle. **http://bali-agung.com**

SEMINYAK Puri Naga Seaside Cottages ⬛⬛ €€

Jln Double Six **Tél.** *(0361) 730 761* **Fax** *(0361) 730 524* **Chambres** *26* **Plan** *C5*

Ces bungalows traditionnels de style balinais sont à deux pas de la plage branchée de Seminyak. Chaque soir, gens du coin et touristes se réunissent pour admirer le coucher de soleil depuis les cafés en bord de mer. Chambres avec balcon et petite piscine. **www. purinagahotel.com**

SEMINYAK Hotel Vila Lumbung ⬛⬛⬛ €€

Jln Raya Petitenget 1000X **Tél.** *(0361) 4730 204* **Fax** *(0361) 4731 106* **Chambres** *30* **Plan** *C4*

Hôtel-boutique proposant villas et bungalows à une, deux ou trois chambres ; les villas possèdent deux étages, ainsi qu'un jardin privatif pour les plus spacieuses. Restaurant et grande piscine agrémentée de ponts, de cascades et d'une île. **www.hotellumbung.com**

SEMINYAK The Royal Beach Seminyak ⬛⬛⬛⬛⬛⬛ €€€

Jln Abimanyu (Dhyana Pura) **Tél.** *(0361) 730 730* **Fax** *(0361) 730 545* **Chambres** *145* **Plan** *C5*

Accessible à pied depuis le village de Seminyak, cet élégant complexe en bord de plage propose, au sein d'un vaste jardin tropical, un éventail d'hébergements allant de simples chambres à des villas dotées d'un Jacuzzi ou d'une piscine. Le restaurant Husk est réputé pour sa cuisine thaïlandaise. **www.accorhotels.com**

SEMINYAK Anantara Seminyak Resort & Spa ⬛⬛⬛⬛⬛⬛ €€€

Jln Abimanyu (Dhyana Pura) **Tél.** *(0361) 737 773* **Fax** *(0361) 737 772* **Chambres** *52* **Plan** *C5*

Cet établissement moderne ne se trouve qu'à quelques minutes de marche des boutiques et des bars de Seminyak. Du matériel hi-tech et des Jacuzzi en plein air équipent les chambres dont les balcons dominent l'océan. Les hôtes disposent de deux restaurants, d'un Spa, d'une salle de gym et de trois piscines. **http://bali.anantara.com**

SEMINYAK The Legian ⬛⬛⬛⬛⬛ €€€€

Jln Kayu Aya **Tél.** *(0361) 730 622* **Fax** *(0361) 730 623* **Chambres** *79* **Plan** *C4*

Dans un cadre raffiné et moderne, cet hôtel de grand standing abrite un excellent restaurant, un Spa de luxe, une salle de gym et une superbe piscine à deux niveaux côtoyant l'océan. Il comprend également le Beach House, une magnifique suite avec chambre et piscine. **www.ghmhotels.com**

SEMINYAK The Oberoi ⬛⬛⬛ €€€€

Jln Kayu Aya **Tél.** *(0361) 730 361* **Fax** *(0361) 730 791* **Chambres** *74* **Plan** *C4*

Luxueux, charmant et admirablement conservé, cet hôtel – le plus ancien de la région – fut conçu à l'image d'un palais balinais. Situé en bord de plage, il dispose de chambres, de villas (certaines avec piscine), ainsi que d'un établissement thermal, de deux restaurants et d'une grande piscine. **www.oberoihotels.com**

SEMINYAK Villa Kubu ⬛⬛ €€€€

Jln Raya **Tél.** *(0361) 731 129* **Fax** *(0361) 731 129* **Chambres** *15* **Plan** *C5*

Cet ensemble de villas romantiques, chacune de style différent, se fond dans un espace tropical où se côtoient maître d'hôtel, équipements de pointe, mobilier ancien et piscines privatives. Excellent menu en service de chambre ou repas préparé personnellement dans la villa par un grand chef. **www.villakubu.com**

SEMINYAK The Villas Bali Hotel & Spa ⬛⬛⬛ €€€€

Jln Kunti 118X **Tél.** *(0361) 730 840* **Fax** *(0361) 733 751* **Chambres** *50* **Plan** *C5*

Fruit d'une société qui inaugura le concept du service cinq-étoiles en villas individuelles, cet établissement offre un hébergement luxueux caractérisé par une architecture rustique et des espaces de détente au bord de petites piscines privatives. Splendide Prana Spa à l'architecture d'inspiration mogole. **www.thevillas.net**

TANJUNG BENOA Aston Bali Resort & Spa ⬛⬛⬛⬛⬛⬛ €€€

Jln Pratama 68X, 80363 **Tél.** *(0361) 773 577* **Fax** *(0361) 774 954* **Chambres** *187* **Plan** *C5*

Des chambres spacieuses, cinq restaurants, des spectacles, un club pour enfants, un Spa et une grande piscine à deux pas de la plage : chaque année, cet hôtel familial aux nombreux atouts attire davantage de clients. **www.astonbali.com**

TANJUNG BENOA Novotel Bali ⬛⬛⬛⬛⬛⬛ €€€

Jln Pratama **Tél.** *(0361) 772 239* **Fax** *(0361) 772 237* **Chambres** *197* **Plan** *C5*

Architecture originale, bois de palmier et matériaux naturels font le charme de cet hôtel. Le somptueux Spa est agrémenté par des terrasses donnant sur la magnifique baie du cap Benoa. Restaurants, boutique, club pour enfants et terrains de tennis. **www.novotelbalibenoa.com**

TANJUNG BENOA The Conrad Bali Resort & Spa ⬛⬛⬛⬛⬛⬛ €€€€

Jln Pratama 168, Tanjung Benoa **Tél.** *(0361) 778 788* **Fax** *(0361) 773 888* **Chambres** *305* **Plan** *C5*

S'étirant à travers une oasis tropicale en bord de plage, cet hôtel moderne et très chic renferme une piscine en lagon et de nombreux services : trois restaurants, un club pour enfants, une salle de jeux, un centre d'affaires dernier cri et des terrains de tennis éclairés en nocturne. **www.conradhotels.com**

TUBAN Febri's
⊞ ⚏ ▤   €

Jln Kartika Plaza **Tél.** *(0361) 754 575* **Fax** *(0361) 754 560* **Chambres** *67*   *Plan C5*

Situé au cœur de Tuban, près de la plage, des boutiques, du Waterbom Park et de nombreuses autres infrastructures, cet hôtel bon marché s'adresse en particulier aux familles. Vingt chambres familiales spacieuses, une grande piscine centrale, un Spa et un restaurant. **www.greenbali.com**

TUBAN Bali Dynasty
⊞ ⚏ ▤   €€

Jln Kartika Plaza Tuban **Tél.** *(0361) 752 403* **Fax** *(0361) 752 402* **Chambres** *312*   *Plan C5*

À proximité de la plage, au cœur de splendides jardins, cet établissement familial quatre-étoiles présente une architecture balinaise moderne. Club pour enfants, restaurants et bars, salles de réunion et de banquet. Choix entre trois piscines. **www.balidynasty.com**

TUBAN The Sandi Phala
⊞ ⚏ ▤   €€€€€

Jln Wana Segara, Tuban **Tél.** *(0361) 753 780* **Fax** *(0361) 753 781* **Chambres** *11*   *Plan C5*

Cet hôtel de grand standing se compose de jolies villas au toit de chaume abritant des suites luxueuses : décoration indonésienne et véranda ou balcon privé pour chacune. Excellent restaurant Ma Joly, bar en plein air, grande piscine et maître d'hôtel 24 h/24. **www.thesandiphala.com**

ULUWATU Blue Point Bay Villas & Spa
⊞ ⚏ ▤   €€€€

Jln Lubuansit **Tél.** *(0361) 769 888* **Fax** *(0361) 769 889* **Chambres** *29*   *Plan B5*

Situé au sommet d'une falaise, près du Pura Uluwatu, cet établissement de standing se compose de villas, d'un Spa et d'un restaurant. Quatre types d'hébergements et deux grandes piscines – l'une donnant sur la face sud de la falaise, l'autre à deux niveaux. **www.bluepointbayvillas.com**

ULUWATU Banyan Tree Ungasan
⊞ ⚏ ▤   €€€€€

Jl Melasti, Banjar Kelod **Tél.** *(0361) 300 7000* **Fax** *(0361) 300 7777* **Chambres** *9*   *Plan B5*

Au sommet d'une falaise de la péninsule de Bukit, dans des jardins paysagés face à l'océan Indien, cet hôtel à la belle architecture moderne de la chaîne Banyan Tree permet de profiter de soins de beauté et de remise en forme raffinés, de choisir son restaurant ou de paresser sur le sable blanc d'une plage privée. **www.banyantree.com**

ULUWATU Bulgari Resort Bali
⊞ ⚏ ▤   €€€€€

Jln Goa Lempeh, Banjar Dinas Kangin, Uluwatu **Tél.** *(0361) 847 1000* **Fax** *(0361) 847 1111* **Chambres** *59*   *Plan C5*

Bali a le privilège d'avoir été choisi comme site de la seconde propriété Bulgari. Ce complexe de villégiatures à flanc de coteau abrite des piscines privées, un Spa, deux restaurants et une vue dégagée sur l'océan. Accès par ascenseur à une plage paradisiaque. **www.bulgarihotels.com**

CENTRE DE BALI

GORGE DE L'AYUNG Alila Ubud
⊞ ⚏ ▤   €€€€

Desa Melinggih Kelod Payangan, Gianyar, 80572 **Tél.** *(0361) 975 963* **Chambres** *64*   *Plan C3*

Cet établissement très chic se dresse au sommet de Sayan, à la sortie d'Ubud. On peut choisir d'y séjourner dans une des spacieuses chambres de la partie hôtel ou dans des villas idéales pour des vacances en famille. Vue exceptionnelle sur la vallée et les volcans au loin, splendide piscine et Spa Mandara. **www.alilahotels.com**

GORGE DE L'AYUNG Amandari
⊞ ⚏ ▤   €€€€€

Kedewatan **Tél.** *(0361) 975 333* **Fax** *(0361) 975 335* **Chambres** *30*   *Plan C4*

Dans ce palace, chaque pavillon abrite une véranda et une piscine. Au centre de l'hôtel, l'impressionnante piscine à débordement s'inspire des rizières balinaises. Superbe panorama, boutique de souvenirs, Spa primé et excellent restaurant. **www.amanresorts.com**

GORGE DE L'AYUNG Como Shambala Estate (Begawan Giri)
⊞ ⚏ ▤   €€€€€

Desa Melinggih, Kelod Payangan, Gianyar, 80571 **Tél.** *(0361) 978 888* **Fax** *(0361) 978 889* **Chambres** *15* *Plan C3*

Construit sur une avancée de terre au confluent de deux rivières, cet établissement thermal se compose de cinq résidences exceptionnelles, chacune reflétant la diversité de l'architecture indonésienne, et de plusieurs villas avec piscine privative. Également deux restaurants et un Spa. **www.cse.como.bz**

GORGE DE L'AYUNG Four Seasons (Sayan)
⊞ ⚏ ▤   €€€€€

Sayan, Ubud **Tél.** *(0361) 977 577* **Fax** *(0361) 977 588* **Chambres** *60*   *Plan C3*

L'accès à cet hôtel unique se fait via un solide pont en teck menant à un immense bassin de lotus qui repose sur le toit d'un bâtiment central à trois étages. Cet ensemble de villas tombe en cascade sur 7 ha de colline en terrasses. Deux restaurants et un Spa primé. **www.fourseasons.com**

GORGE DE L'AYUNG Kayumanis
⊞ ⚏ ▤   €€€€€

Sayan **Tél.** *(0361) 972 777* **Fax** *(0361) 972 660* **Chambres** *9*   *Plan C3*

Situé au bord de la magnifique gorge, cet établissement à l'atmosphère intime se compose de villas luxueuses comprenant une, deux ou trois chambres. Piscine privée et jardin paysager. Restaurant et service de chambre continu servant cuisine thaïe et occidentale. **www.kayumanis.com**

Légende des prix *p. 170.* **Légende des symboles** *voir le rabat arrière de couverture*

GORGE DE L'AYUNG Puri Wulandari Boutique Resort 🏨 ♨ 🚻 €€€€€
Kedewatan **Tél.** *(0361) 980 252* **Fax** *(0361) 980 253* **Chambres** *34* **Plan** *C3*

Blotti dans la verdure des rizières, cet hôtel de grand standing abrite des villas avec piscine privée et salle de bains en marbre. Le Spa mélange traditions balinaises et soins naturels. Deux restaurants, avec une carte internationale pour l'un et une cuisine d'inspiration méditerranéenne pour l'autre. **www.puriwulandari.net**

GORGE DE L'AYUNG Royal Pita Maha 📺 🏨 ♨ 🚻 €€€€€
Kedewatan **Tél.** *(0361) 980 022* **Fax** *(0361) 980 011* **Chambres** *52* **Plan** *C3*

Propriété de la famille royale d'Ubud, richement décoré par les artisans de la région, cet hôtel est constitué de villas offrant une vue magique sur la gorge. Un bassin alimenté par une source sacrée, un centre thermal, deux restaurants et de nombreuses installations sportives. **www.royalpitamaha-bali.com**

LAPLAPAN Natura Resort & Spa 🏨 ♨ 🚻 €€€€€
Banjar Laplapan, Ubud, 80571 **Tél.** *(0361) 978 666* **Fax** *(0361) 978 222* **Chambres** *14* **Plan** *D3*

Implantées sur les rives escarpées de la rivière Petanu, ces luxueuses villas renferment un petit jardin verdoyant, une salle de bains à ciel ouvert et une grande véranda en bois. Également deux restaurants, un Spa et deux piscines, dont une qui semble se déverser dans la vallée en contrebas. **www.naturaresortbali.com**

NAGI The Viceroy 🏨 ♨ 🚻 €€€€€
Jln Lanyahan, Nagi, Ubud **Tél.** *(0361) 971 777* **Fax** *(0361) 970 777* **Chambres** *11* **Plan** *D3*

Ces élégantes villas offrent tout le confort d'un hôtel prestigieux dans un cadre exceptionnel. Les parties communes, notamment le restaurant gastronomique et le Spa, se situent au sommet d'une colline isolée, tandis que les villas se blottissent sur les rives de l'Ayung. Un hélicoptère assure le transfert pour l'aéroport. **www.theviceroybali.com**

PAYANGAN Nandini Bali Jungle Resort & Spa 📺 🏨 ♨ 🚻 €€€
Banjar Susut, Payangan **Tél.** *(0361) 982 777 / 780 1611* **Fax** *(0361) 982 727* **Chambres** *18* **Plan** *C3*

Conçue par le célèbre architecte balinais Popo Danes, cette retraite tropicale est cramponnée aux parois d'un abrupt escarpement surplombant l'Ayung. Ses chalets au toit couvert d'herbe dégagent une atmosphère de « luxe abordable ». Funiculaire en bambou pour accéder à la piscine et au Spa. **www.nandinibali.com**

PAYANGAN Ubud Hanging Gardens 📺 🏨 ♨ 🚻 €€€€€
Buahan, Payangan **Tél.** *(0361) 982 700* **Fax** *(0361) 982 800* **Chambres** *38* **Plan** *C3*

À l'abri des regards, ce havre de paix perché sur une colline semble suspendu dans les airs, au milieu d'une jungle spectaculaire. Accessibles par un funiculaire privé, les villas, la piscine, le Spa et les autres installations donnent sur un temple magnifique, sur l'autre versant de la gorge de l'Ayung. **www.ubudhanginggardens.com**

SANGGINGAN Uma Ubud 🏨 ♨ 🚻 €€€€
Jln Raya Sanggingan, Banjar Lungsiakan, 80571 **Tél.** *(0361) 972 448* **Fax** *(0361) 972 449* **Chambres** *29* **Plan** *C3*

Conçu pour exploiter au maximum l'incroyable vue sur les rizières, la jungle, les volcans et la vallée de Tjampuhan, l'établissement thermal de Shambala se distingue par sa piscine de rêve et ses soins spécifiques. D'inspiration balinaise, la cuisine comprend des produits biologiques de la région. **www.uma.como.bz**

TEGALLALANG Alam Sari Keliki 🏨 ♨ 🧒 🚻 €€€
Tromol Pos 03, Tegallalang Gianyar, 80561 **Tél.** *(0361) 981 420* **Fax** *(0361) 981 421* **Chambres** *10* **Plan** *D3*

Ce charmant hôtel se compose de chambres simples ou familiales et de suites réparties dans un cadre verdoyant entouré de palmiers. Il abrite une piscine en pierre naturelle et un restaurant de cuisine diététique, et propose de multiples activités, notamment des ateliers d'artisanat pour les enfants. **www.alamsari.com**

TENGKULAK The Chedi Club au Tanah Gajah 🏨 ♨ 🚻 €€€€€
Tanah Gaja, Tengkulak, Ubud **Tél.** *(0361) 975 685* **Fax** *(0361) 975 686* **Chambres** *20* **Plan** *D3*

Situé au sein d'une propriété privée très chic, c'est le *nec plus ultra* en matière de vacances de luxe. L'hébergement – avec service de chambre – comprend des suites indépendantes et des villas avec Spa ou piscine. Restaurant de cuisine diététique, centre thermal, salle de yoga et de gym, piscine et terrains de tennis. **www.ghmhotels.com**

UBUD Han Snel Bungalows 🏨 ♨ 🚻 €€
Jln Kajeng 3 **Tél.** *(0361) 975 699 / 974 271* **Fax** *(0361) 975 643* **Chambres** *8* **Plan** *C3*

Cet établissement entouré de jardins appartient à la famille du célèbre peintre hollandais Han Snel, qui vécut à Ubud pendant de nombreuses années. Les bungalows, la piscine, le restaurant et le bar sont regroupés dans une enceinte paisible jouxtant une gorge. Le tout est à 5 min à pied de la ville.

UBUD Tegal Sari 🏨 ♨ 🚻 €€
Jln Hanoman, Padang Tegal **Tél.** *(0361) 973 318* **Fax** *(0361) 970 701* **Chambres** *21* **Plan** *C3*

Composé de chambres et de bungalows à deux étages, cet hôtel romantique se dresse dans un endroit paisible, au milieu des rizières qui bordent le centre d'Ubud. Il est équipé d'une piscine, d'un espace de massage, d'une salle de fitness à ciel ouvert et d'un restaurant. **www.tegalsari-ubud.com**

UBUD Tjampuhan Hotel 🏨 ♨ 🚻 €€
Campuhan **Tél.** *(0361) 975 368 / 9* **Fax** *(0361) 975 137* **Chambres** *67* **Plan** *C3*

L'ancienne demeure de l'artiste allemand Walter Spies occupe en partie cet hôtel et peut loger quatre personnes. Le reste de la propriété renferme des bungalows répartis dans un splendide parc s'ouvrant sur le confluent des rivières Sungai Wos et Campuan. Piscine alimentée par une source et restaurant. **www.tjampuhan.com**

UBUD Waka Namya
⊞ ≈ 🗏   €€€

Jln Raya Penestanan **Tél.** *(0361) 975 719* **Fax** *(0361) 975 719* **Chambres** *15*   **Plan** *C3*

Cet établissement à l'atmosphère intime s'inscrit dans le style des hôtels Waka, avec son mobilier naturel et les objets d'art qui le décorent. Les villas à deux chambres sont construites à la manière d'une grange traditionnelle en chaume, abritant une belle salle de bains avec baignoire encastrée. Restaurant sur place. **www.wakanamya.com**

UBUD Ibah Luxury Villas
⊞ ≈ 🗏   €€€€

Campuhan **Tél.** *(0361) 974 466* **Fax** *(0361) 974 467* **Chambres** *15*   **Plan** *C3*

Appartenant à la famille royale d'Ubud, cet hôtel de standing jouit d'un superbe cadre donnant sur la vallée de la rivière Wos et le temple de Pura Gunung Lebah. Des objets artisanaux décorent les spacieuses suites individuelles ; entre autres installations, un Spa et un bassin balinais bâtis au cœur de la colline. **www.warwickibah.com**

UBUD Maya Ubud Resort & Spa
🖼 ⊞ ≈ 🗏 🛉   €€€€

Jln Gunung Sari Peliatan **Tél.** *(0361) 977 888* **Fax** *(0361) 977 555* **Chambres** *108*   **Plan** *D3*

Entouré d'un jardin de 1,5 ha à flanc de colline, cet hôtel chic domine deux vallées fluviales dont les flancs portent des rizières en terrasses. Il dispose de chambres et de villas avec piscine ou jardin. Trois restaurants, un lounge bar, une piscine centrale et un ravissant Spa surplombent la rivière Petanu. **www.mayaubud.com**

UBUD Komaneka Resort
⊞ ≈ 🗏   €€€€€

Jln Monkey Forest **Tél.** *(0361) 976 090* **Fax** *(0361) 977 140* **Chambres** *20*   **Plan** *C3*

Située au cœur de la ville, à proximité des rizières, cette oasis de calme abrite des chambres de luxe, des suites et des villas avec piscine ou jardin. Moderne et raffinée, la décoration se compose uniquement de matériaux naturels. Restaurant, piscine, Spa, massages, boutique et galerie d'art. **www.komaneka.com**

EST DE BALI

AMED Good Karma Bungalows
⊞   €

Selang **Tél.** *(081) 337 531 133* **Chambres** *17*   **Plan** *F2*

Situés en bord de mer, ces bungalows au toit de chaume sont tenus par Baba, un Balinais haut en couleur qui chante pour ses hôtes. Chaque pavillon possède une salle de bains à ciel ouvert et une véranda face à la mer. L'ambiance fait de cet hôtel chaleureux un lieu prisé des expatriés de Bali.

AMED Onlyou
⊞ ≈ 🗏 🛉   €€

Jln Raya Amed, Bunutan **Tél.** *(0363) 23 595* **Fax** *(0363) 23 570* **Chambres** *3*   **Plan** *F2*

La propriétaire et gérante de ces bungalows est une adepte du feng shui et le centre de conférences rattaché à son établissement accueille régulièrement des séminaires sur cette discipline. Dispersés à flanc de coteau, certains bungalows ont une vue magnifique sur la mer. Restaurant et petite piscine près de la plage. **www.onlyou-bali.com**

AMED Santai
⊞ ≈ 🗏   €€

Bunutan **Tél.** *(0363) 23 487* **Fax** *(0363) 23 585* **Chambres** *10*   **Plan** *F2*

Ce ravissant hôtel en bord de mer dispose de bungalows de style balinais avec lits à baldaquin, salle de bains à ciel ouvert et un grenier aménagé avec un lit supplémentaire. Piscine entourée d'arbustes et restaurant proposant des plats de fruits de mer, mais aussi des spécialités méditerranéennes et indonésiennes. **www.santaibali.com**

CANDI DASA Temple Café & Seaside Cottages
⊞ 🗏   €

Jln Raya Candi Dasa. **Tél.** *(0363) 41 629* **Fax** *(0363) 41 629* **Chambres** *15*   **Plan** *F3*

Établissement impeccable offrant un large choix de bungalows : du plus simple, avec ventilateur et eau froide, au plus luxueux, avec vue sur l'océan, air conditionné, eau chaude, salon et kitchenette. Le Temple Café propose quelques spécialités allemandes. **www.balibeachfront-cottages.com**

CANDI DASA Candi Beach Cottage
⊞ ≈ 🛉 🗏 🛉   €€€

Mendira Beach, Sengkidu, Karangasem **Tél.** *(0363) 41 234* **Fax** *(0363) 41 111* **Chambres** *64*   **Plan** *F3*

Au cœur d'une palmeraie, près d'une plage de sable blanc, ce splendide complexe caractérisé par son architecture balinaise abrite des chambres et des bungalows confortables et joliment aménagés, un restaurant en bord de mer, deux piscines et un merveilleux salon de massage. Nombreuses excursions et activités proposées. **www.candibeachbali.com**

CANDI DASA Puri Bagus Candi Dasa
⊞ ≈ 🗏   €€€

Jln Raya Candi Dasa **Tél.** *(0363) 41 131* **Fax** *(0363) 41 290* **Chambres** *46*   **Plan** *F3*

Option la plus haut de gamme de la ville, ce splendide hôtel se situe à l'extrémité est de la plage, dans une zone calme bordée de jardins. De belles chambres et des villas avec salle de bains à ciel ouvert, ainsi qu'un excellent restaurant, une piscine et des cabines de plage. **www.puribagus.net**

CANDI DASA Watergarden
⊞ ≈ 🗏   €€€

Jln Raya Candi Dasa **Tél.** *(0363) 41 540* **Fax** *(0363) 41 164* **Chambres** *14*   **Plan** *F3*

Ces bungalows se dressent dans un cadre enchanteur, au sein d'un jardin aquatique agrémenté de cascades et de bassins de lotus peuplés de carpes koï et de varans. Les chambres sont décorées avec élégance et toutes équipées d'un ventilateur ou de l'air conditionné. Piscine, bibliothèque, restaurant et bar. **www.watergardenhotel.com**

Légende des prix *p. 170.* **Légende des symboles** *voir le rabat arrière de couverture*

GUNUNG BATUR Hotel Puri Bening Heyato

Toya Bungkah **Tél.** *(0366) 51 234* **Fax** *(0366) 51 248* **Chambres** *34*
Plan *D2*

Situé près du lac, en aval du Gunung Batur, cet établissement propose des chambres et des bungalows où l'eau courante provient des sources chaudes alimentées par le volcan. Il n'y a pas d'air conditionné, mais le climat plus frais des montagnes rend l'atmosphère très supportable. Restaurant sur place. **www.hotelpuribeningbali.com**

GUNUNG BATUR Lakeview Restaurant & Hotel

Penelokan **Tél.** *(0366) 52 525* **Fax** *(0366) 51 464* **Chambres** *20*
Plan *D2*

Perché au bord de l'ancienne caldeira, cet hôtel offre une vue exceptionnelle sur le Gunung Batur et son cratère. Les chambres sont spacieuses et confortables. Le restaurant, qui propose des déjeuners-buffets très bien fournis, est très prisé des groupes en excursion. Le petit déjeuner est compris. **www.lakeviewbali.com**

MANGGIS Alila Manggis

Buitan, Karangasem, 80871 **Tél.** *(0363) 41 011* **Fax** *(0363) 41 015* **Chambres** *54*
Plan *E3*

Célèbre pour son école de cuisine, cet hôtel-Spa de grand standing se niche au cœur d'une palmeraie qui descend vers la plage de Buitan. Chaque chambre possède un balcon équipé d'une banquette-lit. Les deux suites comptent une salle à manger et un grand salon s'ouvrant sur une véranda. Superbe restaurant. **www.alilahotels.com**

MANGGIS Amankila

Karangasem **Tél.** *(0363) 41 333* **Fax** *(0363) 41 555* **Chambres** *33*
Plan *E3*

Cet hôtel de luxe possède une piscine à trois étages qui tombe en cascade le long d'une colline jusqu'à la mer. Donnant sur les îles du détroit de Badung, les pavillons se distinguent par leur toit de chaume et leur terrasse, leur lit à baldaquin *king size* et leur superbe salle de bains avec baignoire encastrée. **www.amankila.com**

PADANG BAI Hotel Puri Rai

Jln Silayukti **Tél.** *(0363) 8528 521* **Fax** *(0363) 41 385* **Chambres** *30*
Plan *E3*

Seul hôtel de la baie de Padang disposant d'une piscine, cet établissement bon marché se dresse à proximité de la plage. Chambres simples ou suites familiales, décorées sans beaucoup de style mais confortables. Restaurant, bar, excursions en mer et service de navettes vers l'aéroport. **www.puriraihotel.com**

TULAMBEN Tauch Terminal Resort

Tulamben **Tél.** *(0363) 774 504* **Fax** *(0363) 778 473* **Chambres** *18*
Plan *F2*

À la fois école de plongée et hôtel ring-étoiles, ce complexe abrite des chambres somptueuses, la plupart avec un balcon donnant sur l'océan. Accessibles à tous les niveaux, même aux débutants, les cours de plongée (équipement compris) sont dispensés dans un site exceptionnel, au large de l'épave du *SS Liberty*. **www.tauch-terminal.com**

NORD ET OUEST DE BALI

BEDUGUL Bali Handara Kosaido Golf & Country Club

Bedugul **Tél.** *(0362) 3422 646* **Fax** *(0362) 3423 048* **Chambres** *77*
Plan *C2*

Avec ses montagnes, ses forêts et le paisible lac Buyan en toile de fond, ce parcours de golf 18 trous est un chef-d'œuvre de splendeur naturelle. Rappelant un chalet montagnard avec son feu de bois, l'hébergement est confortable et luxueux. Restaurants, terrains de tennis et salle de karaoké. **www.balihandarakosaido.com**

BEDUGUL Pacung Mountain Resort

Jln Raya Pacung, Baturiti, 82191 **Tél.** *(0368) 21 038 / 039* **Fax** *(0368) 21 043* **Chambres** *35*
Plan *C2*

Ce complexe à flanc de coteau est le seul hôtel de la région avec piscine, ayant également une splendide vue sur la vallée et sur le Gunung Batukau. On peut y louer de ravissants bungalows au toit de chaume avec balcon. Une gondole emmène les hôtes de leur chambre à la piscine. Restaurant sur place.

LOVINA Kubu Lalang

Tukad Mungga **Tél.** *(0362) 42 207* **Chambres** *5*
Plan *B1*

Signifiant « petite maison aux grandes herbes » en *bahasa indonesia*, Kubu Lalang abrite des bungalows surélevés, bâtis sur le modèle des greniers à riz traditionnels. Chaque pavillon possède une chambre principale au premier niveau et une autre sous le toit (ventilateur), ainsi qu'une salle de bains à ciel ouvert. **www.kubulalang.com**

LOVINA Lovina Beach Resort

Jln Raya Sererit, Kalibukbuk **Tél.** *(0362) 41 237* **Chambres** *20*
Plan *B1*

Cet hôtel se compose de bungalows traditionnels à deux étages, chacun se trouvant doté d'un balcon et donnant sur un jardin planté d'arbre tropicaux. Ravissante vue sur la baie, restaurant en bord de mer et nombreuses propositions de sports nautiques, entre autres une excursion pour aller observer les dauphins. **www.maslovina.com**

LOVINA Rini Hotel

Jln Ketapang, Kalibukbuk **Tél.** *(0362) 41 386* **Fax** *(0362) 41 386* **Chambres** *30*
Plan *B1*

Cet hôtel impeccablement entretenu se situe dans la rue calme de Kalibukbuk. Les chambres sont simples et meublées avec goût : certaines ont un ventilateur et l'eau froide ; d'autres, plus spacieuses, possèdent l'air conditionné et l'eau chaude. Piscine d'eau de mer et petit restaurant. **www.rinihotel.com**

LOVINA Puri Bagus Lovina

⊞ ☷ ▤ €€€

Jln Singaraja-Seririt **Tél.** *(0362) 21 430* **Fax** *(0362) 22 627* **Chambres** *40*   ***Plan*** *B1*

Propriété d'un ensemble hôtelier géré par la localité, cet établissement propose des villas tout confort avec des chambres spacieuses, une salle de bains de luxe et une véranda donnant sur des jardins ravissants. Grande piscine pour se détendre. Restaurant et bar autour de la piscine. **http://lovina.puribagus.net**

LOVINA Sunari Villas & Spa Resort

⊞ ☷ ▤ €€€

Jln Raya Lovina **Tél.** *(0362) 41 775* **Fax** *(0362) 41 659* **Chambres** *129*   ***Plan*** *B1*

Une longue allée mène à ce complexe en bord de mer, qui abrite différents bungalows au sein d'un parc luxuriant, certains avec piscine privée, d'autres avec Jacuzzi ; les chambres standard sont plus sobres. Piscine donnant sur la mer, Spa, restaurant et bar ouvert en continu. **www.sunari.com**

LOVINA Damai

⊞ ☷ ▤ €€€€

Jln Damai Desa, Kayu Putih **Tél.** *(0362) 41 008* **Fax** *(0362) 41 009* **Chambres** *14*   ***Plan*** *B1*

Perché sur le flanc d'une montagne, cet établissement gastronomique tenu par un Danois possède un excellent restaurant. Indépendant, chaque bungalow est doté d'un lit à colonnes et d'une salle de bains à ciel ouvert avec Jacuzzi. Belle piscine avec bar pieds dans l'eau. **www.damai.com**

MENJANGAN Menjangan Jungle & Beach Resort

⊞ ☷ ▤ €€€

Desa Pejarakan, Kabupaten Buleleng Singaraja **Tél.** *(0362) 94 700* **Fax** *(0362) 94 708* **Chambres** *14*

Cet hôtel écologique constitué de villas à flanc de falaise domine la superbe baie de Bajul et la petite île inhabitée de Menjangan. Une grande tour abrite un restaurant panoramique. Nombreuses activités proposées, notamment observation ornithologique, kayak, plongée et balades à cheval. **www.menjanganresort.com**

MENJANGAN Mimpi Resort

⊞ ☷ ▤ €€€

Menjangen, Banyuwedang **Tél.** *(0362) 94 497* **Fax** *(0362) 94 498* **Chambres** *50*

À proximité de la plage, ce centre de plongée luxueux à 15 min en bateau de l'île de Menjangan propose de loger dans de splendides villas dotées d'une salle de bains à ciel ouvert alimentée par les sources chaudes alentour ; certaines possèdent une piscine privée et une vue sur le lagon. **www.mimpi.com**

MUNDUK Puri Lumbung Cottages

⊞

Munduk **Tél.** *(0362) 7012 887* **Fax** *(0362) 7005 261* **Chambres** *18*

Entouré de bassins de lotus et de rizières, cet ensemble de bungalows sur pilotis donne directement sur la mer. Nombreuses activités proposées, entre autres randonnées et cours de danse, d'artisanat et de cuisine traditionnelle. Le restaurant sert une délicieuse cuisine locale à base de produits issus de la forêt voisine. **www.purilumbung.com**

PEMUTERAN Taman Sari Bali Cottages

⊞ ☷ ▤ €€

Dusun Pemuteran, Geroyak 81155 **Tél.** *(0362) 93 264* **Fax** *(0362) 93 264* **Chambres** *29*

Cet hôtel à proximité de la plage dispose d'un site de plongée et d'un large choix de chambres et de suites. Ornées de meubles anciens, les suites ont une salle de bains donnant sur un jardin et une grande terrasse offrant une vue sur l'océan et les montagnes. Restaurant en bord de mer. **www.balitamansari.com**

PEMUTERAN Matahari Beach Resort

⊞ ☷ ▤ €€€€

Jln Raya Seririt, Pemuteran **Tél.** *(0362) 92 312* **Fax** *(0362) 92 313* **Chambres** *32*

Tenu par un Français, cet élégant établissement en bordure de plage propose quatre catégories d'hébergement. Certaines chambres donnent sur un jardin, d'autres sur l'océan. La cuisine est savoureuse, et le Spa somptueux. Des excursions peuvent être organisées pour l'île de Menjangan. **www.matahari-beach-resort.com**

PEMUTERAN Puri Ganesha Villas

⊞ ☷ ▤ €€€€€

Pantai Pemuteran, Gerokgak, Singaraja, 81155 **Tél.** *(0362) 94 766* **Fax** *(0362) 93 433* **Chambres** *4*

La structure de ces quatre ravissantes villas au toit de chaume s'inspire des traditionnels *wantilan* balinais (salle de réunion d'un village). Chaque villa possède deux chambres, une salle de bains à ciel ouvert, une cuisine et une piscine d'eau de mer privée. Restaurant et service de chambre. **www.puriganesha.com**

PUPUAN Cempaka Belimbing Guest Villas

⊞ ☷ ▤ €€€

Br Suradadi, Belimbing, Pupuan, Tabanan **Tél.** *(0361) 745 1178* **Fax** *(0361) 745 1179* **Chambres** *16*   ***Plan*** *B3*

Ces villas de luxe à l'architecture balinaise jouissent d'un cadre exceptionnel composé de rizières en terrasses et d'arbres fruitiers, avec la montagne en toile de fond. Le complexe abrite un restaurant, une piscine, une boutique et un Spa proposant des massages traditionnels. **www.cempakabelimbing.com**

SERIRIT Zen Resort

⊞ ☷ ▤ €€

Puri Jati, Desa Ume Anyar **Tél.** *(0362) 93 578* **Fax** *(0362) 93 579* **Chambres** *14*   ***Plan*** *A1*

Perché sur une colline dominant la mer de Java, cet hôtel offre une vue sur les rizières, les vignobles et les montagnes du centre de l'île. Il se situe à quelques minutes à pied d'une plage paisible. Chambres confortables donnant sur l'océan ; excellent restaurant diététique et grande aire de yoga et de méditation. **www.zenresortbali.com**

TABANAN Waka Gangga

⊞ ☷ ▤ €€€

Jln Pantai Yeh Gangga, Desa Sudimara, Tabanan **Tél.** *(0361) 416 257* **Fax** *(0361) 416 353* **Chambres** *10* **Plan** *B4*

Posté sur une falaise surplombant l'océan Indien, cet établissement exceptionnel a pour concept le « retour à la nature » et l'harmonie spirituelle. Idéal pour la méditation, il abrite des bungalows, un Spa, un restaurant et une piscine, le tout dans un cadre enchanteur et sous l'œil vigilant du Gunung Batukau. **www.wakaganggaresort.com**

Légende des prix *p. 170.* **Légende des symboles** *voir le rabat arrière de couverture*

TANAH LOT Pan Pacific Nirwana Bali Resort 🛏🍴♨🏊🎾♿ €€€€
Jln Raya Tanah Lot, Kedin **Tél.** *(0361) 815 900* **Fax** *(0361) 815 901* **Chambres** *278* **Plan** *B4*

Dominant les flots, ce golf de luxe se fond dans les courbes du littoral et offre une splendide vue sur le temple marin de Tanah Lot. Les chambres et les suites sont modernes, et le mobilier somptueux. Spa, club de remise en forme, deux restaurants, trois piscines et deux terrains de tennis. **www.panpacific.comi**

LOMBOK

ÎLES GILI Hotel Gili Air 🍴♨🏊 €€
Gili Air **Tél.** *(0370) 643 580* **Fax** *(0370) 634 435* **Chambres** *31*

Ces confortables bungalows font face à la mer sur la côte nord de l'île et abritent chacun une terrasse et une salle de bains à ciel ouvert. Toutes les chambres ont soit l'air conditionné, soit un ventilateur, et les salles de bains disposent de l'eau chaude. Bar et restaurant sur place. **www.hotelgiliair.com**

ÎLES GILI Villa Nautilus 🍴♨ €€
Gili Meno **Tél.** *(0370) 642 143* **Chambres** *5*

Groupe de bungalows répartis au sein d'un joli jardin en bordure de plage. Spacieux et décoré avec goût, chaque pavillon dispose d'une véranda en bois donnant sur la mer et d'une salle de bains avec douche d'eau douce. Le café sur place propose des spécialités indonésiennes, ainsi que quelques plats occidentaux. **www.villanautilus.com**

ÎLES GILI Desa Dunia Beda Beach Resort 🍴♨ €€€
Gili Trawangan **Tél.** *(0370) 614 1575* **Fax** *(0370) 614 1585* **Chambres** *7*

Situé au cœur d'une palmeraie, cet hôtel ressemble à un village javanais typique. Les petites maisons en bois traditionnelles ont chacune une véranda surélevée, des persiennes et une salle de bains à ciel ouvert, ainsi qu'une chambre avec un lit à colonnes. Grande piscine, restaurant et Spa. **www.desaduniabeda.com**

ÎLES GILI Hotel Vila Ombak 🍴♨🏊 €€€
Gili Isles **Tél.** *(0370) 6142 336* **Fax** *(0370) 6142 337* **Chambres** *110*

Cet hôtel loue de ravissantes maisons en bambou au toit couvert d'herbe. Piscine à trois niveaux, salle de gym et académie de plongée. Les ressources des îles Gili étant limitées, les douches sont alimentées en eau saline, mais des jarres d'eau douce sont à disposition pour se rincer. **www.hotelombak.com**

KUTA Novotel Coralia Lombok 🍴♨🏊 €€€
Pantai Putri Nyale, Pujut **Tél.** *(0370) 653 333* **Fax** *(0370) 653 555* **Chambres** *100*

Décorée aux couleurs du désert, l'architecture excentrique de cet hôtel original s'inspire des villages traditionnels sasak. Les chambres sont meublées sobrement, dans des tons naturels, et mises en valeur par des objets indigènes. Deux restaurants en bord de mer et trois piscines. **www.novotellombok.com**

MANGSIT Puri Mas Boutique Resort & Spa 🍴♨🏊 €€
Pantai Mangsit, Senggigi **Tél.** *(0370) 693 831* **Fax** *(0370) 693 023* **Chambres** *17*

Cet établissement se compose de bungalows au toit de chaume, mais aussi de chambres et de suites présentant chacune une architecture différente. Situé juste à côté de la plage, c'est un des plus jolis hôtels de Lombok, orné d'arbustes à fleur, de bassins de lotus, de sculptures et d'une piscine ombragée. **www.purimas-lombok.com**

MANGSIT Puri Mas Village ♨🏊 €€
Puri Mas Village Kerandangan, Senggigi **Tél.** *(0370) 693 831* **Fax** *(0370) 693 023* **Chambres** *4*

Ces villas au mobilier ancien sont regroupées autour d'une piscine bordée de palmiers et de fontaines hindoues sculptées. Elles peuvent loger jusqu'à quatre personnes. Ce domaine exceptionnel se situe au cœur d'un impressionnant panorama de collines noyées sous la jungle. Ravissant Spa. **www.purimas-lombok.com**

SENGGIGI Holiday Resort Lombok 📺🍴♨🎾🏊🏄 €€
Jln Raya Mangsit, Senggigi **Tél.** *(0370) 693 444* **Fax** *(0370) 693 062* **Chambres** *188*

Composé d'un ensemble d'appartements, de maisons et de bungalows en bord de plage, cet hôtel propose des chambres au mobilier moderne, avec balcon ou terrasse, salle de bains à ciel ouvert et vue sur la mer ou le parc. Deux restaurants, piscine pour enfants et équipements sportifs. **www.holidayresort-lombok.com**

SENGGIGI Sheraton Senggigi Beach resort 🍴♨🎾🏊🏄♿ €€€
Jln Raya Senggigi, Senggigi **Tél.** *(0370) 693 333* **Fax** *(0370) 693 241* **Chambres** *154*

Cet établissement luxueux du centre-ville offre une large gamme de services pour les adultes comme pour les enfants. Hébergement en chambres, suites ou villas. Piscine en lagon, restaurants, bars, terrains de tennis, club de remise en forme avec sauna, hammam, salle de gym et soins thermaux. **www.starwoodhotels.com**

TANJUNG The Oberoi Lombok 🍴♨🏊🏄 €€€€
Medana Beach, Tanjung, Mataram, 83001 **Tél.** *(0370) 6138 444* **Fax** *(0370) 6132 496* **Chambres** *50*

Plusieurs fois primé, cet hôtel isolé et paradisiaque est entouré de jardins parsemés de palmiers et fait face à une magnifique plage. Il abrite de somptueuses villas de plain-pied dotées d'une piscine privée, des pavillons avec terrasse et une superbe piscine de 40 m qui se fond dans l'océan. **www.oberoihotels.com**

RESTAURANTS

Le développement du tourisme a entraîné l'ouverture de nombreux établissements de restauration à Bali et à Lombok. Les visiteurs disposent ainsi d'un choix extrêmement large dans les régions les plus fréquentées. Dans les villages reculés, ils se tourneront vers les petites échoppes, appelées *warung* ou *rumah makan*, qui proposent des plats locaux généralement

Le piment, un ingrédient très utilisé

savoureux et bien préparés, à des prix souvent très bas. Seuls les cafés et les restaurants les plus sophistiqués, entre autres ceux des grands hôtels, acceptent les cartes bancaires. Les tarifs sont généralement indiqués en dollars, mais il reste possible de payer en rupiahs. Peu de restaurants possèdent des aménagements pour les personnes handicapées.

Grillades au barbecue dans la cuisine d'un hôtel

LA CUISINE BALINAISE

Le *nasi campur (p. 182)*, plat de base de la cuisine balinaise, se compose de riz à la vapeur accompagné d'un peu de viande, de légumes et parfois d'un œuf. Il figure sur la carte de la plupart des restaurants. Le *rijstaffel* (littéralement « table de riz ») permet de goûter à un assortiment de préparations variées servies avec du riz, qui est l'aliment de base local.

Pour découvrir des plats authentiques, essayez les *warung*, petites échoppes où une bâche abrite quelques tables en bois entourées de tabourets et de bancs. Construits en dur, les *rumah makan* sont un peu plus chers. Malgré des prix très bas, ces établissements servent en général une nourriture plus fraîche et plus savoureuse que celle de certains restaurants. Partout, les marchands ambulants, ou *kaki lima*, proposent des plats simples à consommer debout. Il faut cependant savoir que ces plats sont préparés dans

des conditions d'hygiène douteuses et sont à éviter pour les intestins fragiles.

RESTAURANTS INTERNATIONAUX

Sur le plan culinaire, Bali offre désormais toutes les saveurs du monde sur un plateau. Les restaurants des grandes chaînes hôtelières internationales ont attiré de nombreux chefs étrangers et certains se sont mis à leur compte, formant à leur tour des cuisiniers locaux. Le choix offert aux gourmets comprend toute la palette des gastronomies asiatiques, mais aussi des cuisines européennes, en particulier française et italienne. Les métissages culinaires donnent aussi des résultats étonnants.

Les tarifs pratiqués dans les restaurants internationaux restent très raisonnables. Vous pourrez par exemple déguster d'excellentes spécialités japonaises pour un prix sensiblement inférieur à ce que vous auriez payé en Europe.

À L'HÔTEL

Les restaurants des grands hôtels *(p. 170-179* et *184-191)* accueillent également les personnes qui ne résident pas dans l'établissement. Leurs prix sont généralement libellés en dollars et on peut régler par carte bancaire. Les buffets constituent souvent une formule intéressante.

C'est dans les hôtels des chaînes de luxe que l'on pourra trouver certaines des meilleures tables de Bali. Aman et Four Seasons Resort engagent ainsi de jeunes chefs. Les deux hôtels du groupe GHM, The Legian et The Chedi Club *(p. 173 et 175)*, jouissent aussi d'une haute réputation ; les prix sont en conséquence.

Warung proposant un choix de plats indonésiens

CAFÉS ET SALONS DE THÉ

Pour satisfaire les besoins des surfeurs et des voyageurs à petit budget qui fréquentent Bali depuis les années 1970, de très nombreux cafés sans prétention, situés le plus souvent au bord des plages, servent des mets simples comme le *nasi goreng*

Dîner en terrasse à Senggigi, sur la côte ouest de Lombok

(riz frit), l'omniprésente crêpe à la banane, des jus de fruits frais et du café balinais. Ces dernières années, l'offre s'est considérablement étendue afin de répondre aux demandes d'une clientèle qui s'est beaucoup diversifiée. À Ubud en particulier, les cafés à l'européenne, équipés d'un percolateur pour préparer les expressos, sont devenus plus fréquents, à l'instar des *coffee houses* chic qui proposent des mélanges raffinés de cafés indonésiens torréfiés sur place. Les douceurs proposées en accompagnement vont du tiramisu au délicieux *bubur hitam* (gâteau de riz noir). Les établissements qui ont ouvert ces dernières années dans l'élégante Seminyak, au nord de Kuta, permettent de déguster aussi bien des pâtisseries françaises que des sandwichs italiens.

CUISINE VÉGÉTARIENNE

La cuisine indonésienne traditionnelle comporte de nombreux mets strictement végétariens comme le *tahu* (tofu), le *tempé* (gâteau de fèves de soja fermentées et pressées) et le *bubur sayur bayam* (bouillie de riz parfumée avec des épinards, du piment et des copeaux et du lait de coco). Les spécialités végétariennes figurent donc à la carte de beaucoup de restaurants et sont souvent plus variés dans ceux qui proposent de la cuisine chinoise. Sinon, n'hésitez pas à demander une version sans viande d'un plat

FAST-FOODS ET PLATS À EMPORTER

Comme partout, les grandes chaînes de restauration rapide telles que McDonald's, Pizza Hut, Kentucky Fried Chicken, Starbuck's et Dunkin Donuts ont ouvert des succursales dans les grandes villes et les zones touristiques. La plupart des restaurants vendent des plats à emporter *(bungkus)*. Certains assurent aussi les livraisons.

ALCOOL

Des boissons alcoolisées sont partout disponibles à Bali, même dans les petits *warung* hors des zones touristiques. Parmi les bières locales, la Bali Hai est la moins chère, mais elle est moins bonne que la Bintang. Il existe un rosé local, léger, sec et à peu près buvable appelé Hatten. Les vins étrangers, australiens le plus souvent, sont

beaucoup plus coûteux. Essayez aussi le *tuak*, de la sève de palmier fermentée, ou des cocktails à base d'*arak*, un alcool de palme.

Attention, la consommation d'alcool n'est autorisée à Lombok que dans les zones touristiques et les hôtels haut de gamme.

AVEC DES ENFANTS

Les restaurants de Bali et de Lombok ne proposent pas de plats spécifiques pour les enfants, mais certains acceptent de leur servir des portions réduites. Dans les grands hôtels, le petit déjeuner est souvent gratuit pour les moins de 12 ans.

Dîner dans la cour du Hard Rock Café de Kuta *(p. 184)*

HEURES DES REPAS

Les Balinais ne suivent pas d'horaires fixes pour manger et la plupart des restaurants vous serviront à toute heure du jour, mais très rarement après minuit.

SAVOIR-VIVRE

Beaucoup de Balinais mangent avec leurs doigts. Ils utilisent uniquement leur main droite, après l'avoir rincée, la gauche étant réservée aux tâches impures.

La plupart des restaurants servent en plein air, aussi la cigarette y est rarement interdite. Seuls les plus chic possèdent une zone non-fumeurs.

L'usage du pourboire se répand et les restaurants les plus chers ont pris l'habitude de majorer la note d'un pourcentage pour le service.

Vue sur la baie de Jimbaran depuis la terrasse du PJ's *(p. 184)*

Saveurs de Bali et Lombok

Nombreuses sont les saveurs et les méthodes de cuisson typiques de cette région ayant été influencées par les premiers marchands et colons. Les délicieux currys ont pour ingrédients de base des épices et des aromates, dont les plus courants sont le gingembre, la citronnelle, les feuilles de citron *kaffir* et le tamarin. Les sauces se composent de lait de coco et du trio coriandre fraîche, poivre et ail. Les piments frais sont présents dans les *sambal* ou sauces d'accompagnement. Les arachide servent de décoration ou bien sont concassées jusqu'à l'obtention d'une pâte formant une sauce sucrée et épicée.

Graines d'arachide

Le piment frais, l'ingrédient phare de la cuisine de Bali et de Lombok

LES RÉCOLTES DE BALI

La chaîne de montagnes qui divise Bali donne à l'île une diversité de conditions climatiques et de sols qui permet une grande variété de cultures. Les plaines centrales du Sud sont dominées par des rizières en terrasses, tandis que les régions à l'intérieur des terres fournissent oignons, choux, papayes, épinards, salades, pommes de terre, carottes, café, clous de girofle et arachides.
Les fruits poussent dans la fraîcheur des montagnes de Bedugul. Kintamani est célèbre pour ses oranges et la régence de Buleleng pour ses durions. À Tejakula s'étirent des kilomètres de plantations de mangues.

Vers Singaraja, on trouve la *wani*, une mangue blanche à l'odeur caractéristique dont les Balinais raffolent. Les fermiers de la région côtière aride du Nord exploitent des cultures sèches telles que le maïs, le manioc, les haricots et le raisin, un fruit cultivé sur l'île depuis le début du XXe siècle.

Durion
Carambole
Mangue
Pastèque
Ananas
Pamplemousse
Fruit de la passion
Papaye
Assortiment de fruits tropicaux issus des îles indonésiennes

PLATS RÉGIONAUX ET SPÉCIALITÉS

Le repas quotidien comprend du riz, des légumes, des œufs et parfois un peu de viande ou de poisson. Connu sous le nom de *nasi campur*, ce repas est préparé le matin et se déguste à tout moment de la journée. Les habitants de Lombok utilisent les piments du pays dans leur cuisine. Aliment de base de la cuisine sasak, le riz blanc est servi avec un curry ou une soupe à base de légumes, de poisson et de viande, à l'exception du porc. Le *taliwang* se compose d'ingrédients frits ou grillés, accompagnés d'une sauce au piment – comme pour tous les plats appelés *pelecing*.

Gingembre, citronnelle, feuilles de citron *kaffir* et de citron vert

Gado gado *Salade composée à base de légumes, de tofu et d'œuf, et accompagnée d'une sauce épicée aux cacahuètes.*

Sélection des meilleurs fruits en vente sur un marché indonésien

LES FRUITS DE MER DE LA BAIE DE JIMBARAN

Chaque matin, les pêcheurs de Jimbaran débarquent pour faire commerce au marché aux poissons de Kedonganan. Au crépuscule, des centaines de personnes s'installent aux tables des *warung* – des paillotes qui ornent toute la baie et servent des grillades préparées avec la pêche du jour. Les clients sont invités à faire leur choix entre de la perche rouge ou blanche, du barracuda, du calmar, de grosses crevettes et de la langouste. Le festin s'accompagne d'un assortiment de riz et d'épinards à la vapeur, de sauces à base de tomates, d'ail et de piments, de pommes de terre cuites au four et, en dessert, d'une salade de fruits frais (ananas, pastèque, banane).

LA CUISINE DE PADANG

Issue du pays Minangkabau, à l'ouest de Sumatra, la cuisine de Padang est servie

Poissons pêchés et exposés sur les étals du marché de Kedonganan

dans les cafés-restaurants « Rumah Makan Padang ». D'origine indienne, elle est généralement épicée et comporte de nombreux currys de viande plus ou moins relevés. Les clients composent leur repas en choisissant leurs plats. Parmi les plus classiques, notons le bœuf *rendang*, le *perkedel* (gâteau de pommes de terre), le pain de maïs frit, le *tempé* (gâteau de fèves de soja frites), les œufs durs, le foie, la cervelle, le poulet frit, les aubergines, les steaks de thon, les feuilles de manioc et les épinards d'eau, qui sont tous accompagnés de riz, de diverses sauces au curry et de *sambal*.

LE RIJSTTAFEL

Le terme *rijsttafel*, littéralement « table de riz », est né avec les maîtres de plantation néerlandais. Au cœur du plat se trouve un riz blanc ou jaune cuit à la vapeur et recouvert d'une feuille de bananier. Il est accompagné de viandes, de volailles, de fruits de mer et de légumes, servis dans des bols en noix de coco faits main sur une assiette en feuille de bananier. Qu'ils soient cuits à l'eau, à la vapeur, grillés, rôtis, frits au wok ou à la poêle, ces mets sont complétés par du *krupuk* (biscuits de riz), de l'*acar* (légumes marinés) et différentes sauces aux piments.

Sate lilit *Brochettes de viande hachée ou de poisson émietté. Elles sont mises à mariner dans du lait de coco et grillées.*

Bebek bututu *Canard farci aux épices, puis roulé dans des feuilles de bananier et cuit dans un four en terre.*

Kue dadar *Petites crêpes fourrées au sucre de palme, à la vanille et aux copeaux de noix de coco.*

Choisir un restaurant

Les restaurants de Bali et de Lombok proposent une grande variété de traditions culinaires et pratiquent, en règle générale, des tarifs raisonnables. On trouve aussi de bonnes tables dans certains hôtels *(p. 170-179)*, mais c'est souvent un peu plus cher. Les adresses qui suivent ont été sélectionnées pour leur bon rapport qualité/prix, l'attrait de la cuisine et l'intérêt de l'emplacement.

CATÉGORIES DE PRIX

Prix moyen par personne pour un repas de trois plats, service compris, mais sans la boisson.

€ moins de 10 euros
€€ de 10 à 15 euros
€€€ de 15 à 20 euros
€€€€ de 20 à 30 euros
€€€€€ plus de 30 euros

SUD DE BALI

CANGGU The Beach House €€€
Jln Pura Batu Mejan (Plage Echo) **Tél.** *(0361) 747 4604* **Plan** *C4*

Dans ce bar-restaurant au personnel chaleureux, les tables sont dispersées sur un promontoire donnant sur la plage où l'on assiste à de superbes couchers de soleil. Menu simple, mais cosmopolite, incluant des plats indonésiens. Concert et barbecue de fruits de mer le dimanche soir qui attirent souvent les foules. Clientèle bohème.

CANGGU Waroeng Tugu €€€
Jln Pantai Batu Bolong **Tél.** *(0361) 731 707 / 731 702* **Plan** *C4*

Avec ce restaurant champêtre s'ouvrant sur l'extérieur et doté d'une simple cuisine en brique, l'hôtel Tugu a recréé avec succès l'atmosphère du royaume hindou-bouddhique de Majapahit. Iboe Soelastri, le chef javanais, concocte avec habileté des plats traditionnels dans un four en argile alimenté par des coques de noix de coco.

DENPASAR Rasa Sayang €€
Jln Teuku Umar, Denpasar **Tél.** *(0361) 262 006* **Plan** *C4*

Un des meilleurs restaurants chinois de la ville. Grand choix de poissons, de viandes et de plats végétariens, mais aussi des spécialités comme de la soupe de têtes de poissons, des cuisses de grenouille, des langoustes crues au wasabi, du calmar frit à la sauce Worcester et des tranches de bœuf accompagnées de brocoli chinois.

JIMBARAN Jimbaran Seafood Cafés €€€
Kedonganan et Jimbaran **Plan** *C5*

Ensemble de paillottes en bord de plage tenues par des familles de pêcheurs, qui font griller les poissons et fruits de mer choisis par les clients. Dispersées sur le sable, des bougies vacillantes éclairent les nombreuses tables. Le festin est accompagné de riz à la vapeur, légumes, sauces maison et fruits frais.

JIMBARAN PJ's €€€€
Four Seasons, Jimbaran Bay **Tél.** *(0361) 701 010* **Plan** *C5*

Situé sur la plage, le restaurant du Four Seasons Hotel est accessible depuis la route, sans passer par l'entrée de l'hôtel. Dîner en plein air avec vue sur l'océan. Au menu, des plats d'inspiration méditerranéenne, des fruits de mer, des pizzas cuites au feu de bois et de succulents desserts.

KUTA Aromas €€€
Jln Legian, Kelod **Tél.** *(0361) 751 003* **Plan** *C5*

Ce restaurant végétarien établi de longue date propose un menu varié de plats locaux et internationaux, de l'Inde à la Thaïlande en passant par le Moyen-Orient, le Mexique et l'Europe. La grande terrasse à ciel ouvert, entourée d'arbustes à fleur et de fontaines, offre un espace paisible, loin de l'agitation de Jalan Legian.

KUTA The Balcony €€€
Jln Benesari 16, Kuta **Tél.** *(0361) 750 655* **Plan** *C5*

Partiellement en plein air, ce restaurant méditerranéen sert une cuisine variée – pain chaud au cumin, salades, pâtes, poulet rôti au romarin, entrecôte de bœuf – et la spécialité de la maison, des brochettes de fruits de mer et de viande. Également un grand choix de tapas et de desserts raffinés.

KUTA Hard Rock Café €€€
Jln Pantai, Kuta **Tél.** *(0361) 755 661* **Plan** *C5*

Ambiance rock'n'roll et familiale pour ce restaurant caractérisé par sa décoration et sa cuisine typiquement américaine. L'accueil est chaleureux et, dès l'ouverture des portes, l'orchestre démarre. Les plats sont bons et les portions très copieuses.

KUTA Kopi Pot €€€
Jln Legian 139, Kuta **Tél.** *(0361) 752 614* **Plan** *C5*

Entouré d'un joli jardin en terrasses, cet endroit est réputé pour ses pâtisseries et ses puddings au riz noir. Côté plats, soupes et salades sont à l'honneur, ainsi que des spécialités indonésiennes comme l'*ayam betutu* (morceaux de poulet relevés d'une sauce balinaise) et l'*ikan balado* (maquereau frais avec une sauce au piment).

Légende des symboles *voir le rabat arrière de couverture*

KUTA Kori Restaurant & Bar

Gang Poppies II, Kuta **Tél.** *(0361) 758 605*   **Plan** C5

Cet établissement bien situé offre un choix original de plats asiatiques et occidentaux. Goûtez aux spécialités : salade d'étrilles à la thaïlandaise garnie de mangue, papaye, oignon rouge, citronnelle et coriandre, saucisses grillées au feu de bois accompagnées de purée et pudding aux dattes caramélisées.

KUTA Macaroni

Jln Legian 52, Kuta **Tél.** *(0361) 754 662*   **Plan** C5

Réalisée par Giovanni d'Ambrosio, l'architecture du lieu abrite un décor moderne et une série de tables intimes entourées de plantes grimpantes. Le menu innovant abonde de plats italiens, de fruits de mer et de créations originales du chef. Ambiance décontractée et musique raffinée.

KUTA Made's Warung I

Jln Pantai, Kuta **Tél.** *(0361) 755 297*   **Plan** C5

Le plus ancien *warung* de Kuta a été superbement rénové et reste toujours aussi populaire depuis son inauguration en 1969. Il propose une sélection de mets indonésiens traditionnels comme le *nasi campur* spécial, le *nasi goreng* à la mode, le *gado gado* et le *satay*, mais aussi des plats japonais et occidentaux, tous suivis de desserts européens.

KUTA Nero Bali

Jln Legian 384, Kuta **Tél.** *(0361) 750 756*   **Plan** C5

À la fois restaurant et bar à cocktails, ce lieu d'avant garde fut nominé comme l'un des 25 plus beaux restaurants du monde. Le menu varié propose une cuisine méditerranéenne, y compris des kebabs, des fruits de mer, des pâtes, des pizzas et des tapas ; également un sushi bar. Ouvert tous les jours pour déjeuner ou dîner.

KUTA Papa's Café

Jln Pantai, Kuta **Tél.** *(0361) 755 055*   **Plan** C5

Cet établissement sert une cuisine italienne et asiatique de grande qualité et dispose d'un large choix de tables. Côté asiatique, les plats sont aussi variés que le continent ; notons en particulier le *bebek betutu* et le *tum be pasih*. En dessert, le pudding au gingembre et aux dattes nappé de sauce caramel est un délice.

KUTA Poppies Restaurant

Gang Poppies I, Kuta **Tél.** *(0361) 751 059*   **Plan** C5

Haut lieu de Kuta depuis 1973, ce restaurant a acquis une telle renommée que deux ruelles portent son nom. Ouvert tous les jours jusqu'à 23h, il offre un choix de plats occidentaux et asiatiques allant de pâtes, steaks et poissons grillés jusqu'à des classiques indonésiens et des currys végétariens. Mieux vaut réserver.

KUTA TJ's

Gang Poppies I, Kuta **Tél.** *(0361) 751 093*   **Plan** C5

Établie depuis 1984, cette institution de Kuta se situe dans un cadre verdoyant et plein de couleurs. On y sert une authentique cuisine mexico-californienne : ailes de poulet à la mode de Buffalo, tacos, enchiladas, fajitas, salades et pommes de terre cuites au four. Excellent cheesecake de mangue sur coulis de framboise.

KUTA Un's Restaurant

Off Gang Poppies I **Tél.** *(0361) 752 607*   **Plan** C5

Réputé pour son entrecôte « Café de Paris », ce lieu sert une cuisine européenne raffinée et des plats indonésiens dans une jolie cour à ciel ouvert entourée d'une architecture traditionnelle balinaise. Bonnes spécialités : médaillons de thon, bœuf Stroganoff, escalopes de veau avec sauce aux champignons, bœuf *rendang* et crème catalane.

LEGIAN Poco Loco

Jln Padma Utara, Legian **Tél.** *(0361) 756 079*   **Plan** C5

Bâtie en retrait de la route sur deux étages, cette jolie cantine mexicaine en plein air sert un bel assortiment de plats mexico-californiens. Enchiladas, tortillas et fajitas à composer soi-même, ainsi que des steaks de thon et une délicieuse *muddy mud pie* (glace au chocolat sur biscuit craquant).

LEGIAN Drops

Casa Padma Suites, Jln Padma **Tél.** *(0361) 753 073*   **Plan** C5

Au sein du Casa Padma Suites Hotel, ce restaurant chic mélange cuisine internationale contemporaine et spécialités balinaises. Le menu se compose entre autres de pizzas, pâtes, *nasi campur*, salade de canard rôti épicé, *butterfish* (ou escolier, un poisson très gras) à la mozzarella et rouleaux de printemps à la banane.

NUSA DUA Nampu (Grand Hyatt Bali)

Grand Hyatt Bali, Nusa Dua **Tél.** *(0361) 771 234*   **Plan** C5

Cuisine japonaise raffinée servie au sein d'un bel hôtel. Des salons tatami privés et une élégante salle de restaurant composent l'espace. À déguster, les sashimis, sushis et plats traditionnels grillés au charbon de bois. En dessert, choisissez la crème renversée au sésame noir. Vaste choix de saké.

NUSA DUA Sorrento (Melia Bali)

Melia Bali Villas & Spa Resort, Nusa Dua **Tél.** *(0361) 771 510*   **Plan** C5

Un restaurant élégant au thème hispano-méditerranéen. On y dîne à la lueur des bougies, sous les palmiers, ou dans une salle chic et confortable ornée d'une impressionnante peinture au plafond. Jambon Serrano, chorizo et fruits de mer sont les ingrédients phare de cette cuisine, le gaspacho et la paella constituant les spécialités de la maison.

NUSA DUA Tetaring (Kayumanis) 🖬 🍴 Ⅴ €€€€€
Kayumanis Private Villa & Spa, Nusa Dua **Tél.** *(0361) 770 777* **Plan** *C5*

Cet établissement à l'architecture industrielle et minimaliste propose des plats occidentaux et du Sud-Est de l'Asie, tous rehaussés d'un zest de modernité : salade de langoustes pochées, curry de poisson à la javanaise, poitrine de canard rôti et sabayon de fruits de la passion servi avec un coulis miel-banane.

NUSA LEMBONGAN JoJo's Restaurant 🖬 🍴 Ⅴ €€€
Nusa Lembongan Resort **Tél.** *(0361) 725 864* **Plan** *E4*

Ici, le menu se compose essentiellement de fruits de mer, de pizzas, de tempuras de légumes sautés et de recettes d'horizons divers, comme du poisson grillé dans des feuilles de bananier. Situé dans un cadre idyllique, le restaurant donne sur la plage, à proximité d'une baie corallienne.

SANUR Café Wayang 🎵 🗏 🍴 Ⅴ €€
Komplex Pertokoan Sanur Raya 12-14, Jln par Pass Ngurah Rai **Tél.** *(0361) 287 591* **Plan** *C4*

La cuisine de ce café moderne et populaire relie Asie et Méditerranée. Outre des salades, des soupes, des pâtes et des grillades, il sert également de savoureuses spécialités comme des samousas de fromage, des moules à la tequila, des blancs de poulet à la piémontaise et un suprême de saumon au tamarin.

SANUR Stiff Chilli 🖬 🍴 Ⅴ €€
Jln Kesumasari 11, Semawang **Tél.** *(0361) 288 371* **Plan** *D4*

Ce restaurant en plein air à proximité de la plage propose des plats italiens rehaussés d'une touche asiatique. Fort de ses saucisses grillées, son pain ciabatta maison, sa soupe de potiron à la thaïlandaise et ses pizzas, le menu se distingue aussi par ses fettucine tricolores nappées d'une sauce crémeuse au marlin fumé.

SANUR Café Batu Jimbar 🖬 🍴 Ⅴ €€€
Jln Danau Tamblingan 75 **Tél.** *(0361) 287 374* **Plan** *C4*

Souvent plein et très chaleureux, ce café possède une avant-cour spacieuse plantée d'arbres qui protègent les tables des ardeurs du soleil. Plats italiens et mexicains sont à l'honneur, ainsi que salades, pâtisseries maison, infusions et jus de fruits. Produits frais et bio, issus de la ferme du gérant près de Bedugul.

SANUR Jazz Bar & Grille 🎵 🗏 🍴 Ⅴ €€€
Komplex Pertokoan Sanur Raya 15-16, Jln par Pass Ngurah Rai **Tél.** *(0361) 285 892* **Plan** *C4*

Des concerts sont régulièrement donnés par des groupes de jazz très respectés de Bali et d'ailleurs. Menu occidental et indonésien, du sandwich à la pizza en passant par le traditionnel entrée-plat-dessert. Côtelettes d'agneau, nachos, *sop buntut*, *gado gado* et tarte aux noix sont les spécialités maison. Ouvert uniquement le soir.

SANUR Massimo Il Ristorante 🖬 🗏 🍴 Ⅴ €€€
Jln Danau Tamblingan 206 **Tél.** *(0361) 288 942* **Plan** *C4*

Restaurant italien toujours animé, offrant une cuisine authentique et de grande qualité sur une ravissante terrasse bordée par un jardin. Menu varié composé de bruschettas, salades, beignets de mozzarella, pâtes, pizzas, risotto, volaille, poisson et, en dessert, la meilleure glace à l'italienne de Bali.

SANUR Pepper's Latino Grill & Bar 🖬 🎵 🗏 🍴 €€€
Hotel Sanur Beach, Jln Danau Tamblingan **Tél.** *(0361) 288 011* **Plan** *D4*

Cuisine latino-américaine dans un décor faisant penser à une cave à vins ; à l'extérieur, une véranda avec des arcades en fer forgé et une pergola ornée de passiflores. Entre autres délices, gaspacho, nachos, steaks, paella, longes de porc rôties à la cubaine, langoustes, glace à la mangue nappée de pulpe d'ananas. Ouvert uniquement le soir.

SANUR Pergola 🖬 🗏 🍴 Ⅴ €€€
Jln Danau Toba 2, Sanur **Tél.** *(0361) 288 462* **Plan** *C4*

Le menu de la Pergola propose une cuisine variée alliant Orient et Occident avec des influences anglaises, qui attire une clientèle régulière, notamment des familles. Fromage stilton, côtelettes de porc, légumes sautés et trifle au sherry et bananes flambées.

SANUR The Mezzanine 🎵 🍴 Ⅴ €€€€
Jln, Danau Tamblingan 63, Sanur **Tél.** *(0361) 270 624* **Plan** *C4*

Ouvert seulement le soir, ce restaurant aux terrasses aérées possède une longue carte de mets thaïlandais, japonais, chinois et occidentaux. Les spécialités comptent les coquilles Saint-Jacques (*hotate*) teppanyaki, la casserole chinoise de fruits de mer à l'étouffée et le *gaeng phed ped yang* (curry rouge de canard) de la région de Bangkok.

SEMINYAK/KEROBOKAN Baku Dapa 🗏 🍴 Ⅴ €
Jln Abimanyu (Dhyana Pura) 11A, Seminyak **Tél.** *(0361) 731 148* **Plan** *C5*

Réputé pour son *sop buntut* (soupe à la queue de bœuf), ce modeste *warung* est ouvert 24h/24. Le menu comprend des spécialités régionales comme le *nasi goreng*, les graines de soja ou le tofu poêlé. On peut aussi y déguster du bœuf mariné au piment et sauté ou grillé, suivi de beignets de banane au miel.

SEMINYAK/KEROBOKAN Ryoshi 🎵 🗏 Ⅴ €€
Jln Raya Seminyak 15, Seminyak **Tél.** *(0361) 731 152* **Plan** *C5*

Souvent bondé, ce restaurant propose une cuisine japonaise simple. Le décor n'a rien d'exceptionnel, avec ses tables basses entourées de coussins ou ses longues tables en bois, mais le menu varié vaut le détour, notamment pour son assortiment de sashimis et de sushis, la soupe miso et le saké maison. Orchestre de jazz certains jours.

Légende des prix *p. 184.* **Légende des symboles** *voir le rabat arrière de couverture*

SEMINYAK/KEROBOKAN Sate Bali   V   €€
Jln Laksmana/Oberoi 22A **Tél.** *(0361) 736 734*   **Plan** *C4*

Ce restaurant rustique propose une cuisine exclusivement balinaise. Les plats sont présentés à l'ancienne dans des marmites en argile garnies de brochettes de citronnelle, de feuilles de bananier et de fleurs de frangipanier. C'est l'endroit idéal pour les groupes qui se verront proposer un excellent *rijsttafel* balinais.

SEMINYAK/KEROBOKAN Zula   V   €€
Jln Abimanyu (Dhyana Pura) 5, Seminyak **Tél.** *(0361) 731 080*   **Plan** *C5*

Ce café végétarien sert une cuisine diététique, riche en vitamines et minéraux, ainsi que des jus de fruits et des légumes énergisants. Le plateau « méditerranéen » est un mets du Moyen-Orient, créé par un authentique mélange de saveurs et d'épices, tandis que la recette du plateau « Planet » s'inspire de la macrobiotique.

SEMINYAK/KEROBOKAN Khaima   €€€
Jln Laksmana **Tél.** *(0361) 742 3925*   **Plan** *C4*

Une architecture moghole, des lanternes en verre teinté, une douce musique arabe, du thé à la menthe et des danseuses orientales : l'ambiance est résolument orientale. Le menu propose des plats traditionnels marocains, comme des briouates, des tagine ou des couscous et, en dessert, un gâteau à l'orange et des biscuits fourrés aux amandes.

SEMINYAK/KEROBOKAN La Sal   V   €€€
Jln Drupadi II 100, Seminyak **Tél.** *(0361) 778 321*   **Plan** *C5*

Ce restaurant donnant sur un jardin sert une cuisine espagnole dans une ambiance latine très animée. Au menu, les plats traditionnels de tapas sont à l'honneur, notamment des sardines panées, une salade de poulpe, des moules farcies et des croquetas. Les salades sont délicieuses et les desserts inventifs.

SEMINYAK/KEROBOKAN Naughty Nuri's Warung   V   €€€
Jln Batubelig 41, Kerobokan **Tél.** *(0361) 847 6722*   **Plan** *C4*

C'est une succursale du Coquin Nuri, une des adresses réputées d'Ubud. Les tables et bancs en bois de la terrasse et du jardin créent un cadre rustique où déguster des mets comme le travers de porc au barbecue ou des sashimis de thon. Les cocktails à base de Martini ont aussi beaucoup de succès. Mieux vaut réserver.

SEMINYAK/KEROBOKAN Queen's Tandoor   V   €€€
Jln Raya Seminyak 73, Galerie Seminyak **Tél.** *(0361) 732 770*   **Plan** *C5*

Le menu varié de ce restaurant propose 30 tandooris et 25 *bageeche* concoctés avec les légumes du potager, ainsi que des currys de poulet, d'agneau, de poisson et de crevettes. On y sert également quelques plats végétariens du sud du pays comme le *masala dosa* et le *sambhar*. Large choix de pains cuits traditionnels.

SEMINYAK/KEROBOKAN Cocoon Beach Club   €€€€
Jln Double Six Blue Ocean Boulevard, Seminyak **Tél.** *(0361) 731 266*   **Plan** *C5*

Le Cocoon propose sur plusieurs niveaux différents bars et espaces de restauration. Les traditions méditerranéennes inspirent sa cuisine. Admirez le coucher de soleil depuis la terrasse sur le toit, ou dégustez des cocktails et des tapas sophistiqués dans une paillote de luxe près de la piscine.

SEMINYAK/KEROBOKAN Gado Gado   V   €€€€
Jln Abimanyu (Dhyana Pura) 99, Seminyak **Tél.** *(0361) 736 966*   **Plan** *C5*

Situé dans un endroit très romantique ouvrant sur l'océan, ce ravissant restaurant propose une cuisine raffinée. Le vaste lounge bar s'étire jusqu'à une grande terrasse en plein air, ombragée par de grands arbres. Les menus du midi et du soir comprennent des plats exotiques joliment présentés et de délicieux desserts.

SEMINYAK/KEROBOKAN La Lucciola   V   €€€€
Kaya Ayu Beach, Temple Petitenget, Kerobokan **Tél.** *(0361) 730 838*   **Plan** *C4*

Situé en bord de mer, ce restaurant au toit de chaume bâti sur deux étages jouit d'une vue imprenable sur l'océan. On y sert une cuisine méditerranéenne savoureuse comme des steaks d'espadon ou du poulet grillé au feu de bois, et d'excellents petits déjeuners. Également une belle terrasse, idéale pour un cocktail au coucher du soleil.

SEMINYAK/KEROBOKAN Nutmegs (Hu'u)   V   €€€€
Jln Petitenget, Kerobokan **Tél.** *(0361) 736 443*   **Plan** *C4*

Réputé pour ses Martini au litchi et ses tapas, ce bar-restaurant très chic attire une clientèle branchée. Au menu, canard à l'orientale, tagine de bœuf braisé et crème brûlée *pandan*. Le décor minimaliste s'accompagne d'une magnifique piscine. En fin de soirée, un DJ de musique électronique vient pimenter l'ambiance.

SEMINYAK/KEROBOKAN Sarong   V   €€€€
Jln Petitenget 19, Seminyak **Tél.** *(0361) 4737 809*   **Plan** *C4*

Les cuisines thaïlandaise, chinoise, malaise, indienne et indonésienne sont à l'honneur sur la carte de ce restaurant installé dans deux pavillons. Le chef donne une dimension gastronomique à des en-cas de vendeurs de rue comme des feuilles de bétel garnies de thon cru, d'échalote, de piment, de citronnelle et de basilic.

SEMINYAK/KEROBOKAN Ku De Ta   V   €€€€€
Jln Laksmana 9, Kerobokan **Tél.** *(0361) 736 969*   **Plan** *C4*

Situé en bord de plage, ce restaurant réputé de Bali est un lieu pour voir et être vu. Petit déjeuner, en-cas et dîner dans un cadre intime. Cuisine australienne moderne composée notamment d'huîtres, d'un traditionnel carré d'agneau accompagné de polenta, d'une assiette de fromages australiens et d'un tiramisu au chocolat blanc.

SEMINYAK/KEROBOKAN Métis €€€€€
Jln Petitenget 6, Kerobokan **Tél.** *(0361) 737 888* **Plan** *C4*

Cette table haut de gamme possède une terrasse dominant les rizières. Elle propose une cuisine française recherchée avec des mets comme de la poitrine de porc accompagnée de blettes et de pommes pochées au vin blanc. Au dessert, ne manquez pas le soufflé aux fruits de la passion. Réservation recommandée. Fermé le dimanche midi.

SEMINYAK/KEROBOKAN Sardine €€€€€
Jln Petitenget 19, Kerobokan **Tél.** *(0361) 8436 111* **Plan** *C4*

Le poisson est à l'honneur dans ce restaurant gastronomique avec des plats comme la bisque de crabe, le barramundi en feuille de bananier, les sardines fumées ou le bar au miso servi avec des nouilles soba. Construit entièrement en bambou, le pavillon donne sur une rizière éclairée la nuit. Réservation recommandée. Fermé le lundi.

TANJUNG BENOA Bumbu Bali €€€
Jln Pratama Matahari Terbit **Tél.** *(0361) 774 502* **Plan** *C5*

Créé par l'ancien chef du Grand Hyatt Bali, cet établissement réputé est un *must* de la cuisine balinaise authentique. Il abrite un ensemble de pavillons de style *wantilan* construits autour d'un charmant patio. Des spectacles de danse animent le repas certains jours et on peut s'inscrire à des cours de cuisine balinaise.

TANJUNG BENOA Spice €€€€€
The Conrad Bali Resort & Spa, Jln Pratama 168 **Tél.** *(0361) 778 788* **Plan** *C5*

Restaurant gastronomique servant une cuisine asiatique inventive, basée sur des recettes du Moyen, du Proche et de l'Extrême-Orient. Au 3e étage, une élégante salle donne sur le jardin aquatique et l'océan Indien. Les spécialités: pancakes mandarins farcis au canard et gâteau au chocolat épicé nappé de chantilly.

TUBAN Bluefin €€
Complex Kuta Sidewalk sur Jln Kartika Plaza, Tuban **Tél.** *(0361) 764 100* **Plan** *C5*

Quatre salons distincts composent ce restaurant japonais branché, dont la cuisine fusionne ingrédients traditionnels japonais et modes de cuisson du monde entier. Avec ses noms de « rouleaux » *(roll* en anglais) déclinés à toutes les sauces, le menu donne le ton: Rolls Royce, Rock & Roll, Jalan Jalan Roll et Volcano Roll.

TUBAN Ma Joly €€€€
Jln Wana Segara, Tuban **Tél.** *(0361) 753 780* **Plan** *C5*

Situé sur la plage, ce restaurant sert une excellente cuisine française et bénéficie d'une vue magnifique sur le littoral. Présentés avec un grand raffinement, les plats se composent de fruits de mer, de viandes importées ou d'assortiments végétariens, le tout accompagné de pains et de sauces maison. Belle carte des vins.

CENTRE DE BALI

GORGE DE L'AYUNG Ayung Terrace (Four Seasons Sayan) €€€€€
Four Seasons Resort à Sayan, Gianyar, Ubud **Tél.** *(0361) 977 577* **Plan** *C3*

Installé au sein d'un complexe hôtelier luxueux, ce restaurant jouit d'un splendide panorama. Il offre un bon choix de plats asiatiques et métissés, dont quelques spécialités qui ont fait la réputation de la maison: coquilles Saint-Jacques et papayes grillées, curry de légumes épicés et gâteau à la carotte.

GORGE DE L'AYUNG The Restaurant (Alila Ubud) €€€€€
Alila Ubud, Desa Melinggih Kelod Payangan **Tél.** *(0361) 975 963* **Plan** *C3*

Ici, entre spécialités balinaises, indonésiennes, asiatiques et méditerranéennes, l'équilibre est harmonieux. La cuisine d'Ubud est aussi représentée avec le canard à la cocotte et le *rijsttafel* balinais, deux mets typiques d'un repas de cérémonie. Les végétariens apprécieront la « cuisine au naturel » à base d'ingrédients du marché local.

NAGI Cascades (The Viceroy) €€€€€
The Viceroy Bali, Jln Lanyahan, Nagi, Ubud **Tél.** *(0361) 972 111* **Plan** *D3*

Souvent vanté comme un des meilleurs d'Asie, ce restaurant perché sur un promontoire dans une vallée accidentée propose une cuisine européenne classique et ultra-chic: foie gras, velouté de truffes et morilles, poitrine de canard rôti, risotto d'orge à la sauce réglisse… Et des variations autour du chocolat pour finir en beauté.

PAYANGAN Beduur €€€€€
Ubud Hanging Gardens, Buahan, Payangan **Tél.** *(0361) 982 700* **Plan** *C3*

Cet étonnant restaurant de cuisine française surplombe la gorge de l'Ayung et offre une belle vue sur un temple illuminé. Au menu, terrine de foie gras de canard, escalope d'agneau panée accompagnée d'une sauce au sirop d'érable, tarte aux pommes caramélisées et cheesecake au citron vert.

SANGGINGAN Naughty Nuri's €€
Jln Raya Sanggigan, Ubud **Tél.** *(0361) 977 547* **Plan** *C3*

De style *warung*, cet établissement en plein air, largement fréquenté par la communauté d'expatriés d'Ubud, fait penser à un pub anglais. On peut venir pour y déguster tout simplement quelques grillades (steaks, côtelettes d'agneau et saucisses) ou des spécialités asiatiques *(nasi goreng, nasi campur* et curry de légumes).

SANGGINGAN Mozaic 🏠 🍴 V €€€€€

Jln Raya Sanggingan, Ubud **Tél.** *(0361) 975 768* **Plan** *C3*

Soyez prêt à goûter une cuisine fascinante et éclectique dans le seul restaurant d'Indonésie qui figure dans le guide *Les Grandes Tables du monde*. Les tables sont dispersées dans un jardin ravissant, éclairé aux bougies pour le dîner. Un lieu riche en découvertes culinaires et salué pour ses audacieuses créations.

TEGALLALANG Kampung Café 🏠 🍴 V €€

Ceking, Tegallalang **Tél.** *(0361) 901 201* **Plan** *D3*

Le menu, concis mais varié, combine divers ingrédients pour créer des plats originaux : thon grillé sur salade *arugula* au wasabi et au gingembre, poulet épicé à la citronnelle et aux épinards d'eau, filets de *mahi mahi* sur lit de fettucine et gâteau à l'orange et aux amandes.

UBUD Café des artistes 🏠 🍴 V €€

Jln Bisma 9 **Tél.** *(0361) 972 706* **Plan** *C3*

Des Belges tiennent ce restaurant situé un peu à l'écart de la route principale et ils proposent des spécialités culinaires et des bières de leurs pays. Des pâtes, des steaks et quelques plats indonésiens et thaïlandais figurent aussi à la carte. Les convives prennent place dans un pavillon ouvert sur un jardin en terrasse.

UBUD Dirty Duck (Bebek Bengil) 🏠 🍴 V €€

Padang Tegal **Tél.** *(0361) 975 489* **Plan** *C3*

Véritable institution d'Ubud, ce vaste restaurant en plein air est entouré de rizières et abrite de nombreuses tables intimes pour dîner ou boire un verre. Mets locaux et cuisine européenne traditionnelle sont au menu, comme des steaks de viande ou du crumble aux pommes.

UBUD Tutmak 🍵 🏠 🍴 V €€

Jln Dewi Sita **Tél.** *(0361) 975 754* **Plan** *C3*

Cet établissement chaleureux fut l'un des premiers d'Ubud à proposer des cafés sélectionnés. La carte riche, composée de plats légers et de spécialités indonésiennes, en fait un bon endroit pour combler un petit creux. Également un menu pour enfants et des petits déjeuners très généreux le matin.

UBUD Batan Waru 🏠 🍴 V €€€

Jln Dewi Sita **Tél.** *(0361) 977 528* **Plan** *C3*

Ce restaurant de style colonial offre une belle sélection de plats indonésiens et occidentaux, concoctés avec des ingrédients bio et de qualité. En dessert, le *klappertart* est un pudding inspiré de l'époque coloniale néerlandaise, à base de noix de coco, de raisins secs et de crème au rhum vanillée.

UBUD Casa Luna 🍴 V €€€

Jln Raya Ubud **Tél.** *(0361) 977 409* **Plan** *C3*

Géré par Janet de Neefe, célèbre pour ses cours de cuisine balinaise et organisatrice du Festival des écrivains et des lecteurs se tenant chaque année à Ubud, ce restaurant est réputé pour son brunch du dimanche et ses pâtisseries. N'hésitez pas aussi à tester les spécialités végétariennes, la salade de marlin fumé et le poisson à la noix de coco.

UBUD Indus 🏠 V €€€

Jln Raya Sanggingan **Tél.** *(0361) 977 684* **Plan** *C3*

Aménagés sur deux niveaux, le pavillon et les terrasses donnent sur la vallée de Campuhan et, par temps clair, on peut même voir le Gunung Agung. Rouleaux de printemps, *nasi campur* (riz garni), canard fumé et curry végétarien comptent parmi les spécialités. Jus de fruits rafraîchissants et desserts maison les complètent.

UBUD Terrazo 🏠 🍴 V €€€

Jln Suweta **Tél.** *(0361) 978 941* **Plan** *C3*

Ce bistrot à l'atmosphère décontractée et branchée propose un mariage intéressant de cuisine méditerranéenne et asiatique. Le soufflé au fromage de chèvre et le jarret d'agneau sont les spécialités maison. On peut aussi venir se rassasier d'une simple soupe, d'une salade ou d'une pizza pour un repas sur le pouce.

UBUD Lamak 🏠 📋 🍴 V €€€€

Monkey Forest Road, Ubud **Tél.** *(0361) 974 668* **Plan** *C3*

L'extravagant créateur Made Wijaya est à l'origine de ce restaurant légèrement saugrenu, mais rempli de tradition et d'esprit. On peut dîner en plein air ou dans une salle climatisée. Les plats mélangent les traditions asiatiques et européennes, comme en témoignent le poisson fumé au curry nappé de yaourt ou le caviar de saumon *ketu*.

EST DE BALI

AMED Restaurant Gede 🍵 🏠 V €

Plage de Lipah **Tél.** *(0363) 23 517* **Plan** *F2*

Surplombant la plage de Lipah, ce petit bistrot entouré de fleurs affiche un menu varié composé surtout de fruits de mer mais aussi de *jaffles* (sorte de croque-monsieur), de sandwichs et de plats chinois et indonésiens. Salade de crevettes servie dans un « bateau » d'ananas, poulet mandarin, travers de porc et curry de papaye verte.

CANDI DASA The Watergarden Café   ▦ ▮ 🆅   €€€
Jln Raya Candi Dasa **Tél.** *(0363) 41 540*   **Plan F3**

Cuisine européenne et asiatique de qualité, servie dans un espace partiellement en plein air, près d'un joli jardin aquatique. Terrines de poisson à la thaïlandaise, antipasti, filet de bœuf, beignets mexicains, poulet à l'indienne, mais aussi rouleaux de printemps, guacamole, tempuras et samoussas pour les végétariens.

GUNUNG BATUR Lakeview   ▦ ▤   €€
Lakeview Hotel, Kintamani **Tél.** *(0366) 51 394*   **Plan D2**

Perché au bord d'une ancienne caldeira, cet hôtel-restaurant jouit d'une vue exceptionnelle sur le Gunung Batur. Etape très prisée des touristes, il propose des beignets de banane au petit déjeuner et un buffet indonésien tous les jours à partir de 11 h. Le soir, le choix se fait à la carte ; possibilité de dîner en terrasse.

MANGGIS The Restaurant (Alila Manggis)   ▦ ▮ 🆅   €€€€
Alila Manggis, Buitan **Tél.** *(0363) 41 363*   **Plan E3**

Le restaurant occupe un pavillon au toit de chaume situé dans la palmeraie de l'hôtel Alila Manggis. On y savoure une cuisine savoureuse préparée avec les produits cultivés dans le jardin bio du complexe. Plats végétariens, menu composé de cinq plats et large choix à la carte de spécialités internationales et locales, notamment de poisson frais.

PADANG BAI Puri Rai Restaurant & Bar   ▤ ▦ 🆅   €
Jln Silayukti **Tél.** *(0363) 41 396*   **Plan E3**

Bordant la plage et donnant sur le port, ce restaurant rattaché à un hôtel est réputé comme l'un des meilleurs du coin. Choix de plats végétariens, occidentaux et indonésiens, idéal pour les pique-niques sur la plage et les routards. Impressionnante carte des boissons, comprenant notamment de l'*arak*.

TULAMBEN Tunkung au Mimpi Resort   ▦ ▮ 🆅   €€
Mimpi Resort, Tulamben **Tél.** *(0366) 21 642*   **Plan F2**

C'est l'un des rares restaurants de la ville. Au sein d'un hôtel de luxe, ce pavillon en bambou niché à l'ombre des arbres offre une belle vue sur l'océan et la plage de sable noir de Tulamben. Dans une atmosphère décontractée, les clients savourent une cuisine internationale et indonésienne de grande qualité.

NORD ET OUEST DE BALI

BLIMBING Star Fruit Café (Café Blimbing)   ▤ ▦ 🆅   €€
Banjar Suradadi   **Plan B3**

Situé sur les pentes du Gunung Batukau, ce joli café en plein air jouit d'un superbe panorama sur les plus belles rizières de l'île, implantées au milieu de plantations de café et girofliers. On y déguste une cuisine indonésienne de qualité, mais aussi des salades composées ou des snacks. Belle carte de jus de fruits frais.

LOVINA Khi Khi   ▤ 🆅   €
Jln Raya Singaraja, Kalibukbuk **Tél.** *(0362) 41 548*   **Plan B1**

Ce grand restaurant de fruits de mer établi de longue date remporte un franc succès auprès des gens du pays. Il propose des spécialités japonaises et indonésiennes, notamment des sushis, du *mie goreng*, du *nasi goreng* et des grillades, ainsi que quelques plats chinois comme du poisson aigre-doux.

LOVINA Sea Breeze   ▤ ▦ 🆅   €
Jln Bina Ria **Tél.** *(0362) 41 138*   **Plan B1**

Comme son nom le suggère, ce restaurant se trouve en bord de plage et offre une jolie vue sur la baie de sable noir. Le menu affiche des plats indonésiens et européens, préparés façon bistrot : petits déjeuners, sandwichs, snacks, salades, fruits de mer et délicieux desserts. Un endroit idéal pour savourer une bière Bintang au crépuscule.

LOVINA Saraswati Restaurant au Puri Bagus Hotel   ▦ ▮ 🆅   €€€
Puri Bagus Hotel, Lovina **Tél.** *(0362) 21 430*   **Plan B1**

Cet élégant restaurant domine le jardin et la piscine du Puri Bagus Hotel. Il sert des classiques occidentaux et des mets balinais authentiques comme le *gado gado*, le *nasi goreng*, le *bebek betutu* (canard rôti), le *pepes ikan* (poisson relevé cuit dans des feuilles de bananier) et des grillades de poisson.

LOVINA Damai's Restaurant   ▦ ▮ 🆅   €€€€
Damai Villas, Jln Damai, Kayu Putih **Tél.** *(0362) 41 008*   **Plan B1**

L'une des meilleures tables d'Asie du Sud-Est se niche au sommet d'une colline et offre une magnifique vue sur l'océan. Le menu du dîner est fixe (cinq plats, dont un dessert balinais), mais change tous les jours. Le midi, choix à la carte de plats originaux, comme une soupe au Bloody Mary accompagnée d'un sorbet de tomate.

MUNDUK Ngiring Ngewedang Restaurant   ▦ 🆅   €
Route de Munduk **Tél.** *(8123) 807 010 / (0362) 41 840*   **Plan B2**

Perché sur les hauteurs de la route, ce ravissant café-restaurant en plein air donne sur tout le littoral nord-ouest et les volcans de l'est de Java. Grains de café robusta et arabica issus des forêts voisines sont traités et vendus ici. On y déguste aussi les meilleures nouilles sautées et beignets de banane de l'île.

Légende des prix *p. 184.* **Légende des symboles** *voir le rabat arrière de couverture*

PEMUTERAN Warung Sehat at Puri Ganesha ▣▤Ⓥ €€€€
Puri Ganesha Villas, Pantai Pemuteran, Gerokgak **Tél.** *(0362) 94 766*

Diana von Cranach propose une cuisine à la fois saine et savoureuse, entre autres des mets balinais inspirés des recettes de sa belle-mère. Les plats du jour affichés sur une ardoise tirent parti d'ingrédients biologiques, de légumes du jardin et de poissons d'une grande fraîcheur. Il y a aussi une carte de crudités végétariennes et végétaliennes.

LOMBOK

ÎLES GILI Tir Na Nog ▣Ⓥ €€
Mainstrip, Gili Trawangan **Tél.** *(0370) 639 463*

Ce bar-restaurant irlandais en bord de mer sert d'énormes portions de *fish and chips* et de ragoût de mouton, ainsi que des sandwichs, des grillades et des spécialités indonésiennes. En dessert, le crumble aux pommes et la tarte *banofee* (banane et caramel) sont un délice. Salles de projection accessibles aux clients avec un choix de 550 films.

ÎLES GILI The Beach House ▣▤Ⓥ €€€
Mainstrip, Gili Trawangan **Tél.** *(0370) 642 352*

Lieu populaire et animé, idéal en soirée pour des grillades de poisson ou de viande, Beach House sert des plats européens et asiatiques : soupes, pâtes, assiette d'antipasti, pâté de foies de volaille, *nasi goreng*, steak d'aloyau, salade vietnamienne de calmars aux germes de soja ou salade de papaye et crevettes.

ÎLES GILI Waves Restaurant ▣▤Ⓥ €€€
Hotel Vila Ombak, Gili Trawangan **Tél.** *(0370) 6142 336*

L'hôtel le plus haut de gamme de Gili Trawangan abrite ce restaurant chic à deux étages et sa terrasse donnant sur la mer. Au menu, une intéressante *world food* et des spécialités asiatiques revisitées. Des groupes de musiciens et de danseurs traditionnels animent régulièrement les soirées. Possibilité de dîner sur la plage ou près de la piscine.

KUTA Empat Ikan ▣♫Ⓥ €€€€€
Novotel Coralia Lombok, Mandalika, Kuta **Tél.** *(0370) 653 333*

Avec son toit de chaume fuselé et ses statues surbancoises dressées près de la plage de sable blanc de Putri Nyale, ce restaurant installé au cœur du Novotel Coralia dégage une atmosphère romantique. Il sert une cuisine française de qualité, notamment des plats de poisson joliment préparés et un filet de bœuf accompagné de champignons.

MANGSIT Puri Mas Restaurant ▣▤Ⓥ €€€
Puri Mas Boutique Hotel, Pantai Mangsit, Senggigi **Tél.** *(0370) 693 831*

Cet hôtel-restaurant situé près de la plage de Mangsit jouit d'une vue exceptionnelle sur le détroit de Lombok jusqu'au Gunung Anung de Bali. Spécialisé dans les plateaux de fruits de mer, il propose aussi, pour le dessert, des classiques de la cuisine occidentale, comme l'indémodable crumble aux pommes.

SENGGIGI Lotus Bayview ▣▤Ⓥ €€
Jln Raya Senggigi **Tél.** *(0370) 693 758*

N'hésitez pas à venir admirer le coucher de soleil dans ce joli restaurant en bord de mer, caché derrière l'ancien marché d'art du centre-ville. Sur les tables, un beau carrelage en fleur de lotus et un menu italien qui propose aussi des plats internationaux : samoussas au fromage, salades, pâtes, poissons et pizzas au feu de bois.

SENGGIGI Papaya ▣♫Ⓥ €€
Jln Raya Senggigi **Tél.** *(0370) 693 616*

Au cœur de Senggigi, en retrait de l'artère principale, ce restaurant à la mode se distingue par son mobilier en bois naturel et son art tribal. Il est spécialisé dans les fruits de mer et la cuisine chinoise, indonésienne et occidentale. Le client peut choisir la taille des portions pour les plats à partager. Concerts organisés régulièrement.

SENGGIGI Asmara ▣▤Ⓥ €€€
Jln Raya Senggigi **Tél.** *(0370) 693 619*

Tenu par un Allemand, ce restaurant clair et spacieux est réputé comme l'un des meilleurs de la ville. Spécialiste des fruits de mer, il propose aussi des viandes, des plats végétariens et des mets traditionnels de Lombok. Billard, bibliothèque et aire de jeux pour les enfants.

SENGGIGI Taman Restaurant ▣▤Ⓥ €€€
Jln Raya Senggigi **Tél.** *(0370) 693 842*

Bâti sur deux étages en centre-ville, ce restaurant en forme de croissant est entouré d'arbustes à fleur et de verdure. Sandwichs, hamburgers et fruits de mer, ainsi que des plats de pâtes originaux et des salades copieuses sont au menu. Seule rôtisserie de Senggigi, on y trouve aussi du poulet rôti.

TANJUNG Lumbung Restaurant ▣▤Ⓥ €€€€€
Oberoi Lombok, plage Medana, Tanjung **Tél.** *(0370) 6138 444*

La meilleure table de Lombok se situe dans la palmeraie du magnifique Oberoi Hotel. Dîner en plein air ou au sein d'un romantique belvédère faisant face à la mer. Sélection raffinée de mets internationaux et de fruits de mer, notamment un soufflé au fromage de chèvre et aux artichauts. Les desserts raviront les gourmands.

BOUTIQUES ET MARCHÉS

Le choix de souvenirs, de cadeaux et d'objets artisanaux disponibles en Indonésie est si vaste, et à des prix si modérés, que certains étrangers ne se déplacent dans les îles que pour faire des achats. Il faut cependant aimer marchander. Les articles « de marque » proposés sont pour certains fabriqués sous licence dans le pays, mais comptent aussi beaucoup de contrefaçons illégales, assez difficiles à distinguer des originaux, mais rarement de la même qualité.

Lampe en bambou et en bois

C'est dans les quartiers marchands de Kuta, de Sanur et d'Ubud, et à la Galleria, le centre commercial de Nusa Dua, que vous trouverez le plus large éventail de produits provenant de tout l'archipel. En général, l'aspect d'une boutique est révélateur des tarifs qu'elle pratique. Les quartiers ou villages spécialisés, par exemple dans la vannerie, les bijoux, le tissage ou le mobilier, permettent de comparer aisément les prix des différents articles.

Kuta Square, un haut lieu du shopping à Bali

HEURES D'OUVERTURE

Les boutiques ouvrent en général de 10 h à 18 h (22 h à Kuta). La majorité des marchés commencent très tôt et beaucoup d'éventaires ferment vers 15 h. La chaleur peut rendre le shopping fatigant en milieu de journée.

MODES DE PAIEMENT

Dans les petits commerces et sur les marchés, vous ne pourrez payer qu'en liquide. Les nombreuses boutiques qui attirent une clientèle touristique libellent le plus souvent leurs prix en dollars mais elles acceptent aussi les rupiahs. Les boutiques les plus chic et les grands magasins prennent les cartes bancaires : MasterCard, Visa et American Express sont les plus courantes. Certains commerçants imposent une surtaxe de 3 à 5 % pour ce mode de paiement.

MARCHANDER

Hormis dans les boutiques haut de gamme qui affichent des prix fixes, il vous faudra marchander chacun de vos achats. Essayez d'abord de vous renseigner sur les tarifs pratiqués. Dans les zones touristiques, la première offre du vendeur peut dépasser le triple de la valeur de l'objet.

MARCHÉS TRADITIONNELS

Tout visiteur se doit de se mêler au moins une fois à la foule dans un des marchés de Bali et de Lombok, même si ceux-ci occupent parfois des bâtiments un peu étouffants. Le **Kumbarasi Market** de Denpasar offre un dédale de petites échoppes vendant des produits venant de toute l'Indonésie. Les étals du **Pasar Ubud** *(p. 89)* proposent des tissus et des vêtements traditionnels, ainsi qu'une large gamme d'articles divers.

Entrée d'un des grands magasins de la principale chaîne de Bali

Le **Sukawati Art Market** de Gianyar est bruyant, mais constitue une excellente source d'artisanat local. À Lombok, le **marché de Bertais**, à l'est de Sweta *(p. 154)*, mérite une visite pour ses éventaires de vannerie, de poteries et de tissus, *ikat* et *songket*.

VENDEURS AMBULANTS

Le démarchage insistant des vendeurs qui arpentent les rues et les plages de Bali peut se révéler agaçant. Les articles qu'ils proposent sont souvent de mauvaise qualité et pas toujours bon marché. À moins d'être intéressé, évitez de croiser leur regard. S'ils vous abordent quand même, un « non » ferme, mais souriant, devrait suffire à les éconduire. À Kuta, ils n'ont pas le droit de venir en bord de mer.

Discussion avec des vendeurs ambulants

Objets en bambou et en rotin
au Pasar Ubud

GRANDS MAGASINS ET CENTRES COMMERCIAUX

Les grands magasins sont climatisés et vendent des produits locaux et étrangers, notamment des vêtements, des chaussures et des cosmétiques, à des prix intéressants. La plus grande chaîne, **Matahari**, possède trois succursales à Denpasar et Kuta. Près du Matahari de Denpasar, le **Ramayana** comprend des commerces variés. Sur Simpang Siur à Kuta, **Mal Bali Galeria** abrite deux librairies et des boutiques de vêtements et de musique. Bali possède aussi deux grands centres commerciaux : le Kuta Centre (sport, mode, chaussures et produits détaxés) et Discovery Mall, en face de Discovery Kartika Plaza, à Kuta.

SUPERMARCHÉS

Le plus grand supermarché de Bali, le **Makro**, se trouve entre Benoa et Kata. On peut y trouver des produits locaux et occidentaux. À Seminyak, le **Bintang** vend des produits frais et des conserves de provenances diverses. À Lombok, c'est au **Pacific Supermarket** de Mataram que vous trouverez le choix le plus intéressant. À Ubud, **Bintang** est la plus grande enseigne ; à Sanur, il s'agit d'**Hardy's**.

TRAITEURS

Les visiteurs apprécieront les pains, pâtisseries et autres sandwichs vendus dans des établissements comme le **Bali Deli** de Seminyak et le **Roti Segar** de Kerobokan, la **Bali Bakery** et le **Dijon Deli** de Kuta, **The Pantry** de Sanur, le **Casa Luna** et la **Kakiang Bakery** d'Ubud.

TISSUS

Les tailleurs abondent à Bali et on peut y faire couper des vêtements sur mesure à des prix très avantageux. Le plus grand centre de vente de tissus se trouve sur **Jalan Sulawesi** à Denpasar *(p. 60)*. Vous y trouverez un large choix de soieries, cotonnades, lainages et rayonnes. Près du grand magasin Matahari, **Duta Silk** est réputé pour ses soieries, ses dentelles et son linge de maison. Le marché de **Klungkung** est le meilleur endroit pour trouver des tissus traditionnels. **Threads of Life**, à Ubud, soutient une coopérative de tissage.

PRÊT À PORTER

Les meilleures boutiques de mode féminine se trouvent à Kuta Square et le long de la route qui traverse Legian et Seminyak. **Paul Ropp** et **Body and Soul** à Kuta et à Seminyak, et **Mama and Leon** à Renon, comptent parmi les enseignes les plus réputées. Les magasins du Sheraton Nusa Indah de Nusa Dua et du Novotel de Tanjung Benoa méritent aussi une visite. À Kuta, **Wira's** vend de très beaux vêtements balinais, entre autres des sarongs en soie.

VÊTEMENTS POUR ENFANTS

Le prêt-à-porter pour enfants que l'on peut trouver dans

les grands magasins est en général d'un bon rapport qualité/prix. **Kuta Kidz** habille les moins de 10 ans, tandis que **Rascals** propose robes brodées et batiks. **Kiki's Closet** vend des habits branchés. À Kuta, les adolescentes s'habillent chez **Surfer Girl**. Les passionnés de surf trouveront des articles de marque chez **Billabong** et chez **Rip Curl**.

Boutique de mode et d'articles
de surf à Kuta

BIJOUX

Les bijoux en argent proviennent pour la plupart du village de Celuk *(p. 82)*, situé au centre de Bali, sur la route qui relie Denpasar à Ubud. La marque **Suarti**, spécialisée dans les bijoux en argent, y possède d'ailleurs son atelier. Bien achalandés, ses points de vente situés dans toute l'île proposent aussi des articles à la pointe de la mode. À Kuta, essayez **Jonathan Silver** et **Yusuf Silver**. À Ubud, l'Ary's Warung abrite **Treasures**, spécialisé dans les créations de stylistes. **Perlu**, un nouveau joaillier tendance, mérite le détour.

Les Balinais aiment les bijoux très ouvragés façonnés dans un or 24 carats éclatant. Leur coût est calculé au poids, à un taux qui dépend du travail qu'ils ont demandé. Les nombreuses joailleries qui bordent **Jalan Hasanuddin** à Denpasar vous permettront de comparer modèles et prix.

ARTICLES EN CUIR

Les articles de mode en cuir ne coûtent pas cher à Bali. À Legian, vestes, jupes, chaussures et bottes abondent dans les boutiques spécialisées bordant Jalan Padma et Jalan Werkudara.

Threads of Life vend du textile
provenant du commerce équitable

MARIONNETTES

Découpées dans du cuir de buffle, les marionnettes raffinées du théâtre d'ombre *wayang kulit* font de très jolis souvenirs. Vous les trouverez dans des boutiques d'art et d'antiquités, dans le quartier de Babakan, près du Pasar Seni de Sukawati. Vous pourrez assister à leur fabrication chez **Wayan Mardika** et **Wayan Narta**.

Marionnette de *wayang golek*

Ces ateliers vendent aussi des marionnettes en bois et en batik utilisées dans le *wayang golek* javanais pour illustrer des légendes populaires. **Wayan Wija**, à Peliatan, est réputé pour ses représentations d'animaux.

VANNERIE

Les boutiques de Bali proposent des objets en vannerie extrêmement variés. Les paniers les plus réputés proviennent du village balinais de Tenganan *(p. 110-111)*. Ils sont plutôt bon marché comparés aux prix pratiqués à Denpasar même ; il peut donc être intéressant de faire le déplacement pour les acheter sur place. Les paniers de qualité sont moins chers à Lombok. Vous en trouverez un large choix au **marché de Sweta**.

POTERIE

Les céramistes de Lombok continuent de fabriquer selon de très anciennes techniques une élégante poterie cuite à basse température dans des trous creusés dans le sol *(p. 37)*. Le **Lombok Pottery Centre** possède des succursales à Mataram et à Kuta, dans le sud de Bali. À Jimbaran *(p. 74)*, **Jenggala Keramik** offre un large choix.

PEINTURE

Bali compte plusieurs artistes talentueux, mais la demande

Atelier de fabrication de meubles à Seminyak

liée au tourisme favorise une production de masse au détriment de la qualité. Vous trouverez des peintures de styles variés dans les petites galeries d'Ubud. Vous pourrez aussi en acquérir dans les boutiques du **musée d'Art de Neka** et de l'**ARMA**. La **Ganesha Gallery** (Four Seasons, Jimbaran) et l'Alila (Kedewaten) organisent des expositions tous les mois. Pour des œuvres d'artistes contemporains, rendez-vous à **Komaneka**, à Ubud, ou chez **Tony Raka Gallery**, à Mas.

SCULPTURES SUR BOIS ET SUR PIERRE

Le village de Mas est le centre traditionnel de la sculpture sur bois à Bali. Les visiteurs passent d'un atelier à l'autre pour effectuer leur choix. Les plus grosses concentrations de sculpteurs sur pierre se trouvent à Batubulan et dans les villages des alentours de Singapadu. Les magasins bordant Jalan Bypass Ngurah Rai et Jalan Raya Keroban, dans le sud de l'île, méritent une visite, à l'instar de la **Jimbaran Gallery**, qui abrite des œuvres d'origines variées.

Peinture balinaise

MEUBLES

Le mobilier en teck indonésien connaît un grand succès, mais les véritables antiquités sont rares à Bali et à Lombok. Il est préférable de les étudier de près. Si vous achetez des meubles en bois neufs, assurez-vous qu'ils portent le label Forest Stewardship Council (label de gestion durable des forêts). Sur la grand-route au nord de Seminyak, un centre de fabrication de meubles regroupe de nombreux magasins proposant un vaste choix, y compris d'articles ménagers. **Warisan** est un des meilleurs… mais également un des plus chers. Vous aurez un plus large aperçu de sa production à l'usine de Sempidi. **Lio Collection**, sur Jalan Raya Keroboan, au nord de Kuta, propose des produits d'un bon rapport qualité/prix. Une autre zone spécialisée dans le mobilier se trouve sur Jalan Bypass Ngurah Rai, entre Sanur et Kuta. **Nostalgia** et **Victory** sont les enseignes les plus appréciées. Avant d'acheter, n'oubliez pas que le bois évolue en fonction du climat. Vous risquez de voir se fendre des objets taillés dans une essence de mauvaise qualité ou mal séchée. Mieux vaut dépenser un peu plus pour éviter ce risque. Si vous devez faire expédier vos articles, contactez une compagnie sûre (**MSA Cargo**, **CSA** ou **PAL**).

ADRESSES

MARCHÉS TRADITIONNELS

Marché Kumbasari
Jln Gajah Mada, Denpasar.

Pasar Ubud
Jln Raya Ubud, Ubud.

Marché d'art Sukawati
Sukawati, Gianyar.

Marché de Sweta
Jln Sandubaya,
Sweta, Lombok.

GRANDS MAGASINS

Mal Bali Galeria
Jln Bypass I Gusti Ngurah
Rai, Simpang Dewa Ruci,
Kuta.

Matahari
Jln Dewi Sartika, Denpasar.
Kuta Square, Kuta.
Simpang Siur,
Jln Bypass, Kuta.

Ramayana
Mal Bali, Jln Diponegoro,
Denpasar.
Tél. (0361) 246 306.

SUPERMARCHÉS

Bintang
Jln Raya Seminyak,
Seminyak.
Tél. (0361) 730 552.

Jln Raya Sangginen 45,
Ubud.
Tél. (0361) 972 972.

Hardy's
Jln Danau Tamblingan 193,
Sanur.
Tél. (0361) 285 807.

Makro
Jln Bypass Ngurah
Rai 222X, Sesetan,
Denpasar.
Tél. (0361) 723 222.

Pacific Supermarket
Jln Langko, Mataram.
Tél. (0370) 623 477.

TRAITEURS

Bali Bakery
Jln Iman Bonjol, Kuta.
Tél. (0361) 755 149.

Bali Deli
Jln Kunti 117, Seminyak.
Tél. (0361) 738 686.

Casa Luna
Jln Raya Ubud, Ubud.
Tél. (0361) 977 409.

Dijon Deli
Kuta Poleng Art et
Antique Mall, Blok A1-A2,
Jln Setiabudi, Kuta.
Tél. (0361) 759 636.

Kakiang Bakery
Jln Pengosekan, Pengose-
kan. *Tél. (0361) 978 984.*

The Pantry
Jln Danau Tambligan 75A,
Sanur.
Tél. (0361) 281 008.

Roti Segar
Jln Bumbak Kerobokan.

TISSUS

Duta Silk
Près du Matahari,
Denpasar.
Tél. (0361) 232 818.

Jln Sulawesi
Denpasar : dans la rue.

Marché Klungkung
Rues principales de
Semarapura, Klungkung.

Threads of Life
Jln Kajeng 24, Ubud.
Tél. (0361) 972 187.

PRÊT-À-PORTER

Body and Soul
Kuta Square et
Jln Legian 162, Kuta.
Tél. (0361) 756 297.

Mama and Leon
Renon.
Tél. (0361) 288 044.

Paul Ropp
Jln Raya Seminyak 39,
Seminyak.
Tél. (0361) 731 208.

Wira's
Jln Raya Kuta, Kuta.
Tél. (0361) 763 863.

VÊTEMENTS POUR ENFANTS

Billabong
Kuta Square, Kuta.
Tél. (0361) 752 360.

Kiki's Closet
Jln Rayan Seminyak 57,
Seminyak.
Tél. (0361) 746 4892.

Kuta Kidz
Bemo Corner, Kuta.
Tél. (0361) 755 810.

Rascals
Kuta Square, Kuta.
Tél. (0361) 754 253.

Rip Curl
Jln Legian, Kuta.
Tél. (0361) 757 404.

Surfer Girl
Jln Legian, Kuta.
Tél. (0361) 762 442.

BIJOUX

Jln Hasanudin
Denpasar : dans la rue.

Jonathan Silver
Jln Legian 109, Kuta.
Tél. (0361) 754 209.

Perlu
Jln Laksmana, Seminyak.
Tél. (0361) 780 2553.

Suarti
Jln Raya 100, Celuk.
Tél. (0361) 751 660.

Treasures
Ary's Warung, Ubud.
Tél. (0361) 976 697.

Yusuf Silver
Jln Legian, Kuta.
Tél. (0361) 758 441.

MARIONNETTES

Wayan Mardika
Banjar Babakan,
Sukawati.
Tél. (0361) 299 646.

Wayan Narta
Jln Padma, Sukawati.
Tél. (0361) 299 080.

Wayan Wija
Banjar Kalah, Peliatan.
Tél. (0361) 973 367.

POTERIE

Jenggala Keramik
Jln Uluwatu II, Jimbaran.
Tél. (0361) 703 310.

Lombok Pottery Centre
Jln Kartika Plaza 8, Kuta.
Tél. (0361) 753 184.

Jln Sriwijaya 111A,
Mataram, Lombok.
Tél. (0370) 640 351.

PEINTURE

ARMA
Jln Pengosekan, Peliatan.
Tél. (0361) 975 742.

Ganesha Gallery
Four Seasons, Sayan.
Tél. (0361) 977 577.

Komaneka Gallery
Jln Monkey Forest, Ubud.
Tél. (0361) 976 090.

Musée d'Art de Neka
Jln Raya Campuhan,
Ubud.
Tél. (0361) 975 074.

Tony Raka Gallery
Jln Raya Mas, Ubud.
Tél. (0361) 781 6785.

SCULPTURES SUR BOIS ET SUR PIERRE

Jimbaran Gallery
Jln Bypass Ngurah Rai,
Jimbaran.
Tél. (0361) 774 957.

MEUBLES

Nostalgia
Jln Bypass Ngurah Rai,
Sanur.
Tél. (0811) 395 082.

Victory
Jln Bypass Ngurah Rai,
Sanur.
Tél. (0361) 722 319.

Warisan
Jln Kerobokan,
Seminyak.
Tél. (0361) 730 710.

EXPÉDITION

CSA
Jln Ngurah Rai 109X,
Suwung Kauh,
Denpasar.
Tél. (0361) 720 525.

MSA Cargo
Jln Hayam Wuruk 238,
Denpasar.
Tél. (0361) 236 195.

Lio Collection
Jala Rayan Kerokan 2.
Tél. (0361) 780 0942.

PAL
Jln Sekar Jepun 5, Gatsu
Timor, Tohpati.
Tél. (0361) 466 999.

Qu'acheter à Bali et à Lombok ?

Les objets décoratifs en vente dans les principaux centres touristiques donnent envie de rentrer avec beaucoup plus de bagages que n'en acceptent les compagnies aériennes. Rien n'interdit toutefois d'expédier ses achats par la poste ou par une compagnie de fret. Certaines régions ont des spécialités. L'est de Bali est ainsi réputé pour les étoffes, notamment *ikat* et *songket*, tandis que beaucoup de bijoux proviennent de Celuk, au sud d'Ubud.

Chaussures en batik

Vous trouverez à Lombok une belle poterie rustique, de la vannerie et des tissages de qualité.

Sculptures
Les artisans ont pour matériaux préférés le bois et un tuf volcanique appelé paras. Garuda et le Bouddha font partie des nombreux sujets représentés.

Masques
Inspirés de la mythologie, ils servent traditionnellement aux représentations théâtrales.

Sculpture sur bois   Sculpture sur *paras*

Marionnettes
Outre les marionnettes en cuir du wayang kulit (p. 31), les boutiques vendent des figurines javanaises en bois et batik.

Poterie de Lombok
Cette poterie rustique rouge ou noire est exportée dans le monde entier. Les meilleurs revendeurs se chargent des expéditions.

Gravures sur feuilles de palmier lontar
C'est une des spécialités du village de Tenganan (p. 110-111).

Meubles
Teck et acajou sont utilisés pour fabriquer des reproductions et des pièces modernes. Malgré le succès du style colonial, il existe peu d'antiquités. Les meubles les plus fiables sont en bois de récupération.

Chaise en teck   Table en bambou   Panneau de bois sculpté

Cerfs-volants
Les pièces destinées aux visiteurs sont produits à la chaîne; ils sont malgré tout séduisants.

Bracelet

Pendentif

Boucles d'oreilles

Collier

Bijoux
Celuk est le grand centre de la joaillerie balinaise. Qu'ils travaillent l'or ou l'argent, les artisans suivent aussi bien des modèles contemporains que traditionnels.

Ikat

Tenue d'enfant

Étoffes
L'étoffe artisanale la plus répandue est l'endek, une forme d'ikat (p. 37). Les habitants de Tenganan sont les seuls à maîtriser le double ikat appelé geringsing. Du fil d'or ou d'argent dessine les motifs du songket.

Ceinture

Vêtements et tissus
Bali abrite de nombreux tailleurs et vous pourrez commander à bas prix des vêtements réalisés sur mesure ou d'après un modèle. Jalan Sulawesi, à Denpasar, offre un grand choix de tissus.

Robe en batik

Vannerie de Lombok
Une visite dans les villages où vivent les artisans permet de les regarder travailler.

Bagages
En rotin ou en cuir, les articles fabriqués à Bali portent généralement des motifs géométriques.

Sac en cuir

Sac tressé

Carambole

Noix muscade

Mangue

Fruits secs
Très variés, ils offrent une large palette de saveurs, du très sucré à l'acide en passant par le pimenté. Les supermarchés les commercialisent tout emballés. Certains warung et étals de marché vendent des lanières composées de plusieurs fruits : mangue, papaye et ananas par exemple.

Papaye

Ananas

Salak

SE DISTRAIRE

Masque de théâtre

Musique, danse et théâtre balinais possédaient à l'origine une vocation rituelle, mais ils ont acquis une dimension profane et de nombreuses représentations sont organisées dans le seul but de satisfaire un public de visiteurs. Les distractions nocturnes à l'occidentale n'existent que dans les zones touristiques. Les stations du sud de Bali offrent le plus large choix, avec des discothèques et des bars convenant à tous les âges, à tous les goûts musicaux et à tous les budgets. Kuta possède l'ambiance la plus animée. L'atmosphère est plus chic à Seminyak et plus familiale à Sanur et Nusa Dua. Les amateurs de musique et de théâtre seront comblés à Ubud.

INFORMATIONS

Seul média francophone en Indonésie, *La Gazette de Bali* propose quelques pages d'informations touristiques. *Hello Bali, The Beat* et *The Bali Advertiser* ont d'excellentes rubriques spectacles. *The Jakarta Post,* quotidien en anglais, et les magazines *FRV Travel* ou *The Yak,* sont aussi de bonnes sources d'informations. Pensez enfin aux brochures, gratuites ou payantes, diffusées dans les hôtels, comme le *Bali Travel News,* une des publications les plus riches en renseignements pour les visiteurs étrangers.

ACHETER SA PLACE

Des spectacles de danses balinaises sont proposées tous les soirs dans presque tous les sites touristiques. Les agences de voyages prélèvent une commission, mais se chargent souvent du transport jusqu'au lieu de spectacle. Les hôtels et les bureaux de change vendent aussi des

Artistes en tenue pour une représentation à Denpasar

billets. Les paiements doivent être effectués en liquide, en rupiahs ou en dollars.

DANSE TRADITIONNELLE

La plupart des spectacles montés spécialement pour les touristes adaptent la tradition à leur intention. Beaucoup se composent d'un pot-pourri d'extraits ou de temps forts appartenant à des œuvres différentes. Sauf exception, il s'agit néanmoins de

prestations de qualité. Les spectateurs reçoivent un feuillet explicatif rédigé le plus souvent en plusieurs langues, dont le français. Mieux vaut arriver tôt car il n'est pas possible de réserver sa place à l'avance.

Ubud reste le haut lieu de la culture à Bali, et les étrangers qui y séjournent passent une bonne part de leurs soirées à assister aux représentations données tous les jours en fin d'après-midi, dans le cadre historique de la cour extérieure du **Puri Saren** *(p. 90).* Le programme proposé dans ce palais comprend surtout des ballets illustrant le *Ramayana* et du *legong,* une danse pleine de grâce exécutée par de très jeunes filles. On peut acheter les billets sur place ou par l'intermédiaire d'une agence.

Le village de Batubulan *(p. 82)* est réputé pour ses troupes de danse. La célèbre compagnie Denjalan fait revivre le mythe de Barong *(p. 25)* tous les jours à 9 h 30 au **Pura Puseh.** La danse du Barong et Kriss est donnée à la même heure dans le théâtre de verdure Sila Budaya du **Puri Anom Tegehe Batubulan.** Celui-ci accueille à 18 h 30 des représentations de *kecak (p. 30)* et de danse du feu.

La principale manifestation culturelle de Bali, le Festival des arts, se déroule en juin et juillet au **Taman Werdhi Budaya** *(p. 61)* de Denpasar. Ce centre présente des expositions et des spectacles toute l'année. Vous en trouverez le détail dans le *Bali Post.* Les événements les plus importants ont en général lieu le samedi soir.

Jeunes danseuses de *legong* en costume doré

Gamelan accompagnant un spectacle de danse à Ubud

MUSIQUE TRADITIONNELLE

Chaque quartier de Bali possède son gamelan *(p. 32-33)*, orchestre où dominent les percussions et dont les mélodies syncopées rythment les danses. Ces formations composées d'amateurs se produisent aussi dans les hôtels.

Un temple reste le meilleur endroit pour écouter un gamelan. Les offices locaux du tourisme, ou votre hôtel, pourront vous indiquer ces dates et lieux des concerts. À Ubud, les représentations de **Semara Ratih** à Kutuh et **Cudamani** à Pengosekan jouissent d'une haute réputation. Cudamani donne aussi des cours d'initiation aux enfants du village et aux adultes étrangers.

THÉÂTRE D'OMBRE

Le théâtre d'ombre *(wayang kulit)* reste très populaire auprès des Balinais, et des représentations se déroulent aussi bien dans le cadre de réunions familiales que lors de fêtes publiques. Découpées dans de la peau de buffle, puis dorées et peintes de couleurs vives, les marionnettes représentent les dieux et les très nombreux personnages des grandes épopées hindoues comme le *Ramayana* ou encore le *Mahabharata*. C'est le *dalang* qui leur donne vie en manipulant les silhouettes devant une lanterne et en prêtant à chacune un ton de voix différent.

Les spectacles durent plusieurs heures, parfois jusqu'à l'aube, et les dialogues y jouent un grand rôle.

Les séances organisées pour les visiteurs étrangers, dans les hôtels notamment, offrent des versions écourtées mettant l'accent sur le jeu dramatique.

Vous pourrez avoir un aperçu plus juste du *wayang kulit* le mercredi et le samedi soir à 20 h chez **Oka Kartini**, à Ubud. Pour une occasion spéciale, il est aussi possible d'engager des artistes comme **Wayan Mardika**, **Wayan Wija** ou **Nyoman Sumandhi**.

Variante modernisée du *wayang kulit*, le *wayang listrik* utilise des marionnettes géantes et des éclairages électriques.

AVEC DES ENFANTS

Les complexes hôteliers ont souvent un riche programme d'activités à destination des jeunes visiteurs. Certains, comme le **Westin Resort Nusa Dua** *(p. 172)*, l'ouvrent aux non-résidents, moyennant une participation financière. Le **Conrad Bali** *(p. 173)*, l'**Intercontinental Resort Bali** *(p. 170)* et le **Nikko Bali** *(p. 171)* possèdent aussi des clubs pour les enfants.

Les costumes colorés et l'exotisme des danses balinaises, visibles dans la plupart des hôtels, séduisent à tout âge. Parmi les lieux de représentation les plus

Marionnette de *wayang kulit*

intéressants, citons le Budaya Cultural Theatre du **Nusa Dua Beach Hotel** *(p. 171)*. Enfin, le Pasar Senggol du **Grand Hyatt** propose un forfait buffet et spectacle, idéal pour les familles.

Les enfants les plus grands peuvent se promener à dos de chameau près du Nikko de Nusa Dua ou participer à des descentes de rapides en canot pneumatique, des randonnées à pied et des excursions à vélo bien encadrées. **Sobek** est une agence fiable, à l'instar de **Bali Adventure Tours**, qui organise aussi des sorties pour enfants. Les passionnés de chevaux trouveront leur bonheur aux **Pemuteran Stables** et aux **Umalas Stables** (leçons et promenades).

Le parc de loisirs le plus populaire, le **Waterbom Park and Spa**, se trouve près de Kuta. Pour une journée d'aventurier au sommet des arbres, le **Bali Treetop Adventure Centre** *(p. 141)* permet à chaque âge de trouver son bonheur. Près d'Ubud, les valeurs sûres pour une sortie en famille comptent l'**Elephant Safari Park** *(p. 207)*, le **parc des reptiles** *(p. 82)* et le **parc ornithologique de Bali** *(p. 84-85)*. Au sud de Gianyar, le **Bali Safari and Marine Park** regroupe plus de 50 espèces animales, dont le dragon de Komodo.

En famille au Waterbom Park and Spa de Tuban

LA VIE NOCTURNE

Depuis l'arrivée des premiers surfeurs au début des années 1970, Bali est aussi un endroit où l'on vient pour s'amuser. Tous les grands complexes hôteliers proposent à leurs clients des distractions le soir. Hors de ces enclaves, il n'existe de réelle vie nocturne que dans les zones touristiques de Kuta, Sanur, Seminyak, Ubud et Nusa Dua. Elles ont toutes un caractère propre qui influe sur les distractions offertes. Des établissements élégants ont ouvert pour répondre aux demandes d'une clientèle aisée, mais certains des plus vieux clubs de Kuta font toujours des affaires florissantes en vendant de l'*arak* (eau-de-vie de palme) dans des pots à confiture. L'ambiance s'échauffe dans les *dance-bars* de Seminyak vers 23 h, tandis qu'à Sanur et Ubud, la plupart des débits de boissons ferment à minuit.

À Kuta, le **Kori**, le **Peanuts**, le **Bounty**, le **TJ's**, le **Sky Garden Lounge** et l'**Eikon** comptent parmi les lieux appréciés pour boire un verre en bavardant. Le **Macaroni** sert des cocktails recherchés. Les Poppies Lanes I et II abritent de nombreux bars pour routards où se désaltérer d'une bière bon marché.

Le **Hard Rock Beach Hotel** possède un bar à cocktails où se produisent des groupes acoustiques. Le **Hard Rock Café** propose à partir de 23 h une bonne programmation d'orchestres locaux et étrangers. Le bar à l'étage est un lieu de rencontre animé. Le **M-Bar-Go**, le **88 Club Bali**,

Le Peanuts, un bar très apprécié de Kuta

l'**Apache Reggae Bar** et le **Paddy's** comptent parmi les bonnes boîtes de nuit.

À Tuban, le **Deejay Café** reste ouvert toute la nuit.

Le meilleur pub de Sanur, l'**Arena**, attire une clientèle d'expatriés. On vient au **Blue Eyes** pour danser et le **Jazz Bar and Grill** reçoit des musiciens tous les soirs.

À Seminyak, c'est sur la plage entre le **Padma Resort** et **La Lucciola** que visiteurs et Balinais se retrouvent au coucher du soleil pour jouer au volley-ball ou boire une bière. En général, les étrangers rentrent ensuite prendre une douche avant de dîner dans un restaurant comme le réputé **Ku De Ta.** Sur le toit, le Kuve sert des plats de style tapas et des cocktails novateurs. Une atmosphère détendue règne au **Santa Fe** et au **Jaya Pub**. La scène gay a pour hauts lieux le **Bali Jo**,

le **Mixwell** et le **Facebar**. Le célèbre club du **Double Six** abrite une rampe de saut à l'élastique haute de 50 m. DJ et musiciens animent les soirées du **JP's**, du **Mannekepis** et de l'**Obsesion**. Le **SOS Lounge** de l'Anantara Resort accueille des DJ et des chanteurs internationaux.

Ubud n'est pas une ville de la nuit en dehors de l'**Ozigo**, discothèque où se produisent aussi des groupes. Des musiciens jouent au **Jazz Café** du mardi au samedi, et la musique latine est à l'honneur le lundi à l'**Indus**.

À Lovina, la guerre de l'apéritif fait rage le soir entre les bars de la rue menant à la plage. Ils offrent deux consommations pour le prix d'une au moment de l'*happy hours*, passent un reggae acceptable et accueillent des groupes de reprises.

À Sayan, près d'Ubud, le **Four Seasons Resort** renferme un bar dont la situation spectaculaire justifie de dépenser le prix qu'y coûte une boisson. Ceux qui aiment le luxe apprécieront une soirée passée au **Alila** ou à l'**Amankila** de Manggis.

Les complexes hôteliers de Nusa Dua possèdent en général plusieurs bars et une boîte de nuit. Les fêtes organisées sur la plage à la pleine lune s'adressent plutôt aux jeunes.

Le Bounty fait partie des grands clubs du sud de Bali

ADRESSES

DANSE TRADITIONNELLE

Pura Puseh
Jalan Raya, Batubulan, Gianyar.
Tél. (0361) 298 038.

Puri Anom Tegehe Batubulan
Jalan Raya Batubulan, Gianyar.
Tél. (0361) 298 505
ou (0361) 298 092.

Puri Saren
Jalan Raya Ubud, Ubud.
Tél (0361) 975 057.

Taman Werdhi Budaya
Jalan Nusa Indah, Denpasar.
Tél. (0361) 222 776.

MUSIQUE TRADITIONNELLE

Cudamani
Jalan Raya Pengosekan, Ubud.
Tél. (0361) 977 067.
www.cudamani.org

Semara Ratih
Banjar Kutuh, Ubud.
Tél. (0361) 973 277.

THÉÂTRE D'OMBRE

Nyoman Sumandhi
Jalan Katrangan Lane 5B/6, Denpasar.
Tél. (0361) 742 3981.

Oka Kartini's
Jalan Raya Ubud, Ubud.
Tél. (0361) 975 193.
www.okakartini.com

Wayan Mardika
Banjar Babakan, Sukawati.
Tél. (0361) 299 646.

Wayan Wija
Banjar Kalah, Peliatan.
Tél. (0361) 973 367.

DISTRACTIONS POUR ENFANTS

Bali Adventure Tours
Adventure House, Jalan Bypass Ngurah Rai, Pessanggaran.
Tél. (0361) 721 480.
www.baliadventuretours.com.

Bali Safari and Marine Park
Jalan Bypass Ida Bagus Mantra, km 19,8, Gianyar.
Tél. (0361) 950 000.
www.balisafari marinepark.com

Bali Treetop Adventures Park
Kebun Raya Botanical Gardens, Jalan Raya, Bedugul.
Tél. 081 338 306 898.
www.balitreetop.com

Conrad Bali
Jalan Pratama Raya 168, Tanjung Benoa.
Tél. (0361) 771 234.

Elephant Safari Park
Taro. **www**.bali adventuretours.com

Grand Hyatt
Nusa Dua.
Tél. (0361) 771 234.

Parc des reptiles
Jalan Serma Cok Ngurah Gambir, Singapadu, Batubulan, Gianyar.
Tél. (0361) 299 344.

Parc ornithlogique
Jalan Serma Cok Ngurah Gambir, Singapadu, Batubulan, Gianyar.
Tél. (0361) 299 352.
www.bali-bird-park.com

Pemuteran Stables
Jalan Singaraja, Gilimanuk.
Tél./fax (0362) 92 339.

Sobek
Jalan Tirta Ening 9, Sanur.
Tél. (0361) 287 059.
www.balisobek.com

Umalas Stables
Banjar Umalas, Kerobokan.
Tél. (0361) 731 402.

Waterbom Park & Spa
Jalan Kartika Plaza, Tuban.
Tél. (0361) 755 676.

Westin Resort Nusa Dua
Nusa Dua.
Tél. (0361) 771 906.
www.westin.com/bali

VIE NOCTURNE

Alila
Manggis.
www.alilahotels.com

Amankila
Manggis.
Tél. (0363) 41 333.

Apache Reggae Bar
Jalan Legian 146, Kuta.
Tél. (0361) 761 213.

Bali Jo
Dhyana Pura Street Arcade 8, Jalan Abimanyu, Seminyak.
Tél. (0361) 730 931.

Blue Eyes
Jalan Bypass Ngurah Rai 888, Sanur.
Tél. (0361) 730 931.

The Bounty
Jalan Legian Kelod, Kuta.
Tél. (0361) 754 040.

Deejay Café
Jalan Kartika Plaza, Tuban.
Tél. (0361) 753 188.

Double Six
Jalan Double Six, Seminyak.
Tél. (0361) 731 266.

88 Club Bali
Jalan Pantai Kuta, Kuta.
Tél. (0361) 767 540.

Eikon
Jalan Legian 178, Kuta.
Tél. (0361) 750 701.

Facebar
Dhyana Pura Street Arcade 9, Jalan Abimanyu, Seminyak.
Tél. (0361) 701 883.

Four Seasons Resort
Sayan, Ubud.
Tél. (0361) 977 577.

Hard Rock Beach Hotel and Café
Jalan Pantai, Kuta.
Tél. (0361) 755 661.

Indus
Jalan Sanggingan, Ubud.
Tél. (0361) 977 684.

Jazz Bar and Grill
Jalan Bypass Ngurah Rai 15-16, Sanur.
Tél. (0361) 285 892.

Jazz Café
Jalan Sukma 2, Ubud.
Tél. (0361) 976 594.

JP's
Jalan Abimanyu, Seminyak.
Tél. (0361) 731 622.

Kori
Poppies Lane II, Kuta.
Tél. (0361) 758 605.

Ku De Ta
Jalan Kayu Aya 9, Seminyak.
Tél. (0361) 736 969.

La Lucciola
Jalan Kayu Aya, Kayu Aya Beach, Seminyak.
Tél. (0361) 261 047.

Macaroni
Jalan Legian 52, Kuta
Tél. (0361) 751 631.

Mannekepis
Jalan Raya Seminyak 2, Seminyak.
Tél. (0361) 847 5784.

M-Bar-Go
Jalan Legian, Kuta.
Tél. (0361) 756 280.

Mixwell
Dhyana Pura Street Arcade 6, Jalan Abimanyu, Seminyak.
Tél. (0361) 736 864.

Obsesion
Jalan Dhyana Pura, Seminyak.
Tél. (0361) 730 269.

Ozigo
Jalan Sanggingan, Ubud.
Tél. (0361) 974 728.

Paddy's
Jalan Legian 166, Kuta.
Tél. (0361) 758 555.

Padma Resort
Jalan Padma 1, Legian.
Tél. (0361) 752 111.

Peanuts
Jalan Raya Kuta, Kuta.
Tél. (0361) 752 364.

Santa Fe
Jalan Dhyana Pura, Seminyak.
Tél. (0361) 731 147.

Sky Garden Lounge
Jalan Legian, Kuta.
Tél. (0361) 755 423.

T. J.'s
Poppies Lane I, Kuta.
Tél. (0361) 751 093.

ACTIVITÉS DE PLEIN AIR

L es amateurs de sports nautiques trouveront à Bali de quoi s'adonner à leur activité préférée. Ils peuvent y pratiquer aussi bien le surf, la voile et la planche à voile que la plongée sous-marine ou la pêche au gros. Le visiteur sportif aura aussi la liberté de se promener à dos d'éléphant, de galoper au bord de l'eau sur la plage ou de se lancer dans l'inconnu en moto. S'il a un faible pour les émotions fortes, il sautera à l'élastique, descendra des rapides

La planche à voile est un sport populaire à Bali

en canot ou fera du parapente ou du parachute ascensionnel. Des randonnées à pied ou des excursions organisées à vélo lui permettront de sortir des sentiers battus. L'île abrite deux superbes terrains de golf et de nombreux hôtels possèdent des courts de tennis. Lombok ne connaît que depuis peu un réel développement touristique, et les activités proposées aux visiteurs sont principalement le surf, la plongée avec tuba et la randonnée.

Location de planches de surf sur la plage de Legian

SURF

Bali offre quasiment toute l'année des conditions idéales pour la pratique du surf, y compris pour les débutants. On trouve facilement à louer ou à acheter planches et matériel complémentaire sur les plages les plus fréquentées. À Sanur et à Kuta, des écoles sérieuses comme la **Rip Curl School of Surf** proposent des cours à la journée ou à l'heure. Le **Bali Learn to Surf** du Hard Rock Hotel permet également de découvrir le surf auprès de professeurs expérimentés. Pour plus de renseignements, consultez les pages 208-209.

PLONGÉE

Qu'il s'agisse d'un simple aller-retour dans la journée, d'une croisière passant par plusieurs sites ou d'une expédition jusqu'à des îles comme Komodo et Sumbawa, les excursions organisées constituent un bon moyen

de partir à la découverte des fonds sous-marins de Bali, de Lombok et d'une partie du reste de l'archipel. Pour la plongée avec bouteilles, les clubs exigent des certificats d'aptitude (brevet universel PADI ou équivalent). La plupart assurent des formations et louent du matériel de bonne qualité. **Bali Marine Sports**, **Dream Divers**, **Geko Dive**, **Reef Seen Aquatic**, **Aquamarine Diving Centre** et **Reefseekers Dive Centre** comptent parmi les plus sérieux. Pour plus de renseignements sur les sites de plongée, consultez les pages 210-211.

PLANCHE À VOILE ET SKI NAUTIQUE

La plupart des hôtels en bord de plage de Bali et Lombok louent des planches à voile. Bien protégé des vagues, le lagon de Sanur (p. 64-65) offre des conditions agréables pour les débutants. Plusieurs champions asiatiques proposent des cours pour tous niveaux qui peuvent durer entre 4 et 6 heures.
Le **Blue Oasis Beach Club** de Sanur possède le meilleur équipement de l'île et un personnel très qualifié. Outre la planche à voile, on peut y pratiquer le ski nautique.

PÊCHE

Les agences spécialisées dans la pêche au large, comme **Bali Fishing** et **Moggy Offshore Cruising Catamaran**, ont des

bureaux dans la région de Kuta et Legian (p. 68-69), dans l'est autour de Padang Bai et Candi Dasa (p. 108), et dans le nord à Singaraja (p. 146). Si la pêche est bien implantée à Padang Bai, Candi Dasa, Amed, Tulamben, Singaraja et Sanur, la plupart des sorties en mer partent du port de Benoa (p. 72). Les plus courantes durent une journée. La gamme d'embarcations disponibles va de la pirogue à balancier au yacht fourni avec un équipage complet et un équipement de détection sophistiqué.

Morue, truite de corail et *snapper (Chrysophrys auratus)* fréquentent les récifs. Les proies de haute mer comprennent le thon, la dorade coryphène, le maquereau et le marlin. Des excursions de plusieurs jours sont organisées au large de Lombok et d'autres sites.

Pirogues disponibles pour des sorties de pêche à Lombok

Le port de Benoa (Pelabuhan Benoa) est le plus grand port de plaisance de Bali

CROISIÈRES

Les visiteurs jouissent d'un large choix de promenades au large de Bali et Lombok. Un dîner romantique à bord d'un paquebot, d'une goélette bugie ou d'un yacht, ou un aller-retour dans la journée jusqu'à une petite île ou un site de plongée, comptent parmi les plus simples.

La plupart des compagnies qui proposent des croisières ont leur siège au port de Benoa, le principal port de plaisance de Bali. L'endroit séduira tous les amateurs de construction navale. Des croisières en voilier de 3 à 14 jours, une traversée jusqu'aux îles Gili, au large de Senggigi (p. 156), à bord d'un bâtiment gréé en carré et la location d'un yacht de luxe hors du commun sont possibles. La plupart des visiteurs se contentent d'une excursion d'une journée à Nusa Lembongan ou à Nusa Penida (p. 75).

Quicksilver Cruises organise des excursions à Nusa Penida à bord de son catamaran de 37 m. Il propose également un dîner au crépuscule, une traversée dans un sous-marin et des tours de glisse sur des gonflables. Les luxueux catamarans de **Bali Hai Cruises** séduiront tous ceux qui aiment les beaux voiliers. Outre des croisières plus longue, il propose une excursion à Lembongan complétée d'activités (kayak, apnée et *banana boats*). Le **Bounty** organise de son côté des croisières-dîners au coucher du soleil autour de Nusa Dua, ainsi que des excursions à Lembongan. Ces compagnies accordent une remise de 50 % pour les enfants de moins de 14 ans.

Si vous préférez rester maître de votre itinéraire, vous pouvez louer un dériveur à Sanur, Nusa Dua et Jimbaran, ou encore affréter avec son équipage un yacht ou une goélette.

RAFTING ET EXCURSIONS EN KAYAK

Plusieurs compagnies fiables organisent des descentes en canot pneumatique (rafting) de rapides de classe II (relativement facile) à IV (difficile). Les normes de sécurité sont généralement très élevées et l'impact de ces activités sur l'environnement est limité autant que possible.

Établie en 1989, **Sobek** demeure l'une des meilleures compagnies de circuit aventure. Elle emploie des accompagnateurs très qualifiés sur des rapides de classe III. Les points de départ se trouvent sur l'Ayung, au nord-ouest d'Ubud (p. 96-97), et sur l'Unda, au nord de Klungkung (p. 105). Les descentes avec **Ayung River Rafting** durent entre 3 et 4 heures. Une autre rivière, la Telaga Waja, située dans l'est de l'île près de Muncan

et Sidemen (p. 105), connaît une fréquentation de plus en plus importante.

Le forfait de **Bali Adventure Tours** comprend la nourriture et les boissons, ainsi que l'accès aux vestiaires et douches chaudes et la mise à disposition de serviettes. Cette société propose une excursion en eau vive de 8 km, avec pour toile de fond des forêts tropicales et d'imposantes gorges, avec des rapides de classe II et III.

Pensez à prendre des vêtements de rechange, un chapeau et de l'écran solaire. En général, le prix des excursions inclut le transport aller-retour entre votre hôtel et le point de départ, l'initiation, un encadrement qualifié, un déjeuner et une assurance.

Sobek procure des plaisirs plus calmes sur le lac Tamblingan (p. 140-141). Pour les plus audacieux, Ayung River Rafting propose aussi des kayaks gonflables. Certaines agences inscrivent aussi à leur catalogue des promenades en mer à bord de canots pneumatiques, pour profiter des joies de la mer sans trop de fatigue.

Descentes des rapides de l'Ayung

En groupe sur un gonflable dans le sud de Bali

BAIGNADE

Beaucoup de plages de Bali et de Lombok offrent aux baigneurs une eau cristalline dans un cadre splendide. Certaines peuvent toutefois se révéler dangereuses, en particulier sur les côtes sud, y compris dans des stations balnéaires comme Kuta. Contentez-vous des zones surveillées et suivez les conseils des panneaux prévenant des risques de lames de fond et de courants.

La plupart des grands hôtels de Nusa Dua *(p. 73)* et de Senggigi *(p. 156)* possèdent au moins une piscine où vous pourrez nager en toute sécurité.

Le **Club Med** de Nusa Dua propose pour les non-résidents un forfait journalier qui donne accès à la piscine et à un large éventail d'activités sportives. Le prix comprend un déjeuner avec buffet asiatique et occidental.

Près de Kuta, le **Waterbom Park and Spa** abrite diverses attractions aquatiques.

GOLF ET TENNIS

Les cinq terrains de golf de Bali acceptent des joueurs de l'extérieur. Nusa Dua abrite le **Bali Golf and Country Club** (18 trous) tandis que la péninsule de Butik accueille le **New Kuta Golf Club**, offrant aux joueurs des vues imprenables sur l'océan. À Sanur, le parc du Grand Bali Beach Hotel renferme un golf de 9 trous.

Dans les collines dominant le lac Bratan *(p. 141)*, le **Bali Handara Kosaido Country Club** propose un parcours de 18 trous réputé pour sa difficulté.

Le **Nirwana Bali Golf Club**, qui s'étend près de Tanah Lot à Tabanan, est le golf le plus spectaculaire de l'île.

La plupart des grands hôtels possèdent d'excellents courts de tennis éclairés pour jouer en nocturne et louent des raquettes et des balles.

ÉCO-TOURS

De plus en plus d'agences de voyages proposent des activités-découvertes de la vie sauvage à Bali et à Lombok.

Les excursions organisées par la compagnie **JED** (Jaringian Ekowisata Desa, réseau de villages pour l'écotourisme) sont sans doute les plus novatrices. Leur programme comprend une randonnée jusqu'à un village traditionnel, où vous attend un déjeuner typique préparé par les habitants. Les bénéfices de l'excursion sont reversés à la communauté.

L'observation des dauphins est très populaire. Dans le sud, **Bali Hai Cruises** organise des sorties le long du littoral de Nusa Dua et d'Uluwatu pour aller à leur rencontre au petit matin. Le bateau d'**Ena Dive Centre**, qui propose des activités nautiques, part à 8 h.

Calao festonné

À Lovina *(p. 147)*, sur la côte nord, où les dauphins sont généralement très nombreux, les pêcheurs du village emmènent les visiteurs sur des pirogues à balancier.

Près de Singapadu, l'observation des oiseaux est intéressante au **parc ornithologique de Bali** *(p. 84-85 et p. 199)*. Ce dernier offre un large aperçu de la faune ailée de Bali et des régions tropicales.

Le **parc des reptiles** *(p. 82 et p. 199)* donne une bonne vision de la vie des serpents.

Promenade en pirogue sur le lac Bratan près du Bali Handara Kosaido Country Club

La réserve naturelle du **Parc national de l'ouest de Bali** *(p. 136-137)* renferme des oiseaux adaptés à des habitats variés. Le guide, obligatoire, vous permettra peut-être de surprendre aussi des singes, des cerfs ou des iguanes. Le Bali Bird Walks organise des promenades matinales d'observation des oiseaux.

Pour explorer les abords du lac Tamblingan *(p. 140-141)* et sa forêt primitive, adressez-vous à **Puri Lumbung**.

Essayez aussi le **Treetop Adventure Centre** : ses circuits de type « accrobranche » vous permettront d'explorer la cime des arbres (à condition de vous équiper d'un harnais de sécurité) dans les jardins botaniques d'Eka Karya. Ce centre compte 65 défis pour tous les niveaux.

Dauphins s'amusant au large de la côte sud de Bali

MARCHE, TREKKING ET CAMPING

Rien n'égale la marche à pied pour découvrir les sites les plus préservés de Bali et de Lombok. Mieux vaut prendre un guide dans les endroits les plus reculés, que vous envisagiez une promenade d'une journée ou de quelques heures ou que vous vous lanciez dans l'ascension, en plusieurs jours, du Gunung Rinjani de Lombok *(p. 158-159)*. **Keep Walking Tours** propose des randonnées dans des rizières et des visites de temples, tandis que **Herb Walk in Bali** vous emmène en balade à travers les collines d'Ubud pour découvrir de quelle façon les Balinais utilisent les plantes comme remèdes. Vous pouvez vous risquer sans guide sur les sentiers tracés dans les collines, notamment autour de Manggis, au nord de

La marche offre le meilleur moyen de découvrir la nature à Bali

Tenganan *(p. 109)*, à Ubud *(p. 94-95)* et dans la gorge de l'Ayung *(p. 96-97)*. Les îles Gili *(p. 156)*, au large de Lombok, se prêtent à d'agréables balades.

Il est également intéressant de découvrir à pied des villages traditionnels, comme les communautés Bali Aga de Tenganan *(p. 110-111)* et Trunyan *(p. 121)*. Les parcs nationaux de l'ouest de Bali *(p. 136-137)* et du Gunung Rinjani *(p. 158-159)* permettent de camper dans un cadre superbe et sauvage. Des agences organisent des promenades guidées avec hébergement sous la tente.

RANDONNÉE EN MONTAGNE

L'ascension des volcans de Bali et de Lombok, en particulier le Gunung Agung *(p. 114)*, le Gunung Batur *(p. 120-121)* et le Gunung Rinjani *(p. 158-159)*, offre des panoramas exceptionnels. Évitez la saison pluvieuse et, hormis pour celle du Gunung Batur, faites-vous toujours accompagner d'un guide expérimenté. **Mandalika Tours** inclut dans ses offres des promenades dans la forêt pluviale du Gunung Batukau *(p. 133)*. **Bali Sunshine Tours** propose une marche au lever du soleil sur la crête de la caldeira du Gunung Batur. **Puri Agung Inn Trekking** vous guide sur le Gunung Agung.

EXCURSIONS EN VOITURE ET À MOTO

Des sorties organisées en véhicule tout-terrain offrent

un bon moyen de sortir des sentiers battus. **Waka Land Cruise** propose une excursion en Land-Rover jusqu'à un restaurant en bambou au cœur de la forêt pluviale du Gunung Batukau. Si vous préférez tenir le volant, adressez-vous à **SDR Car Rentals**. Il est parfois difficile de trouver en Indonésie des cartes détaillées ou fiables. Les routes de Bali sont généralement en bon état, mais il faut être très vigilant. Rouler la nuit est fortement déconseillé. Vérifiez que vous êtes intégralement assuré.

Avant de louer une moto, exigez un contrat d'assurance et portez un casque. **Bike Adventure Tours** organise des excursions hors route en moto-cross. **Bali Adventure Tours** vous monte en voiture jusqu'au pied du Gunung Batur, d'où vous redescendez ensuite à vélo.

À moto sur la route panoramique qui longe le lac Batur

À BICYCLETTE

On peut louer des bicyclettes dans la plupart des zones touristiques. Une promenade organisée à vélo tout-terrain permet de découvrir des paysages spectaculaires autour d'Ubud, du Gunung Batur *(p. 120-121)* ou de Sangeh *(p. 132)*. **Bali Adventure Tours** propose un trajet de 25 km dans le centre de Bali. Le prix comprend le déjeuner, une assurance et le transfert depuis l'hôtel.

ÉQUITATION

Bali offre aux amateurs d'équitation de magnifiques promenades à cheval, le long de plages désertes ou à travers les rizières du centre. Les écuries **Umalas Stables** et **Pemuteran Stables** proposent des balades pour tous niveaux. Ces deux centres possèdent des montures de toutes tailles et offrent la possibilité de partir avec ou sans guide. Munissez-vous de crème solaire, d'un chapeau et de chaussures fermées. Préférez les pantalons sans couture à l'intérieur des jambes.

Sur le dos d'un des pensionnaires de l'Elephant Safari Park

PROMENADES À DOS D'ÉLÉPHANT

À 20 min de voiture au nord d'Ubud, à Desa Taro, dans un décor végétal superbement entretenu, l'**Elephant Safari Park** *(p. 99)* abrite une vingtaine d'éléphants de Sumatra. Les visiteurs peuvent les approcher et même les nourrir. Pour les adultes, des excursions en forêt d'environ 30 min sont proposées. Les enfants se contenteront d'une courte promenade (entre 5 et 10 min) à l'intérieur du parc. La réception abrite un impressionnant squelette de mammouth et une petite exposition sur les éléphants. Bali Adventure Tours, qui gère le parc, propose des forfaits comprenant le trajet depuis l'hôtel et le retour, l'entrée, un déjeuner en buffet et une assurance.

En plein saut à la célèbre A. J. Hackett Company

L'Elephant Safari Park possède un musée consacré à l'éléphant et riche de plus de 1 000 pièces d'exposition, notamment des fossiles de cinq millions d'années, des cornes préhistoriques, des défenses de mammouth, ainsi que divers os sculptés. Exposé à l'entrée du musée se trouve le squelette d'un éléphant de Sumatra âgé de 30 ans.

L'éléphant d'Indonésie étant une espèce en voie de disparition, le Safari Park tente aussi de sensibiliser le public sur les questions de préservation et encourage le transfert des éléphants sauvages dans des réserves naturelles spécifiques, où des élevages peuvent être mis en place. Les recettes de la boutique-souvenirs, qui propose une large gamme de peintures, sculptures, bijoux et divers objets liés aux éléphants, permet également de soutenir la Fondation pour les éléphants du Safari Park.

Depuis sa création en 1999, Asian Elephant Art and Preservation a eu un succès considérable. Son objectif est d'apprendre aux éléphants du Safari Park à peindre à l'aide de leur trompe. Les peintures sont vendues pour réunir des fonds destinés à la préservation des éléphants.

SAUT À L'ÉLASTIQUE

C'est le Néo-Zélandais A. J. Hackett qui a popularisé ce sport à Bali et l'**A. J. Hackett Company** possède à Legian une tour de 48 m de hauteur. La tour se situe sur la plage de Legian, non loin du centre de Kuta, et les sauts ont lieu au-dessus d'un bassin de 5 m de profondeur. Un ascenseur conduit au sommet de la tour, où l'on peut admirer une vue sur Bali et l'océan. On peut sauter tous les jours de 12 h à 20 h, et en nocturne le vendredi et le samedi de 2 h à 5 h.

PARAPENTE ET PARACHUTE ASCENSIONNEL

Organisés par le club **Exofly**, des vols en parapente depuis les falaises d'Uluwatu, dans le sud de Bali *(p. 76)*, sont une expérience inoubliable. Ils ont lieu l'après-midi quand les conditions climatiques le permettent. Tous les moniteurs ont une solide formation et une longue pratique. Lors d'une première expérience, ils accompagnent les débutants en tandem. Le tarif comprend une assurance.

Bali Hai Cruises organise des vols en parachute ascensionnel à Tanjung Benoa *(p. 72)*, site réputé pour la pratique de cette activité.

Parachute ascensionnel au-dessus du lac Bratan, dans les montagnes du centre de Bali

ADRESSES

SURF

Bali Learn to Surf
Hard Rock Hotel, Kuta.
Tél. (08133) 761 869.

Rip Curl School of Surf
Jln Arjuna, Seminyak, Kuta.
Tél. (0361) 735 858.

PLONGÉE

Aquamarine Diving Centre
Jln Raya Seminyak 2A, Seminyak
Tél. (0361) 730 107.

Bali Marine Sports
Jln Bypass Ngurah Rai, Blanjong Sanur.
Tél. (0361) 270 386.
www.bmsdivebali.com

Dream Divers
PT Samudra Indah Diving, Lombok.
Tél. (0370) 692 047.
www.dreamdivers.com

Geko Dive
Jln Silayukti, Padang Bai, Klungkung.
Tél. (0363) 41 516.
www.gekodive.com

Reef Seen Aquatic
Jln Raya Pemuteran, Bali Nord.
Tél. (0362) 92 339.
www.reefseen.com

Reefseekers Dive Centre
Port de Gili Air, Lombok.
Tél. (0370) 541 008.

PLANCHE À VOILE ET SKI NAUTIQUE

Blue Oasis Beach Club
Hôtel Sanur Beach, Sanur.
Tél. (0361) 288 104.
www.blueoasisbeachclub.com

PÊCHE

Bali Fishing
Jln Candi Dasa 007, Candi Dasa, Karangasem.
Tél. (0361) 774 504.
www.bali-fishing.com

Moggy Offshore Cruising Catamaran
Bali International Marina, Jln Pelabuhan, Benoa.
Tél. (0361) 723 601.

CROISIÈRES

Bali Hai Cruises
Port de Benoa.
Tél. (0361) 720 831.
www.balihaicruises.com

Bounty Cruises
Port de Benoa.
Tél. (0361) 726 666.
www.balibountycruises.com

Quicksilver Cruises
Jln Kerta Dalem 96, Sidhakarya, Denpasar.
Tél. (0361) 727 946.
www.quicksilver-bali.com

RAFTING ET EXCURSIONS EN KAYAK

Ayung River Rafting
Jln Diponegoro T508-29, Denpasar.
Tél. (0361) 238 759.
www.ayungriverrafting.com

Bali Adventure Tours
Adventure House, Jln Bypass Ngurah Rai, Pesanggaran.
Tél. (0361) 721 480.
www.baliadventuretours.com

Sobek
Jln Tirta Ening 9, Sanur.
Tél. (0361) 287 059.
www.balisobek.com

BAIGNADE

Club Med
Lot N-6, Nusa Dua.
Tél. (0361) 771 521.

Waterbom Park and Spa
Jln Kartika Plaza, Tuba.
Tél. (0361) 755 676.
www.waterbom.com

GOLF

Bali Golf and Country Club
Nusa Dua.
Tél. (0361) 771 791.
www.baligolfandcountryclub.com

Bali Handara Kosaido Country Club
Pancasari Village, Bedugul.
Tél. (0362) 221 182.

New Kuta Golf Club
Pecatu, Jimabaran.
Tél. (0361) 848 1333.
www.newkutagolf.com

Nirwana Bali Golf Club
Jln Raya Tanah Lot, Kediri, Tabanan.
Tél. (0361) 815 970.

ÉCO-TOURS

Bali Hai Cruises
Voir Croisières.

Ena Dive Centre
Jln Tirta Ening 1, Sanur.
Tél. (0361) 288 829.
www.enadive.co.id

JED
Jln Pengubengan Kauh 94, Kerobokan-Kuta.
Tél. (0361) 366 9951.
www.jed.or.id

Park national de l'ouest de Bali
Jln Raya Gilimanuk, Cekik.
Tél. (0365) 61 060.
www.tnbalibarat.com

Puri Lumbung
Munduk, Banjar.
Tél. (0362) 929 101.
www.purilumbung.com

Treetop Adventure Centre
Voir p. 201.

CAMPING, TREKKING ET RANDONNÉE

Bali Sunshine Tours
Jln Pondok Indah Raya III/1, Gatsu Barat, Denpasar.
Tél. (0361) 414 057.

Herb Walk in Bali
Jln Jembawan, Ubud.
Tél. (0361) 975 051.

Keep Walking Tours
Jln Hanoman 44, Ubud.
Tél. (0361) 970 581.

Mandalika Tours
Jln Hang Tuah Raya 11, Sanur.
Tél. (0361) 287 450.

Puri Agung Inn Trekking
Tirta Gangga.
Tél. (0366) 23 037.

EN VOITURE, À MOTO ET À BICYCLETTE

Bali Adventure Tours
Voir Rafting et excursions en kayak.

Bike Adventure Tours
Ubud.
Tél. (0361) 978 052.

SDR Car Rentals
Jln Mertasari 9, Kerobokan.
Tél. (0361) 735 258.

Waka Land Cruise
Jln Pandang Kartika 5X, Denpasar.
Tél. (0361) 426 972.

ÉQUITATION

Pemuteran Stables
Jln Raya Pemuteran, Bali.
Tél. (0362) 92 339.
Fax (0362) 92 339.

Umalas Stables
Jln Lestari 9, Umalas Kauh, Kuta.
Tél. (0361) 731 402.

À DOS D'ÉLÉPHANT

Elephant Safari Park
Taro, Tegallalang, Gianyar.
Tél. (0361) 721 480.

SAUT À L'ÉLASTIQUE

A. J. Hackett Company
Jln Arjuna, Legian Beach.
Tél. (0361) 731 149.

PARAPENTE ET PARACHUTE ASCENSIONNEL

Bali Hai Cruises
Voir Croisières.

Exofly
Tél. (0361) 139 3919.
www.exofly.com.

Le surf et la plage

Coquillage

Les surfeurs qui fréquentent Bali depuis la fin des années 1960 y ont importé la « culture de la plage » si chère aux Australiens. Elle commence à se répandre à Lombok, et la majorité des visiteurs sont attirés par le littoral des deux îles. Les zones touristiques offrent une gamme complète d'activités balnéaires, sportives comme le surf, la planche à voile et le ski nautique, ou plus paresseuses comme le bain de soleil et le massage. La période la plus favorable, y compris pour le surf, dure de mai à septembre. Il n'est pas obligatoire d'apporter son propre équipement, le matériel de location abonde sur les plages les plus fréquentées.

Planches de surf à louer à Kuta

La plage de Canggu attire des surfeurs de haut niveau étrangers comme balinais. Les vagues déferlent sur un fond rocheux et les conditions sont meilleures avant midi.

PLANCHE À VOILE

Les connaisseurs considèrent que Sanur et Tanjung Benoa sont les meilleurs sites pour pratiquer la planche à voile, y compris sur la crête de belles vagues.

La voile permet de s'élancer au-dessus des rouleaux.

La planche en fibre de verre conjugue solidité et légèreté.

LES ZONES DE SURF

Les spots de surf de Bali et Lombok se trouvent en majorité sur les côtes sud, où viennent rouler des vagues nées dans le vaste océan Indien. Des horaires des marées sont disponibles dans les boutiques, et un magazine local, *Surf Time*, fournit des informations comme les dates de compétitions.

MER DE BALI

BALI

LOMBOK

Canggu •
Kuta • • Sanur
   • • Pulau Serangan
      • Desert Point
Padang-padang
      Maui • • Gerupuk

OCÉAN INDIEN

0   75 km

Des masseuses *proposent leurs services sur la plupart des plages touristiques de Bali. Il faut marchander le prix, en général fixé à la durée.*

Le parachute ascensionnel, *comme ici à Tanjung Benoa, est devenu une activité très populaire, à l'instar du parapente, du ski nautique ou de la planche à voile.*

Les vagues permettent d'effectuer de spectaculaires acrobaties.

La plage de Kuta *est la première plage de Bali fréquentée par des surfeurs. Elle offre de bonnes conditions aux débutants avec ses vagues qui déferlent sur du sable, mais il faut se méfier des lames de fond.*

PRÉCAUTIONS

• *Prévoyez une trousse de premiers secours, il n'existe pas partout d'infrastructure médicale.*
• *Restez entre les drapeaux quand il y en a. Seules les plages les plus fréquentées, comme Kuta et Nusa Dua, sont surveillées.*
• *Protégez-vous avec un chapeau, des lunettes de soleil et un écran solaire.*

La plage de Sanur *permet de louer des dériveurs comme le Hobie Cat. Ce petit catamaran est réputé pour sa rapidité, mais il peut se révéler particulièrement instable en cas de coup de vent ou de forte mer.*

La plongée à Bali et à Lombok

Poisson-papillon

Il existe à Bali et à Lombok de nombreux sites où prospère une faune sous-marine exceptionnelle. Les plus intéressants comprennent l'île de Menjangan *(p. 138)*, d'une grande richesse en coraux durs et mous, Tulamben, où repose l'épave du *Liberty*, Nusa Penida et Nusa Lembongan *(p. 74-75)*, aux eaux fréquentées par des poissons-lunes, et les récifs des îles Gili. Les stations du sud de Bali abritent le plus grand nombre de clubs. Ils reconnaissent en général les licences PADI (Professional Association of Dive Instructors).

Stage d'initiation *au large de Pemuteran, où le courant est faible et la visibilité bonne. De nombreux clubs de Bali permettent de passer des brevets universels de type PADI.*

Le **« mur »** offre un abri à de nombreuses espèces.

Des poissons armés *vivent dans les récifs, dominés par des « murs » de corail, qui se trouvent au large de l'île de Menjangan.*

L'équipement peut être loué auprès d'un des nombreux clubs qui organisent des sorties.

CLASSEMENT DES SITES DE PLONGÉE

Des conditions variées règnent au large de Bali et de Lombok et mieux vaut connaître celles du site où vous plongez avant de vous jeter à l'eau.

	PLONGÉE AU TUBA	PLONGEURS NOVICES	PLONGEURS EXPÉRIMENTÉS	PLONGEURS CHEVRONNÉS
Candi Dasa ④	●		●	■
Îles de Gili ⑧	●	■	●	■
Île de Menjangan ①	●	■	●	■
Nusa Dua ⑦	●	■	●	■
Nusa Penida ⑤			●	■
Pemuteran ②	●	■	●	■
Sanur ⑥	●	■	●	■
Tulamben ③	●	■	●	■

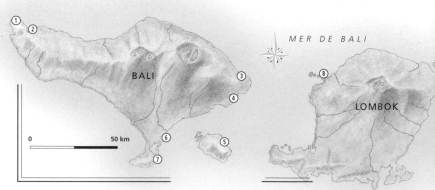
MER DE BALI

BALI

LOMBOK

0   50 km

Une plate-forme *accrochée à l'arrière du bateau facilite la formation des débutants. Ceux-ci peuvent explorer les hauts fonds jusqu'à une profondeur d'environ 15 m.*

REJOINDRE LES SITES ISOLÉS

Le prix de la plupart des sorties de plongée organisées comprend le trajet. Il existe aussi des croisières de plusieurs jours. Pour les voyageurs indépendants, mieux vaut disposer d'une voiture ou d'une moto pour rejoindre **Pemuteran** *et l'***île de Menjangan**. *Des bemo desservent* **Tulamben** *et* **Candi Dasa**. *Il est facile de rejoindre les* **îles Gili** *depuis Senggigi à Lombok.*

Le poisson-épervier *fréquente les eaux de Nusa Penida, à l'instar des thons, des raies manta, des requins de récif et, parfois, des requins-baleines.*

LA FAUNE MARINE
Les poissons à l'apparence spectaculaire qui peuplent les eaux de l'archipel indonésien appartiennent à des centaines d'espèces. Les poissons-lunes, ou « *mola mola* », font partie des plus prisés. Ils migrent en grand nombre près de Bali de novembre à février.

Un plongeur bien équipé *est en sécurité à condition qu'il tienne compte des courants puissants qui existent dans certains lieux.*

La famille des gobiidés *compte des centaines d'espèces dans la région indo-pacifique. Les plongeurs peuvent voir de nombreux gobiidés dans les crevasses et sur les branches de corail des récifs de Bali et Lombok.*

RENSEIGNEMENTS PRATIQUES

BALI ET LOMBOK MODE D'EMPLOI 214-225

SE RENDRE
À BALI ET À LOMBOK 226-229

BALI ET LOMBOK MODE D'EMPLOI

Après plusieurs décennies de croissance économique qui ont marqué les paysages, l'urbanisme et le tissu social, l'Indonésie est entrée dans une période d'instabilité depuis la crise financière de 1997 et la chute du régime de Suharto l'année suivante. Les visiteurs doivent s'attendre à des changements imprévus de réglementation, de prix, d'équipement, d'horaires d'ouverture, de noms de rue, etc. Internet (p. 225) offre les sources d'information les plus à jour. Bali est plus développée que Lombok. Denpasar

Logo de l'office de tourisme

possède un aéroport international et il existe une bonne infrastructure touristique dans les stations balnéaires du sud ou à Ubud, dans le centre. Le nord et l'est de l'île sont aussi de plus en plus touchés par ce développement. À Lombok, le tourisme reste concentré au nord-ouest, autour de Senggigi. Beaucoup de visiteurs s'arrêtent d'abord à Bali pour s'accoutumer au climat et profiter de la vie nocturne et de l'offre culturelle. Ils prennent ensuite un avion ou un bateau pour découvrir la beauté sauvage de sa voisine Lombok.

QUAND PARTIR ?

La haute saison s'étend de la mi-décembre à la mi-janvier, période durant laquelle affluent les Australiens, et de début juillet à fin août, pendant les vacances d'été européennes. C'est de mai à septembre (p. 40-43) que le climat est le plus agréable.

VISAS ET PASSEPORTS

Pour se rendre en Indonésie, les Français, les Belges, les Suisses et les Canadiens ont besoin d'un passeport valide au moins six mois après leur date de retour. Ils doivent en outre pouvoir présenter un billet de retour ou justifier de fonds suffisants pour financer leur séjour et la poursuite de leur voyage. Si les visas touristiques ne sont pas obligatoires pour certains visiteurs d'Asie, ils continuent d'être exigés pour les voyageurs en provenance d'une cinquantaine d'autres pays, dont la France, la Belgique, la Suisse et le Canada. Ce visa peut être obtenu auprès de l'ambassade d'Indonésie de son pays de résidence et il est valable 60 jours. On peut aussi en faire la demande à l'arrivée en Indonésie dans les aéroports internationaux de Jakarta, Denpasar, Mataram, Medan, Manado, Padang et Surabaya. Valable 30 jours, il ne peut être renouvelé qu'une fois pour une durée identique.

Prenez soin de conserver le formulaire blanc agrafé à votre passeport à votre entrée dans le pays. Vous en aurez besoin quand vous voudrez quitter l'Indonésie.

PERMIS DE CONDUIRE

Si vous prévoyez de conduire une voiture ou une moto, prenez la précaution de vous munir avant de partir d'un permis international. Il est possible d'obtenir à Bali un permis moto valable sur place, mais cela vous coûtera du temps et de l'argent.

PRÉCAUTIONS SANITAIRES

À moins d'arriver d'un pays où sévit la fièvre jaune, aucune vaccination n'est exigée pour entrer sur le territoire indonésien, mais il est recommandé d'être immunisé contre le choléra, l'hépatite A, la typhoïde, la poliomyélite et le tétanos. Vérifiez également les dates de rappel de vos vaccins. La dengue sévit à Bali et à Lombok, et la malaria pose un réel problème à Lombok. Consultez un médecin avant le départ pour connaître les mesures à prendre en cas d'infection.

QU'EMPORTER ?

Ne vous surchargez pas de vêtements, vous pourrez en acheter sur place à bas prix.

Planches de surf à louer sur la plage de Sanur

Évitez les textiles synthétiques et les coupes ajustées au profit de tenues amples en coton ou en lin. Prévoyez une tenue moins décontractée pour le cas où vous devriez entreprendre une démarche administrative (p. 218-219). Un pull et un blouson sont utiles en montagne. Les amateurs de sport pourront louer leur équipement.

Les tenues trop courtes sont à éviter hors des zones touristiques

◁ **Pirogues colorées sur la plage de Sanur, au sud de Bali**

Les pharmacies des grandes villes sont bien achalandées, mais prévoyez une réserve de médicaments si vous suivez un traitement spécifique. Votre trousse de secours devrait contenir de l'aspirine, un antiseptique, un remède contre la diarrhée, quelques pansements et un insectifuge.

Il est plus prudent de changer quelques rupiahs *(voir p. 223)* avant le départ.

Prise mâle à deux fiches utilisée à Bali et à Lombok

ÉLECTRICITÉ

Le courant 220 volts est la tension la plus répandue, mais quelques zones rurales restent alimentées en 110 volts et certaines régions reculées ne peuvent compter que sur des groupes électrogènes… quand il y en a. Les prises femelles ne comportent que deux trous. Les Européens n'auront pas besoin d'adaptateur, mais les Canadiens si.

RÈGLES DOUANIÈRES

Vous aurez le droit d'importer 1 litre d'alcool par personne et 200 cigarettes (ou 100 g de tabac ou 50 cigares). Les douanes enregistrent parfois à l'arrivée certains biens comme les appareils photographiques ou électroniques. Il est interdit d'importer ou d'exporter des produits comme les articles en ivoire ou en écaille de tortue, ainsi que de sortir du pays des antiquités et certains objets culturels. Renseignez-vous auprès de l'ambassade ou du consulat pour connaître le détail de cette liste. Un contrôle des changes limite l'importation et l'exportation de devises à 100 millions de rupiahs.

Logo d'une boutique *duty free*

PROBLÈMES LÉGAUX

Si vous louez une voiture ou une moto, vérifiez qu'elle est bien assurée, et que cette assurance couvre les risques aux tiers. Des policiers, surtout à Bali, ont pris l'habitude de « verbaliser » les touristes étrangers en voiture. Gardez votre sang-froid et, si vous êtes mis en état d'arrestation, prévenez votre consulat. Il faut faire une déclaration à la police et au consulat en cas de perte ou de vol du passeport, ou si vous êtes victime d'un délit.

AVEC DES ENFANTS

Les Indonésiens se montrent en général très accueillants avec les enfants et les traitent avec beaucoup de respect. Si les vôtres sont jeunes, ils risquent même, dans certains hôtels, d'être reçus avec beaucoup plus d'enthousiasme par le personnel que par les autres clients.

Les marches rendent difficile l'accès aux temples aux fauteuils roulants

Certains complexes hôteliers proposent des tarifs spéciaux pour les enfants et des activités surveillées. En dehors de ces établissements, cependant, il existe peu de systèmes de garde car, dans la tradition indonésienne, il y a toujours des adultes pour veiller sur les enfants. Vous trouverez facilement petits pots et couches dans les grands magasins et la plupart des pharmacies.

Occuper les enfants n'est pas difficile à Bali et Lombok.

Joyeuse baignade dans une piscine de Bali ou de Lombok

La mer offre en effet de très nombreuses activités, tout comme les piscines et les parcs aquatiques. Les enfants pourront aussi vous accompagner en randonnée ou en promenade à bicyclette et, s'ils ont plus de 10 ans, dans la descente de rapides. Une balade à dos d'éléphant, à Bali, ou une visite du port de Tanjung Luar, à Lombok, où les pêcheurs rapportent souvent des requins, devraient aussi les séduire. Pour plus d'informations, consultez les pages 199 et 202-207.

VISITEURS HANDICAPÉS

À Bali et à Lombok, comme presque partout en Asie, les aménagements urbains et architecturaux tiennent beaucoup moins compte des handicapés qu'en Europe ou en Amérique du Nord.

Sur un terrain accidenté, des marches rendent presque partout l'accès en fauteuil roulant impossible ou difficile. Des trottoirs irréguliers et l'absence de rampes d'accès dans les transports et dans les édifices publics compliquent le déplacement en ville.

Conscients du problème, les hôtels haut de gamme et quelques cinq-étoiles (les plus récents) disposent désormais d'un accès adapté. Les villas abritent généralement de spacieuses salles de bains et des jardins où les personnes handicapées ont la possibilité de profiter du grand air.

ATTENTION !

La loi indonésienne punit lourdement la détention d'armes. La sanction pour trafic de drogue peut aller jusqu'à la peine de mort.

INFORMATIONS TOURISTIQUES

Toutes les capitales régionales disposent d'un bureau d'office de tourisme d'État *(Dinas Pariwisata Pemerintah Propinsi Daerah Tingkat I Bali)*. Ces antennes locales mettent à la disposition des voyageurs des brochures sur les principaux sites de visite. Ils ouvrent en temps normal de 7 h 30 à 15 h du lundi au jeudi et de 7 h 30 à 14 h le vendredi. Dans les stations touristiques très fréquentées, comme Kuta, Sanur et Ubud, ces bureaux d'information ont généralement des horaires d'ouverture plus étendus.

SERVICES

Dans les principales localités touristiques, de nombreuses officines privées proposent différents services tels que téléphone, fax, e-mail, visites guidées, location de voitures

Officine privée offrant un large choix de services et d'informations

Au petit matin sur le marché de Sidemen

et de bicyclettes, réservations de billets d'avion, expédition de paquets, développement de travaux photographiques, change et vente de billets de spectacle. On peut aussi y trouver des informations sur les activités possibles sur place ou dans les environs.

HEURE LOCALE

À Bali et à Lombok – qui pratiquent la même heure toute l'année –, l'heure est en avance de 6 heures en été et de 7 heures en hiver par rapport à l'Europe occidentale (Paris, Genève, Bruxelles). Quand il est 9 h à Paris, il est 15 h à Bali en été et 16 h en hiver. Le Canada oriental et Bali sont plus proches en terme de distance, mais séparés par la ligne de changement de date, si bien qu'ils comptent 12 heures de décalage en été et 13 heures en hiver. Quand il est 9 h à Montréal, il est déjà 21 h à Bali en été et 22 h en hiver.

En Indonésie, pays très proche de l'équateur, le jour et la nuit ont des durées à peu près égales qui varient peu tout au long de l'année. Le soleil se couche très tôt, vers 18 h-19 h.

BUKA
OPEN
TUTUP
CLOSED

Panneaux: ouverture *(buka)*, fermeture *(tutup)*

HORAIRES D'OUVERTURE

Les agriculteurs et les vendeurs sur les marchés commencent leur journée avant l'aube. À Lombok a lieu l'appel à la prière diffusé par les mosquées. Vers 14 h arrive le moment de se reposer. Les petits commerces suivent un horaire similaire. Dans les zones touristiques, les Balinais se plient davantage aux habitudes de leurs clients et, sauf pour les grandes fêtes religieuses et laïques *(p. 43)*, ils ouvrent tous les jours du milieu de la matinée à la fin de l'après-midi. Les sites de visite, comme les temples, ferment au crépuscule. Les jours et horaires d'ouverture des musées varient. Les administrations reçoivent de 8 h à 16 h (certaines ferment plus tôt le vendredi). Les banques ouvrent de 8 h 30 à 15 h du lundi au vendredi. Cependant, certaines ouvrent le samedi matin.

LES SITES DU PATRIMOINE NATIONAL (CAGAR BUDAYA NASIONAL)

Les petits panneaux portant en lettres noires sur fond blanc l'inscription « Cagar Budaya Nasional » signalent des sites enregistrés au patrimoine national indonésien. À Bali, il s'agit en majorité de temples. Jusque récemment, ils étaient pour la plupart ouverts à tous les visiteurs à condition qu'ils portent une tenue adéquate et respectent les règles de tabou *(p. 219)*. Désormais, en dehors des sanctuaires les plus importants, et de ceux répertoriés « Cagar Budaya Nasional », les temples sont le plus souvent fermés aux étrangers, sauf lors de l'odalan fêtant l'anniversaire de leur consécration.

Il faut acquitter un droit d'entrée pour pénétrer dans certains sites Cagar Budaya Nasional. Ils renferment généralement un kiosque qui abrite un livre d'or et une boîte à donations. On peut aussi y emprunter un sarong et une ceinture.

Panneau indiquant qu'un temple appartient au patrimoine national

Signalétique des toilettes hommes et femmes d'un restaurant de Bali

TOILETTES PUBLIQUES

Si on excepte les grands établissements touristiques, les toilettes *(kamar kecil)* pour hommes *(pria)* et pour femmes *(wanita)* sont rares à Bali et a Lombok. Les toilettes traditionnelles, à la turque, renferment un pichet d'eau *(bak mandi)* utilisé pour se rincer avec la main gauche, les Indonésiens trouvant que le papier n'est pas hygiénique.

PHOTOGRAPHIES

Il est vivement recommandé de protéger appareils photo et caméras du soleil, souvent intense, mais également de l'humidité, due au climat tropical. Comme dans la plupart des lieux touristiques, des vols peuvent se produire : la vigilance demeure donc de mise, notamment sur les sites fréquentés et lors des grands rassemblements.

Les Balinais acceptent volontiers de poser pour les voyageurs et ils apprécient même d'être pris en photo.

Tissu vendu en coupon dans une boutique de textile

ADRESSES

INFORMATION TOURISTIQUE À L'ÉTRANGER

Il n'existe pas d'office de tourisme indonésien à l'étranger. Il faut contacter les ambassades, qui se chargent de donner des informations de base et de mettre en relation avec les agences de voyages.

AMBASSADES D'INDONÉSIE

En France
47-49, rue Cortambert 75016 Paris.
Tél. 01 45 03 07 60.
www.amb-indonesie.fr

Au Canada
5, Parkdale Avenue, Ottawa. *Tél. (613) 724 1100.* www.indonesiaottawa.org.

En Belgique
294, avenue Tervueren, 1150 Bruxelles.
Tél. 32 27 71 20 14.
www.embassyof indonesia.eu

En Suisse
Elfenauweg 51, Po. Box 270, 3000 Berne 15.
Tél. 031 352 0983.
www.indonesia-bern.org

CONSULATS ÉTRANGERS À BALI

France
Jalan Mertasari Gang 2 n° 8, Banjar Tanjung, Sanur Kauh, Denpasar.
Tél. (0361) 28 54 85.
http://agence-consulaire-bali.org

Canada
Représenté par le consulat d'Australie : Jalan Tentular 32, Denpasar.
Tél. (0361) 241 118.
www.bali.indonesia.embassy.gov.au

RENSEIGNEMENTS DE L'AÉROPORT NGURAH RAI

Tél. (0361) 751 011.

INFORMATION TOURISTIQUE LOCALE

Denpasar
Office de tourisme régional « Art et Culture » : Jalan Raya Puputan Niti Mandala, Denpasar. *Tél. (0361) 225 649. Fax (0361) 233 474.* www.bali tourismboard.org

Bali Tourism Authority (DIPARDA) : Jalan S. Parman Niti Mandala, Denpasar. *Tél. (0361) 222 387. Fax (0361) 226 313.* www.balitourism authority.net

Badung
Badung Tourism Authority (Bali du Sud et Lombok) : Jalan Raya Kuta 2, Kuta.
Tél. (0361) 756 176.

Nusa Tenggara Ouest
Office de tourisme provincial, Jalan Langko 70, Ampenan, Lombok.
Tél. (0364) 637 828.

Office de tourisme régional « Art et Culture » : Jalan Singosari 2, Mataram, Lombok.
Tél. (0370) 632 723. Fax (0370) 637 233.

BUREAU DE L'IMMIGRATION

Aéroport
Kantor Imigrasi Ngurah Rai Tuban, Jalan Raya I Gusti Ngurah Rai, Tuban.
Tél. (0361) 751 038.

Denpasar
Kantor Imigrasi Denpasar, Jalan Di Panjaitan,

Niti Mandala, Renon.
Tél. (0361) 265 030.

Lombok
Kantor Imigrasi Lombok, Jalan Udayana 2, Mataram, Lombok.
Tél. (0370) 632 520.

CULTURE

Alliance française
Jalan Patih Jelantik 3. Denpasar. *Tél. 361 234 143.* http://afdenpasar.klassys.com

SITES UTILES

En français
www.balicontact.com
www.infoindonesie.com/bali.htm
www.lagazettedebali.info
www.diplomatie.gouv.fr

En anglais
www.baliblog.com
www.bali-paradise.com
www.bali-portal.com
www.balibagus.com
www.balivillas.com
www.lombok-network.com

Savoir-vivre

Les contacts avec une population souriante
et accueillante constituent un des grands plaisirs
d'un voyage en Indonésie, et les visiteurs
qui se comportent avec courtoisie à Bali et
à Lombok s'y sentent en général les bienvenus.
Une connaissance minimale des usages locaux
facilite encore davantage les relations.

Balinais en tenue de cérémonie

S'HABILLER

Si certains établissements haut
de gamme exigent une tenue
smart casual (élégante mais
décontractée) pour le dîner,
la décontraction est de mise
dans les complexes hôteliers
et les stations balnéaires.
Cependant, beaucoup
d'Indonésiens trouvent
indécents le short et les
habits moulants ou laissant
les épaules et les bras nus.
Songez-y si vous sortez des
sentiers battus, en particulier
à Lombok. À Ubud, certains
visiteurs adoptent le sarong.
   Préférez des chaussures
faciles à enlever, car il vous
faudra les laisser à l'entrée
si vous êtes invité à pénétrer
dans une maison. Pour
effectuer une démarche
administrative, il est impératif
de s'habiller de façon
conventionnelle. Un homme
portera des pantalons longs,
une chemise à manches
longues et des chaussettes,
une femme une jupe ou une
robe descendant au-dessous
du genou et un corsage
couvrant au moins le haut des
bras. Mettez des chaussures
fermées, car les fonctionnaires
indonésiens sont choqués
par les tongs en plastique
et les sandales ouvertes.

COMMUNIQUER

Si l'anglais est désormais la
langue la plus employée dans
les lieux touristiques, certains
guides maîtrisent d'autres
langues européennes.
   Le *bahasa indonesia*, la
langue nationale, découle
pour l'essentiel du malais,
employé depuis des siècles
dans l'archipel pour les
échanges commerciaux. Sa
forme écrite utilise l'alphabet
latin. Les verbes prennent
des préfixes et des suffixes
qui rendent malaisée
leur recherche dans
un dictionnaire.
Cette version
simplifiée du *bahasa
indonesia*, assez
facile à maîtriser,
sert pourtant le plus
souvent à dialoguer
avec les visiteurs.
   Les Balinais et les Sasak
de Lombok continuent de
parler leurs propres langues.
Celles-ci possèdent une base
commune avec le javanais
et leur alphabet dérive
du sanskrit.

**Le lotus, un symbole
de grâce à Bali**

**Touristes vêtus du sarong
et du *sash* dans un temple**

RÈGLES DE CONDUITE

Dans leurs relations avec
les habitants de Bali et
de Lombok, les étrangers
peuvent causer sans le
vouloir de la gêne ou une
offense par ignorance de
certaines règles de conduite.
   La main gauche sert à la
toilette intime et il ne faut
jamais l'utiliser pour prendre
ou donner quelque chose.
On ne tend pas l'index vers
quelqu'un, mais plutôt le
pouce de la main droite et
de préférence la paume vers
le bas. Siège de la spiritualité,
la tête est la partie du corps
la plus sacrée. La toucher,
même lorsqu'il s'agit d'un
enfant, correspond à un
manque de respect. C'est
également faire preuve
d'impolitesse que de rester
debout devant une personne
assise par terre.
Si vous devez passer
devant elle, inclinez-
vous et formulez
une excuse
comme « *Maaf* »
ou « *Sorry* ». Pôle
impur du corps,
les pieds ne doivent
pas être pointés
vers quelqu'un ou
un objet sacré. Si vous vous
rendez chez des Indonésiens,
attendez qu'on vous invite
à vous asseoir, à boire ou à
manger. Vider votre assiette
ou votre verre revient à
indiquer à vos hôtes que
vous voulez qu'ils vous
resservent.
   Comme dans beaucoup
de pays d'Asie, manifester
de la colère apparaît comme
une faiblesse ou une sottise.
Garder une attitude souriante
provoquera toujours de
meilleurs résultats.
   En couple, évitez de vous
embrasser en public. Ces
manifestations d'affection
appartiennent à la sphère
intime et sont considérées
comme très embarrassantes
pour les autres.
   La difficulté qu'ont les
Indonésiens, et de nombreux
autres Asiatiques, à dire
« non » ou à avouer leur
ignorance est une source
inépuisable de malentendus.
N'insistez pas si votre
interlocuteur se contente

de répondre d'un sourire à votre question et vérifiez les informations fournies.

RENCONTRES

D'un naturel sociable, les Indonésiens se montrent naturellement curieux des étrangers. Le plus souvent, ils les abordent en leur posant des questions qui n'ont pas à leurs yeux le caractère

On doit enlever ses chaussures avant d'entrer dans une maison balinaise

indiscret qu'elles peuvent revêtir pour des Occidentaux. Ils trouveront poli que vous-même leur posiez des questions.

LIEUX DE CULTE

Pour les Hindous, c'est l'observation des rites religieux qui entretient l'équilibre de l'univers, et ils estiment que les règles qui permettent de préserver la pureté spirituelle des lieux sacrés doivent être suivies par tout le monde, y compris par les visiteurs. Ces prescriptions concernent principalement la tenue vestimentaire et les conditions de *sebel* (tabou).

Qu'un temple accueille une cérémonie ou non, il faut porter une ceinture (*sash*) et, le plus souvent, un sarong pour y pénétrer. Les sanctuaires qui reçoivent régulièrement des touristes mettent ces accessoires à leur disposition, mais il est est sans doute plus simple de posséder les siens, de tels articles étant vendus partout.

Il n'y a pas de jugement moral porté sur l'état de *sebel*. Au contraire, reconnaître cet état constitue une marque de lucidité et de conscience. Même s'ils heurtent vos croyances, vous devriez

respecter ces interdits. Le premier concerne les femmes en période de menstruation ou toute personne ayant une plaie ouverte : on ne doit pas verser de sang dans un temple. De même, y pénétrer avec de la nourriture entre en conflit avec les offrandes. Les autres restrictions concernent les fous, les personnes en état de deuil (jusqu'à 42 jours après la mort d'un proche) et les jeunes mères qui ont accouché depuis moins de 42 jours (les naissances attirent l'attention des esprits).

Marchandage du prix d'un panier

Demandez l'autorisation avant de pénétrer dans une cour, certaines sont réservées aux prêtres et aux objets sacrés, et restez derrière les dévots, à moins qu'on ne vous invite à vous avancer. Il faut éviter de toucher aux offrandes, de grimper sur les murs ou les autels et de passer devant une personne en train de prier ou un prêtre accomplissant un rite.

Pour pénétrer dans une mosquée, les visiteurs doivent déposer leurs chaussures à l'entrée et porter des vêtements qui couvrent leurs épaules, leurs bras et leurs jambes. Une écharpe cachera les cheveux des femmes.

MARCHANDER

Sauf dans les boutiques chic et les grands magasins, le montant d'un achat résulte d'une négociation entre le

vendeur et le client. Les Indonésiens trouvent normal que les touristes, souvent bien plus riches, paient plus chers que leurs concitoyens. Renseignez-vous sur les prix pratiqués et gardez le sourire, cela vous aidera à réaliser de bonnes affaires.

IMPORTUNS

Si vous ne souhaitez rien acheter à un marchand ambulant, ni accepter une offre de « transport », il vous suffira en général de dire calmement « non, merci ».

Ne répondez pas aux sollicitations des enfants. Si vous avez un petit cadeau pour eux, remettez-le plutôt à leurs parents.

Les Indonésiens traitent les femmes avec respect et il est rare qu'ils importunent les étrangères. Une tenue discrète ne nuit pas.

Marchands ambulants faisant l'article sur la plage

Santé et sécurité

Un séjour à Bali ou à Lombok est normalement peu dangereux pour un visiteur occidental : vous risquez au pire d'attraper un coup de soleil ou de souffrir un jour ou deux de troubles digestifs. Gardez cependant présent à l'esprit que l'adaptation à un climat tropical demande souvent un peu de temps, que le niveau d'hygiène et d'équipement médical est inférieur à ce que vous connaissez et que les visiteurs étrangers sont, aux yeux des Indonésiens, incroyablement riches. D'une manière générale, les touristes doivent prendre les mêmes précautions que dans n'importe quelle ville.

La bicyclette offre un moyen pratique de se déplacer en ville

SÉCURITÉ DES BIENS

Les agressions sont très rares à Bali et à Lombok, mais les zones touristiques attirent de petits délinquants et quelques précautions vous éviteront des risques inutiles.

La plupart des hôtels possèdent un coffre. Utilisez-le pour mettre à l'abri vos objets de valeur et vos documents importants. Une bonne précaution consiste à se munir de photocopies de son passeport et de son visa, de sa carte bancaire, de son billet d'avion, de son permis de conduire et du reçu de ses chèques de voyage. Gardez précieusement ces doubles à l'hôtel pour pouvoir en fournir la preuve en cas de perte ou de vol des originaux. Fermez la porte et les fenêtres de votre chambre lorsque

vous vous absentez. Prenez garde aux pickpockets au milieu de la foule, surtout dans les transports publics et les aéroports. Lors de vos déplacements, gardez votre argent et vos papiers dans une pochette ou une ceinture recouverte par vos vêtements. Ne laissez rien de tentant en évidence dans une voiture en stationnement.

Lorsque vous changez de l'argent à un guichet, vérifiez aussitôt devant l'employé qu'il vous a bien remis la somme exacte et ne le laissez pas manipuler les billets après que vous les avez comptés.

Si vous réglez une dépense avec une carte bancaire, surveillez l'impression du reçu et gardez précieusement le carbone. Une escroquerie courante consiste à imprimer d'autres reçus qui serviront

Voiture de police

Ambulance

à vous imputer des achats grâce à une signature imitée.

SÉCURITÉ DES PERSONNES

Les habitants de Bali et de Lombok traitent les visiteurs avec égard. Si vous vous promenez la nuit hors des sentiers battus, ceux qui s'intéresseront à vous le feront probablement par souci de votre sécurité. Les femmes seules doivent néanmoins prendre les précautions habituelles.

Soyez vigilant dans les lieux où règne une vie nocturne animée, à Kuta par exemple. Des vols à main armée ont été signalés dans les régions les plus isolées de Lombok, en particulier autour du Gunung Rinjani. Renseignez-vous avant de vous aventurer seul dans cette zone.

Depuis les attentats de 2002 perpétrés contre les touristes en Indonésie, certains pays ont mis en garde leurs ressortissants. Renseignez-vous sur les consignes des autorités de votre pays. Il est déconseillé de participer à des manifestations politiques sur le territoire balinais.

ÉQUIPEMENT MÉDICAL

Il est vivement recommandé de souscrire avant le départ une assurance prévoyant le rapatriement et il vaut mieux éviter de subir une opération importante sur palce. En cas de problème mineur, ou pour recevoir des premiers soins, des centres médicaux ouverts 24h/24 se trouvent dans les principales zones touristiques, dont le **Bali International Medical Centre**, la **clinique d'urgence de Bali Nusa Dua**, la **SOS Clinic**, l'**hôpital général** et la **clinique d'Ubud**. Leurs prix sont élevés. Toutes les capitales régionales abritent un hôpital public *(rumah sakit umum)*. Le meilleur est situé dans le quartier de Sanglah, à Denpasar. Les grands hôtels et complexes ont un médecin de garde.

PROBLÈMES COURANTS

Les coups de soleil, les troubles intestinaux et les écorchures dues à une chute d'un deux-roues (elles sont

très courantes à Bali, où la moto conduite à toute allure est un véritable sport national) constituent les maux les plus communs subis par les visiteurs.

Les premières précautions à prendre consistent à porter un chapeau, à éviter la plage entre 11 h et 14 h et à se protéger d'une couche de crème

Bouteille d'eau

solaire renouvelée après chaque baignade. Résistez à la tentation de faire un tour de moto en maillot de bain (port du casque obligatoire) : vous éviterez le ridicule d'une chute sur le bitume. Les climats tropicaux favorisent les infections. Les plaies les plus superficielles (coupures, ampoules ou piqûres de moustique grattées) peuvent dégénérer en ulcères. Lavez-les au savon et désinfectez-les avec un antiseptique. Un régime de riz blanc et thé noir devrait suffire à régler les

Des protections utiles contre le soleil

classiques problèmes digestifs causés par le dépaysement. Buvez beaucoup. En cas de diarrhée sévère et prolongée, consultez un médecin. Les risques de déshydratation sont élevés, en particulier chez les enfants. Évitez de manger des fruits préparés par autrui et buvez de l'eau en bouteille (le sceau doit être intact). Les petits restaurants servent des mets très frais, mais préparés dans des conditions d'hygiène parfois douteuses. Certains établissement accordent une confiance aveugle à la réfrigération et stockent trop longtemps les aliments.

Pancarte signalant une pharmacie (apotik)

PHARMACIES

Bien signalées, les pharmacies *(apotik)* abondent en ville. Dans presque toutes, un pharmacien compétent et parlant au moins un peu anglais devrait pouvoir vous recommander un traitement simple. Les médicaments importés sont assez chers, mais il en existe souvent des équivalents génériques.

SERPENTS ET INSECTES

La plupart des serpents (*ular* en bahasa indonesia, *lelipi* en balinais) que l'on trouve à Bali sont inoffensifs. Seule la morsure d'une vipère arboricole, d'un vert vif, peut avoir des conséquences fatales pour un enfant ou une personne en mauvaise santé. Portez de bonnes chaussures et faites beaucoup de bruit si vous risquez dans une épaisse végétation. Des cobras ont été aperçus dans des jardins du sud de Bali.

Les piqûres de scorpion et de scolopendre sont souvent douloureuses, mais rarement dangereuses. Même si la malaria n'y sévit pas comme à Lombok, les moustiques se montrent parfois très gênants à Bali,

notamment dans les régions côtières. Protégez-vous avec des vêtements couvrants, un insectifuge efficace et des spirales antimoustiques *(obat nyamuk)*.

RISQUES NATURELS

Prenez garde aux courants et aux lames de fond sur les côtes sud de Bali et de Lombok. Les plages surveillées par des maîtres nageurs sont rares et des noyades surviennent tous les ans. Évitez de vous baigner dans les rivières, ou près de leurs débouchés dans la mer, car elles servent souvent d'égout et transmettent de nombreuses maladies.

Banques et monnaie

Pièce ancienne
d'un *kepeng*

Depuis la crise financière de 1997, les taux de change de la monnaie indonésienne ont connu de violentes fluctuations, à l'instar des prix pour les visiteurs. Ceux-ci disposent de tous les services bancaires modernes dans les grandes villes et les zones touristiques. En liquide ou en chèques de voyage, le dollar américain reste la devise étrangère la plus facile à changer dans certaines régions reculées et on peut l'utiliser partout pour effectuer directement des paiements. L'usage des cartes bancaires s'est répandu.

Distributeur automatique de billets (ATM) dans une banque

Agence de la banque indonésienne BCA à Kuta

SERVICES BANCAIRES

Il existe deux banques étrangères à Bali, l'**ABN Amro** et la **Citibank**. Les grandes banques indonésiennes ont leurs agences principales à Denpasar et à Mataram, et des succursales dans les capitales régionales, ainsi qu'à Kuta, Sanur, Ubud et dans les plus grands hôtels. Dans les zones touristiques, la plupart des banques effectuent des opérations de change. Il est également possible de câbler des fonds directement à une banque en Indonésie.

CHÈQUES DE VOYAGE ET BUREAUX DE CHANGE

Les chèques de voyage offrent le moyen le plus sûr de transporter de l'argent. En général, ils ne permettent pas d'effectuer des règlements à Bali et à Lombok, mais peuvent être changés dans la plupart des banques et bureaux de change. Ces derniers abondent dans les centres touristiques. Ailleurs, mieux vaut disposer de roupiahs indonésiennes. Des services de change existent, mais les taux sont moins avantageux. Comptez vos billets au moment du change.

DISTRIBUTEURS AUTOMATIQUES DE BILLETS

Une carte de paiement internationale permet de retirer de l'argent aux distributeurs de billets (ATM) qui équipent des banques de Sanur, Kuta, Denpasar, Ubud et Mataram, ainsi que les halls d'arrivée de l'aéroport de Bali.

Bureau de change à Seminyak

ADRESSES

PERTE OU VOL DE CARTES BANCAIRES

Faites immédiatement opposition auprès de votre banque ou de l'organisme émetteur de la carte.

Visa
Tél. 001 803 1933 6294.
Tél. 001 803 0441 1208 (pour les chèques de voyage).

Mastercard
 Tél. 001 803 1 887 0623.

American Express
Tél. 001 800 268 9824.
Tél. 001 803 61005 (pour les chèques de voyage).

SERVICES BANCAIRES

Les grandes banques d'Indonésie effectuent des opérations de change, des retraits et des transferts d'argent. En semaine, elles sont généralement ouvertes de 8 h à 13 h et le samedi de 8 h à 11 h.

ABN Amro
Jalan Teuku Umar 10, Denpasar.
Tél. (0361) 244 277.

Banque Danamon
Jalan Raya Legian 87, Kuta.
Tél. (0361) 761 620.

Banque Lippo
Jalan M.H. Thamrin 59, Denpasar.
Tél. (0361) 436 047.

Banque Mandiri
Jalan Danau Tamblingan 59, Sanur.
Tél. (0361) 283 885.

Banque Negara Indonesia
Grand Bali Beach Hotel, Sanur.
Tél. (0361) 288 511.

Jalan Gajah Mada 30, Denpasar.
Tél. (0361) 263 304.

Jalan Langko 64, Mataram, Lombok.
Tél. (0370) 636 046.

Jalan Legian 359, Kuta.
Tél. (0361) 751 914.

Jalan Raya Ubud, Ubud.
Tél. (0361) 975 986.

Jalan Surapati 52A, Singaraja.
Tél. (0362) 22 648.

Nusa Dua Beach Hotel, Nusa Dua.
Tél. (0361) 771 906.

Citibank
Jalan Teuku Umar 208, Denpasar.
Tél. (0361) 269 999.

CARTES BANCAIRES

Les cartes bancaires des grands réseaux internationaux comme MasterCard, Visa et American Express permettent de régler des dépenses dans la plupart des établissements à la clientèle touristique et d'obtenir des avances en liquide dans les banques.

MONNAIE LOCALE

L'Indonésie a pour monnaie nationale le rupiah (Rp), qui a connu de très importantes fluctuations depuis la crise financière asiatique de 1997. En mars 2012, 1 € valait 11 845 Rp, soit le prix d'un repas dans un petit restaurant local. Mieux vaut garder sur soi une quantité suffisante de petites coupures, car il n'est pas possible de payer partout avec de gros billets. La faible valeur du rupiah rend encombrantes les liasses de billets, mais ne multipliez pas les retraits aux distributeurs automatiques, car un prix forfaitaire est perçu à chaque transaction.

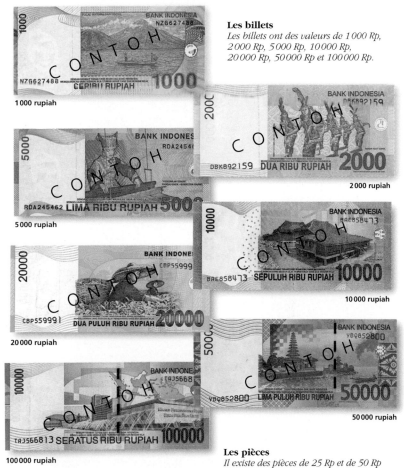

Les billets
Les billets ont des valeurs de 1 000 Rp, 2 000 Rp, 5 000 Rp, 10 000 Rp, 20 000 Rp, 50 000 Rp et 100 000 Rp.

1 000 rupiah

2 000 rupiah

5 000 rupiah

10 000 rupiah

20 000 rupiah

50 000 rupiah

100 000 rupiah

Les pièces
Il existe des pièces de 25 Rp et de 50 Rp (devenues rares car presque sans valeur), 100 Rp, 200 Rp, 500 Rp et 1 000 Rp.

100 rupiah

200 rupiah

500 rupiah

1 000 rupiah

Communications et médias

Wartel Aifa logo

Communiquer avec le reste du monde ne pose pas de problème depuis les centres touristiques de Bali et de Lombok et devient de plus en plus aisé depuis l'ensemble du territoire des deux îles. Telkom, la compagnie de téléphone nationale, offre un accès facile à Internet. Les *wartel* (abréviation de *warung telkom*, « boutiques de télécommunication ») sont de petites échoppes privées proposant une large gamme de services. Les coûts des appels internationaux comptent parmi les plus élevés du monde.

OBTENIR
LE BON NUMÉRO

L'indicatif national de l'Indonésie est le 62. À l'intérieur du pays, l'indicatif régional doit être précédé d'un 0 pour un appel *interlokal*.

INDICATIFS
RÉGIONAUX

Sud de Bali
Badung : **361**

Centre de Bali
Gianyar : **361**

Est de Bali
Bangli : **366**
Klungkung : **366**
Karangasem : **363**

Nord de Bali
Buleleng : **362**

Ouest de Bali
Tabanan : **361**
Jembrana : **365**

Lombok : 370

Les *wartel* offrent divers services

TÉLÉPHONER

Les cabines publiques sont de plus en plus rares dans les rues. Les boutiques de téléphonie *wartel* (dont les sociétés Wartel Telkom et Wartel Aifa) sont très utiles pour les appels locaux ou vers l'étranger, mais les appels internationaux coûtent cher.

Les cartes prépayées « Hello » (liaisons terrestres uniquement) sont disponibles dans les cybercafés ; si vous comptez passer plusieurs appels, cette solution offre un tarif plus abordable. Certains postes à télécarte acceptent également les cartes « Hello » ; renseignez-vous auprès du vendeur. Leur prix est de 20 $ minimum (environ 15 €).

Les réseaux de téléphonie mobile utilisés à Bali sont GSM ou CDMA. Vérifiez que votre opérateur possède un accord avec l'un des opérateurs GSM ou CDMA d'Indonésie, tels que Simpati ou Pro-XL ; le cas échéant, vous pourrez acheter des cartes pour recharger votre portable. Vendues dans les boutiques et les kiosques, ces cartes sont pratiques et d'un bon rapport qualité/prix. Attention à la couverture réseau lors de votre achat : certaines cartes couvrent une zone limitée, d'autres tout le pays ou encore l'étranger.

Il peut être intéressant de louer sur place un téléphone mobile pour la durée de votre séjour. Plusieurs sociétés assurent ce service à Bali et certaines vont jusqu'à vous livrer l'appareil à votre hôtel et viennent le rechercher avant le départ. Pour plus d'information sur ce service, consultez le site www. balidiscovery.com/phones. L'envoi et la réception de fax se font depuis un *wartel* ou un cybercafé. Le tarif est basé sur le prix de la communication et sur un forfait par page expédiée.

SERVICES POSTAUX

La poste indonésienne assure un service efficace et une lettre pour l'Europe met 8 à 10 jours pour atteindre sa destination. Les principaux bureaux, dont la poste de Denpasar et les bureaux d'Ubud, Kuta et Singaraja, permettent d'acheter des timbres et de recevoir du courrier en poste restante (*kantor pos*). Si une lettre tarde à arriver, vérifiez qu'elle n'est pas classée en fonction du prénom (il n'y a pas de système standard de classement des noms).

MESSAGERIE RAPIDE

Pour expédier des colis, il vaut mieux passer par **DHL**, **FedEx** ou **UPS**. La plupart

Le téléphone d'un *wartel* permet de passer des appels internationaux

des sociétés sont localisées à Denpasar, mais FedEx, DHL et **Elteha** possèdent des antennes à Ubud. Il faut parfois se déplacer jusqu'à l'une de leurs agences pour expédier un colis. Elteha livre aussi des colis en Indonésie.

INTERNET

L'Indonésie compte une cinquantaine de fournisseurs d'accès Internet (ISP). Le plus simple consiste à passer par le service Instan de **Telkom**. L'utilisateur n'a pas à s'enregistrer et ne paye que le temps de communication.

On trouve facilement des cybercafés à Bali et Lombok. **Xtreme Café Bali**, **Bali 3000**, **Roda Internet Café**, **Highway**, **Millennium Internet** et **Wi Fi Connection**. Les connexions satellite ou à haut débit restent encore assez rares. Il vaut mieux se renseigner sur le type de connexion avant de se décider.

TÉLÉVISION

Dix chaînes de télévision privées et une chaîne publique, TVRI, se partagent le paysage audiovisuel. Bali TV propose des émissions culturelles de musique et de danses traditionnelles. Toutes ont des programmes en langues locales. La réception des bouquets diffusés par satellite se répand rapidement et les grands hôtels de Bali et Lombok offrent ce service.

Hello Bali magazine

PRESSE ÉCRITE

La presse française n'est pas présente dans les kiosques mais vous pourrez la consulter à l'Alliance française de Denpasar *(p. 217)*. Seule publication francophone en Indonésie, *La Gazette de Bali* est vendue en kiosque dans sa version papier mais peut aussi se consulter sur Internet. (www.lagazettedebali.info). Elle traite de l'actualité de la région et diffuse aussi des informations touristiques.

Les quotidiens en anglais diffusés à Bali comprennent l'*International Herald Tribune* et le *Jakarta Post*. Il existe aussi plusieurs magazines locaux. *Hello Bali* est un mensuel gratuit déposé dans les hôtels et les restaurants. Le *Bali and Beyond* apporte des informations sur l'actualité culturelle. *Yak* et *Bud* sont les trimestriels des régions de Seminyak et d'Ubud. Gratuit également, le bimensuel *Bali Advertiser* s'adresse surtout aux résidents étrangers, mais ses rubriques sur les restaurants ou les activités peuvent intéresser des visiteurs de passage.

ADRESSES

TÉLÉPHONE

Téléphoner à Bali et en Indonésie
Composez le 00 + 62 + indicatif de la ville + numéro de votre correspondant.

Téléphoner depuis Bali et l'Indonésie
Composez le 00 + indicatif international du pays à joindre + numéro de votre correspondant sans le 0 initial.

Indicatifs internationaux
France : 33.
Belgique : 32.
Suisse : 41.
Canada : 1.

MESSAGERIE RAPIDE

DHL
Jln Bypass Ngurah Rai, Tuban.
Tél. *(0361) 768 282.*

Jln Bypass Ngurah Rai 155, Sanur.
Tél. *(0361) 283 818.*

Jln Legian Kaja 451, Kuta.
Tél. *(0361) 762 138.*

Jln Raya Ubud 16, Ubud.
Tél. *(0361) 972 195.*

Elteha Bali
Jln Pengosekan, Ubud.
Tél. *(0361) 977 773.*

Elteha Lombok
Jln Koperasi 8, Mataram, Lombok.
Tél. *(0370) 631 820.*

FedEx
Jln Bypass Ngurah Rai 72, Jimbaran.
Tél. *(0361) 701 727.*

Jln Raya Ubud 44, Ubud.
Tél. *(0361) 977 575.*

United Parcel Service (UPS)
Jln Bypass Ngurah Rai 2005, Jimbaran.
Tél. *(0361) 764 439 ou (0361) 766 676.*

INTERNET

Bali 3000
Jln Raya Ubud.
Tél. *(0361) 978 538.*
www.bali3000.com

Bali@Cyber Café
9 Kompleks Sriwijaya, Jln Patih Jelantik, Kuta. **Tél.** *(0361) 761 326.*
www.balicyber.net

Highway
Jln Raya Ubud.
Tél. *(0361) 972 107.*
www.highwaybali.com

Millennium Internet
En face du restaurant Papaya, Senggigi, Lombok.

Roda Internet Café
Jln Bisma 3, Ubud.
Tél. *(0361) 973 325.*

Wi Fi Connection
Bali Deli, Jln Kunti 117X, Seminyak.
Tél. *(0361) 738 686.*

Telkom
Connexion sans enregistrement.
Tél. *0809 89 999.*
Dans la fenêtre de dialogue, tapez « telkom et @ instan » en username, et « telkom » en password.
Tél. *162 (renseignements).*

Xtreme Café Bali
Jln Kerobokan 388X, Kuta.
Tél. *(0361) 736 833.*
www.xtremecafe.net

LOCATION D'ORDINATEURS

Adi Computer
Jln Tukad Yeh Penet 2, Renon, Denpasar.
Tél. *(0361) 236 531 ou (0361) 238 430.*

Harry's Computer
Jln Teuku Umar 173, Denpasar.
Tél. *(0361) 232 470 ou (0361) 266 773.*

PC Mac
Jln Iman Bonjol 266D, Denpasar.
Tél. *(0361) 489 747.*

Rimo Complex
Jln Diponegoro, Denpasar.
Tél. *(0361) 233 206.*

SE RENDRE À BALI ET À LOMBOK

Quelques compagnies internationales desservent l'aéroport de Bali depuis Paris, Londres, Francfort ou encore Amsterdam. À l'exception des appareils de la Silkair qui arrivent de Singapour, l'aéroport de Lombok n'accueille que des avions de

Logos de compagnies indonésiennes

lignes intérieures depuis Denpasar. Les taxis offrent le moyen le plus simple de rejoindre une ville ou une station balnéaire. Des ferrys, des vedettes rapides et des bateaux de croisière circulent entre Bali et Lombok, et les relient à d'autres îles de l'archipel indonésien.

Avion se posant à l'aéroport Ngurah Rai de Denpasar

ALLER À BALI EN AVION

Baptisé Ngurah Rai, l'aéroport international de Denpasar se trouve au sud de Kuta.

Air France assure des vols réguliers de Paris à Denpasar via Amsterdam ou Singapour, **Thai Airways International** propose 10 vols par semaine entre Paris et Bangkok, avec correspondance pour Bali, tandis que **Malaysia Airlines** offre une liaison via Kuala Lumpur. **Air Asia Indonesia** propose régulièrement des vols low-cost Paris-Bali. **Etihad, Qatar Airways** et **Emirates** proposent souvent des rapports qualité/prix excellents.

En Indonésie, **Garuda Indonesia** et **Lion Air** assurent les correspondances des compagnies indonésiennes qui ne desservent que Jakarta, comme **Korean Air** ou **Eva Air**. Il y a des vols quotidiens entre cette ville et Denpasar.

Il peut être intéressant de prendre un billet jusqu'à Singapour avec **Singapore Airlines** et de finir son voyage avec une compagnie comme Garuda. Les avions de **China Airlines** passe par Bangkok, tandis que **Cathay Pacific Airways** ou **Japan Airlines** s'arrêtent à Taiwan et à Hong-Kong.

Voyages-sncf.com propose ses meilleurs

prix sur les billets d'avion, hôtels, location de voitures, séjours clé en main ou Alacarte®. Vous avez accès à des services exclusifs : l'envoi gratuit des billets à domicile, ainsi qu'Alerte Résa qui signale l'ouverture des réservations, le calendrier des meilleurs prix, les offres de dernière minute et les promotions (renseignements sur www.voyages-sncf.com).

TARIFS AÉRIENS ET TAXES

Les prix montent en haute saison, mais celle-ci a une définition variable selon les compagnies. N'hésitez pas à contacter plusieurs agences de voyages pour avoir une large palette d'offres.

Les aéroports imposent une taxe minime pour les vols intérieurs, plus élevée pour les vols internationaux. La taxe d'entrée et de sortie du territoire s'élève à environ 20 \$ (150 000 Rp).

LIAISONS DE ET VERS L'AÉROPORT

Plusieurs compagnies de location de voitures ont un comptoir *(p. 229)* à l'aéroport Ngurah Rai, à 45 min de route de Kuta, Nusa Dua et Sanur, et à 90 min d'Ubud. Des taxis et les navettes des hôtels constituent les seules formes de transports publics. Prendre

un taxi n'impose pas un long marchandage. Un kiosque situé à la sortie du terminal permet d'acquérir des coupons dont le prix (affiché) varie selon la destination. Comptez entre 50 000 Rp (4 €) pour Kuta et près de 195 000 Rp (16,5 €) pour Ubud. Il est impossible de payer avec des devises étrangères, mais un bureau de change se trouve à l'intérieur, près de la sortie du terminal. L'aéroport abrite

Agence de voyages vendant billets et réservations

également des distributeurs automatiques de billets dans les halls d'arrivée des vols internationaux.

Une fois la course payée, on vous conduit au véhicule qui vous est assigné. Ce système a été mis en place pour éliminer le racolage. Remettez le coupon au conducteur. Pour rejoindre l'aéroport, à votre départ, vous aurez le choix entre le taxi et les minibus qui assurent des navettes depuis les centres touristiques.

Taxi de l'aéroport

SE RENDRE DANS LES ÎLES PROCHES DE BALI

Nusa Penida n'étant pas considérée comme une destination touristique, il faut, pour gagner cette île, prendre de petits bateaux à Padang Bai ou sur les plages de Sanur et de Kusamba.

Nusa Lembongan, au nord-ouest de Nusa Penida, offre plus de possibilités de logement, mais constitue surtout un but d'excursions organisées d'une journée. Contactez pour cela **Bali Hai Cruises**, **Bounty Cruises** et **Island Explorer Cruises**. Ombak Putih dessert les îles orientales en goélette.

ALLER À LOMBOK EN AVION

Plusieurs compagnies desservent l'aéroport de Mataram. **Merpati Nusantara Airlines** et **Air Indonesia Transport** assurent les liaisons avec Bali. Les horaires sont variables selon la période de l'année, mais il existe une dizaine de vols quotidiens. Le trajet dure environ 25 min.

REJOINDRE LOMBOK PAR LA MER

Le ferry qui relie Padang Bai, à l'est de Bali, et Pelabuhan Lembar offre le moyen le moins cher de franchir le détroit de Lombok, mais il présente surtout de l'intérêt si vous vous déplacez avec une moto ou une voiture. Les départs se succèdent jour et nuit à des intervalles de 1 heure ou 1 h 30. La traversée dure 4 heures. Les voyageurs avertis choisissent leur navire et retardent leur départ pour

Bateaux à Pelabuhan Lembar, le port d'arrivée à Lombok

éviter les bâtiments les moins sûrs. Un billet de 1ʳᵉ classe donne accès à un salon climatisé. Il faut acheter sa place au bureau du port.

Blue Water Safaris propose des liaisons par bateau rapide avec Lombok. Un avion relie Mataram et Denpasar en 30 min. Perama Shuttle se rend tous les jours à Senggigi en bus et bateau (départ à 6 h). Le bus quitte Kuta pour Padang Bai et la traversée se fait sur le bateau de la Perama. Vous pouvez prendre leur bus au départ de Kuta ou d'Ubud à 9 h et embarquer sur le ferry pour Lembar.

SE RENDRE DANS LES ÎLES PROCHES DE LOMBOK

Une navette partant de Senggigi permet de rejoindre les îles Gili. Vous pouvez retenir votre place depuis Bali. Une autre possibilité, plus coûteuse, consiste à louer une pirogue à balancier à Senggigi ou à Bangsal. Vous pouvez aussi choisir de faire une croisière Bounty Cruises.

Le BlueWater Express voyageant vers Lombok

Se déplacer par la route

La route offre le seul moyen de parcourir l'intérieur de Bali et de Lombok. Des transports publics bon marché comme les bus et les minibus appelés *bemo* circulent presque partout dans les deux îles, mais beaucoup de visiteurs préfèrent louer une moto ou une voiture, avec ou sans chauffeur. La circulation devient de plus en plus dense, en particulier dans le sud de Bali et autour d'Ubud.

Carte routière de Bali

TRANSPORTS PUBLICS

S'ils sont très bon marché, les transport publics ne sont pas toujours pratiques pour les visiteurs, dont les besoins, en vacances, diffèrent de ceux de la population locale.

Les minibus, ou *bemo*, ont des itinéraires réguliers. Les plus petits circulent en centre-ville, tandis que les plus gros effectuent des navettes entre localités. Les trajets coûtent de 5 000 Rp pour une course en ville à 10 000 Rp pour une liaison interurbaine, mais ces tarifs sont généralement augmentés pour les étrangers. Souvent bondés, les *bemo* peuvent mettre plusieurs heures pour parcourir une distance de 15 km.

Les bus assurent les liaisons interurbaines rapides, qui comprennent moins d'arrêts. Les lignes principales relient Denpasar à Singaraja et Amlapura, et Sweta, près de Mataram, à Labuhan Lombok. Il faut acheter directement les billets au chauffeur ou au receveur.

Les principales gares routières de Bali se trouvent à Denpasar : à Kereneng dans le centre, à Batubulan au nord et à Ubung à l'ouest.

TAXIS

Il est possible dans le sud de Bali d'arrêter dans la rue ou de commander par téléphone des taxis climatisés et équipés de compteurs. Cependant, certains chauffeurs essaient de négocier un forfait. Il vous faudra d'ailleurs sans doute arriver à un accord si vous désirez vous rendre à Ubud le soir, moment où votre chauffeur aura peu de chances de trouver un client pour le retour ; en règle générale, le prix de la course est augmenté de 20 %.

Panneaux en bahasia indonesia et en balinais

NAVETTES TOURISTIQUES

Les *shuttles*, qui circulent à intervalles réguliers entre des destinations touristiques, proposent un service efficace, fiable et écomomique. Ils affichent des prix très raisonnables (de 40 000 Rp à 200 000 Rp). Les routards, en particulier, apprécient ces minibus qui sont une bonne occasion de faire des rencontres. Bien que les compagnies de *shuttles* soient de plus en plus nombreuses, il reste parfois nécessaire de réserver sa place.

LOCATION DE VOITURES ET DE MOTOCYCLETTES

La location de voitures se généralise à Bali comme à Lombok, où de nombreuses compagnies internationales ont des agences. Mais sachez que vous obtiendrez souvent de meilleurs tarifs avec des sociétés locales. Pour un petit supplément, une location avec chauffeur pourra vous décharger des soucis d'assurance, d'orientation et de conduite, et vous fournira en outre un guide.

Les loueurs se rencontrent dans les rues principales des grands centres touristiques. Le choix de véhicules va jusqu'à de puissantes berlines comme les BMW, mais ce sont la Suzuki Jimni (un 4x4 idéal pour deux personnes) et la grosse Toyota Kijang (pouvant contenir jusqu'à huit passagers) qui rencontrent le plus de succès. Que vous vous adressiez directement à un loueur ou que vous passiez par votre hôtel, renseignez-vous précisément sur les prestations offertes pour le prix. Étudiez attentivement votre attestation d'assurance. Si nécessaire, n'hésitez pas à payer un supplément pour qu'elle couvre aussi les tiers. Avant de partir, vérifiez que le véhicule a des pneus, des phares, des freins, des clignotants et un Klaxon en bon état.

La motocyclette reste le mode de transport le plus apprécié des visiteurs

Taxi

Bemo

Navette touristique

étrangers, mais le trafic est devenu beaucoup plus dense ces dernières années et la conduite est désormais moins agréable dans le sud et le centre de Bali. Le port du casque est obligatoire et il faut un permis international.

CONDUIRE À BALI ET À LOMBOK

Les Indonésiens conduisent théoriquement à gauche, mais le code de la route et la pratique quotidienne ne coïncident pas toujours : les motocyclistes doublent d'un côté comme de l'autre et les conducteurs déboîtent sans prévenir pour s'insérer dans une file, s'attendant à ce que les autres les évitent. La priorité appartient au plus imposant ou au premier qui fait un appel de phares. Les véhicules doivent disputer

Les motos offrent un moyen très populaire de se déplacer

La route recèle bien des surprises, ici, du riz sèche sur la chaussée

la chaussée au bétail, aux voitures à bras, aux cyclistes roulant dans le mauvais sens et aux piétons, y compris les processions religieuses. Il faut aussi redoubler de précaution aux croisements. Prévenez toujours d'un petit coup de Klaxon quand vous doublez. La circulation à Lombok est moins dense qu'à Bali, mais il faut s'y méfier des voitures à cheval.

Les rues en sens unique sont fréquentes en ville. Les gardiens qui supervisent le stationnement, entre autres près des marchés, perçoivent une redevance minime (de 500 à 1 000 rupiahs selon le véhicule). Ils vous aideront à retrouver votre route.

Il est fortement déconseillé de conduire la nuit à cause des nombreux deux-roues dépourvus d'éclairage. Les Indonésiens se montrent

pour la plupart heureux d'aider quelqu'un en difficulté au bord de la route. Il est de coutume d'offrir un petit dédommagement. Si vous n'avez pas de problème, ne laissez personne toucher à la voiture après vous avoir fait signe d'arrêter. Vous risqueriez une « panne » à la réparation coûteuse.

Des voitures à cheval circulent encore dans les zones rurales

ADRESSES

GARES ROUTIÈRES

Gare de Batubulan
Batubulan.
Tél. (0361) 298 526.

Gare de Kereneng
Jalan Hayam Wuruk,
Denpasar.
Tél. (0361) 226 906.

Gare de Mandalika
Sweta, Lombok.

Gare de Tegal
Jalan Imam Bonjol,
Denpasar.
Tél. (0361) 980 899.

Gare d'Ubung
Jalan Cokroaminoto,
Denpasar.
Tél. (0361) 427 172.

NAVETTES TOURISTIQUES

Danasari
Poppies Lane I, Kuta.
Tél. (0361) 755 125.

Perama
Jalan Legian 39, Kuta.
Tél. (0361) 751 875.

Jalan Hanoman, Ubud.
Tél. (0361) 974 722.

TAXIS

Bali Taxi (Blue Bird)
Tél. (0361) 701 111.

Ngurah Rai Taxi
Tél. (0361) 724 724.

Praja Taxi
Tél. (0361) 709 566.

LOCATION DE VÉHICULES

Avis
Danan Tam Blingan 27,
Sanur.
Tél. (0361) 282 635.
www.avis.com

Bali Limousine
Jalan Gatot Subroto
Barat 101, Denpasar.
Tél. (0361) 378 144.
www.balilimousine.com

Hertz
Grand Bali Beach Hotel,
Area Cottage 50, Sanur.
Tél. (0361) 266 962.
www.hertz.com

SDR Car Rental
Jalan Mertasari
Kerobokan, 9.
Tél. (0361) 735 258.

Index

Les numéros de page en **gras** renvoient aux entrées principales.

A

A Bar (Seminyak) 200, 201
A. J. Hackett Company 206, 207
Activités de plein air **202-211**
Adat 28
Adil Artshop 86
Aéroports 226
Agences de location de villas 169
Agung Rai Museum of Art (ARMA)
  voir Musée d'Art d'Agung Rai
Air Panas Banjar 139
Air Sanih 147
Airlangga 45
Alam Kulkul (Kuta) 171
Alang alang 94
Alas Arum 193, 195
Alas Kedaton 132
Alcool 181, 215
Alila Manggis (Manggis) 177, 200
Alila Ubud (Gorge de l'Ayung) 174
All Seasons Resort (Legian) 171
Amandari (Gorge de l'Ayung) 174
Amankila (Manggis) 177, 200, 201
Amanusa (Nusa Dua) 73, 171
Ambron, Emilio 105
Amed 102, **113**
Amlapura **112**
Ampenan 48, 155
Anak Wungsu, roi 45, 99
Anciens cultes **22**
Andong 96
Animisme 22, 24
Anom, I. B. 86
Apotik 221
Architecture des temples
  balinais **26-27**
Arja 30
ARMA *voir* Musée d'Art d'Agung Rai
  (ARMA) 96, 194
Aromas (Kuta) 184
Aromathérapie 168
Art 17, **34-35**, 91, 92-93, 96, 105, 106
Articles en cuir **193**, 195
Artisanat 17, **36-37**, 83, 155
Artisanat et textile **36-37**
Ary's Warung (Ubud) 88
Asmara (Senggigi) 191
Association des hôtels et restaurants
  indonésiens 166
Assurance automobile 215
Aston Bali Resort & Spa
  (Tanjung Benoa) 173
Aston Nandini Ubud Resort & Spa
  (Payagan) 175
Atelier de tissage du Puri Sinar
  Nadiputra 146
Aurora (Seminyak) 187
Avec des enfants **215**
Ayodya Resort Bali (Nusa Dua) 171
Ayung 79
Ayung Terrace Restaurant
  (Gorge de l'Ayung) 188

B

Badung, royaume de 47, 49, 57
Bagan 154
Baha 129
Bahasa Indonesia 50, 218
Baignade 199, **204**, 221
Baku Dapa (Seminyak) 187
Bale agung 26
  Pura Gunung Raung 99
  Tenganan 110

Bale banjar 28
  Batu Jimbar 64
  Batubulan 82
  Teges 86
Bale dangin 29
Bale dauh 29
Bale gede 29
Bale gong 26
  Pura Ulun Danu Batur 123
Bale Kambang 106 107
Bale London 112
Bale meten 29
Bale Petemu de Tenganan 110
Bale piasan 27
Bale sekenam 29
Bale tajuk 77
Bali Adventure Tours 199, 201, 203,
  205, 206, 207
Bali Advertiser 198, 225
Bali Aga 46, 101
  village 55, **110-111**, 121, 139, 147
Bali Agung Village (Seminyak) 173
Bali Bakery (Kuta) 193, 195
Bali Bird Club 205, 207
Bali Cliff Hotel (Uluwatu) 199, 201
Bali Deli 193, 195
Bali Dynasty (Tuban) 174
Bali Echo 198, 225
Bali et Lombok
  Bali et Lombok d'un coup d'œil
    54-55
  carte 12-13
Bali Golf and Country Club
  73, 204, 207
Bali Hai 74
Bali Hai Cruises 203, 204, 206,
  207, 227
Bali Handara Kosaido Country Club
  (lac Bratan) 141, 204, 207
Bali Handara Kosaido Golf & Country
  Club (Bedugul) 177
Bali Hilton (Nusa Dua) 73
Bali Hotel (Denpasar) **61**
Bali Hyatt (Sanur) **65**, 186
Bali Intercontinental Resort
  (Jimbaran) 170
Bali International Convention
  Centre 73
Bali Padma (Legian) 169, 171,
  200, 201
Bali Plus 198
Bali Post 61
Balian Beach 129
Bangko Bangko **163**
Bangli 47, 49, 101, **104**
Banjar (association
  communautaire) 28
Banjar suka duka 28
Banjar **139**
Banques **222-223**
Banyu Penaruh 39
Banyumulek 36, **154**
Banyuwedang 138
Barandi (Ubud) 189
Baris gede **30**, 122
Barong **25**, 45, 82, 198
Bas-reliefs 107
Basuki 108
Bataille de Marga **132**
Batan Waru (Ubud) 189
Batara Sakti Wawu Rauh 76
Bateson, Gregory 88
Batik 97
Batu Bolong 156
Batuan 34, **83**
Batuan, I Dewa Nyoman 34

Batubulan **82**, 194, 198
Batur 115, 120,**122-123**
Batur, lac 11, 55, **120-121**, 122, 123
Batur Lakeview (Gunung) 190
Bau Nyale 42
Bebandem 109
Bedaulu 110
Bedaulu, légende de **87**
Bedugul 126, **141**
Bedulu *19*, **87**
Beduur (Payangan) 188
Belaganjur 33
Belo, Jane 88
Bemo 228
Bemo Corner 67, 69
Berutuk 121
Betara Luhur Ing Angkasa 148, 149
Betara Tengah Segara 128
Bhatari Mandul, reine 45
Bhikku Giri Rakhita 139
Bhima Swarga 106 Biasa 195
Biastugal 108
Bicyclette 140, **205**
Bijoux 17, 37, 60, 82, 86, 147, **193**,
  195, 197
Billabong 193, 195
Bima 202
Bima, statue de 67
Bintang Bali Resort (Kuta) 201
Bintang (supermarché) 193, 195
Blahbatuh **83**
Blanco, Antonio 96
Blayu **132**
Blega 86
Blimbingsari 135
Blue Fin (Tuban) 188
Blue Point Bay Villas & Spa
  (Uluwatu) 174
Bodyworks 169
Boma 86, 128
Bonnet, Rudolf 35, 88, 92, 96
Bouddhisme 22, **23**, 87, 139
Bounty II (Kuta) 67
Bounty Cruises 227
Boutiques 193
Brahma Vihara Ashrama 23, 139
Brahmana Siwa, clan 47
Brahmanes 86, 139
Bratan 142-143
Bratan, lac 11, 140, **141**, 206
Bualu 73
Budakling 109
Budiana, I Ketut 93
Bugis 72, 125, 134, **135**, 144, 163
Bukit Demulih 104
Bulgari Hotels & Resorts, Bali
  (Uluwatu) 174
Buleleng 47, 48, 125, 146
Bumbu Bali (Tanjung Benoa) 188
Bunutin 104
Bureau d'information touristique Bina
  Wisata 89, **90**
Bureaux de change **222**
Bus 228
Busungbiu 125
Buta kala 24
Buyan, lac 11, 140, **141**

C

Cafés et salons de thé **180-181**
Café Batu Jimbar (Sanur) 186
Café Wayang (Sanur) 186
Cakranegara 155
Calendrier balinais 38, **39**
Camping 91, 94, **205**
Candi 99, 131

Candi Beach Cottage
(Candi Dasa) 176
Candi bentar **27**
  Nusa Dua Beach Hotel 73
  Pura Luhur Uluwatu 77
  Pura Meduwe Karang 148
  Pura Sada 128
  Pura Taman Ayun 131
Candi Dasa 11, **108**
Candi Kusuma 135
Canggu **64**, 208
Cap Gondol 138
Cap Rening 135
Cartes bancaires 192, 222, **223**
Cartes et plans
  Bali, carte hollandaise 47
  Bali et Lombok 12-13
  Bali et Lombok d'un coup d'œil
    54-55
  carte routière de Bali
    rabat arrière de couverture
  centre de Bali 80-81
  Denpasar 60-61
  est de Bali 102-103
  Gunung Agung 114
  Gunung Rinjani 158-159
  Kuta et Legian 66
  Kuta pas à pas 68-69
  lac Buyan 140-141
  lac Tamblingan 11, 140-141
  ligne de Wallace 19
  l'Indonésie et ses voisins 13
  Lombok 12, 152-153
  Mataram 15, 152, **155**
  nord et ouest de Bali 126-127
  Nusa Lembongan 75
  Nusa Penida 75
  Parc national de l'ouest de Bali
    136-137
  Parc national du Gunung Rinjani
    158-159
  parc ornithologique de Bali 84-85
  principaux temples de Bali 27
  promenade dans la campagne
    d'Ubud 94-95
  promenade de Tenganan
    à Tirtagangga 109
  Pura Bersakih 117
  Pura Penataran Agung 117
  Sanur et sa plage 65
  Singaraja 146
  Singaraja pas à pas 144-145
  sites de plongée 210
  spots de surf 208
  sud de Bali 58-59
  Tenganan 110-111
  Ubud 91
  Ubud pas à pas 88-89
Cartes téléphoniques 224
Casa Luna (Ubud) 189, 193, 195
Cascades
  Gitgit 147
  Jeruk Manis 161
  Munduk 140
  Sendanggile 157, 158
  Tiu Kelep et Tiu Pupas 157
Cathédrale catholique de Palasari 23
Catur Muka **61**
« Cavehouse » 74
Cekik 135
Celuk **82**, 193
Celukang Bawang 144
Cempaka Belimbing Guest Villas
  (Pupuan) 178
Centres d'information touristique
  216, 217

Cepuk 75
Cerfs 137, 138
Cerfs-volants 41, 68, 197
Chaplin, Charlie 61
Chèques de voyage **222**
Chinois 23, 45, 72, 144
  herboristeries 60
  marchands 50, 144, 155
  chrétiens **23**, 125, 135, 216
Cidomo 163
Circuler **226-229**
  par la route 228-922
Clowns-serviteurs 31
Club Med (Nusa Dua) 204, 207
Colonisation 125
Colonisation hollandaise 48-51
Combats de coqs 111
Commerce de l'opium 48
Communications **224-225**
Como Shambala Estate
  (Gorge de l'Ayung) 174
Compagnie des Indes orientales
  (VOC) 48
Compagnies aériennes **226-227**
Complexes hôteliers **166-167**
Comportement **218-219**
Conduire à Bali et à Lombok 228, 229
Consulats 217
Cosmic Circle (Batuan) 34
Coupe de Pejeng 97
Cours de cuisine 83, 167
Courses de buffles 41, 134
Covarrubias, Miguel 88
Coward, Noel 61
Crémations 38, 41
Crime 220
Croisières **203**
Croyances traditionnelles **24-25**
CSA 194, 195
Cudamani 199, 201
Cuisine locale 180
Cuisine végétarienne 181
Culte des ancêtres 24, 114
Culture d'algues 75, 162
Culture des échalotes 160
Culture du coton 75, 157
Culture du tabac 157, 161

D

Da Tonta 121
Damai (Lovina) 178
Damai's Restaurant (Lovina) 190
Danau Segara Anak 11,55, **158**
Dancing Dragon Cottages (Amed) 176
Danse du feu 198
Dauphins 147, 204
Deblog, I Gusti Made 92
Décalage horaire 216
Découverte de la faune **204-205**
Découvrir Bali et Lombok 10-11
Déesse du lac Batur **123**
Déesse protectrice du lac 141
Denjalan 82, 198
Denpasar 10, 15, 54, 57, 58, **60-63**
Desa Dunia Beda Beach Resort
  (îles Gili) 179
Desert Point 163
Développement économique 14
Dewa Agung 47
Dewa Ratu Gede Pancering Jagat 121
Dewi Danu 141
Dewi Sri 20, **25**, 92
Dewi Ulun Danu, Ida Betari 121, 123
Dharmaswami (Gelgel), 92
Diah, Jero Dalang 146

Dijon Deli (Kuta) 193, 195
Dipanagara, prince 48
Dirty Duck (Bebek Bengil, Ubud) 189
Distributeurs automatiques
  de billets 222
Djedeng, Ketut 92
Djelantik, Gusti Bagus 112
Dokar 67
Dong-son, culture 97
Double *ikat* 37, 105, 110
Double Six (Seminyak) 200, 201
Dragonfly (Ubud) 189
Drops (Legian) 185
Durga 83
Duta Silk 193, 195
Dwijendra 86
  voir aussi Nirartha, Dang Hyang

E

École des Jeunes Artistes 35, 97
Écoles de surf 202
Eka Dasa Rudra 115
Eka Karya 141
Électricité et appareils électriques **215**
Elephant Safari Park **99**, 206, 207
Éléphant, grotte de l' 87
Empat Ikan (Kuta) 191
Enclos domestiques **29**
Endek 37
Enfants
  à l'hôtel **167**, 170-179
  activités **199**
  au restaurant **181**
Ensoleillement 41
Épaves 113, 210
Époque coloniale 146
Équipement médical **220-221**
Équitation 199, 206
Éruption du Gunung Agung (Rai) 115
Espace Spa 168
Esprits 24, 25
Esprits de la terre 24
Établissements thermaux **168-169**
Étourneau de Bali 54, 84, **137**
Excursions de pêche **202**
Excursions en 4x4 205
Excursions en voiture et en moto **205**
Excursions en VTT 205
Expéditions de pêche
  Bangko Bangko 163
Exiles 200, 201

F

Faire des achats **192-197**
  cartes bancaires 222, 223, 192
  marchés 193
  vendeurs ambulants 192
Fast-foods 181
Faune 136-137
Faune et flore **18-19**, 204-205
Faune marine, îles Gili **156**
Fax 224
Febri's (Tuban) 174
Femme endormie (Nyana) 97
Ferrys 226-227
  Gilimanuk - Java 135
  Lombok - Sumbawa 161
  Padang Bai - Lombok 108, 227
  Port de Benoa - Lombok 227
Festival des arts de Bali 30, **41**, 198
Fête de l'Indépendance **41**, 43, 132
Fêtes des cerfs-volants **41**
Fêtes et jours saints **38-39**
Fighting Horses (Rundu) 34
Flore 140
Flûtes 33

Forêt **18**, 133, 136, 140-141
Forêt des singes **91**
Four Seasons Resort (Jimbaran) 74, 168, 169, 170, 193, 194
Four Seasons Resort (Gorge de l'Ayung) 169, 174, 200, 201
Fruits secs 197

G

Gabeleran, I Made 83
Gado Gado (Seminyak) 187, 200, 201
Gajah Mada 46, 87
Galleria 73
Galungan 39, 43
Gambuh 83
Gamelan 26, **32-33**, 199
   Krambitan 129
   Negara 134
   Peliatan 96
   Pura Jagat Natha 146
   Pura Ulun Danu Batur 123
Ganesha Gallery 194, 195
Gangsa 32
Garuda 36, 57, 73, 122
Garuda Wishnu Kencana 73
Gedong Kertya **146**
Gelgel 46, 101, 105, **108**
Gelgel, Ida Bagus 92
Géographie 12-13, 15, 19, 54
Geringsing 37, 63, 105, 110
Gerupuk **162**
Gesing 141
Gianyar 47, 49, 79, **86**
Gili Air 156
Gili Gede 154
Gili Meno 156
Gili Nanggu 154
Gili Trawangan 156
Gili, îles 17,152, **156**, 210, 227
Gilimanuk **135**
Giri, Sunan 47
Gitgit **147**
Goa 2001 (Seminyak) 67
Goa Gajah **87**
Goa Karangsari 75
Goa Lawah **108**
Golf 73, 141, **204**
Gondang 157
Gongs **32**, 33, 83
   Lune de Pejeng 97
Good Karma Bungalows (Amed) 176
Gorge de l'Ayung **96-97**, 203
Gouvernement colonial **49-50**
Grand Bali Beach Hotel (Sanur) **64**
   golf 204
Grand Hyatt Bali (Nusa Dua) 171
Grand Mirage Resort (Tanjung Benoa) 169
Grands magasins **192**, 195
Gravures sur palmier lontar 196
Griya Santrian (Sanur) 172
Grottes
   Goa Gajah 87
   Goa Karangsari 75
   Goa Lawah 108
   Gondang 157
Gubug 140
Guérilla 51, 132
Guerre de Banjar 139
Gumung 109
Gunarsa, I Nyoman 35
Gunung Abang 115, 120, **121**
Gunung Agung 11, 55, 101, 102, 103, **114**, 113
   éruptions 51, 101, **115**, 116
Gunung Baru 158
Gunung Batukau 126, 128, **133**

Gunung Batur 11, 55, 101, 102, **120-121**, 115
Gunung Catur 141
Gunung Lempuyang 109, **113**
Gunung Pengsong 154
Gunung Penulisan 115, 120
Gunung Puncak Manggu 141
Gunung Raung 99
Gunung Rinjani 11, 152, 157, **158-159**, 160
Gunung Seraya 109
GWK (centre culturel) 73

H

Habillement 218, 219
Hackett, A J 206
Hai Tide Huts (Nusa Lembongan) 172
Hanoman 132
Hard Rock Café (Kuta) 69, 185
Hard Rock Hotel (Kuta) 69, 171
Hari Raya Sumpah Pemuda 41
Hariti 87, 108
Hello Bali 198, 225
Hero Supermarket 195
Hérons 97
Hindouisme **22**, 46
   nouvel an hindou 43
   royaumes hindo-bouddhistes 79
   temples hindous *voir pura*
Histoire de Bali et Lombok **45-51**
Histoires de Tantri 34, 106
Holiday Resort Lombok (Senggigi) 179
Homestays **166**
Hook (Kuta) 184
Hôpital 220, 221
Horaires des marées 208
Hotel Bolare (Canggu) 170
Hotel Gili Air (îles Gili) 179
Hotel Padma (Legian) 200, 201
Hotel Puri Bening Heyato (Gunung Batur) 177
Hotel Puri Rai (Padang Bai) 177
Hotel Santai (Sanur) 172
Hotel Tjampuhan (Ubud) 91
Hotel Tugu Bali (Canggu) 170
Hotel Tugu Bali (Canggu) 64
Hotel Vila Ombak (îles Gili) 179
Hôtels 64, 65, **166-179**
   avec des enfants 167
   choisir un hôtel 170-179
   complexes hôteliers **166-167**
   hôtels-boutiques 64, 166
   hôtels et complexes hôteliers spécialisés **167**
   losmen et *homestays* **166**
   réservations 167
   restauration 180
Hôtels-boutique 64, 166
Hu'u Bar (Seminyak) 187

I

Ibah Luxury Villas (Ubud) 176
Ida Betari Dewi Ulun Danu 121
Idiot Belog qui devint roi, L' (Togog) 34
Ijo Gading 134
Ikat 37, 75, 105, 110, 146
« Île des tortues » **72**
I'm Jazz 200, 201
Immigration 214, 217
Indépendance **50**, 132
Indonesian Observer 225
Industrialisation 14
Inilah ! 225
Inscriptions sur bronze 104

Insectes 18-19, 221
Instruments de musique **32-33**, 140
International Herald Tribune 225
Internet 167, 225
Iseh **104**
Islam **23**, 43, 46, 47
Island Explorer 203

J

Jaba tengah 27
Jagaraga 48, **147**
Jakarta Post 198, 225
Jamahal Private Resort & Spa (Jimbaran) 170
Jalan Bypass Ngurah Rai 59, 67
Jalan Dewi Sita (Ubud) 89
Jalan Gajah Mada (Denpasar) **60**
Jalan Hanoman (Ubud) 89
Jalan Hasanuddin (Denpasar) 60, 193, 195
Jalan Legian (Kuta) 67, 68
Jalan Menu (Legian) 193, 195
Jalan Padma (Legian) 193, 195
Jalan Raya Ubud (Ubud) 88, 90-91
Jalan Sulawesi (Denpasar) 193, 195
Jalan Wanara Wana (Ubud) **88**, 90-91
Jamu 141, 168, 169
Jardins
   Bali Hyatt Hotel 65
   jardin botaniques Eka Karya 141
   Narmada 154
   Oberoi Hotel 67
   Pura Taman Ayun 130-131
   Pura Taman Saraswati 90
Jatiluwih 133
Java 45, 46, 48
Jaya Pub (Seminyak) 200, 201
Jayapangus, roi 45
Jayaprana 22, 138
Jayaprana Ceremony (Kerip) 35
Jazz Bar & Grill (Sanur) 186
Jelantik, Gusti 48, 147
Jembrana 47, 48, 125
Jemeluk 113
Jenggala Keramik 194, 195
Jero tengah 77
Jeroan 26
Jeruk Manis, cascade de 161
Jet-ski 209
Jimbaran **74**
Jimbaran Gallery 194, 195
Jimbaran Puri Bali (Jimbaran) 170
Jonathan Silver 193, 195
Journaux et magazines **225**
Jours fériés **43**
Jours saints 43
Jukung 65, 108
Juwukmanis 95

K

Kafé Wayang (Sanur) 200, 201
Kafe Warisan (Seminyak) 188
Kahuna Kids 193, 195
Kahyangan tiga 26
Kaja-kelod 28
Kajeng Kliwon 61
Kakiang Bakery 193, 195
Kala 77
Kala Rau (Budiana) 93
Kaliasem 147
Kamasan 105
Kampung Café (Tegallalang) 189
Kangkung 157
Kapal **128**
Kapitu 98
Karangasem 47, 48-49, 101, 112

Kastala 109
Kayak **203**
Kayumanis (Gorge de l'Ayung) 174
Kebo Iwo 83, 87
Kebon 98
Kecak **30**, 70-71, 198, 199
Kediri **129**
Kekasihku Artshop 194, 195
Kemenuh 83
Kenderan 98
Kepeng 45, 222
Kerip, I Nyoman 35
Keris *voir* Kriss
Kerobokan 67
Kerta Gosa **106-107**
Kertanegara, roi 46
Ketut, Anak Agung Anglurah 112
Ketut's Warung (Sanur) 186
Khaima (Seminyak) 187
Khi Khi (Lovina) 190
Kintamani 11, **115**, 120
Klating Beach 129
Klenteng 83
Klungkung 75, 101, 102, **105-107**
   marché 193, 195
   puputan 49, 101, 105
   royaume de 47, 49, 79, 116
Koki Bar (Sanur) 200, 201
Kokokan 97
Komaneka Resort (Ubud) 176
Komodo 72, 85, 202
Kopi Pot (Kuta) 185
Kori Restaurant & Bar (Kuta) 185, 201
Kori agung 26, 131
Krakas 157
Krambitan **129**
Krause, Gregor 50
Kriss 24, 25, 45, 82
   danse de transe 198
Kriss Gallery 192, 193, 195
Ku Dé Ta (Seminyak) 188
Kubu Lalang (Lovina) 177
Kulkul 27, 28
   musée de Bali 63
   Pura Kehen 104
   Pura Taman Ayun 47
Kumbasari Market 193, 195
Kuningan 39, 43
Kusamba 108
Kuta (Bali) 17, 54, 57, 58, **66-69**
   développement 51
   pas à pas 68-69
   plage 41, 58, 68
   surf 209
   vie nocturne 200
Kuta (Lombok) 17, 42, **152**
Kuta Art Market 69
Kuta Centre 192
Kuta Galleria 69
Kuta Kids 193, 195
Kuta Reef 67
Kuta Square 69, 193
Kutri 83
Kuturan, Mpu 45, 72, 76, 108

L

La Lucciola (Seminyak) 187
La Sal (Seminyak) 187
Labuhan Lalang 138
Labuhan Lombok **160**
Lakeview Restaurant & Hotel
   (Gunung Batur) 177
Lamak (Ubud) 189
Langues **218**
Layonsari 138
Le Bake 193, 195
Le Mayeur, Adrien Jean 64

Le Méridien Nirwana Golf & Spa
   Resort (Tanah Lot) 179
Legian 58, **66**
Legian Beach (Legian) 171
Legian, The (Seminyak) 169
Legong 198
Lembar 152, **154**
Lempad, I Gusti Nyoman 34, 87
Lewis, G.P. 50
Liaisons maritimes
   Labuhan Lalang à Pulau
      Menjangan 138
   Nusa Penida à Nusa Lembongan 75
Liberty 113, 210
Lingsar 152
Lipah 113
Location de bateaux 226-227
   Jimbaran 74
   lac Buyan 141
   Port de Benoa 72
Location de téléphones portables
   224, 225
Location de villas 166, **167**
Location de voitures 205, 229, **228**
Location et vente d'ordinateurs 225
Lombok 11, 12, **150-163**, 227
Lombok Pottery Centre 155, 194, 195
Losmen 166
Lotus Bayview (Senggigi) 191
Lovina Sunari Villas & Spa Resort
   (Lovina) 178
Lovina **147**, 200
Lovina Beach Resort (Lovina) 177
Loyok 161
Lulur javanais **168**
Lumbung 162
Lumbung Restaurant (Tanjung) 191
Lune de Pejeng 97

M

Ma Joly (Tuban) 188
Made's Warung 1 (Kuta) 66, 69, 185
Madia, I Nyoman 35
Magazines **225**
Magie **24**
Mahabharata 31, 44, 67, 106, 199
Maison de Lempad 89, **90**
Maisons 14
Makam Jayaprana 22, **138**
Makro 193, 195
Mama and Leon 193, 195
Mambal 132
Mandala Wisata Wanara Wana
   voir Forêt des Singes
Mandara Spa 169
Manis Kuningan 43, 72, 86
Manuaba 98
Marchandage **192**, 219
Marchands arabes 50, 60, 155
Marche à pied **205**
Marché aux oiseaux **61**
Marché balinais (Sobrat) 93
Marché de Bertais 154, 193, 194, 195
Marchés **193**, 195
   aux oiseaux **61**
   Gianyar 86
   Kumbasari Market 193, 195
   Kuta Art Market 69
   marché de Bertais
      154, 193, 194, 195
   Pasar Anyar 144, 145
   Pasar Badung 60
   Pasar Burung 61
   Pasar Seni Sukawati 83, 193, 195
   Pasar Ubud 89, 90, 193, 195
Marga 51, **132**
Margarana 132

Mariages 38
Marionnettes 30, **31**, 194, 195, 196
Markandya, Rsi 99, 116
Mas 34, **86**, 97, 194
Masbagik Timur 36, 154
Masjid Agung Jamik 145
Masjid Nur 145
Maskerdam 112
Masques 31, 62, 196
Massage 168-169
Massimo II Ristorante (Sanur) 186
Matahari 67, 192, 195
Matahari Beach Resort
   (Pemuteran) 178
Mataram 13, 152, **155**
Maui 163
Mawun 162
Maya Ubud Resort & Spa
   (Ubud) 176
Mayadanawa, roi 87
McPhee, Colin 88
Mead, Margaret 88
Mecaling, Ratu Gede 90
Medewi **134**
Megawati Sukarnoputri 51
Mekepung 41, 134
Melangit 79
Men Brayut 87
Mengwi 47, **129-131**
Menjangan 210
Menjangan, île de 54
Menjangan Jungle & Beach Resort
   (Menjangan) 178
Merajan 29
Mercure Resort (Sanur) 172
Merta, Ketut 145
Meru **27**
   lac Bratan 141, 142-143
   lac Tamblingan 11, 141
   Pura Gunung Raung 99
   Pura Luhur Uluwatu 76
   Pura Penataran Agung 116
   Pura Rambut Siwi 134
   Pura Sada 128
   Pura Taman Ayun 130
   Pura Taman Sari 105
Messagerie rapide **225**
Meubles 195, 196, **194**
Mimpi Resort (Pulau Menjangan) 138
Mobilier 64, 67
   en bambou 86
Mojopahit **46**, 61, 79, 87, 101,
   108, 128
Mola mola 211
Monkey Forest Road (Ubud)
   88, 90-91
Monnaie **222-223**
Monument à la guerre
   d'Indépendance 132
Monument au civisme 155
Monuments à l'Indépendance 61, 145
Monuments royaux de Gunung Kawi
   41, 45, **99**
Mort d'Abhimayu, La 44
Mosquées
   Lombok 145, 150, 152
   Pengambangan 134
   Perancak 134
   Singaraja 145
   Tanjung Benoa 72
Motocyclettes 205
   location de 228
Moussons 42
Mozaic (Sanggingan) 189
MSA 194, 195
Munduk 125, **140**, 141

Musées et galeries
Musée archologique (Museum
Purbakala) (Cekik) 135
Musée archologique (Museum
Purbakala) (Pejeng) 97
musée d'Art d'Agung Rai
(Agung Rai Museum of Art,
ARMA) 96, 194
musée d'Art de Neka
(Neka Art Museum) **96**
musée de Bali (Museum Negeri
Propinsi Bali) **155**
musée Daerah Semarapura
105, 107
musée Le Mayeur
(Museum Le Mayeur) **64**
musée Puri Lukisan 10, 88, **92-93**
musée Subak 129
Musulmans 23, 43, 47, 50, 144
Bali 134, 147
Lombok 151, 157
Mykonos (Seminyak) 187

N

Nagasepaha 146
Nagi Cascades (Nagi) 188
Napoléon 48
Narmada 152, **154**
Natah 29
Nationalisme 50-51
Natura Resort & Spa (Laplapan) 175
Naufrages 48, 49
Naughty Nuri's (Sanggingan) 188
Navettes touristiques 228
Negara 40, 41, 125, **134-135**
Neka, Sutéja 96
Neka Art Museum **96**, 194, 195
Nero Bali (Kuta) 185
Ngulesir, Dewa Ketut 108
Ngiring Ngewedang Restaurant
(Mundunk) 190
Ngurah Rai, Gusti 51, 61, 132
Nieuwenkamp, W.O.J. 50, 149
Nikko Bali Resort & Spa
(Nusa Dua) 73, 171
Nirartha, Dang Hyang 46-47
Pura Luhur Uluwatu 76, 77
Pura Peti Tenget 67
Pura Pulaki 138
Pura Rambut Siwi 134
Pura Sakenan 72
Pura Taman Pule 86
Pura Tanah Lot 11, 128
Nirwana Bali Golf Club 204, 207
Njana Tilem Gallery 86
Nostalgia 194, 195
Nouvel An chinois 42
Novotel Benoa Bali (Tanjung Benoa)
72, 173, 193
Novotel Coralia Lombok (Kuta)
162, 169, 179
Nur Salon 169
Nusa **74**
Nusa Dua 41, 57, 58, 72, **73**, 166, 200
Nusa Dua Beach Hotel and Spa
(Nusa Dua) 73, 168, 169, 171
Nusa Dua Nampu Grand Hyatt Bali
(Nusa Dua) 186
Nusa Dua Sorrento Melia Bali
(Nusa Dua) 186
Nusa Jojo's Restaurant
(Nusa Lembongan) 186
Nusa Lembongan 58, 210
Nusa Lembongan Resort
(Nusa Lembongan) 172
Nusa Penida 58, **75**, 210
Nyale 42

Nyale, Festival de la pêche 162
Nyana, Ida Bagus 97
Nyepi **40**, 43
Nyoman Sumandhi 199, 201
Nyoman Witama 205, 207
Nyuh Kuning 91

O

Oberoi (Seminyak) 67
Observation des oiseaux 204
Occupation japonaise 50
Odalan 22, 26, **38**
Offrandes 22, 25, 38, 39
à la déesse du lac Batur 123
odalan 14, 38
ogob-ogoh 40
Oiseaux dansant le gambuh (Sali) 92
Oleg tambulilingan 30
Ombak Putin 227
Orchidées 141
Ordre nouveau 51
Orfèvrerie 36, 37, 82

P

Pacific (supermarché) 193, 195
Pacung, rizières en terrasses de 133
Pacung Mountain Resort
(Bedugul) 177
Padang Bai **108**
Padang Tegal 91
Padma Bali (Legian) 171
Padmasana **26**, 47
Pura Jagat Natha 146
Pura Kehen 104
Pura Penataran Agung 116
Pura Taman Ayun 130
Pura Taman Saraswati 90
Pagerwesi **39**
Pakrisan 79
PAL 194, 195
Palais de Pemecutan 49
Palais *voir puri*
Palasari 23, 135
Palmier lontar 86
Pande, clan 37, 82
Panji Sakti 47, 135
Pantai Gondol 126, 138
Paon 29
Papa's Café (Kuta) 185
Papaya (Senggigi) 191
Parachute ascensionnel 141, **206**, 209
Parachutisme **206**
Parapente 72, **206**, 209
Paras 82
Parc de papillons 129
Parc de reptiles de Bali (Rimba Reptil
Park) 80, **82**, 199, 201, 204, 207
Parc national de l'ouest de Bali
(Taman Nasional Bali Barat) 11, 16,
54, 126, 135, **136-137**, 204, 205
Parc national du Gunung Rinjani
(Taman Nasional Gunung Rinjani)
55, 153, **158-159**
Parc ornithologique de Bali (Taman
Burung) 54, 80, 82, **84-85**, 199,
201, 204, 207
Pas à pas
Kuta 68-69
Singaraja 144-145
Ubud 88-89
Pasar 28
voir aussi marchés
Pasar Anyar 144, 145
Pasar Badung **60-61**
Pasar Seni Sukawati 83, 193, 195
Pasar Ubud 89, **90**, 193, 195
Pasir Putih 108

Passeports 214
Paul Ropp 193, 195
Payan 157
Payogan 94
Paysages 16-17, **18-19**
Peanuts (Kuta) 200, 201
Pedawa 139, 140
Pegayaman 147
Peinture 17, **34-35**, 194, 195
Peinture balinaise 63, **34-35**, 93
Peinture sur verre 146
Peinture *wayang* 106
Peintures de plafond **106-107**
Pejaten **129**
Pejeng 79, 87, **97**
Pelabuhan Benoa *voir* Port de Benoa
Peliatan **96**
Pelinggib 26
Pemuteran **138**
Pemuteran Stables 199, 201, 206, 207
Penelokan 115, 120
Penestanan 34, **97**
Pengambangan **134**
Pengosekan **34**, 91, 199
Péninsule de Bukit 57, 58, **74**, 75
Penjor 39
Pepito's 195
Pepper's Latino Grill & Bar
(Sanur) 186
Perancak 134
Peresehan 31
Pergola (Sanur) 186
Permis de conduire 214
Persatuan Hotel and Restaurant
Indonesia (PHRI) 166, 169
Pesta Kesenian Bali
voir Festival des arts de Bali
Petanu 79
Petites îles de la Sonde 72
Petulu 97
Pharmacies 221
PHRI (association des hôtels et
restaurants indonésiens) 166, 169
Pieuvre (Deblog) 92
Pinisi 72, 74
Pita Maha (association) 34, **35**, 88
PJ's (Jimbaran) 184
Plages
Air Sanih 147
Balian 129
Candi Kusuma 135
Canggu 64
Jimbaran 74
Klating 129
Kuta (Bali) 73
Kuta (Lombok) 162
Legian 73
Lovina 147
Mawun 162
Medewi 134
Nusa Dua 73
Nusa Lembongan 74
Padang Bai 108
Pantai Gondol 138
Pemuteran 138
Rening 134-135
Sanur 65, 73
Seminyak 67
Senggigi 156
Tanjung Aan 162
Tejakula 147
Tuban 67
Planche à voile 156, **202**, 208
Planet Lovina 200, 201
Plantations de cacao 140
Plantations de café 140
Plantations de clous de girofle 140

Plantations d'épices 140
Plantations de vanille 140
Plantes médicinales 141
Plongée sous-marine
167, **202**, **210-211**
  Amed 113
  Candi Dasa 108
  Gili, îles 156
  Lovina 147
  Nusa Lembongan 74
  Nusa Penida 75
  Padang Bai 108
  Pantai Gondol 138
  Pemuteran 138
  Pulau Menjangan 138
  Sanur 65
  Senggigi 156
  Tulamben 113
Poco Loco (Legian) 185
Poisson-lune 210, 211
Poleng 25
Poleh, Ni 44
Poppies Cottages (Kuta) 171
Poppies Lanes I and II **67**, 68-69, 200
Port de Benoa (Pelabuhan Benoa)
58, 72, 125, 202
Portail fendu *voir candi bentar*
Portrait de Sutéja Neka (Smit) 96
Poste restante 224
Poterie
  Bali 128, 129, 194, 195
  Lombok 11, 17, 36, **154**, 161, 194,
  195, 196
Prada 37
Prapen, Sunan 47
Prasada 128
Prasasti Blanjong 65
Pratima 26
Précipitations **42**
Prêt-à-porter 195
Pringgasela **161**
Problèmes légaux **215**
Production de sel 100, 113
Produits détaxés **215**
Promenades **205**
  dans la campagne d'Ubud **94-95**
  lac Buyan 141
Promenades à dos d'éléphant 199
Promenades à pied
  de Tenganan à Tirtagangga **109**
  Gunung Batur **120-121**
  Parc national de l'ouest de Bali 136
Promenades en bateau 202, 226-227
  Gunung Batur 120-121
  Krakas 157
  Kusamba 108
  lac Tamblingan 11, 140-141
  Nusa Lembongan 74
  Port de Benoa 72
Promenades en chameau 199
Promenades en mer
  Sanur 65
Pulau Menjangan 136, **138**
Pulau Serangan **72**
Pupawresti 31
Pupuan **140**
Puputan 49
  Badung 49, 60, 61
  Banjar 139
  Jagaraga 48
  Klungkung 49, 101, 105
  Marga 51, 132
  monument au 60, 61, 105, 132
Pura 26
Pura Alas Kedaton 127, 132
Pura Arjuna Metapa 97
Pura Batu Bolong 128

Pura Batu Kuning 75
Pura Beji 147
Pura Belanjong 45, 65
Pura Besakih 27, 40, 41, 47, 55, 101,
  116-117
Pura Bukit Dharma Kutri 83
Pura Bukit Sari 132
Pura Campuhan 91, 94
Pura Candi Dasa 108
Pura dalem 28, 45
Pura Dalem Agung 91
Pura Dalem Gubug 141
Pura Dalem Jagaraga 147
Pura Dalem Pengungekan 104
Pura Dalem Sangsit 147
Pura Dasar 108
Pura desa 28, 45
Pura Desa Batumadeg 75
Pura Desa Peliatan 78
Pura Desa Sanur **64**
Pura Galuh 128
Pura Gangga **133**
Pura Goa Lawah 27, 108
Pura Gomang 108
Pura Griya Sakti 98
Pura Gunung Kawi **98**
Pura Gunung Lebah 91
Pura Gunung Raung 99
Pura Jagat Natha (Singaraja) **146**
Pura Jagatnatha (Denpasar) 43, **61**
Pura Jero Kandang 128
Pura Kebo Edan 97
Pura Kehen 27, 42, 43, 104
Pura Lempuyang Luhur 113
Pura Lingsar 42, 55, 154
Pura Luhur Batukau 133
Pura Luhur Uluwatu 27, 54, 57, **76-77**
Pura Maospahit 41, 46, **61**
Pura Meduwe Karang
  27, 54, **148-149**
Pura Meru **155**
Pura Panarajon 115
Pura Ped 75
Pura Pejenengan 95
Pura Pekemitan Kangin 141
Pura Pekendungan 128
Pura Penataran 108
Pura Penataran Agung (Besakih)
  116-117
Pura Penataran Agung (Bunutin) 104
Pura Penataran Sasih 42, 97
Pura Pengastulan 80, 87
Pura Penulisan **115**
Pura Penyimpenan 104
Pura Peti Tenget 67
Pura Pulaki 41, 138
Pura puseh 28, 45
Pura Puseh Batuan 83
Pura Puseh Batubulan 82, 198, 201
Pura Pusering Jagat 97
Pura Rambut Siwi 134
Pura Ratu Pande 117
Pura Sada 128
Pura Sakenan 72
Pura Sakenan Dang Hyang 43
Pura Samuan Tiga 40, 87
Pura Segara 41, 65
Pura Silayukti 108
Pura Sukawana 115
Pura Taman Ayun 27, 40, 47, 54, 129,
  130-131
Pura Taman Pule 42, 43, 86
Pura Taman Saraswati 88, **90**
Pura Taman Sari 105
Pura Tanah Lot 11, 27, 47, 124, **128**
Pura Tegeh Koripan 41, 45, **115**
Pura Telagamas 113

Pura Tirta Empul 27, 41, 45, **99**
Pura Ulun Carik 95
Pura Ulun Danu Batur
  27, 40, 41, **122-123**
Pura Ulun Danu Bratan
  11, 141, 142-143
Pura Ulun Danu Tamblingan 140
Pura Ulun Sui 95
Puri 28
Puri Agung 36
Puri Agung Wisata 129
Puri Anom Tegehe Batubulan
  198, 201
Puri Anyar 129
Puri Bagus Candi Dasa
  (Candi Dasa) 176
Puri Bagus Lovina (Lovina) 178
Puri Ganesha Villas (Pemuteran) 178
Puri Gede 112
Puri Gianyar 50, 79, 86
Puri Kertasurahe 112
Puri Lumbung (Mundunk) 178
Puri Mas Boutique Hotel (Mangsit) 179
Puri Mas Village (Mangsit) 179
Puri Mayura 13, **155**
Puri Naga Seaside Cottages
  (Seminyak) 173
Puri Pemecutan 49
Puri Rai Restaurant & Bar
  (Padang Bai) 190
Puri Santrian (Sanur) 172
Puri Saren (Ubud) 10, 89, **90**, 198, 201
Puri Taman Ujung 112
Puri Wulandari Boutique Resort
  (Gorge de l'Ayung) 175
Putung 104

Q

Que manger à Bali et Lombok ?
  182-183
Queen's Tandor (Seminyak) 187

R

Raffles, Thomas Stamford 48
Rafting 97, 199, **203**
Rai, Ida Bagus Nyoman 115
Rakryan 99
Ramadan **43**
Ramayana 192, 195, 198
Ramayana 31, 132, 148, 199
Randonnée 207
Randonnée en montagne **205**
  Gunung Agung 114, 120-121
Rangda **25**, 134
Rasa Sayang (Denpasar) 184
Rascals 193, 195
Ratu Gede Mecaling 75
Rawana 132
Récifs de coraux 19, 75, 138, **156**,
  162, 113, 210
Reefseekers Dive Centre 202, 207
Règles douanières **215**
Rejang 31
Religions **22-23**, 24-25, 30, 32, 38-39,
  45, 46, 47
Rembitan **162**
Rening 134-135
Résidents étrangers 225
Restaurants 72, 74, **180-191**
  alcool 181
  carnet d'adresses 184-191
  cuisine locale 182-183
  savoir-vivre 181
Restaurant Gede (Amed) 189
Rimba Reptil Park
  voir Parc de reptiles de Bali
Rini Hotel (Lovina) 177

Rip Curl (Kuta) 193
Risques naturels **221**
Rites de circoncision 23
Rites de passage 23, **38**
Rites funéraires 28
Rituels de transe **30**
Ritz Carlton Resort & Spa
   (Jimbaran) 170
Rivières et rizières, écologie **19**
Riz **20-21**
   cérémonies 20
   culture et récolte 20-21, 64
   culture 45, 95
   déesse du 20, **25**, 92, 95
   greniers 21
   greniers à riz 162
   rizières 110, 127, 129
   rizières en terrasses 16, 19, 21, 80,
      104, 133
Royal Pita Maha
   (Gorge de l'Ayung) 175
Rudana Museum 96
Rundu, I Gusti Ketut 34
Ryoshi (Seminyak) 187

S

Sade **162**
Safaris à dos de chameau 73
Sai 131
Sailfin (Kuta) 185
Sail Sensations 227
Salak 104, 183, 197
Sali, Ida Bagus 92
Sang Hyang Widhi Wasa 61
Sangeh **132**
Sanggah 29
Sanggingan **96**
Sanghyang 30
Sangsit 147
Sangupati, Pangeran 47
Santa Fe (Seminyak) 200, 201
Santa Fe Restaurant (Seminyak)
   200, 201
Santai (Amed) 176
Santé **214**, 220-221
Sanur 10, 17, 50, 57, 58, **64-65**, 200
   art **34**
   sports nautiques 202, 208, 209
Sanur Beach (Sanur) 172
Sanur Deli 193, 195
Sapit **160**
Sarasah 194, 195
Saraswati **39**, 43, 90
Saraswati Restaurant (Lovina) 190
Sarcophages 97, 135
Sasak 11, 16, 49, 151
   danses 30, 31, 153
   religion 22, 23, 46, 47
Sate Bali (Seminyak) 187
Saut à l'élastique 206
Savoir-vivre 181, **218-219**
Sawan 147
Sculpture 83, 87
Sculpture sur bois 17, 81, 86, **97**,
   194, 195, 196
   Kemenuh 83
   Mas 97
   Nyuh Kuning 91
   Peliatan 96
   Sebatu 98
   Tegallalang 97, 98
Sculpture sur os 99
Sculpture sur pierre **36**, 82, 194,
   195, 196
Sculptures du nord 147, 148, 149
Se distraire **198-201**
Sea Breeze (Lovina) 190

Seafood Cafés (Jimbaran) 184
Sebatu **98**
Sécurité **220-221**
Segara Agung (Sanur) 172
Segara Village Hotel (Sanur) 65
Segenter **157**
Seigneur de Kalianget 138
Sekala niskala 24
Sekotong 154
Selong Blanak **163**
Semara Ratih 199, 201
Semarapura 105
Sembalun 159, **160**
Sembiran 147
Seminyak 10, 66, **67**, 194, 200
Senaru **157**
Sendanggile, cascade de 157
Sendratari 30
Senggigi 17, 55, 151, 152, **156**, 204
Seniwati Gallery Art by Women
   89, 90
Serpents 221
Services postaux 224
Setra 28
Sheraton Laguna Hotel
   (Nusa Dua) 172, 199, 201
Sheraton Senggigi (Senggigi) 179
Siadja and Son 86
Sibetan 104
Sidapata 139
Sideman Gusti 106
Sidemen **105**
Sidha Karya 83
Sila Budaya 198
Singapadu 194
Singaraja 54, 125, 126, **144-147**
Singes 18, 91, 132, 161, 138
Siti Bungalows (Ubud) 175
Siwa Latri **42**
Ski nautique **202**
   Tanjung Benoa 72
Smit, Arie 35, 96, 97
Sobek Bali Utama 199, 201, 203, 207
Sobrat, Anak Agung Gede 93
Sofitel (Seminyak) 173
Soins de beauté 169
Soka, plage de 129
Songket 37, 105, 161
SOS Clinic (Kuta) 221
Sources
   Air Sanih 147
   Krakas 157
   Pura Gunung Kawi 98
   Pura Tirta Empul 99
   Telaga Waja 98
Sources chaudes
   Air Panas Banjar 139
   Angsri 133
   Banyuwedang 138
   Toya Bungkah 121
   Yeh Panas 133
Spice (Tanjung Benoa) 188
Spies, Walter 35, 64, 88, 91, 104
Star Fruit Café (Café Blimbing)
   (Blimbing) 190
Stiff Chili (Sanur) 186
Styles de peinture balinaise **34-35**
Sua Bali 83
Suarti 193, 195
Subak **20**, 95, 129
Subali 132
Suharto 51
Sukarara **161**
Sukarno 50, 51
Sukawati 79, **83**
Sukawati, Cokorda Gede Agung
   35, 92

Sukawati Art Market 193, 195
Suling 33
Sumbawa 161, 202
Supermarchés **193**, 195
Surabrata 129
Surf 202, **208-209**
   Balian Beach 129
   Bangko Bangko 163
   Canggu 64, 208
   Desert Point 163, 208
   Gerupuk 162, 208
   Kuta (Bali) 10, 66, 208
   Kuta (Lombok) 162
   Kuta Reef 74
   Maui 163, 208
   Medewi 134
   Nusa Dua 73
   Padang Padang 208
Surf Time 208
Surfer Girl 193, 195
Suwungwas 72
Sweta **154**

T

Tabanan 125, 129
   royaume de 47, 49
Tableaux de conversion **217**
Talismans of Power 193, 195
Taman Burung *voir* Parc
   ornithologique de Bali
Taman Gili 55, 102, 105, **106-107**
Taman Kupu Kupu 129, 205, 207
Taman Nasional Bali Barat *voir*
   Parc national de l'ouest de Bali
Taman Nasional Gunung Rinjani
   voir Parc national du
   Gunung Rinjani
Taman Puputan 60, **61**
Taman Restaurant (Senggigi) 191
Taman Sari Bali Cottages
   (Pemuteran) 178
Taman Werdhi Budaya
   41, 57, **61**, 198, 201,
Tamblingan, lac 11, **140-141**
   kayak 203
Tambours 28
   kecimol 157
   Lombok **33**, 157
Tampaksiring 99
Tandjung Sari Hotel (Sanur) 172
Tanjung **157**
Tanjung Aan 162
Tanjung Benoa 72, 206, 208, 209
Tanjung Luar **163**
Tantra Gallery 86
Taro **99**
Tauch Terminal Resort
   (Tulamben) 177
Taxis 226, 228
Tebesaya 91
Tegal Sari (Ubud) 175
Tegale Lounge 200, 201
Tegallalang 97, **98**
Teintures 161
Tejakula **147**
Tektekan 129
Telaga Waja River 98
Téléphones publics **224**
Télévision **225**
Telkom 224
Teluk Terima 138, 139
Températures 43
Temples **26-27**
   architecture 26-27
   fêtes 22, 38
   savoir-vivre 219
   voir aussi pura

Temples chinois
  Singaraja 144
  Tanjung Benoa 72
  Vihara Amurva Bhumi
    Blahbatuh 83
Temples en calcaire 72
Temple Seaside Cottages
  (Candi Dasa) 176
Tenganan 55, 102, 109, **110-111**
  légende de 110
  tissage 37
  tissage, tissus 110
  tissus 63
Tennis **204**
Teras (Legian) 185
Terrazo (Ubud) 189
Tetaring Kayumanis (Nusa Dua) 186
Tetebatu 152, **161**
Thalasso 169
The Balcony (Kuta) 184
The Balé (Nusa Dua) 172
The Beach House (Canggu) 184
The Beach House (îles Gili) 191
The Beat 198
The Chedi (gorge de l'Ayung) 169
The Chedi Club (Tengkulak) 175
The Conrad Bali Resort & Spa
  (Tanjung Benoa) 173
  Alam Sari Keliki (Tegallalang) 175
The Jazz Bar and Grill (Sanur)
  200, 201
The Legian (Seminyak) 173
The Macaroni Club (Kuta) 185
The Oberoi (Seminyak) 173
The Oberoi Lombok (Tanjung) 179
The Restaurant
  (Gorge de l'Ayung) 188
The Restaurant (Manggis) 190
The Sandi Phala (Tuban) 174
The Serai (Manggis) 169
The Sunset Beach Restaurant
  (Mangsit) 191
The Trophy Pub (Sanur) 200, 201
The Viceroy (Nagi) 175
The Villas Bali Hotel & Spa
  (Seminyak) 173
The Water Garden (Candi Dasa) 176
The Watergarden Café
  (Candi Dasa) 190
The Westin Resort (Nusa Dua) 172
Théâtre **30**
Théâtre de marionnettes 83
Théâtre d'ombres 30, **31**, 37, 199
Théâtre masqué **31**
Three Brothers (Legian) 171
Tilem 43
Tilem Kapitu 42
Tirtagangga 101, 102, 109, **112**
Tir Na Nog (îles Gili) 191
Tissage 36, **37**
  Pringgasela 161
  Rembitan 162
  Sade 162
  Sukarara 161
Tissus 17, **37**, 63
  achat 60, 193, 195, 197
  East Bali 110, **105**
  Gianyar 86
  Klungkung 105
  Lombok 154, **161**, 162
  Nusa Penida 75
  Singaraja 146
  Tenganan 63, 105, 110
Tiu Kelep, cascade de 157
Tiu Pupas, cascade de 157
TJ's (Kuta) 185
Tjampuhan Hotel (Ubud) 175

Togog, Ida Bagus Made 34
Toilettes publiques 217
Toko Saudara 60
Tombeaux 99
Topeng **31**, 83, 86
Tortues 19, 72, 156
Tourisme 16, **17**, 50, 51, 214, 217
Toya Bungkah 121
Toyapakeh 75
Tradition
  danse et théâtre **30-31**, 198
  musique **32-33**, 199
  tissus artisanaux **37**
Traite des esclaves 48
Traiteurs et boulangeries **193**, 195
Transe 24, 30
Transports publics **228**
Travail à domicile 14-15, 36
Treasures 193, 195
Tremblements de terre 101, 112, 116
Trois danseuses (Gunarsa) 35
Trip, I Made 140
Trunyan 115, **121**
Tuak 109
Tuban 66, **67**, 74
Tugu Bali, Hotel (Canggu) 170
Tukadmungga 147
Tukang banten 38
Tulamben 102, **113**, 210
Tumbal 24
Tumpek 39
Tumpeng 147
Tumuwuh, Sang Hyang 133
Tunkung (Tulamben) 190
Tut Mak (Ubud) 189

U
Ubud 17, 50, 54, 79, 80, 88-95, 200
  art 34, 194
  centre d'information touristique
    89, **90**
  danse 198
  gamelan 199
Ubud Hanging Gardens
  (Payagan) 175
Udayana, roi 45
Ujung **112**
Uluwatu 206
Uluwatu Resort (Uluwatu) 174
Uma Jero 140
Uma Ubud (Sanggingan) 175
Umalas Stables 199, 201, 206, 207
Un's (Kuta) 170, 200, 201
Un's Hotel (Kuta) 170
Un's Restaurant (Kuta) 185
Unda 203

V
Vaccination 214
Vaches albinos 99
Vannerie **194**, 197
  Lombok 17, **37**, 161
  Tenganan 109, 110, 192
Vêtements **193**, 214, 218, 219
Vêtements à façon 197
Vêtements pour enfants **193**, 195, 197
Victory 194, 195
Vie nocturne 64, **200**
Vieux port **145**, 146
Vihara Amurva Bhumi Blahbatuh 83
Villages 28-29
  disposition 14
  organisation 28
  temples 28, 45
Villa Kubu (Seminyak) 173
Villa Lumbung (Seminyak) 173
Villa Nautilus (îles Gili) 179

Villas 166, **167**
Visas 214
Voile **209**
Voitures à cheval
  cidomo 163
Volcans 18, **16-17**, 114, 120-121
  éruptions, 51, 115, 120, 123, 158
Voyageurs handicapés **215**

W
Waisak 43
Waka Gangga (Tabanan) 178
Waka Land Cruise 205
Waka Namya (Ubud) 176
Wallace, Alfred Russel 19
  ligne de Wallace 19
Wanasari 129
Wantilan 28
  Pura Griya Sakti 98
  Tenganan 110
  Ubud 89
Wardani's 193, 195
Warisan (Seminyak) 100, 201
Waroeng Tugu (Canggu) 184
Wartel 224
Warung 28
Warung Sehat (Pemuteran) 191
Wasantara Net 225
Waterbom Park and Spa
  67, 199, 201, 204, 207
Waves Restaurant (îles Gili) 191
Water-skiing
  lac Bratan 141
Waturenggong, roi 46
Wayan Mardika 194, 195, 199, 201
Wayan Naita 194, 195
Wayan Wija 194, 195, 201
Wayang (style de peinture) 34
Wayang kulit **30**, 31, 83, 199
Wayang listrik 199
Wayang wong **31**, 86, 147
Westin Resort (Nusa Dua) 199
Wetu Telu 23, 47, 157
Wianta, Made 35, 65
Wijaya, Raden 46
Wilhelmine de Hollande 112
Wira's 193, 195
Wos Barat 94
Wos Timur 94
Wunderbar (Ubud) 200, 201

Y
Yeh Panas 133
Yeh Pulu 87
Yulia Beach Inn (Kuta) 170
Yusuf Silver 193, 195

Z
Zen (Seririt) 178
Zula (Seminyak) 187

Remerciements

L'éditeur remercie les organismes, les institutions et les particuliers suivants dont la contribution a permis la préparation de cet ouvrage.

Auteurs

Andy Barski a écrit de nombreux récits de voyage dans l'archipel indonésien où il habite depuis 1987.

Bruce Carpenter, son premier séjour à Bali date de 1974, il est l'auteur de livres et articles sur la culture et l'art balinais.

John Cooke, ancien enseignant en zoologie à l'université d'Oxford, est cinéaste, photographe et auteur animalier.

Jean Couteau, installé à Bali en 1979, écrit des nouvelles et critiques d'art en français, en anglais et en indonésien.

Diana Darling vit à Bali depuis 1981. Elle est l'auteur de *The Painted Alphabet : a Novel* (1992), basé sur une légende balinaise.

Sarah Dougherty est arrivée à Bali en 1993 pour devenir le rédacteur en chef du magazine *Bali Echo*. Elle contribue à de nombreuses publications internationales.

Tim Stuart est chroniqueur de tourisme et photographe. Il enseigne aussi la communication commerciale. Avec son épouse Rosa, il publie le seul magazine touristique en anglais de Lombok : *Inilah !*

Tony Tilford, journaliste et photographe de la nature, il a une grande expérience de la nature indonésienne et est toujours en quête de sujets courants ou plus exotiques.

Pour Dorling Kindersley

DIRECTION GÉNÉRALE : Gillian Allan, Douglas Amrine
DIRECTION DE COLLECTION : Anna Streiffert
DIRECTION ÉDITORIALE : Louise Lang
ÉDITION : Kate Pool
FABRICATION : Marie Ingledew, Michelle Thomas

Collaboration artistique et éditoriale

Helle Amin, Emma Anacoote, Claire Bananowski, Tessa Bindloss, Christine Chua, Rachel Lovecock, Victoria Heyworth-Dunne, Hoo Khuen Hin, Kok Kum Fai, Helen Partington, Pollyanna Poulter, Patricia Rozario, Dora Whitaker, Karen Villabona.

Photographies d'appoint

Luis Ascui, Rucina Ballinger, Koes Karnadi, Ian O'Leary, Rachel Lovecock.

Vérification

Rucina Ballinger, Anak Agung Gede Putra Rangki, Anak Agung Oka Dwiputra.

Corrections et index

Kay Lyons.

Avec le concours spécial de :

Edi Swoboda du parc ornithologique de Bali ; Ketty Barski ; Steve Bolton ; Georges Breguet ; Georjina Chia et Kal Muller ; Lalu Ruspanudin de DIPARDA, Mataram ; Justin Eeles ; Peter Hoe d'Évolution ; Ganesha Bookshop ; David Harnish ; Chris Hill ; Jean Howe et William Ingram ; Rio Helmi d'Image Network Indonesia ; I Wayan Kicen ; Lagun Sari Indonesia Seafood Pte Ltd ; Peter et Made du Made's Warung ; M Y Narima de Marintur ; Rosemarie F Oei du Museum Puri Lukisan ; Jim Parks ; David Stone ; The Vines Restaurant ; Bayu Wirayudha, Made Widana et Luh Nyoman Diah Prihartini.

Autorisation de photographier

L'éditeur remercie les responsables des parcs, temples, musées, hôtels, restaurants, magasins et galeries, trop nombreux pour être tous cités, pour leur aide précieuse et pour avoir donné l'autorisation de photographier leur établissement. Malgré tout le soin que nous avons apporté à dresser la liste des auteurs des photographies publiées dans ce guide, nous demandons à ceux qui auraient été oubliés de bien vouloir nous en excuser. Cette erreur sera corrigée à la prochaine édition de l'ouvrage.

Crédit photographique

h = en haut ; hg = en haut à gauche ; hc = en haut au centre ; hd = en haut à droite ; cgh = au centre à gauche en haut ; c = au centre ; cdh = au centre à droite en haut ; cg = au centre à gauche ; cd = au centre à droite ; cgb = au centre à gauche en bas ; cdb = au centre à droite en bas ; bg = en bas à gauche ; b = en bas ; bc = en bas au centre ; bd = en bas à droite ; d = détail

ALAMY IMAGES : Ace Stock Limited 183c ; Ian Dagnall 10bg ; Jochen Tack 182cg.

BES STOCK : 208cgh, 208-209c, 210hg, 210-211c, 211bg, 212-213 ; Alain Evrard 14, 43cgh, 209hg ; Globe Press 24cd ; BLUE MARLIN DIVE CENTER, LOMBOK : Clive Riddington 156bc.

ÉDITIONS DIDIER MILLET : 3c, 20bd, 22cg, 25hg, 28hd, 30hg, 32hd, 45bc, 45cbg, 46bg, 47cgb, 48cb, 51hg, 64bd, 83hd, 88bg, 165c, 167hg, 167cdb, 167bd, 194hg, 199hd, 202cgh, 203h ; Gil Marais 23bg ; Tara Sosrowardoyo 45ch, 46bc, 46bd.

FOUR SEASONS RESORT : 168cg, 181bg.

A.A. GEDE ARIAWAN : 88 cg ; GETTY IMAGES : Photographer's Choice/Steve Satushek 183hg ; Riser/Marc Romanelli 11bg ; Science Faction/Louie Psihoyos 11hg.

HARD ROCK HOTEL : 181cd ; HEMIS : Romain Cintract 11cd ; Patrick Frilet 10cd.

COLLECTION DE PHOTOS ET GRAVURES DU KONINKLIJK INSTITUUT VOOR TAAL-, LAND- EN VOLKENKUNDE (KITLV), LEYDE : Woodbury & Page, Batavia 48bd, Neeb 49hg, 50hc.

MANDARA SPA : 169hd ; KAL MULLER : 19cdb, 19bd, 210hd, 210cgh, 211hg, 211cdh, 211cdb ; MUSEUM PURI LUKISAN : 16c, 24bd, 34cgh, 34cbg, 34bd, 34-35c, 35cd, 35bg, 35bd, 87bd, Bubuk Sah et Gagak Aking I Cokot (1935) 88hd, 92hd, 92cgh, 92bg, 92bc, 93hc, 93cd, 93bg, 97hd.

NASA : Image STS068-160-53 13bd ; NEKA ART MUSEUM : 34hd, 35hd, 44, 96cd, 115hg ; FONDATION NIEUWENKAMP, VLEUTEN : 9c, 49bd, 213c ; NOVOTEL BENOA BALI : 168bc.

PHOTOBANK/TETTONI, CASSIO AND ASSOCIATES PTE : 1, 2-3, 8-9, 18cgh, 18cdh, 18bg, 18cdb, 22hd, 22c, 27bd, 30hd, 30cg, 30bcg, 30bd, 31hd, 31cgh, 31cdh, 31cgb, 31cdb, 31bg, 32-33c, 33hg, 33cd, 33bg, 33bd, 36hd, 37cdh, 37cgb, 37bd, 38cg, 38bg, 38-39c, 48hc, 49cdb, 52-53, 56, 57b, 65hg, 70-71, 78, 79b, 89hg, 91hd, 100, 106cg, 118-119, 124, 125b, 153hd, 153cd, 159bg, 164-165, 198hc, 198c, 198bg, 199hg, 200hd, 200bg, 202bd, 209hd, 209bd. PRIMA FOTO : 30cdh, 205cg ; PT MEDIA WISATA DEWATA : 224 hg.

REEFSEEKERS DIVE CENTRE : 136cgh ; ROBERT HARDING PICTURE LIBRARY : Gavin Hellier 142-143.

MORTEN STRANGE/FLYING COLOURS : 136bd.

TC NATURE : 18hd, 19bd, 81bd, 84hg, 84hd, 84cg, 84c, 84cd, 84bd, 84bd, 85hg, 85hd, 85bd, 85bd, 94hg, 94hd, 94cgb, 94bc, 95hd, 95cdb, 109cgh, 109cdb, 109bc, 110bg, 136hg, 136hd, 136cgb, 137ch, 137bg, 138hg, 140cdb, 140bg, 141bd, 148hg, 204c, 205hc ; John Cooke 19cdh, 54hg, 109hc, 121hg ; Tony Tilford 19cgb, 54hg, 85bg, 137bd, 193bc

ADRIAN VICKERS : 50bg.

Garde de dernière page : toutes photos de commande à l'exception de PHOTOBANK : hg, hgc, cdh, bg.

Couverture

PREMIÈRE DE COUVERTURE : Jose Fuste Raga/Corbis (visuel principal et dos) ; Alexey Zaytsev/AGE Fotostock (détourage).
QUATRIÈME DE COUVERTURE : URF/AGE Fotostock (hg) ; Jon Arnold Images/Masterfiles(cg) ; Suetone Emilio/ hemis.fr (bg).

Toutes les autres photographies : © Dorling Kindersley.
Pour plus d'informations : **www.DKimages.com**

Conseils de lecture

Histoire

Anak Agung Gde Agung I., *Bali in the 19th Century*, Jakarta : Yayasan Obor Indonesia, 1991.

BRUHAT J., *Histoire de l'Indonésie*, Paris, PUF, 1976.

CAYRAC-BLANCHARD F., *Indonésie, l'armée et le pouvoir. De la révolution au développement*, Paris, L'Harmattan, 1991.

GEERTZ C., Negara : *the Theater State in 19th Century Bali*, Princeton University Press, 1981.

VAN DER KRAAN A., *Bali at War : a History of the Dutch-Balinese Conflict of 1846-1849*, Monash Asia Institute, 1995.

VAN DER KRAAN A., *Lombok : Conquest, Colonization, and Underdevelopment, 1870-1940*, Heinemann Educational Books, 1980.

Société et culture

Bali : l'ordre cosmique et la quotidienneté, dirigé par Catherine Basset et Michel Picard, Paris, Autrement, 1993.

Bali : Studies in Life, Thought, and Ritual, Foris Publications, 1984.

Being Modern in Bali : Image and Change, sous la direction d'Adrian Vickers, Yale University Southeast Asia Studies, 1996.

Cederroth S., *A Sacred Cloth Religion : Ceremonies of the Big Feast Among Wetu Telu Sasak*, Nordic Institute of Asian Studies, 1991.

Couteau J. et Wiratnayat U., *Bali Today. Real Balinese Stories*, Spektra Communications, 1999.

Covarrubias M., *Island of Bali*, Periplus, 1999, première publication en 1937.

Geertz C., *Bali*, interprétation d'une culture, Paris, Gallimard, 1983.

Guermonprez J.-F., *Les Pandé de Bali : la formation d'une caste et la valeur d'un titre*, Paris, École française d'Extrême-Orient, 1987.

Hobart A., Ramseyer U. et Leeman A., *The Peoples of Bali*, Blackwell, 1997.

Invernizzi Tettoni L. et Simmonds N., *Bali, Morning of the World*, Periplus, 1997.

Lombard D., *L'Islam en Indonésie*, Paris, PUF, 1979.

Mrazek R. et Forman B., *Bali : les portes du ciel*, Paris, Atlas, 1984.

Stöhr W. et Zoetmulder P., *Les Religions d'Indonésie*, Paris, Payot, 1979.

Picard M., *Bali : tourisme culturel et culture touristique*, Paris, L'Harmattan, 1992.

Rubinstein R. et Connor L.H., *Staying Local in the Global Village : Bali in the Twentieth Century*, University of Hawaii Press, 1999.

The Food of Bali, sous la direction de Wendy Hutton, Periplus World Food Series, 1999.

Vickers A., *Bali : A Paradise Created*, Tuttle, 1997.

Warren A., *Adat and Dinas : Balinese Communities in the Indonesian State*, Oxford University Press, 1993.

Arts et architecture

Artaud A., *Le Théâtre et son double*, Paris, Gallimard, 1964.

Basset C., *Musique de Bali à Java, l'ordre et la fête*, Paris, Cité de la musique-Actes Sud, 1995.

Beaumont H. et Held S., *Java Bali : vision d'îles des dieux*, Paris, Hermé, 1997.

Bernet Kempers A.J., *Monumental Bali*, Periplus, 1991/1997.

Byfield G. et Darling D., *Bali : aquarelles*, Paris, Éditions du Pacifique, 2001.

Carpenter B.W., W O I Nieuwenkamp : *First European Artist in Bali*, Archipelago Press, 1998.

Chenevière A., *Bali, une île en fête*, Paris, Denoël, 1990.

Couteau J., *Museum Puri Lukisan*, Ratna Wartha Foundation, 2000.

Haks F., *Pre-War Balinese Modernists 1928-1942*, Haarlem, Ars et Amimatio.

Hauser-schublin B., *Nabholz-kartaschoff M.-L. et Ramseyer U., Balinese Textiles*, Periplus, 1991/1997.

Helmi R. et Walker B., *Bali Style*, Times Editions, 1995 ; Thames & Hudson, 1995 ; Vendome Press, 1996.

Invernizzi Tettoni L. et Warren W., *Balinese Gardens*, Periplus/Thames and Hudson, 1996/2000.

Hitchcock M. et Norris Bali L., *The Imaginary Museum*, Oxford University Press, 1996.

Kam G., *Perceptions of Paradise : Images of Bali in the Arts*, Dharma Seni Museum Neka, 1993.

Lancret N., *La Maison balinaise en secteur urbain : étude ethno-architecturale*, Paris, Cahier d'Archipel 29, Association Archipel, 1998.

Made Bandem I. et Eugene Deboer F., *Balinese Dance in Transition : Kaja and Kelod*, Oxford University Press, 1995.

Mckinnon J., *Vessels of Life : Lombok Earthenware*, Saritaksu, 1996.

Mcphee C., *Music in Bali*, Da Capo Press, 1976.

Pucci I., *The Epic of Life : A Balinese Journey of the Soul*, Alfred Van der Marck Editions, 1985.

Ramseyer U., *L'Art populaire à Bali : culture et religion*, Fribourg, Office du livre, 1977.

Wayan Dibia I., *Kecak : The Vocal Chant of Bali*, Hartanto Art Books, 1996.

Wijaya M. et Ginannesch I., *At Home in Bali*, Abbeville Press, 1999.

Zurbuchen M.S., *The Language of Balinese Shadow Theater*, Princeton University Press, 1987.

Nature

Eiseman F., *Flowers of Bali*, Periplus, 1994.

Eiseman F. et Eiseman M., *Fruits of Bali*, Periplus, 1994.

Holmes D., *The Birds of Java and Bali*, illustrations Stephen Nash, Oxford University Press, 1989.

Mason V. et Jarvis F., *Birds of Bali*, Tuttle, 1994.

Rock T., *Diving and Snorkeling Guide to Bali and the Komodo Region*, Pisces, 1996.

Singian W., Pickel D., *Bali - Periplus Action Guide*, Periplus, 2000.

Whitten T., *The Ecology of Java and Bali*, Oxford University Press, 1997.

Récits de voyage

Barley N., *L'anthropologue mène l'enquête*, Paris, Payot, 2000.

Beaulieu A. DE, *Mémoires d'un voyage aux Indes orientales*, Paris, Maisonneuve et Larose, 1996.

Djelantik A.A.M., *The Birthmark : Memoirs of a Balinese Prince*, Periplus, 1998.

Ingram W., *A Little Bit One O'Clock*, Ersania Books, 1998.

Jordis C., *Bali, Java, en rêvant*, Paris, Rocher, 2001.

Krause G., *Bali : People and Art*, White Lotus, 2000.

Matthews A., *The Night of Purnama*, Jonathan Cape, 1965.

Koke L.G., *Our Hotel In Bali… A Story of the 1930s*, January Books, 1987.

Mcphee C., *A House in Bali*, Tuttle/Periplus, 2000.

Michaux H., *Un barbare en Asie*, Paris, Gallimard, 1986.

Powell M., *Bali : the Last Paradise*, Oxford University Press, 1930/1989.

Vickers A., *Travelling to Bali : Four Hundred Years of Journeys*, Oxford University Press, 1995.

Wijaya M., *Stranger in Paradise : the Diary of an Expatriate in Bali 1979-1980*, Wijaya Words, 1984.

Fiction

Bali Behind the Seen : Recent Fiction From Bali, traduction et direction de Vern Cork, Darma Printing, 1996.

Baranay I., *The Edge of Bali*, Angus & Robertson, 1992.

Baum V., *Sang et volupté à Bali*, Paris, 10/18, 1985.

Darling D., *The Painted Alphabet : a Novel Based on a Balinese Tale*, Tuttle, 2001 ; Graywolf, 1994 ; Houghton Mifflin, 1992.

Eylan C., *L'Île en transe (Bali)*, Paris, Plon, 1932.

Fabricius J., *Démons à Bali*, Paris, Éditions du Pavois, 1945.

Le Mahabbarata, Paris, Garnier Flammarion, 1986.

Bali Behind the Seen : Recent Fiction From Bali, traduction et direction de Vern Cork, Darma Printing, 1996.

Putu Oka Sukanta, *The Sweat of Pearls : Short Stories About Women of Bali*, traduction Vern Cork, Darma Printing, 1999.

Toer Praemoedya A., *Corruption*, Paris, Éditions Philippe Picquier, 1991.

Wijaya P., *Télégramme*, Paris, Éditions Philippe Picquier, 1992.

Glossaire

ARCHITECTURE

atap: toit en palme
bale: pavillon
candi bentar : portail fendu
gedong : pavillon fermé
kori : portail toituré
kori agung : portail de cérémonie
kulkul : tour de guet
meru : autel à étages multiples
padmasana : trône de la divinité suprême
pelinggih : maison des esprits
pura : temple
puri : palais, maison de la noblesse
rumah : maison
wantilan : pavillon public à double toit
warung : petit restaurant ou magasin

ART ET ARTISANAT

geringsing : « double ikat »
ikat : tissage au fil de chaîne teint de couleurs différentes
kayu : bois
lontar : palmier dont la feuille sert de support d'écriture
lukisan : peinture
mas : or
pande : forgeron
paras : tuff volcanique utilisé pour la construction et la statuaire
patung : statue
perak : argent
prada : tissu doré
songket : tissu incorporant du fil d'or ou d'argent
tapel : masque
tenunan : tissage

MUSIQUE ET DANSE

arja : opéra balinais
baris : danse d'un homme seul
baris gede : danse sacrée interprétée par des groupes d'hommes
Barong : esprit protecteur à l'effigie animée par deux hommes
belaganjur : orchestre de percussion processionnel
gambuh : ancienne danse de cour
gamelan : orchestre de percussion
gangsa : instrument à lames de bronze
kebyar : style de musique vigoureux, danse tonique
kendang : tambour
keris : kriss, dague sacrée
legong : danse classique interprétée par trois fillettes
prembon : programme mixte
Rangda : sorcière qui s'affronte à Barong

rejang : danse sacrée interprétée par des femmes
suling : flûte de bambou
tari : danse
topeng : danse masquée basée sur des récits généalogiques
trompong : instrument composé de 8 à 12 gongs
wayang kulit : théâtre d'ombres
wayang wong : danse masquée basée sur des épopées hindoues

VÊTEMENTS

baju : jupe, robe
baju kaus : T-shirt
destar : turban porté par les hommes
gelungan : coiffure recherchée
jilbab : voile des musulmanes
kain : tissu, long pagne non cousu
kebaya : veste féminine traditionnelle
peci : coiffe des musulmans
sarong : long pagne cousu
selendang : ceinture cérémonielle
sepatu : chaussures

RELIGIONS ET COMMUNAUTÉ

banjar : association villageoise
hari raya : toute fête religieuse
karya : travail, notamment travail rituel collectif
mesjid : mosquée
odalan : anniversaire d'un temple
pedanda : grand prêtre
pemangku : prêtre de temple
penjor : perche de bambou festonnée
pura dalem : temple des morts
pura desa : temple du village
pura puseh : temple des origines
sebel : tabou
sunat : rite musulman de circoncision
tirta : eau sacrée
yadnya : rituel hindou (générique)

NOURRITURE

air minum : eau potable
ayam : poulet
babi guling : cochon de lait rôti
babi : porc
bakar : grillé
bebek tutu : canard cuit à la vapeur
buah-buahan : fruit
cumi-cumi : poulpe
daging : viande
gado-gado : plat végétarien servi avec une sauce à l'arachide
garam : sel
goreng : frit
gula : sucre
ikan laut : poisson
jeruk nyepis : citron vert
jeruk : orange, agrume

kelapa : noix de coco
kopi : café
makan : manger
mie : nouilles
minum : boire
nasi : aliment, riz, plat de riz
pedas : pimenté
pisang : banane
roti : pain
sambal : condiment pimenté
sapi : bœuf
sate, sate lilit : petites brochettes
susu : lait
teh : thé
telur : œuf
udang : crevette

NATURE ET PAYSAGES

bukit : colline
burung : oiseau
danau : lac
gunung : montagne
hujan : pluie
jalan : route
laut : mer
mata hari : soleil
pantai : plage
pohon : arbre
sawah : rizière
subak : association pour l'irrigation
sungai : cours d'eau
taman : jardin, parc
tanah : sol

TRANSPORTS

bemo : minibus public
cidomo : voiture à cheval dotée de pneus (à Lombok)
dokar : voiture à cheval
jukung : pirogue à balancier
mobil : voiture
sepeda motor : motocyclette

DIVERS

adat : loi coutumière
bagus : bon, beau
baik : bien
Bapak : terme de politesse pour un homme
bayar : payer
cantik : joli
dingin : froid
Ibu : terme de politesse pour une femme
mahal : cher
murah : bon marché
panas : chaud
pariwisata : tourisme
puputan : combat à mort
roko : cigarette
sakit : blessé, malade
selamat jalan : bon voyage
terima kasih : merci
tidak : non, pas
tidur : dormir
uang : argent

GUIDES 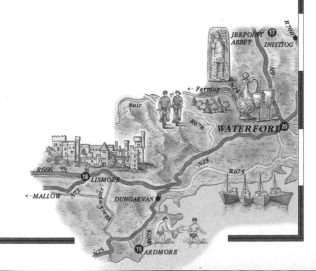 VOIR

PAYS

AFRIQUE DU SUD • ALLEMAGNE • AUSTRALIE • CANADA • CHINE
COSTA RICA • CROATIE • CUBA • ÉGYPTE • ESPAGNE • FRANCE
GRANDE-BRETAGNE • INDE • IRLANDE • ITALIE • JAPON • MAROC
MEXIQUE • NORVÈGE • NOUVELLE-ZÉLANDE
PORTUGAL, MADÈRE ET AÇORES • SINGAPOUR
SUISSE • THAÏLANDE • TURQUIE
VIETNAM ET ANGKOR

RÉGIONS

AQUITAINE • BALÉARES • BALI ET LOMBOK
BARCELONE ET LA CATALOGNE • BRETAGNE • CALIFORNIE
CHÂTEAUX DE LA LOIRE ET VALLÉE DE LA LOIRE
ÉCOSSE • FLORENCE ET LA TOSCANE • FLORIDE
GRÈCE CONTINENTALE • GUADELOUPE • HAWAII
ÎLES GRECQUES • JÉRUSALEM ET LA TERRE SAINTE
MARTINIQUE • NAPLES, POMPÉI ET LA CÔTE AMALFITAINE
NOUVELLE-ANGLETERRE • PROVENCE ET CÔTE D'AZUR
SARDAIGNE • SÉVILLE ET L'ANDALOUSIE • SICILE
VENISE ET LA VÉNÉTIE

VILLES

AMSTERDAM • BERLIN • BRUXELLES, BRUGES, GAND ET ANVERS
BUDAPEST • DELHI, AGRA ET JAIPUR • ISTANBUL
LONDRES • MADRID • MOSCOU • NEW YORK
NOUVELLE-ORLÉANS • PARIS • PRAGUE • ROME
SAINT-PÉTERSBOURG • STOCKHOLM • VIENNE • WASHINGTON

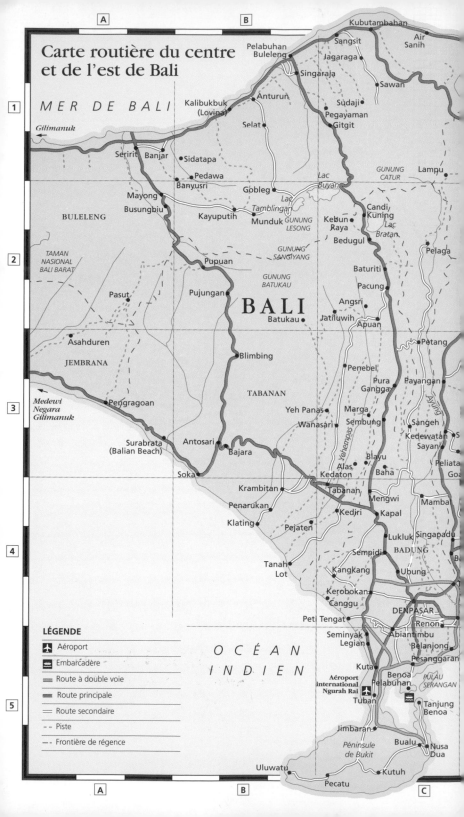